RÉPERTOIRE

UNIVERSEL ET RAISONNÉ

DE JURISPRUDENCE

CIVILE, CRIMINELLE,

CANONIQUE ET BÉNÉFICIALE.

OUVRAGE DE PLUSIEURS JURISCONSULTES :

Mis en ordre & publié par M. GUYOT, écuyer, ancien magistrat.

TOME TRENTE-TROISIÈME.

A PARIS,

Chez { PANCKOUCKE, hôtel de Thou, rue des Poitevins.

DUPUIS, rue de la Harpe, près de la rue Serpente.

Et se trouve chez les principaux libraires de France.

M. DCC. LXXX.

Avec approbation & privilége du roi.

AVIS.

LA plupart des jurifconfultes nommés dans les divers articles du Répertoire, ayant fini le manufcrit des parties dont ils s'étoient chargés, il paroît que cet ouvrage s'étendra environ à foixante volumes *in-octavo*. Au refte, à quelque nombre qu'il puiffe s'étendre au delà, le libraire s'eft engagé à n'en faire payer que foixante volumes aux perfonnes qui s'en feront procuré un exemplaire avant la publication du dernier volume, & même fi l'ouvrage n'a que foixante volumes, elles n'en payeront que cinquante-fept, attendu que les trois derniers doivent leur être délivrés *gratis*. Le prix de chaque volume broché ou en feuille, eft de 4 livres 10 fous: on publie très-exactement huit volumes par année.

RÉPERTOIRE

UNIVERSEL ET RAISONNÉ

DE JURISPRUDENCE

CIVILE, CRIMINELLE,

CANONIQUE ET BÉNÉFICIALE.

I.

ISSUE (VENTES ET ISSUES). Droit de mutation que quelques seigneurs ont droit de percevoir sur les fiefs & les rotures de leur mouvance
dans les coutumes d'Anjou & du Maine.

Dans ces coutumes, le droit de vente est de
20 deniers tournois par livre, le droit de *vente*
& *Issue* est de 3 sous 4 deniers tournois par
livre.

Le droit de vente est général ; le droit d'Issue
n'a lieu que dans certaines *contrées* & *parties*, ce sont les termes de ces coutumes
De là naît la question de savoir si les seigneurs
pour exiger le droit d'Issue, ont besoin de titre

particuliers qui s'appliquent individuellement à chacun des fiefs qu'ils veulent affervir, ou fi l'ufage général d'une feigneurie les autorife à percevoir ce droit fur tous les fiefs mouvans de la même feigneurie.

Cette queftion a partagé les auteurs. Bodreau fur la coutume du Maine, Choppin & Dupineau fur celle d'Anjou, qui renferme fur ce point les mêmes difpofitions que la précédente, font d'avis qu'un feigneur ne peut exiger le droit d'Iffue fans titre particulier, quoiqu'il foit dans l'ufage de le percevoir fur les autres fiefs mouvans de la même feigneurie. Livonniere eftime au contraire que cet ufage fuffit, & que le feigneur n'eft pas obligé de rapporter un titre particulier à chaque fief. Il tient cette opinion en deux endroits de fes ouvrages; dans fes obfervations fur Dupineau & dans fon traité des fiefs. Enfin Guyot, après avoir témoigné quelque répugnance à fe ranger du parti de Livonniere, y adhère cependant de la manière la plus abfolue. On trouve à peu près la même variété dans la jurifprudence. Le parlement a jugé par deux arrêts des années 1530 & 1531, que l'ufage général d'une feigneurie étoit un titre fuffifant pour affujettir tous les vaffaux aux droits d'Iffue; mais en 1560, le même tribunal a jugé au contraire que nonobftant l'ufage général, il falloit au feigneur un titre particulier. Enfin par arrêt du 9 avril 1737, le parlement eft revenu à fon ancienne jurifprudence, & a condamné l'acquéreur d'un fief à payer le droit d'Iffue aux religieux de Fontaine-Daniel, fur la preuve rapportée par ceux-ci, que tous leurs vaffaux étoient foumis à ce droit.

Dans ce conflit d'opinions & d'autorités, le

parti le plus fage eft fans contredit de les mettre les unes & les autres en quelque forte à l'écart, & de faire fortir la décifion de la difficulté des principes de la matière.

Les droits féodaux font de deux fortes : les naturels ou ordinaires ; les accidentels ou extraordinaires. On nomme droits naturels, ceux que la coutume établit, reconnoît & attache à la tenure féodale ; & droits accidentels ceux dont la coutume ne fait aucune mention, ou dont elle ne parle que d'une manière indirecte & fans intention de difpofer à cet égard. Ces derniers n'étant pas fondés fur l'autorité de la loi territoriale, ne peuvent avoir lieu qu'en vertu d'une convention expreffe, & il faut un titre précis pour les exiger. Les premiers au contraire établis & reconnus par la coutume, font cenfés compris dans toutes les inveftitures, répétés dans tous les dénombremens, & le feigneur n'a befoin pour les exiger d'aucun titre particulier ; c'eft au vaffal au contraire, s'il veut s'en affranchir, à produire un titre précis de libération. C'eft ce que d'Argentré établit avec beaucoup d'énergie & de clarté dans fon commentaire fur l'article 277 de l'ancienne coutume de Bretagne. Lorfqu'il ne paroît pas, dit-il, de titres qui déterminent l'étendue des droits naturels féodaux, c'eft à la coutume à les fixer. *Quid, quale, quantumve debeatur, fervanda eft confuetudo, ex quâ regularis, ordinaria & fixa feudorum natura in quaque regione determinatur, eft enim natura feudorum quærenda in confuetudine.* Lorfqu'il ne paroît pas de titres qui fixent les droits d'une feigneurie, le feigneur peut donc exiger ceux que la coutume admet comme naturels & ordinaires ; & l'on doit ranger dans cette

claſſe tous ceux que cette coutume établit &
reconnoît comme attachés à la tenùre féodale.
Ainſi ce qui eſt droit naturel dans une coutume
peut être accidentel dans une autre, & vice verſâ.
C'eſt donc la coutume territoriale qui fait la loi
dans toutes les queſtions de cette eſpèce. Examinons donc quelles ſont à cet égard les diſpoſitions de celles du Maine & d'Anjou ; & ſi elles
reconnoiſſent le droit d'Iſſue comme droit naturel féodal, il faudra conclure que le ſeigneur n'a
pas beſoin pour l'exiger, de titres particuliers.

L'article 174 de la coutume du Maine eſt
conçu en ces termes : » Audit contrat d'échange
» ou de vendition, les ventes ſe payent à raiſon
» de vingt deniers tournois pour livre audit pays,
» *ſinon en aucune contrée & partie*, où il y a
» vente & Iſſue, c'eſt à ſavoir, trois ſous quatre
» deniers tournois pour livre «.

Cet article contient, comme l'on voit, deux diſpoſitions : la première concerne les ventes ; la
deuxième les Iſſues. A l'égard des ventes, la
coutume les reconnoît dans toute l'étendue de
ſon territoire ; elle grève indiſtinctement de cette
eſpèce de ſervitude toutes les tenures féodales de
ſon reſſort. A l'égard des Iſſues, n'eſt-il pas vrai
de dire également qu'elle les reconnoît, qu'elle
les regarde comme un droit ordinaire & déri-
vant de la nature des fiefs dans certaines contrées
& parties. Effectivement, que l'on rapproche ces
deux diſpoſitions, on voit le même eſprit &
preſque les mêmes termes dans l'une & dans
l'autre. Si dans la première, la coutume dit, *ventes
ſe payent*, on lit dans la deuxième, *il y a vente
& Iſſue*, deux manières de s'exprimer qui ne
diffèrent évidemment que par les mots, & qui

préfentent au fond le même fens & la même énergie. Si, comme l'on n'en peut douter, la coutume regarde les ventes comme un droit naturel dans toute l'étendue de fon reffort, il eft donc vrai de dire qu'elle place dans la même claffe le droit d'Iffue dans certaines contrées & parties. Mais, comme on l'a dit plus haut, les feigneurs peuvent exiger les droits naturels féodaux en vertu de la feule difpofition de la coutume. Ils peuvent donc prétendre les ventes fans titres particuliers dans toute l'étendue de celles du Maine & Anjou, & les Iffues également fans titres dans les contrées & parties où ce droit eft d'un ufage général.

Quoiqu'il exifte fur ce point des autorités pour & contre, cependant, pour peu que l'on examine celles que l'on vient de rapporter, on s'apperçoit aifément qu'elles font beaucoup plus favorables à l'opinion que l'on tient ici, que celles qui exigent un titre particulier. A l'égard des auteurs, fi Choppin, Bodreau & Dupineau tiennent le dernier parti, Livonniere & Guyot font d'avis contraire. Ces deux derniers ont écrit de nos jours, & par là leur opinion a une forte de prépondérance, parce qu'elle fixe en quelque forte le dernier état des chofes à cet égard. La jurifprudence offre quelque chofe de plus favorable aux feigneurs. Il eft vrai que l'arrêt de 1560 a jugé qu'il leur falloit des titres pour exiger le droit d'Iffue; mais précédemment & par deux arrêts confécutifs, l'on avoit jugé que l'ufage général de la feigneurie fuffifoit; & Livonniere obferve que cet arrêt de 1560 n'a pas été fuivie, *parce que*, dit-il, obfervat. fur Dupineau fur l'article 156, *étant contraire à la difpofition de notre coutûme, on a préfumé qu'il étoit fondé fur des motifs particuliers.* Il paroît qu'effectivement telle eft l'opinion du préfidial d'Angers. Nonobftant cet arrêt, il juge que l'ufage général fuffit, & le même Livonniere en rapporte deux fentences. Quoique ces jugemens n'ayent pas l'autorité de ceux du parlement, cependant ils ont beaucoup de poids dans une queftion de la nature de celle-ci, où il s'agit de déterminer le véritable fens d'un article de la coutume d'Anjou, abfolument femblable fur ce point à celle du Maine.

La queftion s'étant préfentée de nouveau dans la coutume du Maine, le parlement, comme on l'a vu plus haut, fans égard pour ce dernier arrêt de 1560, s'eft-déterminé en faveur de l'ufage général de la feigneurie. Il s'agiffoit alors de l'interprétation de l'article 174 de la coutume du Maine. Les religieux de Fontaine-Daniel demandoient au nommé Touchard les ventes & Iffues à raifon de l'acquifition d'un fief dans l'étendue de leur feigneurie.

Touchard avouoit les religieux pour feigneurs; il leur offroit les ventes ordinaires de vingt deniers pour livre, mais foutenoit ne devoir point le droit de ventes & Iffues.

Les religieux prétendoient que dans l'étendue de la baronnie de Mayenne, dont ils étoient membres, le droit de ventes & Iffues avoit cours, & étoit perçu de toutes les ventes & des échanges.

Par fes défenfes, Touchard, en offrant les ventes ordinaires & l'amende, difoit que l'article 174 du Maine ne contenoit qu'une exception pour la baronnie de Mayenne, dont les religieux n'étoient pas lors de la réformation de cette coutume en 1508.

Sur ce , le juge de Fontaine-Daniel , sans avoir égard aux offres de Touchard qu'il déclara nulles & insuffisantes, maintint & garda les religieux dans le droit & possession de prendre les ventes & Issues des biens vendus & aliénés dans la mouvance de la baronnie de Mayenne ; en conséquence condamna Touchard à les payer pour les lieux de, l'Echarlière & Bachelière, paroisse de Châtillon , par lui acquis le 11 juillet 1731 , en ce qui relevoit, de l'abbaye , le condamna aux intérêts & à l'amende de coutume, & aux dépens.

Appel par Touchard à Château-Gontier, où intervint sentence qui , en infirmant celle du premier juge , déclara bonnes & valables les offres de ventes simples & de l'amende de coutume, déchargea Touchard des condamnations.

Appel en la cour par les religieux ; procès conclu en la deuxième des enquêtes au rapport de M. Mainaux.

Par ses premières défenses , Touchard avoit élevé deux questions : la première , si le droit de ventes & Issues avoit été ajouté lors de la réformation : la seconde, si l'abbaye de Fontaine-Daniel étoit de la baronnie de Mayenne. En la cour il nia le droit de ventes & Issues , pour le droit & la quotité même dans la baronnie de Mayenne.

Les religieux établirent : 1°. que leur abbaye étoit un démembrement de la baronnie de Mayenne; que ce démembrement étant avant la réformation , on n'avoit pu introduire un droit nouveau en faveur de la baronnie de Mayenne à leur préjudice : 2°. que Touchard n'étoit pas fondé en la cour à retracter l'aveu qu'il avoit

fait, que ce droit avoit lieu dans la baronnie ;
enfin ils prouvèrent l'ufage de la baronnie de
percevoir ce droit des venditions & échanges,
& leur poffeffion particulière de s'en faire payer
dans l'étendue de leur feigneurie de Fontaine-
Daniel ; ils rapportèrent un acte de notoriété,
figné de treize avocats de Mayenne, qui atteftoient
l'ufage de payer les ventes & Iffues dans toute
la baronnie, à raifon de 3 fous 4 deniers pour
livre. Touchard fe retranchoit dans l'arrêt de
1560, ci-deffus rapporté.

Sur le tout, premier arrêt le 23 août 1735,
qui ordonna *avant faire droit, que l'on rappor-
teroit un acte de notoriété du fiége de Mayenne,
pour favoir fi ce droit de ventes & Iffues introduit par l'article 174 du Maine, étoit d'ufage
& fe percevoit dans l'étendue de la baronnie &
duché de Mayenne, dans les fiefs appartenans
aux religieux & notamment dans ceux fis paroiffe
& contrée de Châtillon, comme auffi fi dans les
fiefs & feigneuries de Châtillon il étoit d'ufage
de percevoir ce droit.*

En exécution de cet arrêt, les officiers de
Mayenne donnèrent un acte de notoriété, par lequel *ils certifioient d'abord le droit de ventes &
Iffues dans le duché de Mayenne, excepté dans
deux châtellenies & partie d'une troifième.*

Ils ajoutoient : » comme les actions & pour-
» fuites concernant les droits des religieux ne
» font ni intentées ni portées devant nous, at-
» tendu que conjointement avec l'abbé ils ont
» leur juge & leur juridiction, de laquelle les ap-
» pellations reffortiffent au préfidial de Château-
» Gontier, nous ne pouvons certifier fi lefdits
» religieux ont ou n'ont pas l'ufage & le droit

» de percevoir ventes & Iſſues dans les mou-
» vances de leurs fiefs, ſis en la paroiſſe de
» Châtillon ou autres où ils s'étendent : comme
» auſſi nous certifions que dans les fiefs & ſei-
» gneuries de Châtillon, & autres joignans leſdits
» fiefs en la paroiſſe & contrée de Châtillon,
» appartenans aux religieux, le ſeigneur du duché-
» pairie de Mayenne & autres ſes vaſſaux, ſont
» en uſage de percevoir les ventes & Iſſues :
» cependant la commanderie de Guiray, ordre
» de ſaint Jean de Jéruſalem, a des fiefs dans
» la paroiſſe de Châtillon, ainſi que la châtel-
» lenie d'Aſſé & Berenger dans la ville de
» Mayenne, leſquelles deux ſeigneuries ne re-
» lèvent point de ce duché, mais du préſidial du
» Mans, nous ne pouvons aſſurer ſi les ſeigneurs
» d'icelle ont ou n'ont pas le droit de ventes
» & Iſſues «.

Les religieux prétendirent : 1°. que cet acte
de notoriété pour l'uſage du duché de Mayenne
ſe référoit aux aveux des anciens barons de
Mayenne dont ils avoient tiré des inductions
comme étant un démembrement de cette ancienne
baronnie : 2°. contre l'ambiguité de cet acte, ils
dirent qu'ils avoient prouvé avant l'interlocutoire,
que ces juges étoient indiſpoſés contre eux depuis
l'arrêt qu'ils avoient obtenu contre ces officiers
qui avoient croiſé un ſcellé appoſé par le juge
de leur abbaye : 3°. que par les ſentences, contrats & autres actes qu'ils avoient rapportés, ils
prouvoient l'uſage conſtant de percevoir ce droit
de ventes & Iſſues dans tous les fiefs de leur
abbaye, comme étant un démembrement de la
baronnie de Mayenne.

Sur le tout, le 9 avril 1737, arrêt qui *infirme*

la sentence de Château-Gontier , & en confirmant
celle du juge de Fontaine-Daniel , condamne Tou-
chard à payer les ventes & Issues sur le pied de
trois sous quatre deniers ; en l'amende de six liv. ,
pour ventes recelées , aux intérêts desdites sommes ,
& en tous les dépens , même en ceux réservés.

Cet arrêt, ainsi que l'interlocutoire, juge bien
disertement qu'il suffit aux seigneurs de justifier
leur possession immémoriale & l'usance de leur
seigneurie , sans être astreints à le prouver directement contre celui auquel ils demandent le
droit d'Issue. C'est ce qu'avoient jugé les arrêts
de 1530 & 1532 , cités par Livonniere sur
Dupineau.

On élève encore une question ; celle de savoir
si pour avoir droit de vente & Issue, il faut justifier une possession antérieure à la réformation de
la coutume ; Livonniere répond : „ On a jugé
„ qu'étant difficile & comme impossible de rap-
„ porter des preuves si éloignées, il suffisoit de
„ prouver une possession immémoriale, qui étoit
„ en ce cas présumée avoir été telle dès avant la
„ réformation de la coutume, lorsqu'on n'oppo-
„ soit rien de contraire. Comme j'ai traité am-
„ plement ces deux questions dans mes remar-
„ ques sur M. Dupineau , je me contente d'en
„ faire ici cette observation sommaire. On peut
„ voir au même endroit les raisons & autorités
„ de ces décisions , & les précautions qu'on peut
„ apporter contre les vexations & extensions des
„ seigneurs.

Voyez les auteurs cités dans cet article.

(*Article de M. H*** , avocat au parlement.*)

ITA EST. Expression empruntée du latin, qui

signifie *il est ainsi.* Le garde des immatricules du châtelet de Paris se sert de ces mots, pour certifier qu'une grosse délivrée par le successeur d'un notaire, est conforme à la minute : il écrit au bas, *Ita est*, & signe au dessous. C'est pourquoi on appelle quelquefois cet officier, *Ita est* du châtelet, & l'on dit chez les notaires, l'acte est chez l'*Ita est.*

ITERATO. L'arrêt ou jugement d'*Iterato*, est celui qui prononce la contrainte par corps après les quatre mois, pour le payement des dépens qui montent au dessus de 200 livres : on l'appelle ainsi, parce que c'est un second arrêt ou jugement, rendu en exécution du premier qui a adjugé les dépens.

L'article 48 de l'ordonnance de Moulins, conforme à cet égard au dernier état de la jurisprudence Romaine, autorisoit l'usage des contraintes par corps après les quatre mois, en vertu de toute espèce de *condamnations de sommes pécuniaires, pour quelque cause que ce fût* ; jusqu'à cependant *la cession & abandonnement des biens du condamné.* L'article premier du titre 34 de l'ordonnance de 1667, a abrogé cette disposition trop étendue de l'ordonnance de Moulins, excepté dans quelques cas, comme ceux *de dépens adjugés, montans au delà de 200 livres, des restitutions de fruits & de dommages-intérêts.*

Il résulte de la combinaison de ces deux loix, que l'on ne peut se prévaloir d'arrêt d'*Iterato*, contre un débiteur qui feroit la cession ou l'abandonnement de ses biens, cette restriction prononcée par l'ordonnance de Moulins n'ayant point été abrogée par l'ordonnance de 1667.

Pour pouvoir obtenir des jugemens d'*Iterato*, il faut d'abord que les dépens, dommages-intérêts, ou restitutions de fruits dont la condamnation est prononcée, montent au moins à 200 liv. : c'est ce que l'article 2 du titre 34 de l'ordonnance de 1667 décide expressément.

On peut joindre plusieurs exécutoires de dépens pour obtenir la contrainte par corps ; il suffit qu'ils puissent ensemble composer 200 livres ; mais il faut que ces exécutoires soient décernés pour dépens adjugés dans une même instance ou dans un même procès. C'est l'espèce de plusieurs arrêts rapportés par les commentateurs de l'ordonnance : ainsi l'on ne pourroit joindre les dépens de plusieurs instances qui ont eu des objets différens, quoiqu'en les réunissant ils montassent à 200 livres ou plus ; *ce qui aura lieu*, porte l'article 13 du titre 20 de l'ordonnance rendue en 1707 pour la Lorraine, *quand même il y auroit plusieurs exécutoires, pourvu que les dépens procèdent d'une seule & même instance.*

Il est également établi dans la jurisprudence, que l'on peut obtenir le jugement d'*Iterato* : 1°. pour les épices & coûts de l'arrêt, & les comprendre dans l'exécutoire : 2°. en réunissant l'exécutoire de la cause principale, & celui de la cause d'appel, sans que le débiteur soit recevable à offrir le payement de l'un des exécutoires, dans le cas où le second ne suffiroit pas pour opérer la contrainte pas corps : 3°. quand même les dépens montans à 200 livres auroient été exposés, non seulement contre le condamné, mais encore contre celui auquel il a succédé & dont il a repris les poursuites.

M. Serpillon rapporte qu'il a été jugé par arrêt

rendu en la chambre des vacations du parlement de Dijon le 13 septembre 1689 , que deux personnes étant condamnées solidairement aux dépens taxés au deſſus de 200 livres, l'une pouvoir être contrainte par corps pour le tout, au préjudice de l'appellation que l'autre avoit interjetée.

En matière criminelle il n'eſt pas beſoin que les dommages & intérêts ſe montent à 200 liv., de même que les dépens , lorſqu'ils tiennent lieu de dommages-intérêts. Il n'eſt pas néceſſaire non plus d'attendre l'expiration des quatre mois, parce qu'alors c'eſt une peine procédant du délit.

Il y a différentes perſonnes contre leſquelles on ne peut obtenir d'arrêt d'*Iterato* ; tels ſont les eccléſiaſtiques conſtitués dans les ordres ſacrés , les mineurs , les femmes , les ſeptuagénaires , &c. ; cependant leur privilége reçoit pluſieurs reſtrictions :

1°. *Quant aux eccléſiaſtiques* , l'article 3 de la déclaration du 30 juillet 1716 veut , conformément à l'article 58 de l'ordonnance de Blois, » que ceux qui ſont conſtitués dans les ordres » ſacrés ne puiſſent être contraints par corps au » payement des dépens dans leſquels ils ſuccom- » beront, & défend aux cours & juges de décerner » contrainte par corps contre eux , pour raiſon » deſdits dépens «.

Si la condamnation aux dépens , & le commandement avec la proteſtation des quatre mois avoit précédé la promotion aux ordres, il paroît qu'on pourroit exercer la contrainte par corps ; la déclaration n'en exempte pas les eccléſiaſtiques pour les dépens dans leſquels ils *auront ſuccombé*, mais ſeulement pour ceux dans leſquels *ils ſuccomberont.*

Ces expreſſions de la déclaration, *conſtitués dans les ordres ſacrés*, juſtifient que les ſimples clercs ne doivent point jouir du privilége : ainſi en vertu d'un arrêt de la cour du 14 juillet 1688 rapporté au journal des audiences, un clerc tonſuré, chanoine depuis vingt-cinq ans, a été contraint par corps, après les quatre mois, au payement des dépens prononcés contre lui.

Si un eccléſiaſtique conſtitué dans les ordres avoit uſé de fraude ; par exemple, s'il avoit changé de nom ou ſupprimé ſa qualité, il ſeroit devenu indigne de ſon privilége, & pourroit être contraint par corps.

Quoique la déclaration ne parle que des dépens, le privilége des eccléſiaſtiques s'étend en vertu de celle du 30 juillet 1716, & de l'article 57 de l'ordonnance de Blois, aux condamnations de dommages-intérêts, comme à toutes leurs dettes civiles.

Sur ce fondement, un arrêt du parlement de Touloufe du 15 juin 1763, a déchargé un prêtre de la contrainte par corps, pour une amende de 100 livres en fait de chaſſe, & lui a accordé des dommages-intérêts de 40 livres, à raiſon de ſon empriſonnement.

Mais il n'en eſt pas de même en matière criminelle ; un arrêt rendu par cette cour le 5 juin 1741, a débouté Me. Eberard, prêtre, de ſon oppoſition à une pareille contrainte exercée contre lui, pour 250 livres de dommages-intérêts auxquels il avoit été condamné en procès criminel.

A l'égard des reſtitutions de fruits ; s'il s'agiſſoit de ceux dont un prêtre auroit joui comme ſequeſtre, il pourroit être contraint par corps, comme dépoſitaire établi par la juſtice. Me. Cizot, curé

curé d'Aftugne, qui avoit obtenu la recréance provifoire des fruits faifis fur lui, à la charge de les tenir *comme dépofitaire de juftice*, ayant été condamné, par corps, à les remettre, le parlement de Touloufe a confirmé cette fentence du fénéchal de Tarbes, par arrêt du 12 février 1757.

2°. *Les femmes & les filles* ne peuvent être, en matière civile, expofées à des contraintes par corps, en vertu d'arrêts d'*Iterato*, à moins qu'ils ne foient la fuite de jugemens rendus contre elles, comme marchandes publiques, ou comme coupables de ftellionat.

Cependant, felon Denifart, il a été jugé, par un arrêt du jeudi 28 mars 1763, qu'une femme pouvoit être emprifonnée pour dépens en vertu de fentences d'*Iterato* : cette décifion rendue fans doute dans des circonftances particulières, ne peut être tirée à conféquence dans la thèfe générale.

En effet, l'article 8 du titre 34 de l'ordonnance de 1667 eft trop formel, pour que l'on puiffe emprifonner des perfonnes du fexe, excepté dans les deux cas que nous avons cités. D'ailleurs on trouve dans Bornier & au journal du palais deux arrêts, l'un du confeil, l'autre du parlement du 14 mai 1671, qui ont déchargé une fille & une femme de la contrainte par corps, pour le payement d'une folle enchère excédant 200 liv.

La jurifprudence, d'accord avec les loix de la nature, ne permet point qu'une femme compromette la dignité & l'honneur du mariage, & porte la haine & la vengeance, jufqu'à demander la contrainte par corps contre fon mari, pour le payement de dépens obtenus contre lui ; cette maxime eft établie dans nos mœurs, fur des arrêts des 6 juillet 1635, 2 avril 1674, & 14 juin 1709.

Le ceffionnaire de la femme n'auroit point à cet égard plus de droits qu'elle. Une femme, difent les auteurs de la collection de jurifprudence, avoit obtenu un exécutoire de dépens contre fon mari ; elle céda les droits à un particulier qui obtint un arrêt d'*Iterato*, en vertu duquel il voulut faire emprifonner le mari. Celui-ci y ayant formé oppofition, le ceffionnaire fut débouté de fa demande, par arrêt du 5 feptembre 1765, fur le fondement que la femme n'avoit pu lui céder que fes droits, & qu'elle étoit non-recevable à vouloir faire emprifonner fon mari.

3°. *Les feptuagénaires* ne peuvent être emprifonnés pour dépens en matière civile, fi ce n'eft lorfqu'il s'agit de ftellionat ou de recélé : mais en matière criminelle, les juges peuvent les condamner par corps au payement des dépens, fuivant les circonftances : c'eft la difpofition de l'art. 9 du titre 34 de l'ordonnance de 1667.

La maxime, *annus inceptus habetur pro completo*, doit-elle avoir lieu pour les feptuagénaires en matière de dépens ? Les parlemens de Touloufe, de Bordeaux, & le confeil, ont décidé cette queftion pour l'affirmative ; mais il paroît que la jurifprudence du parlement de Paris, après avoir varié fur cet objet, eft maintenant pour la négative.

L'ordonnance porte, que les feptuagénaires ne pourront être emprifonnés, *fi ce n'eft pour dépens en matière criminelle* .... & *que les condamnations foient par corps*. Il femble, d'après ces expreffions de la loi, que l'on ne puiffe, par un arrêt d'*Iterato* poftérieur, autorifer l'emprifonne-

ment, lorsque cette peine n'a point été prononcée
dans l'origine. Cependant par un arrêt du parlement de Paris du 10 février 1719, rapporté au
journal des audiences, il a été jugé qu'un septuagénaire n'étoit point exempt de la contrainte
par corps pour dépens en matière criminelle, en
vertu d'arrêts d'*Iterato.* Sans doute si la question
se présentoit aujourd'hui, elle seroit décidée d'une
manière plus conforme aux expressions de la loi.

4°. *Les mineurs* ne peuvent être contraints par
corps pour les dépens obtenus contre eux : à la
vérité, l'ordonnance n'a point fait d'exception en
leur faveur ; mais un mineur ne peut, par des
engagemens civils, compromettre sa liberté : les
loix qui le rendent capable de certaines conventions, ne s'étendent point jusque-là. Un arrêt du
parlement du 21 mars 1676 a déclaré qu'un mineur bénéficier ne pouvoit être contraint par corps
pour les dépens auxquels il avoit succombé sur la
poursuite d'un bénéfice, sauf, après la majorité, à
se pourvoir contre lui.

Quant aux mineurs marchands, comme ils
sont toujours réputés majeurs pour raison de leur
commerce ; comme dans la multitude des engagemens que leur profession exige, il seroit en quelque sorte impossible, & il deviendroit préjudi-
ciable pour eux d'avoir sans cesse à constater l'é-
poque de leur naissance, ils sont sujets à la contrainte par corps, pour les dépens auxquels ils
ont été condamnés dans des affaires de commerce.

5°. *Les tuteurs & curateurs des syndics de
communauté*, ne peuvent être contraints par corps
après les quatre mois, pour dépens faits dans des
affaires qui concernent leurs pupilles ou leurs

communautés. En plaidant en vertu de leur miniftère, ils ne peuvent obliger que les biens de leurs pupilles, & non les leurs, & encore moins leur perfonne.

6°. *Les fermiers du domaine*, en font également exempts, pour les dépens des procès qu'ils ont pourfuivis en leur qualité. C'eft la difpofition d'un arrêt du confeil du 3 février 1672.

Les articles 10 & 11 du titre 34 de l'ordonnance prefcrivent les formalités pour obtenir des jugemens *d'Iterato* : ils veulent que le créancier faffe fignifier le jugement à la perfonne ou domicile du débiteur, avec commandement de payer, & déclaration qu'il y fera contraint après les quatre mois. Après l'expiration de ce délai, à compter du jour de la fignification, le créancier doit lever au greffe le jugement portant que dans la quinzaine la *partie fera* contrainte par corps, & le lui faire fignifier, pour après la quinzaine la contrainte être exécutée fans autres procédures. Toutes les fignifications doivent être faites avec les formalités ordonnées pour les ajournemens.

La quinzaine doit être franche, c'eft-à-dire que l'on ne doit pas y comprendre le jour de la fignification ni celui de l'échéance.

Les arrêts *d'Iterato* font comme tous les autres fufceptibles d'oppofitions.

En Lorraine il n'eft pas néceffaire de prendre un arrêt *d'Iterato* : il fuffit, aux termes de l'article 13 de l'ordonnance de 1707, en faifant fignifier l'exécutoire & le commandement de payer à la perfonne ou au domicile du condamné, de lui déclarer, qu'après les quatre mois expirés il fera contraint par corps au payement.

Suivant cet article, la contrainte peut être exercée pour une condamnation de dépens montans à la somme de 400 livres Barrois & au deſſus.

Voyez les loix citées ; les commentaires ſur l'ordonnance de 1667, par MM. Bornier, Brodier, Serpillon, Sallé & Jouſſe ; le journal du palais & celui-des audiences ; les arrêts de le Prêtre, d'Augeard, de Louet, de la Peirere & de Papon ; le code criminel ; la juriſprudence civile de la Combe ; la collection de juriſprudence, &c. Voyez auſſi les articles CONTRAINTE PAR CORPS, SEPTUAGÉNAIRE, MINEURS, FEMMES, DOMAINE, DEPENS, DOMMAGES-INTÉRÊTS, RESTITUTION DE FRUITS, RECELÉS, SÉQUESTRE, STELLIONAT, FRANC-BARROIS, &c.

(*Article de M. HENRY, avocat au parlement*).

JALAGE. C'eſt le nom d'un droit ſeigneurial qui ſe lève en divers endroits ſur chaque pièce de vin vendue en détail. Différentes coutumes donnent à ce droit le nom d'*afforage*. Voyez ce mot.

JARDINS PUBLICS. Il eſt de la grandeur des rois & des princes d'ouvrir leurs palais au peuple ; de permettre au public de venir admirer la beauté de leurs Jardins, & de s'y promener. C'eſt une eſpèce de bienfait qui ſe renouvelle à tous les inſtans ; c'eſt une jouiſſance qui ſe communique à tous. Cette magnificence eſt d'une grande utilité dans les villes dont les habitans ſont nombreux ; elle les met à même d'aller reſpirer un air plus pur que celui qui ſe concentre au milieu de leurs demeures ; elle leur procure

l'occasion de prendre un exercice salutaire, & les
détermine à quitter leurs foyers pour jouir de
l'ouvrage de la nature dirigé & embelli par
l'art.

Plus cette liberté accordée indistinctement à
tous les citoyens qui se présentent sous des dehors
honnêtes, est noble & généreuse, plus il seroit
condamnable d'en abuser & de la rendre oné-
reuse ou funeste au prince de qui on la tient,
puisque par là on commettroit non seulement un
acte d'ingratitude, mais qu'on exposeroit encore
ceux qui profitent décemment de la même faveur, à
en être privés & à être enveloppés dans une défense
générale.

Tous ceux qui entrent dans un Jardin public
pour s'y promener ou pour le traverser, doivent
respecter l'image du maître qui est dans tous les
lieux qu'ils parcourent, & s'y conduire comme
si le maître lui-même les y suivoit. Ils peuvent
jouir de tout, mais ils ne doivent rien gâter, rien
altérer. Cette fleur qui leur fait plaisir à voir,
un autre aura le même plaisir à l'observer; &
comme elle est pour tous, aucun en particulier
ne doit la cueillir; ces arbres qui donnent un
ombrage si frais, si salutaire, si quelqu'un se
permet de les endommager, il attaque la propriété du maître & le plaisir & la jouissance de
tous.

On est tenu de se comporter dans un Jardin
public vis-à-vis de ceux qui y sont, comme on
se conduiroit dans l'appartement de celui auquel
ce jardin appartient. La générosité du propriétaire
qui nous y admet sans intérêt & seulement pour
nous procurer l'avantage de la promenade, fait
de ce lieu un lieu infiniment plus respectable

que les endroits publics où l'on eſt admis pour de l'argent ou par néceſſité : quand à cette puiſſante conſidération il s'en joint une autre, telle que celle qui réſulte du caractère auguſte du maître, il eſt certain qu'à moins d'avoir perdu toute idée de décence & de reſpect, on ne peut bleſſer en aucune manière la délicateſſe de qui que ce ſoit ; on doit pouſſer l'attention & le ſcrupulé juſqu'à réprimer tous ſes mouvemens de haine, d'indignation, de dédain devant ſon plus mortel ennemi, que l'on y rencontre ; le ſeul parti qu'il ſoit alors prudent de prendre, c'eſt de s'éloigner de lui en détournant la tête pour ne pas l'inſulter de ſon regard.

Les femmes qui ſe promènent dans les Jardins publics & qui en font ſouvent l'ornement, ont droit à nos égards, à nos hommages & même à notre admiration lorſqu'elles ſont belles. L'attention que nous donnons aux charmes de leur figure, à l'élégance de leur ajuſtement, à la grâce de leur marche, ne leur déplaît jamais ; mais il ne faut pas que cette attention ſoit trop marquée, parce qu'elle les expoſe à être en butte à l'empreſſement de la foule qui les trouble, qui les embarraſſe, & les oblige quelquefois de chercher à s'enfuir.

Cette exceſſive attention ſeroit encore plus répréhenſible ſi elle avoit pour objet de faire remarquer un ridicule, & de livrer à la riſée publique une femme miſe extraordinairement ou dont la phyſionomie ſeroit difforme. Il y a même à ce ſujet une ordonnance rendue en la prévôté de l'hôtel, qui porte que ceux qui inſulteront quelqu'un dans un Jardin ou dans une maiſon royale, *ſeront pourſuivis extraordinairement.* Voici ce qui

y donna lieu : Le 12 du mois de mars 1769 ;
plusieurs particuliers s'arrêtèrent pour regarder
avec affectation une jeune personne qui étoit assise
avec sa mère & sa compagnie, dans une des
allées des tuileries ; ils s'attroupèrent autour
d'elle & la forcèrent de se retirer & de sortir
par la porte des feuillans, suivie d'une foule de
monde.

Le procureur du roi de la prévôté de l'hôtel
rendit plainte de cette scène, » & exposa qu'il
» n'arrivoit que trop souvent que différens par-
» ticuliers, oubliant le respect & la décence que
» l'on doit garder dans les Jardins des palais
» qui appartiennent à sa majesté, s'y condui-
» soient d'une manière repréhensible, se fixant,
» s'arrêtant, par le seul effet de leur caprice &
» sans aucun sujet, devant des personnes singu-
» lièrement d'un sexe qui doit mériter le plus
» d'égard ; que ces mêmes particuliers forment
» des espèces d'attroupemens autour d'elles, ce
» qui les force de se retirer après avoir essuyé
» par ce moyen un genre d'insulte, & les prive
» ainsi de l'avantage des promenades que sa
» majesté veut bien procurer à ses sujets ; qu'une
» pareille conduite étoit d'autant plus condam-
» nable, qu'elle blessoit tout à la fois & la
» majesté royale, par le manque de respect dans
» ses palais, & la tranquillité publique «.

Sur cette remontrance, il fut arrêté qu'il seroit procédé à la continuation de l'information
commencée contre les quidams, auteurs du
trouble arrivé le 12 mars, & que les ordonnances
de sa majesté, concernant la police qui doit être
observée dans ses palais, châteaux & Jardins
en dépendans, & singulièrement dans celui du

château des tuileries, feroient exécutées felon
leur forme & teneur, en conféquence que tous
particuliers feroient tenus de fe conduire dans lefdits Jardins avec toute la décence & le refpect
dus auxdits lieux ; la même ordonnance porte,
» faifons défenfes de former aucuns attroupemens
» dans lefdits Jardins, fous tel prétexte que ce puiffe
» être, fous peine contre ceux qui feroient les au-
» teurs defdits attroupemens, d'être pourfuivis ex-
» traordinairement fuivant la rigueur des loix, pour
» le manque de refpect dû à fa majefté, & comme
» perturbateurs de la liberté & de la tranquillité
» publique « : cette ordonnance a été affichée aux
Jardins des tuileries, du luxembourg & des autres
maifons royales. —

On ne devroit pas fe permettre de mener dans
un Jardin public ces animaux domeftiques, qui,
dans leur courfe rapide & par leurs mouvemens
de joie, dérangent la fymétrie des parterres, gâtent
les plates-bandes, & augmentent les frais de
l'entretien. Mais puifque par égard pour la foi-
bleffe de ceux auxquels ces animaux appartiennent
& qui fe plaifent à s'en faire fuivre, on tolère
qu'ils les y faffent entrer, au moins faut-il qu'ils
aient un œil attentif fur eux, qu'ils les éloignent
des endroits que leurs pas peuvent endommager.

Il n'arrive que trop fouvent que nos Jardins
publics deviennent des lieux de proftitution. la
nuit y prê e fouvent fon voile à des amours mer-
cenaires ; des beautés errantes y offrent des con-
quêtes faciles. Nous n'avons pas befoin de dire
combien l'homme qui s'abandonne à cette dé-
bauche honteufe manque tout-à-la-fois & aux
mœurs publiques, & à la majefté royale qui réfide
dans tout fon palais.

Les ordonnances multipliées rendues contre cette prostitution nocturne, la surveillance des gardiens, les condamnations sévères prononcées contre les coupables surpris, ont intimidé, mais non pas corrigé ceux qui ne l'avoient pas été.

Des ordonnances ont interdit aux gens du peuple & aux domestiques l'entrée de certains Jardins publics, qui par là sont devenus le rendez-vous des citoyens honnêtes; & la preuve de la sagesse de ces ordonnances, c'est le dégât, le ravage, le tumulte que la populace y répand le seul jour où elle y est admise. Jusqu'à quel point la licence & la barbarie n'ont-elles pas été récemment portées dans un des plus beaux Jardins de l'univers ? les statues, ces chef-d'œuvres de la sculpture, qui animent & embellissent les charmans bosquets de Marly, ont été mutilés par des mains ennemies des arts. Certainement ceux qui ont commis ces attentats ont mérité une peine très-sévère, & il auroit peut-être été à souhaiter qu'en échappant à la rigueur des ordonnances, leur action criminelle & que l'ignorance la plus barbare ne rend pas excusable, n'eût pas été tout-à-fait impunie. Des Jardins grandement dessinés & peignés avec soin, tels que ceux qui embellissent la capitale, sont précieux aux yeux de ceux qui ont le goût du beau, & auxquels l'habitude du luxe a rendu l'art nécessaire; mais il ne faut au peuple que des bois, que des champs couverts de gazons, que des fleurs qui viennent sans culture. Ennemi de la gêne, de la contrainte, il faut qu'il puisse tout fouler, tout arracher: ses promenades ne doivent offrir à ses yeux ni statues, ni vases, ni fleurs précieuses. Il ressemble aux enfans qui aiment à tout dénaturer, & qui ne peuvent pas comprendre que ce qu'ils voient ne leur appartient pas. Ce n'eſt pas procurer aux gens du peuple une jouiſſance, que de leur accorder la liberté de parcourir un Jardin, à la condition qu'ils ne toucheront à rien ; qu'ils marcheront paiſiblement ſans incommoder, ſans heurter perſonne : ils s'y regardent comme dans un ſéjour de contradictions ; la préſence des gardiens qui les obſervent les importunent, & ils ne tardent pas à s'y ennuyer ou à tranſgreſſer la loi qui leur eſt impoſée. C'eſt donc avec raiſon qu'on écarte le peuple des Jardins royaux, ſur-tout dans les villes où il eſt nombreux : on ne lui ôte preſque rien, & on donne beaucoup aux gens d'un certain état, en leur accordant l'agrément d'une promenade paiſible, où règnent la décence, l'honnêteté & la diſcrétion. Les enthouſiaſtes de la liberté illimitée, qui ne veulent point de diſtinction, point d'excluſion, qui confondent l'ordre avec la ſervitude, ne ſeront point de notre avis, & nous regarderont comme un ennemi du peuple & de la liberté ; mais c'eſt au contraire parce que nous aimons le peuple & ſa liberté, que nous croyons qu'on ne doit le laiſſer entrer qu'où il peut être libre & heureux.

(*Cet article eſt de M. DE LA CROIX, avocat au parlement.*)

JAUGE ET COURTAGE (DROITS DE). Impoſition qui fait partie de la ferme des aides.

On ignore en quel temps furent créés les premiers jaugeurs de futaille. Il paroît par l'édit du mois d'août 1527, que François I, pour faire ceſſer les fraudes qui ſe commettoient dans les meſures & futailles des tonneaux de vin, diſtingués alors par les noms de vins François & vins

de Bourgogne, ordonna que ceux qui viendroient
par les rivières de Seine, Yonne, Marne, Oise
& pays des environs, ceux du crû autour de Paris
& au dessous seroient jaugés & mesurés à la
mesure Françoise. Henri II créa par édit du mois
d'octobre 1550, dans chacune des villes situées
sur ces rivières, des offices de jaugeurs de vin,
en tel nombre que les juges des présidiaux, en
appelant avec eux plusieurs notables bourgeois &
marchands, jugeroient nécessaire, pour jauger,
mesurer & marquer les futailles & tonneaux qui
passeroient par lesdites rivières : il attribua à ces
offices les mêmes droits & prérogatives dont jouis-
soient les jaugeurs de Paris. Le nombre de ces
offices fut augmenté, & leurs fonctions réglées
par différens édits & réglemens successivement
rendus depuis 1578 jusqu'en 1679.

Il ne faut pas confondre les droits de Jauge &
courtage avec ceux de courtiers-jaugeurs, dont
les offices furent créés par l'édit du mois de juin
1572, pour le courtage de toutes sortes de denrées & marchandises, & dont il a été parlé à
l'article courtiers-jaugeurs (*).

Les offices, tant de jaugeurs que de courtiers,
furent supprimés par édit de janvier 1632, ré-
tablis par autre édit du mois de juillet 1656, &
supprimés de nouveau par arrêt du conseil du 11
décembre 1658. Leurs droits continuèrent d'être
perçus au profit du roi, sous le nom de Jauge
& courtage. Ces offices furent encore recréés par
édit du mois de février 1674, sous le titre de
jaugeurs de futailles & de courtiers de vin, cidre,

(*) Voyez le tome XVI de cet ouvrage, page 375.

eau-de-vie, bierre, huile, & autres boiſſons & liqueurs, pour en être établi tel nombre qu'il ſeroit jugé néceſſaire par le conſeil dans toutes. les villes & lieux du royaume. Cet édit fixoit les droits de courtage à dix ſous par muid, meſure de Paris, pour les boiſſons & liqueurs ; le droit d'une pièce d'eau-de-vie étoit dans la proportion de trois pièces de vin. La Jauge étoit réglée à 5 ſous par muid, & pour les autres vaiſſeaux à proportion. Ces deux droits réunis devoient, ſuivant un arrêt du conſeil du premier décembre de ladite année 1674, être perçus avec ceux de gros, lors de la vente, dans les généralités, villes & lieux où le gros a cours, & payés à la vente en détail dans les lieux exempts du gros. Ces offices, ainſi que les droits qui leur étoient attribués, furent de nouveau ſupprimés par arrêt du conſeil du 19 ſeptembre 1679.

: Enfin la déclaration du 10 octobre 1689 rétablit les droits de Jauge & courtage. Cette déclaration, qui forme encore le titre de la perception actuelle (*), a réglé les droits de courtage à 10 ſous par muid de vin, 30 ſous par muid d'eau-de-vie, & 6 ſous par muid de bierre, cidre & poiré, & ceux de Jauge à la moitié de ceux de courtage : ainſi les droits connus ſous la dénomination de Jauge & courtage ſont de 15 ſous par muid de vin, 45 ſous par muid d'eau-de-vie, & de 9 ſous par muid de bierre, cidre & poiré. Ces droits qui ſe perçoivent aujourd'hui,

_____

(*) L'ordonnance des aides de 1680, ne fait aucune mention de ces droits, parce qu'elle fut rendue dans l'intervalle de leur ſuppreſſion.

ainſi que nous venons de l'obſerver, ſur le pied fixé par la déclaration de 1689, ont lieu dans tous les pays d'aides ſujets ou non au droit de gros ; ſavoir, le droit de Jauge une fois ſeulement à la première vente, & celui de courtage autant de fois que les boiſſons ſont vendues & revendues.

Ils ſe perçoivent à la vente en gros, ou à la vente en détail, ou à l'entrée, ou au paſſage, ſuivant les lieux où ils ſont établis. Ils ſe lèvent ſur le vin & autres boiſſons dans tous les lieux où le droit de gros a cours, même dans la généralité d'Amiens & dans l'élection de Paris, ſur les eaux-de-vie, attendu qu'ils n'ont pas été compris dans la réunion des droits de gros & de détail à ceux d'entrée ſur cette liqueur. Ils ſont dus dans les mêmes cas où le droit de gros ſe perçoit, à l'exception de la ville de Rouen où ils ſont payés aux entrées ſuivant l'arrêt du conſeil & la déclaration du 31 décembre 1689.

Le droit de courtage ſe perçoit auſſi conjointement avec le gros manquant, dans les lieux où ſe font les inventaires, conformément à l'arrêt du conſeil du premier décembre 1674. Il ſe lève de même à la vente en gros dans les pays qui ſont exempts du droit de gros, mais ſujets à l'augmentation, ou qui, ayant été originairement ſujets au gros, en ſont exempts au moyen du payement de l'équivalent ou de quelque autre droit. Telles ſont les diſpoſitions des arrêts du conſeil des 21 janvier 1675 & 5 août 1677.

Dans les lieux originairement exempts des droits de gros & d'augmentation, les droits de Jauge-courtage s'y perçoivent au détail, à l'exception de la Normandie, où ils ſe lèvent aux entrées avec la subvention simple dans les villes & bourgs sujets à ce droit, celui de Jauge-courtage ne se percevant au detail dans cette province que dans les villes & lieux exempts d'entrées.

La ville de Lyon s'est rachetée en 1693 des droits de Jauge & courtage au détail, au moyen d'une somme de trente mille livres rappelée dans l'arrêt du conseil du 12 décembre 1693.

Conformément aux arrêts du conseil des 5 & 22 novembre 1718, 30 juin 1719, & 21 février 1736, les droits de Jauge-courtage sont dus par toutes sortes de personnes sans exception, même par les ecclésiastiques, pour les boissons du crû de leurs bénéfices qu'ils vendent en détail, quoiqu'ils en soient exempts à l'entrée sur les mêmes boissons, dans les lieux où ces droits se perçoivent à l'entrée; les ecclésiastiques n'étant en général exempts d'aucun droit de détail.

Les droits de Jauge-courtage se perçoivent encore sur les boissons sortant d'un pays d'aides où le droit de gros n'a point cours pour entrer dans un autre où il a cours, ou pour aller dans les pays exempts d'aides ou à l'étranger, à l'exception des vins du crû de Xaintonge transportés à l'étranger ou dans les provinces où les aides n'ont point cours, & qui en ont été déchargés par arrêt du conseil du 27 avril 1706.

Sur celles venant des pays exempts d'aides, ou des pays étrangers dans les pays d'aides, soit que le gros y ait cours ou non (*).

Sur des boissons transportées d'un pays sujet au droit de gros en des lieux qui sont exempts du

_____

(*) Voyez la déclaration du 10 octobre 1689, & l'arrêt du conseil du 11 décembre 1725.

gros & de l'augmentation, ou qui ne font fujets qu'à l'augmentation, ou bien deftinées pour l'étranger.

Enfin fur celles venant d'un pays exempt d'aides, pour être tranfportées dans un pays pareillement exempt, lorfqu'elles empruntent le paffage d'un lieu fujet dans une efpace de plus de trois lieues communes du pays; ou fortant d'un pays fujet pour rentrer dans un pays pareillement fujet, lorfque le paffage qu'elles empruntent dans le pays exempt s'étend de même au delà des trois lieues. Si dans l'un & l'autre cas, le paffage emprunté n'eft que de trois lieues & au deffous, les droits ne font point dus; mais les voituriers font tenus de les configner & d'obferver les formalités prefcrites par les lettres-patentes du 3 février 1724.

Perfonne n'eft exempt de ces droits; ils font dus même fur le vin du crû deftiné pour la provifion des propriétaires; les feuls eccléfiaftiques en font exempts fur les boiffons provenant du crû de leur bénéfice feulement, & non de leur titre facerdotal.

L'hôtel-dieu de Rouen en a été exempté par arrêt du confeil du 13 janvier 1693, pour les boiffons provenant de fon crû.

Les habitans de Saint-Germain-en-Laye, qu jouiffent en tout temps de l'exemption des droits d'entrée, ont été affujettis, par arrêt du confeil du 30 décembre 1678, au payement de ceux de Jauge-courtage fur les vins qui y font amenés des lieux où le gros n'a pas cours, hors le temps du féjour du roi, ou de la famille royale.

Les arrêts du confeil des 14 feptembre 1744 & 14 janvier 1749, ont modéré les droits de

Jauge

courtage au tiers fur les vins du crû de la châtellenie de Champteceaux & de la paroiffe de Bou-
zillé en Anjou, conduits en Bretagne par les habitans de cette province.

·, Avant de terminer cet article, nous croyons devoir entrer dans quelques détails fur les formalités
employées pour affurer le payement des droits de
Jauge & courtage.

Dans tous les cas de ventes en gros, les droits
font payés conjointement avec le gros & à l'inftar
de ce droit. C'eft fur ce principe que les boiffons achetées dans des lieux où le gros a cours,
& deftinées pour Paris, ou que les propriétaires
font venir de leur propre crû pour y être vendus,
n'acquittent point les droits de Jauge courtage
au lieu du crû, à condition de les payer aux
premiers des bureaux établis par le fermier aux
environs de Paris ; tels font ceux d'Etampes,
Montargis, Briare & autres. Les voituriers font
obligés de repréfenter aux bureaux de leur route
la quittance des droits payés au premier bureau, & de laiffer cette quittance aux bureaux
d'entrée de Paris. A l'égard des vins venant en
cette capitale par des routes fur lefquelles le fermier n'a point de bureaux ; les droits de Jauge-
courtage doivent en être payés à Paris conjointement avec les droits d'entrée.

Dans tous les cas où ces droits fe perçoivent
au paffage, ils doivent être acquittés au premier
bureau établi à cet effet, foit par terre, foit par
eau, & ne peuvent être exigés qu'une feule fois.

Les vins enlevés par mer du Poitou pour la
Picardie, ont été affujettis, par arrêt du confeil
du 23 avril 1678., aux droits de Jauge-courtage
qui doivent être acquittés à la fortie du Poitou.

Il est défendu, par la déclaration du 10 octobre 1689, à tous marchands & voituriers de passer les bureaux établis pour la levée des droits de Jauge-courtage, sans faire déclaration des boissons qu'ils conduisent, & acquitter les droits, à peine de confiscation des boissons & équipages servant à les conduire, & de cent livres d'amende. Ce réglement défend aussi, sous les mêmes peines, à toutes personnes de tenir magasin ni entrepôt de boissons, dans les trois lieues des villes & des limites qui séparent les pays d'aides où le gros n'a pas cours, d'avec les pays exempts d'aides.

La connoissance des contestations qui s'élèvent sur la perception de ces droits est attribuée par ladite déclaration du 10 octobre 1689, aux juridictions ordinaires qui connoissent des droits d'aides, c'est-à-dire aux élections.

Voyez les différens réglemens cités dans cet article ; le traité des aides de la Bellande ; & les mémoires concernant les droits & impositions, imprimés au Louvre, en 4 vol. in-4°.

(*Article de M. D**.*)

JAUGE (DROIT DE). En Lorraine, ce droit a été établi par un édit de Charles III, du 14 novembre 1579, qui fait défenses à toutes personnes de quelque qualité & condition qu'elles soient, d'exposer en vente & de distribuer dans les foires, marchés, lieux publics, maisons, caves, celliers, ni autres lieux quelconques, aucune pièce ou tonneau de vin, soit étranger, soit du crû du pays, que premièrement ces pièces ou tonneaux n'ayent été jaugés ou marqués par les jaugeurs jurés, commis par le souverain ou ses prévôts & officiers, & par les hauts-justiciers dans leurs hautes-justices.

Cette impofition indirecte eft déguifée fous un motif d'intérêt public. Il s'agit d'empêcher que les acheteurs ne foient tenus de payer au delà de la quantité de vin que les pièces ou tonneaux, feront trouvés contenir.

La peine fixée par l'édit contre les vendeurs contrevenans, eft la confifcation des vins ; & contre les acheteurs, celle du prix. Cette peine doit avoir lieu dans tous les cas, même à l'égard de ceux qui allégueroient contre la rigueur de la loi, le prétexte d'avoir vendu, acheté & reçu les pièces & tonneaux de gré à gré, & de les tenir pour bons & de jufte mefure, excufes que le fouverain a prévues & profcrites.

Le produit de ce droit dans les hautes-juftices royales fait aujourd'hui partie des droits des domaines de Lorraine. Il a donné lieu à plufieurs réglemens, qui vont être expofés en raccourci.

Le premier eft un arrêt de la chambre des comptes, cour des aides, domaines & monnoies de Nancy, du 27 avril 1750, rendu fur l'appel d'une fentence rendue par les officiers du bailliage de Lunéville, comme juges domaniaux, le 12 février 1748.

Les officiers de l'hôtel commun de Lunéville avoient compris le droit de Jauge dans la ferme des octrois de cette ville. Le fermier domanial du droit de Jauge fe pourvut au bailliage contre le fermier des octrois & fon prépofé. Il demandoit qu'il leur fût fait défenfes de jauger en aucun cas les pièces ou tonneaux de liqueurs en cette ville, & pour l'avoir fait, qu'ils fuffent condamnés en mille francs de dommages-intérêts & aux dépens.

Sur cette demande, la fentence du bailliage

de Lunéville mettoit les parties hors de cour ;
& faisant droit sur des requisitions prises par le
procureur du roi, elle accordoit en quelque sorte
la concurrence pour le droit de Jauge au fermier
du domaine royal & au fermier des octrois,
puisqu'elle faisoit défenses à ce dernier de jauger
à l'avenir, dans les cas de droit, à l'exclusion
du premier, &c. Ce réglement provoqué par le
procureur du roi, contenoit quelques autres articles qu'il est inutile de rapporter.

Les officiers de l'hôtel-de-ville de Lunéville
avoient eux-mêmes fait un réglement concernant
les jaugeurs de vin le 18 novembre 1744.

Sur l'appel, la chambre des comptes condamne le fermier des octrois en vingt-cinq livres
de dommages-intérêts envers le fermier du domaine, & aux dépens : elle condamne les officiers
de l'hôtel-de-ville de Lunéville à acquitter &
indemniser le fermier des octrois de la précédente
condamnation avec dépens.

Ensuite, faisant droit sur les requisitions du
procureur général, la chambre casse & annulle
le réglement de l'hôtel-de-ville concernant les
jaugeurs, comme attentatoire à l'autorité de la
chambre ; elle fait défenses à ces officiers d'en
rendre de pareils à l'avenir.

Elle ordonne, par forme de réglement : 1°. que
lorsque les jaugeurs du domaine seront requis
de la part des bourgeois vendans ou achetans
vins, ils ne pourront exiger que deux sous par
chaque pièce de vin, tant grosses que petites,
payables moitié par le vendeur, moitié par l'acheteur.

2°. Elle fait défenses à toutes personnes autres
que le jaugeur domanial, de jauger dans les cas
de vente ou achat de vins & autres liqueurs,

fous prétexte d'exercice de la ferme des octrois de Lunéville, ou autrement, à peine de vingt livres de dommages-intérêts par chaque contravention.

Les officiers de l'hôtel-de-ville de Lunéville demandèrent au conseil de Lorraine la caffation de cet arrêt de la chambre des comptes; mais il fut confirmé par un arrêt de ce conseil, du 5 septembre 1752.

En 1753, le fermier général des domaines de Lorraine & Barrois préfenta au roi Staniflas une première requête pour terminer les conteftations qu'on lui fufciroit de toutes parts à l'occafion du droit de Jauge. Les fermiers des octrois des villes vouloient s'approprier ce droit à l'exclufion du domaine. D'ailleurs, on foutenoit que l'édit du 14 novembre 1579 ne parloit que de la Jauge des vins, & n'avoit aucune application à la bierre, aux eaux-de-vie & autres liqueurs, &c.

Par arrêt du 10 mars 1753, le confeil profcrit toutes ces prétentions, & renouvelle les difpofitions expreffes de l'édit du duc Charles, pour la Jauge des vins, bierres, eaux-de-vie & autres liqueurs, expofés en vente ou vendus, foit publiquement, foit dans les maifons privées, &c.

De nouvelles difficultés s'élevèrent fur la perception de ce droit, la quotité n'étant pas uniforme. Il avoit été fixé par l'édit de 1579, à *fix deniers par pièce ou tonneau.* Le fermier des domaines prétendoit dans une feconde requête, que fix deniers faifoient en 1579, un objet équivalent au moins à quatre fous de la monnoie actuelle (en 1754). Il obfervoit que l'ufage prefque général & fort ancien, étoit de percevoir deux fous par pièce; qu'à Nanci, la ville qui jouit de ce même droit, faifoit percevoir trois fous par fon fermier; qu'à Sarguemines, c'étoit fix gros; qu'ailleurs il étoit arbitraire; que l'arrêt de la chambre de 1750 l'avoit fixé à deux fous, mais que cet arrêt n'avoit été rendu que pour Lunéville.

En conféquence, un, fecond arrêt du confeil des finances & commerce, du 9 février 1754, ajoutant à celui du 10 mars 1753, ordonne que le droit de Jauge demeurera fixé à deux fous par chaque pièce ou tonneau, tant gros que petit, de vin, bierre, eau-de-vie & autres liqueurs, qui feront vendus en gros ou en détail, lequel droit fera acquitté par moitié entre le vendeur & l'acheteur.

Ces deux arrêts ont été revêtus de lettres-patentes enregiftrées à la chambre des comptes.

Il feroit digne peut-être de la fageffe de ce tribunal, d'ajouter aux premiers réglemens dont on vient de rendre compte, quelques précautions indifpenfables, relativement aux prépofés du fermier pour la Jauge des vins & liqueurs. Cette commiffion eft trop fouvent remplie au hafard par des hommes qui n'ont aucune notion de fa délicateffe & de fon importance. L'art de mefurer la capacité des vaiffeaux pleins ou vuides, a fes principes & fes difficultés; & la Jauge, dirigée par des mains ignorantes ou infidelles, peut être l'occafion d'une infinité d'erreurs d'autant plus inévitables, que le miniftère des jaugeurs domaniaux eft exclufif en Lorraine. Ne faudroit-il pas qu'ils fuffent affujettis à des épreuves déterminées & à un examen févère fur les règles & la pratique du jaugeage, lors de leur preftation de ferment

devant les lieutenans généraux des bailliages ? Il
n'appartient pas à l'auteur de cet article de développer le réglement à faire sur ce point. Il se borne
à désirer que la chambre des comptes s'occupe
d'une police aussi intéressante. Puisque le droit de
Jauge a un but d'utilité publique, il faut au moins
tâcher que l'exactitude de son exercice rachète
le désagrément de sa bursalité.

On a remarqué, d'après le fermier des domaines, que le droit de Jauge à Nanci fait partie
des fermes de cette ville. Il s'y perçoit sous le
nom de *tauxage & jaugeage*. On trouve à ce sujet
une ordonnance du duc Léopold du 15 janvier
1702, dont les dispositions principales doivent
être connues.

Les personnes de qualité noble qui demeurent
à Nanci, & *qui vendent du vin en détail*, ne font
assujetties par cette loi à payer le droit de Jauge
qu'à raison de deux gros seulement par chaque
virly de vins provenant de leurs rentes & revenus.
(Le virly ou muid contient sept mesures dont
chacune fait environ 47 pintes de Paris.)

Mais les personnes de condition roturière payent
dix gros par chaque virly.

On seroit peut-être en droit de s'étonner de
cette différence entre les nobles & les roturiers,
pour un impôt, ou plutôt pour un octroi qui n'est
pas personnel, & qui tombe uniquement sur les
débitans de vin en détail. Il semble qu'il n'y ait
guère de distinction entre les bouteilles de vin
achetées dans la cave d'un gentilhomme ou d'un
roturier : mais il faut respecter, même dans leur
bizarrerie, les anciens priviléges d'un ordre infiniment plus respectable encore par ses vertus·

Au reste, personne ne peut s'exempter du

payement de ces droits, à peine de vingt-cinq livres d'amende, & de tous dépens, dommages-intérêts envers le fermier.

Tous les particuliers doivent avertir le fermier lorsqu'ils veulent débiter du vin en détail, afin qu'il puisse marquer les tonneaux.

C'est pardevant les officiers municipaux de Nanci, que le fermier fait assigner les contrevenans, à la différence des autres villes où le droit est censé domanial, & où la connoissance en appartient conséquemment aux bailliages.

Voyez le recueil des édits & ordonnances de Lorr.- tome premier, page 296, tome 8, page 161, tome 9, page 33 & 123.

(Cet article est de M. FRANÇOIS DE NEUF-CHATEAU, lieutenant-général, civil & criminel du présidia. de Mirecourt, des académies de Dijon, Marseille, Lyon, Nanci, &c.)

JÉSUITES. On a ainsi appelé un ordre religieux institué par Ignace de Loyola, & connu sous le nom de la compagnie ou société de Jésus.

Ignace de Loyola qui avoit donné ses premières années au métier de la guerre & aux amusemens de la galantérie, ayant été blessé dangereusement au siége de Pampelune en 1521, prit la résolution de renoncer au monde & de se consacrer à dieu : mais plus zélé qu'éclairé, il se persuada que dieu exigeoit de lui qu'il se dévouât au service de la vierge en qualité de son chevalier. Plein de cette idée & encore convalescent, il avoit, selon les loix de l'ancienne che-valerie, passé toute la nuit armé devant l'autel de la vierge; il pendit son épée à un pilier, s'habilla en chevalier errant , & en prit toutes les allures. Un maure qui conteſtoit la virginité perpétuelle de la mère de dieu , penſa périr ſous le fer de ce nouveau converti. Ignace , perſuadé de plus que dieu l'avoit appelé à la converſion des infidèles , ſe mit à faire ſes études , quoiqu'il eût alors trente-trois ans. Il les continua à Paris , où il arriva au commencement de février en 1528. Un zèle ardent pour ſa prétendue miſſion , lui tint lieu des talens naturels dont il étoit privé; il s'aſſocia pour ce deſſein quelques-uns de ſes compagnons , entre autres Lefevre , Xavier , Lainez , Salmeron , Bobadilla , & Rodriguez. Ayant réſolu de ſe les attacher par un engagement irrévocable , il les mena pour cet effet dans l'égliſe de Montmartre le jour de l'aſſomption de l'an 1534 ; & les deux années ſuivantes , à pareil jour , ils renouvelèrent leurs vœux , qui conſiſtoient à aller prêcher la foi aux infidèles du Levant , ou à aller demander au pape telle miſſion qu'il voudroit leur donner. Comme ils ne purent accomplir leur premier projet , ils allèrent à Rome offrir leur ſervice au ſaint père , à qui Ignace préſenta le plan de la nouvelle ſociété , qu'il décora du nom de Jéſus. Paul III nomma des commiſſaires qui s'oppoſèrent d'abord au nouvel inſtitut. Mais Ignace ayant ajouté aux trois vœux ordinaires , une obéiſſance ſans borne au ſaint ſiége , il fut exaucé. Ignace fut déclaré général de ſon nouvel ordre en 1541.

L'établiſſement de ces religieux en France ſouffrit dans l'origine beaucoup de difficulté ; mais il y fut enfin autoriſé par des lettres-patentes du 23 décembre 1560 , que le parlement n'enregiſtra néanmoins qu'en ordonnant que *ces religieux feroient tenus de fe pourvoir fur l'approbation dé leur ordre à la prochaine affemblée de l'églife Gallicane.*

Pour remplir cette obligation, les Jéfuites fe préfentèrent au clergé affemblé au colloque de Poiffy, & en obtinrent le 15 feptembre 1561, une délibération, par laquelle ils furent autorifés à s'établir dans le royaume, à la charge que l'évêque diocéfain auroit fur eux toute furintendance, juridiction & correction; qu'ils n'entreprendroient rien, *foit en fpirituel ou en temporel*, au préjudice des évêques, chapitres, curés, paroiffes, univerfités, &c.

Par arrêt du 20 décembre 1594, le parlement de Paris bannit les Jéfuites du royaume, fur le fondement que leurs chefs avoient été complices du crime de lèze-majefté au premier chef commis par Jean Châtel. Mais ils obtinrent au mois de feptembre 1695, un édit qui leur permit de rentrer en France fous les conditions que leur avoit impofées le clergé lors du colloque de Poiffy.

Dans la fuite, cet ordre devint très-puiffant dans le royaume, fur-tout fous Louis XIV. Il y étoit encore dans un état floriffant lorfqu'en 1761 on vit éclater la fameufe banqueroute du père la Valette. Les correfpondans de ce Jéfuite n'ayant pu obtenir à l'amiable l'indemnité qu'ils prétendoient leur être due par la fociété, comme folidaire de leur commiffionnaire, réclamèrent pour cet effet la juftice des tribunaux. Les Jéfuites mal-adroits fe défendirent au lieu d'affoupir l'affaire. Le parlement de Paris, frappé du commerce & des entreprifes immenfes de la fociété fous le nom du père la Valette, faifit cette occafion pour prendre connoiſſance des conſtitutions de l'ordre ; il les examina, & le réſultat de ſon examen a été le fameux arrêt du 6 août 1762, qui déclare l'inſtitut de la ſociété inadmiſſible par ſa nature dans tout état policé, comme contraire au droit naturel, attentatoire à toute autorité ſpirituelle & temporelle, & tendant à introduire dans les égliſes & dans les états un corps politique, dont l'eſſence conſiſte dans une activité continuelle pour parvenir par toutes ſortes de voies, d'abord à une indépendance abſolue, & ſucceſſivement à l'uſurpation de toute l'autorité.

Et faiſant droit ſur l'appel comme d'abus, interjeté par le procureur général, des vœux & ſermens émis par les prêtres, écoliers & autres de la ſociété, » l'arrêt ſuſdit déclare qu'il y a » abus dans leſdits vœux & ſermens; ce faiſant, » les déclare non valablement émis : ordonne » que ceux des membres de ladite ſociété qui » auront atteint l'âge de 33 ans accomplis au jour » du préſent arrêt, ne pourront prétendre à au-» cune ſucceſſion échue & à écheoir, confor-» mément à la déclaration du 16 juillet 1715, » qui ſera exécutée comme loi de précaution » néceſſaire pour aſſurer le repos des familles, » ſans que de ladite déclaration il ait pu être » induit aucune approbation de ladite ſociété, » ſi ce n'eſt à titre proviſoire, & ſous les con-» ditions toujours inhérentes à l'admiſſion & réta-» bliſſement de ladite ſociété.

» Enjoint aux membres de ladite ſociété de » vider toutes les maiſons, colléges, ſéminaires, » noviciat, ou autres établiſſemens qu'ils occupent, » & de ſe retirer dans tel endroit du royaume » que bon leur ſemblera, autres que les colléges,

» féminaires & maifons deftinées pour l'éducation
» de la jeuneffe, fi ce n'eft qu'ils y entrent à titre
» d'étudians, ou pour prendre les ordres; leur
» enjoint de vivre dans l'obéiffance du roi & fous
» l'autorité des ordinaires, fans pouvoir fe réunir
» en fociété entre eux; leur fait défenfes d'obferver
» à l'avenir lefdits inftituts & conftitutions, de
» vivre en commun ou féparément fous leur
» empire.

   » Ordonne que tous ceux de ladite fociété qui
» fe trouveroient dans ces maifons & établiffemens
» au 6 août 1761, ne pourront remplir des grades
» dans aucune des univerfités du reffort, poffeder
» canonicats, ni des bénéfices à charge d'ames,
» vicariats, emplois ou fonctions, ayant même
» charge, chaires ou enfeignemens publics,
» offices de judicature ou municipaux, ni géné-
» ralement remplir aucune fonction publique,
» qu'ils n'ayent prêté ferment d'être bons & fidèles
» fujets & ferviteurs du roi, de tenir & profeffer
» les libertés de l'églife Gallicane, & les quatre
» articles du clergé de France, contenus en la
» déclaration de 1682; d'obferver les canons
» reçus & les maximes du royaume; de n'entre-
» tenir aucune correfpondance directe ni indirecte,
» par lettres, par perfonnes interpofées, ou autre-
» ment, en quelque façon & manière que ce
» puiffe être, avec le général, le régime & les
» fupérieurs de ladite fociété, ou autres perfonnes
» par eux prépofées, ni avec aucuns membres de
» ladite fociété réfidans en pays étrangers; de
» combattre en toute occafion la morale perni-
» cieufe contenue dans les extraits des affertions
» dépofées au greffe de la cour, notamment en
» ce qui concerne la sûreté de la perfonne des

» rois & l'indépendance de leur couronne, & en
» tout se conformer aux dispositions du présent
» arrêt «.

Le parlement de Rouen avoit déjà rendu un
arrêt de ce genre le 12 février précédent, & la
plûpart des autres parlemens proscrivirent aussi
par la suite l'institut de la société dans leur ressort.

Enfin un édit du mois de novembre 1764,
enregistré dans tous les parlemens, a dissous
l'ordre entier des Jésuites en France, & a permis
à chacun de ceux qui étoient membres de cette
société, de vivre en particuliers dans les états du
roi sous l'autorité spirituelle des ordinaires, & à
la charge de se comporter en toute chose comme
de bons & fidèles sujets de sa majesté.

Cet ordre a essuyé de semblables révolutions
dans la plûpart des états de l'Europe, jusqu'à ce
qu'enfin il a été éteint dans toute la chrétienté
par le feu pape Ganganelli.

Depuis cette extinction, le roi a, par un édit
du mois de mai 1777, fixé d'une manière pré-
cise, le sort de ses sujets qui ont été Jésuites:
cette loi contient les dispositions suivantes:

» Art. premier. Ceux de nos sujets qui étoient
» engagés dans ladite société & compagnie des
» Jésuites, & qui avoient été promus aux saints
» ordres, continueront de vivre dans nos états
» comme particuliers, & ainsi que les autres
» ecclésiastiques séculiers, sous l'autorité spirituelle
» des ordinaires des lieux, en se conformant aux
» loix du royaume.

» Art. 2. Ils ne pourront se réunir pour vivre
» plusieurs ensemble en société, sous quelque
» prétexte que ce puisse être.

» Art. 3. Nous leur faisons expresses inhibitions

» & défenses d'avoir ni entretenir aucun com-
» merce ni aucune correspondance avec les étran-
» gers qui auroient été de ladite société & com-
» pagnie, sur-tout avec ceux qui auroient eu ci-
» devant quelque autorité dans ladite société.

» Art. 4. Voulons que ceux des ci-devant
» Jésuites qui sont constitués dans les saints ordres,
» ne puissent posséder aucuns bénéfices à charge
» d'ames dans les villes, ni exercer dans lesdites
» villes les fonctions de vicaires : leur permettons
» seulement de posséder dans lesdites villes &
» ailleurs des bénéfices simples ou sujets à ré-
» sidence.

» Art. 5. Leur permettons pareillement de
» posséder des cures dans les campagnes, &
» d'exercer les fonctions de vicaires dans lesdites
» paroisses de campagne seulement.

» Art. 6. Ne pourront néanmoins exercer les
» fonctions de supérieurs de séminaires, de régens
» dans les colléges, ni autres relatives à l'éduca-
» tion publique.

» Art. 7. Ceux desdits ci-devant Jésuites, men-
» tionnés ès articles précédens, seront à l'avenir
» capables de recevoir tous legs & donations, de
» tester, contracter & jouir de tous les effets
» civils, ainsi que nos autres sujets, sans néan-
» moins que ceux qui auroient quitté ladite société
» après avoir atteint l'âge de 33 ans accomplis,
» ou qui auroient atteint ledit âge de 33 ans ac-
» complis lors de l'édit du mois de novembre
» 1764, puissent recueillir aucune succession.

» Art. 8. Ne pourront prendre possession d'aucun
» bénéfice, ni exercer aucune fonction de vicaire,
» sans avoir préalablement rapporté un acte de
» soumission, signé d'eux, de se conformer aux

» difpofitions de l'édit du mois de novembre
» 1764, & de notre préfent édit ; lequel acte
» ils feront tenus de paffer en préfence du juge
» royal dans l'enclave duquel fera fitué le béné-
» fice dont ils auront obtenu la collation, ou la
» paroiffe où ils exerceront lefdites fonctions de
» vicaires ; fera ledit acte dépofé au greffe du
» fiége, & l'expédition à eux délivrée fans frais.

» Art. 9. Les ci-devant Jéfuites continueront
» de jouir des penfions qui leur ont été accordées,
» jufqu'à ce qu'ils aient été pourvus d'un béné-
» fice de mille livres de revenu ; nous réfervant
» d'augmenter lefdites penfions à raifon de l'âge
» ou des infirmités de ceux qui n'auroient pas de
» bénéfice.

» Art. 10. Faifons expreffes inhibitions & dé-
» fenfes à tous nos fujets d'écrire & faire imprimer
» ou débiter aucuns ouvrages concernant la fup-
» preffion de ladite fociété & compagnie des
» Jéfuites, impofant un filence abfolu fur tout ce
» qui peut concerner ladite fociété.

» Art. 11. Voulons que l'édit du mois de
» novembre 1764, enfemble notre préfent édit,
» foient exécutés dans toutes leurs difpofitions,
» nonobftant tous réglemens & arrêts à ce con-
» traires, auxquels nous avons dérogé & déro-
» geons par le préfent édit. Si donnons en man-
» dement, &c. «.

Le parlement de Paris n'ayant enregiftré cet
édit que fous différentes modifications, le roi
s'eft expliqué à ce fujet par une déclaration du
7 juin 1777 (*), qui, de ces modifications, n'a

_____

(*) Cette déclaration eft ainfi conçue :
Louis, &c. Salut. Par notre édit du mois de mai dernier,

laiffé fubfifter que celle par laquelle la cour a
ordonné que *les ci-devant foit-difant Jéfuites*,
qui feroient pourvus de bénéfices ou vicariats,
ne pourroient les pofféder que la foumiffion exigée

nous aurions jugé à propos de pourvoir au fort des eccléfiaftiques qui ont été ci-devant de la fociété & compagnie
des Jéfuites : nous aurions, en ce point, fuivi l'efprit de
juftice qui nous animera toujours, & fatisfait l'affection
tendre que nous avons pour tous nos fujets, & qui nous
engage à donner en toute circonftance une attention particulière à ce qui intéreffe leur bonheur, ainfi que le bon
ordre & la tranquillité dans nos états; l'extinction de ladite
fociété & compagnie ayant été ordonnée par le roi, notre
très-honoré feigneur & aïeul, dans tous fes états, pays,
terres & feigneuries de fon obéiffance, par fon édit du mois
de novembre 1764, le régime de ladite fociété & compagnie ayant été anéanti dans tous les états catholiques de
l'Europe, par un concert unanime de toutes les puiffances,
il n'eft plus poffible qu'elle foit jamais rétablie; les circonftances qui avoient pu engager le feu roi à différer de
ftatuer d'une manière plus précife fur le fort defdits ci-
-devant Jéfuites n'exiftant plus, nous avons cru devoir
fuivre la route que fa fageffe nous avoit tracée; ces eccléfiaftiques étant rentrés dans l'ordre des autres eccléfiaftiques
féculiers de notre royaume, nous avons jugé qu'ils devoient
jouir des mêmes avantages, & participer aux effets civils
ainfi que tous nos autres fujets. Nous avons cependant
eftimé néceffaire de prendre encore de juftes précautions,
afin de conferver le repos des familles, & d'éviter tout ce
qui pourroit troubler l'ordre & la paix que nous voulons
maintenir dans notre royaume. Notre édit du mois de mai
dernier ayant été adreffé à notre parlement, il auroit, le
treize dudit mois, en procédant à fon enregiftrement, appofé, fous notre bon plaifir, différentes modifications, que
fon zèle pour le bien de notre fervice lui a infpirées,
mais que nous ne pouvons néanmoins laiffer fubfifter en
entier, attendu que quelques-unes font directement oppo-
fées à nos volontés exprimées par notredit édit, & qu'elles
priveroient lefdits eccléfiaftiques d'une partie des avantages
que nous avons reconnu qu'ils pouvoient, fans inconvénient, partager avec nos autres fujets; notredite cour les

par

par l'article 8 du même édit ne contînt en
outre celle de maintenir & professer les libertés
de l'églife Gallicane, & notamment les quatre

---

auroit obligés de fe retirer & de réfider dans les diocèfes
de leur naiffance, fi ce n'eft dans le cas où ils pourroient
poffeder ailleurs des bénéfices ; elle les auroit exclus des
canonicats & des dignités dans les églifes cathédrales &
collégiales des villes, & leur auroit interdit d'exercer aucunes fonctions publiques du miniftère dans lefdites villes ;
elle auroit en outre ordonné que la foumiffion exigée par
l'article 8 de notredit édit contiendroit celle de maintenir
& profeffer les libertés de l'églife Gallicane, & notamment
les quatre articles de la déclaration du clergé de 1682, &
qu'il feroit envoyé à notre procureur-général des expéditions defdites foumiffions, pour être icelles dépofées au
greffe de notredite cour. Nous ne pourrions, fans bleffer
notre juftice, permettre que des eccléfiaftiques fuffent
privés de la liberté de réfider, du confentement de leur
évêque, dans tels des autres diocèfes où il jugeroit à propos de leur permettre de réfider, ni qu'il fût porté atteinte
au droit des ordinaires de donner ces permiffions aux eccléfiaftiques de leurs diocèfes, en mettant ceux-ci dans l'impoffibilité d'en profiter. Si, par des motifs de fageffe, nous
avons cru devoir exclure les ci-devant Jéfuites des bénéfices à charge d'ames dans les villes, nous ne pouvons pas
fouffrir qu'ils foient exclus dans lefdites villes, au préjudice de notre volonté, des dignités, canonicats & prébendes
des églifes cathédrales & collégiales qui n'exigent que la
réfidence, & qu'ils peuvent poffeder fans aucun inconvénient : nous avons penfé qu'il étoit de notre fageffe de
leur interdire toutes fonctions relatives à l'éducation publique ; mais nous ne pouvons permettre que notre cour
étende cette exclufion au delà des termes de notre édit,
d'autant que les juges ordinaires ne peuvent être privés du
droit de réprimer, fuivant les loix & ordonnances, ceux
qui abuferoient de leurs talens, & qui contreviendroient
aux loix du royaume. A l'égard de la foumiffion de maintenir & profeffer les libertés de l'églife Gallicane, & notamment les quatre articles de la déclaration du clergé de 1682,
nous avons eftimé convenable de confirmer cette difpofition
de l'arrêt de notredite cour, comme conforme aux ordon-

articles de la déclaration faite par le clergé en 1681.

JET DE MARCHANDISES. C'est l'action de

nances des rois nos prédécesseurs. A ces causes & autres à
ce nous mouvant, de l'avis de notre conseil, & de notre
certaine science, pleine puissance & autorité royale, nous
avons par ces présentes, signées de notre main, dit, déclaré
& ordonné, disons, déclarons & ordonnons, voulons &
nous plaît, que l'édit du roi, notre très-honoré seigneur &
aïeul, du mois de novembre 1764, ensemble notre édit
du mois de mai dernier, seront exécutés suivant leur forme
& teneur ; en conséquence, & conformément à iceux, les
ecclésiastiques mentionnés en notredit édit, pourront, ainsi
que les autres ecclésiastiques séculiers de notre royaume,
résider hors du diocèse de leur naissance, lorsqu'ils en auront obtenu la permission de leur évêque ; pourront posséder toutes dignités, canonicats & prébendes dans les cathédrales & collégiales, autres néanmoins que celles qui ont
charge d'ames, ou dont les fonctions sont relatives à
l'éducation publique, que nous leur avons interdites par
notredit édit ; pourront pareillement, avec la permission de
l'ordinaire, exercer les fonctions publiques du ministère, à
la charge par eux de se conformer dans l'exercice desdites
fonctions, aux saints canons, aux loix du royaume & à
nos ordonnances ; voulons au surplus & nous plaît, que
ceux desdits ecclésiastiques qui sont ou qui seront à l'avenir
pourvus des bénéfices dont la possession leur est permise par
notredit édit, ou qui exercent ou voudront exercer dans la
suite les fonctions de vicaires dans les paroisses de campagne, ne puissent être maintenus ou mis en possession
desdits bénéfices, ni exercer lesdites fonctions, sans avoir
préalablement fait leur soumission de se conformer à l'édit
du mois de novembre 1764, ensemble à notre édit du mois
de mai dernier & à notre présente déclaration, & de maintenir & professer les libertés de l'église Gallicane, & notamment les quatre articles de la déclaration du clergé de France
de 1682 ; laquelle soumission ils seront tenus de passer dans
la forme prescrite par l'article 8 de notre édit du mois de
mai dernier, & dont il sera envoyé expédition à notre procureur-général, pour être déposée au greffe de notredite cour.
Si donnons en mandement, &c.

jeter dans la mer, pour alléger un vaiſſeau, une partie des marchandiſes dont il eſt chargé.

Lorſque par la tempête ou par la chaſſe des ennemis ou des pirates, le maître ou capitaine d'un navire ſe croit obligé de jeter en mer une partie de ſa cargaiſon, de couper ou forcer ſes mâts, ou d'abandonner ſes ancres, il doit pour cet effet prendre l'avis des marchands & des principaux de l'équipage. Mais dans le cas de diverſité d'avis, c'eſt celui du capitaine & de l'équipage qui doit être ſuivi. C'eſt ce qui réſulte des articles 1 & 2 du titre 8 du livre 3 de l'ordonnance de la marine du mois d'août 1681.

Suivant l'article 3, les uſtenſiles du vaiſſeau, & les autres choſes les moins néceſſaires, les plus peſantes & de moindre prix, doivent être jetées les premières, & enſuite les marchandiſes du premier pont, le tout néanmoins au choix du capitaine & par l'avis de l'équipage.

En pareil cas, il faut tenir une note des choſes jetées; & auſſi-tôt que le danger eſt paſſé, le capitaine doit dreſſer avec ſon équipage un procès-verbal contenant la réſolution priſe pour le Jet, & l'énumération des choſes jetées : ce procès-verbal doit être ſigné tant par le capitaine que par les principaux de l'équipage.

Il faut en outre faire mention autant qu'il eſt poſſible, des choſes endommagées par le Jet ou à l'occaſion du Jet, attendu que ce dommage fait partie de la perte qui eſt à ſupporter en commun, ſauf à faire contribuer à la perte générale ces mêmes choſes endommagées, ſelon la valeur qu'elles peuvent avoir.

Au premier port où le navire aborde après le Jet, le capitaine doit déclarer au greffe de l'a-

mirauté, s'il y en a une, finon devant le jug
ordinaire, la caufe pour laquelle il a fait le Jet
coupé ou forcé fes mâts, ou abandonné fes ancres ; & fi c'eft en pays étranger qu'il aborde, i
doit faire fa déclaration devant le conful de la
nation Françoife. Au furplus, cette déclaration prefcrite par l'article 5 du titre cité, doit être atteftée
non pas feulement par deux hommes de l'équipage, comme cela fe pratique pour les rapports
ordinaires au retour d'un voyage, ou en cas de
relâche, mais par la plus grande partie de l'é-
quipage ; fans quoi elle ne feroit pas foi, attendu
l'importance de l'objet.

Quant à la manière felon laquelle les parties
intéreffées font obligées de contribuer au payement
du dommage occafionné par le Jet, voyez ce que
nous avons dit à l'article CONTRIBUTION.

JEU. C'eft un exercice auquel on hafarde ordinairement de l'argent.

Dans tous les temps, les hommes ont cherché
à s'amufer par une multitude de Jeux, fuivant
leur génie & leurs tempéramens. Long-temps
avant le fiége de Troye & durant ce fiége, les
Gres, pour en tromper la longueur, & pour
adoucir leurs fatigues, s'occupoient à différens Jeux,
qui du camp paffèrent dans les villes à l'ombre du
loifir & du repos.

Les Lacédémoniens furent les feuls qui ban-
nirent entièrement le Jeu de leur république. On
raconte que Chilon, un de leurs citoyens, ayant
été envoyé pour conclure un traité d'alliance avec
les Corinthiens, il fut tellement indigné de trouver les magiftrats, les femmes, les vieux & les
jeunes capitaines tous occupés au Jeu, qu'il s'en
retourna promptement, en leur difant que

ce feroit ternir la gloire de Lacédémone, qui venoit de fonder Byzance, que de s'allier avec un peuple de joueurs.

Parmi les excès que Juvenal reproche aux Romains, celui de mettre tout fon bien au hafard du Jeu eft exprimé dans fa première fatyre. *Ne vous figurez pas, dit-il, qu'on fe contente de rifquer dans ces affemblées de Jeux, l'argent que par occafion on a fur foi; on y fait porter exprès des caffettes pleines d'or pour les jouer en un coup de dez.*

Les Germains même aimèrent tellement le Jeu, qu'après avoir joué tout leur bien, dit Tacite, ils finiffoient par jouer leur perfonne & leur liberté.

Le Jeu eft un contrat intéreffé de part & d'autre, qui n'eft jufte qu'autant qu'il y a égalité dans la partie, & que les joueurs ont apporté au Jeu la fidélité qui y eft requife.

Lorfque ces conditions fe rencontrent & que la fomme qu'on joue eft fi modique, que celui qui la perd n'en peut recevoir aucune incommodité, le Jeu n'a rien que d'honnête : il eft évident qu'en pareil cas les joueurs n'ont d'autre objet que de fe procurer une récréation & un délaffement dont l'efprit a befoin.

Mais il en eft autrement du gros Jeu : il exifte dans les joueurs un violent défir du gain & une crainte extrême de perdre ; paffions qui agitent l'ame & qui ne font nullement propres à procurer à l'efprit un délaffement.

Si le joueur confultoit fa raifon, elle lui feroit aifément connoître que l'efpérance du gain étant contrebalancée par le rifque de fe ruiner, le Jeu eft un moyen mal choifi pour s'enrichir : l'expérience lui apprendroit d'ailleurs qu'il y a bien plus d'exem-

ples de perfonnes qui fe font ruinées au Jeu , que
de celles qui s'y font enrichies ; & cela ne peut
guère être autrement : la raifon en eft que celui qui
gagne ne profite pas de tout ce que l'autre perd, &
qu'il en faut néceffairement diminuer les frais du Jeu.

Un joueur ne pouvant faire un gain confidérable au Jeu , qu'en ruinant ou en appauvrif-
fant celui contre qui il joue , il faut en conclure que la fin que fe propofent ceux qui jouent
gros Jeu eft directement oppofée au précepte du
droit naturel qui ordonne l'amour du prochain.

Ces confidérations ont fait défendre le Jeu très-
févèrement par les loix Romaines. Le jurifconfulte Paul fait mention d'un fénatus-confulte qui
défendoit de jouer de l'argent , à moins toutefois
que ce ne fût à certains Jeux qui avoient pour objet
l'exercice du corps, & étoient utiles pour la guerre.

Cette défenfe de jouer de l'argent s'appliquoit
à toutes les chofes appréciables à prix d'argent : il étoit
feulement permis de jouer fon écot dans un feftin.

Le fénatus-confulte dont nous venons de parler
dénioit non feulement toute action pour ce qui
avoit été gagné au Jeu , il donnoit encore au
perdant une action pour répéter ce qu'il avoit
payé pour le prix du Jeu. On admettoit même
à cette répétition , les enfans contre leur père , &
les affranchis contre leur patron.

On ne fait pas précifément l'époque où fut fait
ce fénatus-confulte : il peut être du temps de
Septime Sévère ou de quelqu'un de fes prédéceffeurs : au refte il n'avoit pas établi un droit
nouveau, il n'avoit fait que confirmer les anciennes
loix. La feconde philippique de Cicéron fait mention d'une procédure criminelle établie contre
ceux qui jouoient aux Jeux de hafard.

Ceux qui donnoient à jouer chez eux aux Jeux

de cette efpèce étoient fi odieux, que le préteur leur dénioit toute action relativement aux infultes qu'on leur faifoit & aux dommages qu'on leur caufoit pendant ce temps. Cette décifion étoit fondée fur ce que celui qui avoit reçu des joueurs chez lui ne devoit pas être admis à fe plaindre des délits auxquels il avoit donné occafion.

L'empereur Juftinien ajouta aux loix faites contre le Jeu : il défendit, comme avoit fait l'ancien fénatus-confulte, de jouer de l'argent à quelque Jeu que ce fût, à l'exception des Jeux d'exercice nommés dans fa conftitution : mais au lieu que l'ancien fénatus-confulte avoit permis de jouer de l'argent à ces Jeux fans limiter la fomme, Juftinien ordonna qu'on ne pourroit y jouer plus d'un écu d'or par partie.

Quant aux autres Jeux, ce prince confirma l'ancien fénatus-confulte, en ce qu'il avoit accordé aux perdans une action pour répéter l'objet de leur perte, & il ajouta deux chofes à cette dif-pofition : 1°. Il ordonna que cette action ne fe prefcriroit pas par le laps de 30 années comme les autres actions, & que le perdant ou fes héri-tiers pourroient l'exercer pendant 50 ans : 2°. il voulut que dans le cas où le perdant négligeroit de répéter la fomme qu'il auroit perdue au Jeu, les officiers municipaux de la ville où le délit auroit eu lieu, puffent pourfuivre la répétition de cette fomme pour être employée à des ou-vrages publics concernant l'utilité & la décoration de la ville.

En France, on a de très-anciennes ordonnances contre le Jeu : Charlemagne dans fes capitulaires, défendit les Jeux de hafard, à peine d'être privé de la communion des fidèles.

Charles IV, dit le Bel, par une ordonnance de 1319, défendit de jouer aux dés, aux tables ou trictrac, au palet, aux quilles, aux billes, à la boule, & à d'autres Jeux semblables qui détournent des exercices militaires, à peine de 40 sous parisis d'amende.

Charles V, dit le Sage, renouvela la même peine par une ordonnance du 3 avril 1369, publiée le 23 mai de la même année.

Charles VIII, par une ordonnance du mois d'octobre 1485, fait défense aux prisonniers de jouer aux dés : il permet seulement aux personnes de naissance & d'honneur qui étoient en prison pour causes légères & civiles, de jouer au trictrac & aux échecs.

Charles IX, par l'ordonnance d'Orléans, défendit avec les bordels, *tous brelan*, *jeu de quilles & de dés*, à peine contre les contrevenans d'être punis extraordinairement.

Par l'article 59 de l'ordonnance de Moulins, le même prince accorda aux mineurs une action pour répéter ce qu'ils auroient perdu aux Jeux de hasard, sans néanmoins *approuver tels Jeux entre majeurs* (*).

_____

(*) Et parce que, *porte cette loi*, nous avons entendu que plusieurs de nos sujets mineurs & en bas âge ont été tirés par des inductions à Jeux de hasard, auxquels ils ont perdu & consommé leur jeunesse & substance, avons ordonné que les deniers & biens perdus en tels Jeux pourront être répétés par lesdits mineurs, leurs pères, mères, tuteurs & curateurs, ou proches parens, & voulons iceux biens leur être rendus pour employer au profit desdits mineurs, & éviter leur ruine & destruction ; sans par ces présentes approuver tels Jeux entre majeurs, pour le regard desquels entendons les ordonnances de nos prédécesseurs être gardées, & y être tenu la main par nos juges, ainsi que la matière y sera disposée.

Suivant la déclaration de Louis XIII du 30
mai 1611 (*), lorſque ceux qui donnent à jouer

(*) *Voici cette loi :*

Les rois nos prédéceſſeurs , mus d'un zèle particulier
envers leurs ſujets , ont de temps en temps par bonnes &
ſaintes loix , apporté le remède convenable aux vices &
mauvaiſes coutumes qui pourroient détourner leurs ſuſdits
ſujets du chemin de la vertu , altérer les conditions honorables de leurs officiers , & généralement apporter du déſa-
vantage aux familles des meilleures villes du royaume où
le Jeu s'eſt introduit : pour réprimer la licence duquel , ayant
été fait de beaux réglemens & ordonnances , même s'en
étant enſuivis pluſieurs arrêts de nos cours ſouveraines contre
les brelans & ceux qui en pratiquoient l'uſage ; nous
l'avons , à notre grand regret , trouvé ſi commun à notre
avènement à la couronne , que nous avons vu en peu de
temps pluſieurs de nos officiers & ſujets de différentes qualités , après avoir èſdits brelans , aux Jeux de cartes & de
dés , diſſipé ce que l'induſtrie de leurs pères leur avoit , avec
un long travail , honorablement acquis , être contraints
d'emprunter de grandes & notables ſommes de deniers , &
icelles encore perdues & conſommées , faire banqueroute
à leurs créanciers , à la ruine de pluſieurs bonnes familles :
pour à quoi remédier , faiſons défenſes à toutes perſonnes
de quelque qualité & condition qu'elles ſoient , de tenir
brelans en aucunes villes & endroits de notre royaume ,
ni s'aſſembler pour y jouer aux cartes ou aux dés : même
aux propriétaires , détenteurs des maiſons ou locataires
d'icelles , d'y recevoir ceux qui tiendront leſdits brelans ou
joueront leſdits Jeux , à peine d'amende aibitraire , & d'autre
punition s'il y échet , & d'être en leur propre & privé nom
reſponſables de la perte des deniers qui y ſera faite , &
tenus à la reſtitution d'iceux ; enjoignant à cette fin aux
juges de nos villes de ſe tranſporter auxdites maiſons &
lieux où ils feront avertis y avoir brelans & aſſemblées , ſe
ſaiſir de ceux qui s'y trouveront , enſemble de leur argent ,
bagues & joyaux , & autres choſes expoſées au Jeu , en
faire diſtribution aux pauvres des hôtels-dieu , auxquels les
avons adjugées : en outre faire & parfaire le procès tant
aux joueurs qu'aux propriétaires & locataires qui les rece-
vront , comme infracteurs de nos ordonnances , qui auront
encouru la rigueur d'icelles.

à des Jeux défendus font pris en flagrant délit, les officiers qui conftatent ces contraventions doivent faifir l'argent & les autres effets expofés au Jeu, & ces chofes doivent être confifquées au profit des pauvres.

Les articles 137, 138, 139, 140 & 141 de l'ordonnance de 1629, contiennent auffi des difpofitions-très-rigoureufes contre le Jeu (*). Ils

_____

(*) *Voici ces loix :*

Article 137. Défendons & interdifons à tous nos fujets de recevoir en leurs maifons les affemblées pour le Jeu, que l'on appelle académies ou bielans, ni prêter ou louer leurs maifons à cet effet. Déclarons dès à préfent tous ceux qui y contreviendront & qui fe proftitueront en un fi pernicieux exercice, infames, inteftables & incapables de tenir jamais offices royaux : enjoignons à tous nos juges de les bannir pour jamais des villes où ils feront convaincus d'avoir contrevenu au préfent article. Voulons en outre que lefdites maifons foient confifquées fur les propriétaires, s'il eft prouvé que ledit exercice y ait été fix mois durant, fauf leur recours contre lefdits locataires. Déclarons en outre ceux qui fe trouveront convaincus d'avoir été trois fois auxdites académies, infames, inteftables, comme deffus, &c.

Article 138. Déclarons toutes dettes contractées pour le Jeu, nulles, & toutes obligations & promeffes faites pour le Jeu, quelque déguifées qu'elles foient, nulles & de nul effet, & déchargées de toutes obligations civiles ou naturelles. Voulons que contre icelles le fait du juge foit reçu, nonobftant toutes ordonnances à ce contraires, auxquelles nous avons dérogé & dérogeons pour ce regard. Voulons & ordonnons que toutes lefdites promeffes foient caffées, & les porteurs d'icelles, foit le premier créancier ou le ceffionnaire, foient non feulement déboutés de leur demande à fin de payement des fommes poirées par lefdites promeffes, mais auffi étant prouvé qu'elles viennent de Jeu, condamnés envers les pauvres en pareille fomme que fera celle contractée auxdites promeffes. Défendons à toutes perfonnes de prêter argent, pierreries ou autres meubles

déclarent nulle toute obligation faite pour raison
du Jeu, quelque deguisée qu'elle soit, & veulent
que ceux qui donnent à jouer aux Jeux défendus
soient regardés comme infames & incapables de
posséder des offices royaux, &c.

Depuis cette époque, il est encore intervenu

---

pour jouer, ni répondre pour ceux qui jouent, à peine de
la perte de leurs dettes & nullité des obligations, comme
dit est, de confiscation de corps & de biens, comme séduc-
teurs & corrupteurs de la jeunesse, & causes des maux
innombrables que l'on voit provenir chacun jour.

Article 139. Ordonnons pareillement que tous ceux qui
joueront sur gages, perdront les gages qu'ils auront exposés, & ceux même qui les auront gagnés, & seront con-
fisqués sur eux au profit des pauvres, réservant le tiers au
dénonciateur : & outre ce, ceux qui les auront gagnés seront condamnés en pareille somme que celle pour laquelle
ils auront gagné lesdits gages, applicable comme dessus.

Article 140. Permettons aux pères, mères, aïeuls &
aïeules, & aux tuteurs, de répéter toutes les sommes qui
auront été perdues au Jeu par leurs enfans ou mineurs, sur
ceux qui les auront gagnées : voulons qu'elles leur soient
rendues ; & ceux qui auront gagné lesdites sommes, condamnés à la restitution d'icelles avec dépens, dommages
& intérêts, & que la preuve par témoins soit reçue, nonobstant que les sommes excèdent 100 livres, à quoi nous
avons dérogé pour ce regard.

Article 141. Et d'autant que l'effrénée passion du Jeu
porte quelquefois jusqu'à jouer les immeubles, nous voulons & déclarons que nonobstant la perte & délivrance desdits immeubles, quoique déguisée en vente, échange ou
autrement, les hypothèques demeurent entières aux femmes
pour leurs conventions, & aux créanciers pour leurs dettes,
nonobstant tous décrets, s'il est prouvé que l'aliénation
desdits immeubles procède du Jeu : le tout sans déroger à
notre édit du mois de mai 1611, fait pour les brelans &
Jeux de hasard ; & arrêt de notre cour de parlement de Paris,
sur ce donné le 23 juin ensuivant, lesquels nous voulons
demeurer en leur force & vertu.

plufieurs réglemens contre les académies de Jeu, & contre certains Jeux en particulier. Un arrêt du 8 juillet 1661 , a défendu de tenir des Jeux de hafard, à peine de mille liv. d'amende & de prifon.

Par un autre arrêt du 16 feptembre 1663 , il a été défendu de tenir des académies de Jeu ; à peine de 3000 livres d'amende & de prifon...

Un autre arrêt du 28 novembre 1664 , a prononcé en pareil cas 400 livres parifis d'amende pour la première fois, & pour la feconde, le fouet & le carcan : il a en outre fait défenfe aux propriétaires des maifons de les louer pour tenir académie de Jeu , à peine de perdre leurs loyers & d'avoir leurs maifons fermées pendant un an.

Un édit du mois de décembre 1666 , a ordonné l'exécution des loix précédentes contre ceux qui tiennent académie , brelans ; Jeux de hafard & autres Jeux défendus.

Par arrêt du 16 décembre 1680 , le parlement de Paris a défendu les académies de Jeu , à peine de trois mille livres d'amende , & les Jeux de hafard , particulièrement ceux de hocca & de baffette , à peine de 500 livres d'amende.

Par un autre arrêt de réglement du 8 février 1708 , la même cour » a fait très-expreffes inhi- » bitions & défenfes à tous marchands, colpor- » teurs , artifans, & autres de quelque qualité & » conditions qu'ils foient, de donner à jouer dans » les foires ou marchés & autres lieux des villes , » bourgs & villages du reffort, foit aux cartes ou » aux dés, foit à la blanque, tourniquet, che- » villes, ou à tirer dans un livre , & à tous » autres Jeux de hafard, généralement quelcon- » ques, à peine de 100 livres d'amende & de » confifcation de l'argent du Jeu ; enfemble def-

» dits Jeux , marchandises , chevaux & équipages
» à eux appartenans, lesquels seront saisis pour
» être vendus , & en être le prix appliqué aux
» hôtels-dieu ou hôpitaux les plus proches du
» lieu où ils auront donné à jouer , même à
» peine de punition corporelle en cas de récidive :
» comme aussi fait défense à tous juges royaux
» & autres du ressort de ladite cour , d'accorder
» aucune permission, sous quelque prétexte que
» ce soit, de donner à jouer auxdits Jeux à peine
» d'interdiction : & en outre , enjoint aux prévôts
» des maréchaux & leurs lieutenans, chacun , de
» tenir la main à l'exécution du présent arrêt ,
» de saisir & arrêter ceux qu'ils trouveront en
» contravention , & de les conduire dans les prisons
» du lieu où ils auront donné à jouer , & de
» faire remettre pareillement entre les mains des
» officiers dudit lieu , les chevaux , marchandises
» & équipages des contrevenans ; ensemble l'argent
» du Jeu, procès-verbal préalablement dressé des
» choses par eux saisies, pour y être ensuite
» pourvu par les officiers du lieu , ainsi qu'il
» appartiendra «.

Ces dispositions ont été renouvelées par deux
autres arrêts des premier juillet 1717 & 21 mars
1722.

Enfin par un arrêt de réglement du 12 décembre
1777 , le parlement a ordonné l'exécution des
anciennes ordonnances & arrêts concernant les
Jeux de hasard ; en conséquence il a fait *très-
expresses inhibitions & défenses à toutes personnes
de quelque condition & qualité qu'elles fussent ,
de tenir Jeux de hasard , & notamment celui de
la belle , ou autres qui auroient pu s'introduire
sous d'autre dénomination : & a enjoint au lieux*

tenant général de police de ne laiffer établir à
l'avenir aucun Jeu de hafard dans la ville de Paris,
& de rendre compte à la cour de ceux qui pourroient
s'y introduire, auffi-tôt qu'il en auroit connoiffance.

En conformité des loix précédentes, une fentence de police du 16 février 1725 a condamné les fieurs Guymonneau & d'Hercourt chacun à 3000 livres d'amende, pour avoir donné à jouer au pharaon, & le fieur Giroble à 1000 livres pour avoir raillé à la partie du fieur Guymonneau.

Par une autre fentence de police du 19 janvier 1734, le fieur Chazelet a été condamné à 3000 liv. d'amende pour avoir, au préjudice des défenfes, donné à jouer au pharaon.

Il y a encore eu plufieurs autres fentences pareilles rendues contre différens particuliers en différens temps.

Les anciennes ordonnances ayant, comme on l'a vu, défendu tous les Jeux à l'exception de ceux qui font propres à exercer au fait des armes, & n'ayant fait aucune diftinction entre les Jeux qui font d'adreffe & ceux qui font de hafard, ni entre le gros Jeu & le petit Jeu, c'étoit une conféquence que les Jeux, quels qu'ils fuffent, ne puffent produire d'obligation civile, & que les joueurs ne duffent pas être reçus à demander en juftice le payement de ce qu'ils auroient gagné au Jeu.

Et quoique par la fuite la défenfe des Jeux ait été bornée aux Jeux de hafard, la jurifprudence a continué de dénier l'action pour le Jeu, à l'égard de quelque Jeu que ce fût.

La raifon en eft que, quoique la défenfe des Jeux ne fubfifte aujourd'hui qu'à l'égard des Jeux de hafard, les autres Jeux font plutôt tolérés qu'autorifés ; ou s'ils font permis, ils ne le font.

que comme de fimples récréations, fans qu'on puiffe les confidérer comme des actes de commerce deftinés à produire des droits.

Auffi toutes les fois qu'il eft prouvé qu'une obligation ou un billet ont pour caufe une dette de Jeu, les juges font dans l'ufage de les déclarer nuls.

C'eft ainfi que par arrêt du 14 juillet 1745, le parlement de Paris a déclaré nul un billet de 1200 livres paffé au profit d'un particulier, dont la veuve avoit reconnu dans un interrogatoire fur faits & articles, que ce billet provenoit d'argent gagné au Jeu par le défunt.

Dans une autre efpèce rapportée par l'auteur de la collection de jurifprudence, un particulier après avoir perdu au Jeu de piquet onze louis & les avoir payés, joua fur fa parole & perdit encore 300 liv. : mais au lieu de payer cette dernière fomme, il redemanda fes onze louis au gagnant & lui fit deux billets, l'un de 300 livres, & l'autre des onze louis d'or *pour valeur reçue comptant*. Le débiteur ayant enfuite été pourfuivi en conféquence du refus qu'il avoit fait de payer, ce fut en vain que le gagnant foutint que fi le payement du billet de 300 livres étoit fufceptible de difficulté, il n'en devoit pas être de même à l'égard du billet des onze louis, attendu qu'il avoit pour caufe un prêt : par arrêt du 30 janvier 1764, le parlement confirma la fentence, par laquelle le gagnant avoit été déclaré non recevable dans les deux parties de fa demande.

Obfervez que la jurifprudence dont on vient de rendre compte, reçoit des modifications au tribunal des maréchaux de France. Suivant l'ordonnance qu'ils ont rendue concernant le Jeu ; le 6 mai 1760, les créances qui procèdent de pertes faites au Jeu par des gentilshommes ou militaires, & qui n'excèdent pas la somme de mille livres, peuvent être demandées devant ce tribunal ; & il condamne au payement ceux qui les doivent (*). Au surplus, cette ordonnance

(*) *L'ordonnance dont il s'agit est ainsi conçue :*

L'attention que nous avons toujours eue de conserver dans la noblesse & le militaire les sentimens d'honneur qu'exige de leur part la plus exacte observation de leurs engagemens, nous a portés à tenir indistinctement pour obligatoires toutes les dettes contractées sous la parole d'honneur ; il s'est néanmoins trouvé que beaucoup de ces dettes n'avoient point d'autre véritable cause que des pertes faites au Jeu, pour lesquelles le porteur de pareils engagemens n'auroit eu aucune action devant les juges ordinaires ; mais une foule de nouveaux exemples nous ont convaincus que nos ordonnances, qui avoient pour unique but de maintenir la décence dans le militaire, conduisoient des officiers épuisés par l'immensité de leurs engagemens, à une ruine entière, & les mettoient souvent hors d'état de soutenir le service ; ces différentes considérations nous font prendre le parti d'ordonner, sous le bon plaisir du roi, ce qui suit :

ARTICLE I. Nous déclarons que nous n'aurons aucun égard aux demandes qui pourront être portées devant nous pour raison de créances qui, procédant de pertes faites au Jeu, excéderont la somme de 1000 livres ; défendant à tous gentilshommes ou militaires de jouer sur leur parole au dessus de ladite somme de 1000 livres, sous peine de prison, & telles autres peines que nous jugerons à propos d'infliger contre l'une & l'autre des deux parties qui auront contrevenu à notre défense.

II. Enjoignons à tous ceux qui formeront des demandes, pour raison de billets faits à leur profit ou autres engagemens sous parole d'honneur, de déclarer dans la requête qu'ils nous présenteront, quelle est la véritable cause de ces billets

défend

défend à tout gentilhomme ou militaire de jouer sur sa parole au dessus de cette somme de mille livres, sous peine de prison, & de telle autre peine qu'il sera jugé à propos d'infliger contre les contrevenans.

Suivant l'article 15 du titre 19, & l'article 28 du titre 20 de l'ordonnance du roi du premier mars 1768, les officiers généraux & les commandans des places sont tenus d'empêcher avec le plus grand soin que les troupes qui sont sous leurs ordres ne jouent à aucun Jeu de hasard.

Tout officier, de quelque grade qu'il soit, qui joue malgré cette défense, doit être mis la première fois en prison pour trois mois, & il doit en être rendu compte au secrétaire d'état ayant le département de la guerre, ainsi qu'au commandant de la province : en cas de récidive, il doit être mis en prison pour six mois, & la troi-

---

& autres engagemens ; comme aussi d'énoncer dans la même requête toutes les sommes qu'ils prétendront leur être dues par le même débiteur, à défaut de laquelle déclaration ils ne seront plus reçus à en faire la demande.

III. En conséquence, nous défendons aux officiers & gardes de notre compagnie de la connétablie, de présenter aucune requête en payement de dettes, qu'elle ne contienne les déclarations prescrites par l'article précédent.

IV. S'il arrivoit que les parties fussent en contestation sur la cause & l'origine de la dette, nous punirons celui qui aura parlé contre la vérité, de telle peine qu'il appartiendra, suivant les circonstances.

Mandons au sieur Janelle d'Ouville, notre grand prévôt, à tous les officiers de notre compagnie de la connétablie, & à tous autres qu'il appartiendra, de tenir la main à l'exécution de notre présent réglement, &c. Fait & arrêté à Paris, les maréchaux de France assemblés, le mardi 6 mai 1760. Signé, le maréchal DE NOAILLES, le maréchal de BALINCOURT, &c.

fième fois il doit être caffé & renfermé pour deux ans dans une citadelle, fort ou château. Telles font les difpofitions de l'article 30 du titre 10.

L'article fuivant veut que les foldats, cavaliers ou dragons qui tiennent des Jeux défendus, foient condamnés fuivant la rigueur des ordonnances ; & que ceux qui auront joué foient mis en prifon pour quinze jours.

Selon l'article 16 du titre précédent, les commandans des places doivent s'informer quels font les bourgeois ou autres habitans qui donnent à jouer dans leurs maifons à des Jeux défendus, les faire arrêter & remettre aux juges des lieux, pour les punir fuivant l'exigence des cas.

Si les contrevenans font des gens notables & qualifiés, les commandans des places doivent les faire avertir la première fois, & en cas de récidive, en informer le fecrétaire d'état ayant le département de la guerre, pour qu'il en foit rendu compte au roi.

Comme les Jeux propres à exercer au fait des armes font expreffément autorifés par les loix, il paroît qu'on ne peut pas dénier une action aux joueurs pour le payement de ce qu'ils ont gagné à ces jeux, lorfqu'il ne s'agit que d'une fomme modique : mais fi la fomme étoit exceffive, nous croyons que celui qui l'auroit gagnée ne feroit pas fondé à l'exiger, ou du moins qu'il conviendroit de la modérer à l'arbitrage du juge. La raifon en eft qu'en ce cas on fe feroit bien moins propofé de montrer fon adreffe dans un exercice utile, que de s'enrichir aux dépens de ceux contre qui l'on auroit joué.

De ce que les ordonnances ont accordé aux mineurs une action pour répéter ce qu'ils ont perdu au Jeu, il ne faut pas conclure que les majeurs puiſſent exercer cette action, relativement aux ſommes qu'ils ont perdues & payées. Et quand l'ordonnance de Moulins, en accordant l'action dont il s'agit aux mineurs, a dit que *c'étoit ſans approuver tels Jeux entre majeurs*, elle a ſeulement fait entendre que les juges devoient dénier toute action aux gagnans, relativement aux ſommes gagnées : mais cette improbation du Jeu ne ſuffit pas pour que les perdans ſoient fondés à répéter ce qu'ils ont perdu lorſqu'ils l'ont payé.

Voyez avec les loix citées dans cet article, le traité du Jeu par Barbeyrac ; les œuvres de Pothier ; le journal des audiences ; le code pénal ; le traité de la police par le commiſſaire Lamare, &c. Voyez auſſi les articles OBLIGATION, MINEUR, &c.

JEU DE FIEF. On peut definir le Jeu de fief : une ſéparation du corps & du titre du fief qui s'opère par l'aliénation de la glèbe & par la rétention que fait le vaſſal pardevers lui de la foi & des devoirs qui conſtituent la féodalité, devoirs qu'il rapporte à ſon dominant en entier, & pour l'intégrité du fief.

Le Jeu de fief ſe fait de deux manières, par la voie de la ſous-inféodation, & par la voie du bail à cens. La partie ſous-inféodée relève en fief de l'ancien propriétaire. La partie aliénée par bail à cens n'eſt plus qu'une ſimple roture dans les mains du preneur. Dans l'un & l'autre cas, il faut que celui qui s'eſt joué de ſon fief continue d'en faire hommage au ſeigneur dominant, & qu'il couvre ſur cet hommage la partie aliénée : il faut en outre qu'il ſe réſerve certains droits & devoirs ſeigneuriaux ſur ce qu'il aliène.

Les fiefs étoient à peine devenus aliénables à
la charge des droits de lods & de quint en faveur des seigneurs dominans, que les vassaux
cherchèrent à les frustrer de ces droits, en dégui-
sant les ventes sous la forme des sous-inféoda-
tions, c'est-à-dire, en retenant la foi sur la partie
qu'ils aliénoient à prix d'argent. Cette espèce de
fraude étoit trop sensible pour qu'on n'y apportât
pas un prompt remède ; aussi en trouvons-nous
la proscription dans les ouvrages féodaux les plus
anciens. Cette proscription est formellement écrite
dans le chapitre 55 du livre des fiefs : on y appelle
callida machinatio les aliénations qui se faisoient
par vente, *sub colore investituræ.*

Cependant les fiefs étant devenus absolument
patrimoniaux, on crut devoir apporter quelque
modification à la règle qui défendoit de sous-inféoder à prix d'argent. Mais, d'un autre côté, on
ne perdit pas de vue l'intérêt du seigneur, & l'on
prit des mesures pour qu'un fief réel ne pût pas
être converti en fief en l'air. En conséquence on
affranchit les ventes des droits de lods, lorsque
le vendeur s'étoit retenu la foi sur la partie aliénée, pourvu néanmoins que cette partie n'excédât
point telle ou telle quotité du fief. Cette quotité a
varié dans différens temps ; elle est encore aujourd'hui
différente dans les diverses provinces ; cette manière
d'aliéner en retenant la foi, se nomme Jeu de fief.

On voit par les assises de Jérusalem, que l'on
doit regarder comme le droit commun du royaume
d'alors, que le vassal pouvoir se jouer de son fief,
pourvu que la partie aliénée par cette voie fût
inférieure à la moitié de la totalité. C'est la décision de l'art. 192 : *Ce en ci que plus du fié demeure au seigneur qui le démembre.*

Il paroît que sur la fin du treizième siècle cette faculté étoit restreinte au tiers du fief, du moins tel étoit l'usage en Beauvoisis. Nous lisons dans Beaumanoir, ch. 14 : *Selon la coutume de Beauvoisis, je puis bien faire d'ou tiers de mon fief, arrière-fief, & retenir hommage, mais si je en ôte plus d'ou tiers, li hommage d'ou tiers & d'ou surplus vient au seigneur.*

Cependant il y avoit dès-lors de la diversité dans les usages des différentes provinces, notamment dans celle de Champagne, où le Jeu de fief n'étoit admis qu'avec plusieurs restrictions. C'est ce que l'on voit dans les anciennes coutumes de cette province.

L'article 14 de ces anciennes coutumes est ainsi conçu : » Coutume est en Champagne que li » *châtelains* & li *barons* de Champagne, donnent » bien en fié & en hommage, de *lor héritage*, » aux gentilshommes, & les en puent reprendre » à hommes, en *récompensations de leurs services,* » & ainsi en ont-ils usé de toujours ; *mais se il* » *lor vendoient ou en prenoient argent, ils ne le* » *pourroient faire* : Item, le vavassour ne puet » faire de fié ; refié, *se il n'est enfin que ils marient* » *de lor enfans,* & que lor donnent de lor héri- » tages : de ce les puent ils bien reprendre à » hommes, *puisqu'ils tiennent encore du domaine* » *qui tient du seigneur* «.

Il résulte de cet article quatre conséquences : 1°. il n'y avoit que les *châtelains & les barons*, c'est-à-dire, les grands vassaux qui pussent sous-inféoder : 2°. Ils ne pouvoient inféoder que partie de leurs fiefs, *donnent bien en fié de lor héritage* : 3°. Ils ne pouvoient les inféoder qu'*en récompensation de services*, c'est-à-dire, à titre gratuit :

mais ils ne pouvoient les inféoder par vente, & *en prendre argent* : 4°. les vassaux simples ne pouvoient sous-inféoder que *pour, cause de mariage de leurs enfans*, & ils ne le pouvoient faire qu'autant qu'ils retenoient une portion de domaine convenable, *puisqu'ils tiennent encore du domaine qui tient du seigneur.*

On voit par ces différens monumens des douzième, treizième & quatorzième siècles, que dans l'origine la faculté de se jouer de son fief n'étoit rien moins qu'indéfinie; qu'elle étoit restreinte, soit quant à la quotité de la glebe, soit quant à la forme de l'acte & au prix de l'aliénation.

Les auteurs du quinzième siècle paroissent avoir perdu de vue ces notions primitives; on trouve dans leurs écrits une très-grande confusion sur ce point.

Enfin dans le seizième siècle, on procéda à la réformation des coutumes, & les réformateurs établirent des règles qui dissipèrent, du moins en partie, l'obscurité qui régnoit sur cette matière. Ces règles partagent les coutumes en trois classes. Dans celles de la première classe, le vassal est libre de se jouer de son fief par bail à cens, par vente, en un mot, comme il le juge à propos; mais il ne peut aliéner par cette voie qu'une partie de son domaine. Les coutumes de la deuxième classe permettent d'aliéner la totalité du domaine, mais elles exigent que cette aliénation se fasse par la voie du bail à cens & rente.

Une troisieme classe de coutumes paroît s'éloigner totalement de l'esprit des deux premières. Ces coutumes sont conçues en termes si généraux, si indéfinis, qu'elles semblent autoriser le Jeu de fief indéfiniment, soit quant à l'acte, soit quant à la quotité. Ces coutumes disent va-

guement : *Se peut jouer de son fief jusqu'à dé-*
mission de foi. . . . . peut faire de fief son
domaine.

Telle étoit en particulier l'ancienne coutume
de Paris, dont l'article 41 étoit conçu en ces
termes : » *Un vassal se peut jouer de son fief*
» *jusqu'à la démission de foy, sans qu'on en puisse*
» *demander proufit* «. D'après une disposition si
absolue, on jugeoit dans l'ancienne coutume de
Paris, que le bail à cens, même de la totalité
du domaine féodal, étoit exempt de profits,
encore qu'il y eût des deniers déboursés équipollens à la valeur du fonds. On regardoit cette
décision comme une conséquence nécessaire du
texte de la loi, qui d'un côté permettoit indéfiniment de se jouer du fief, & de l'autre n'im-
posoit pour condition que la *retention de la foi.*
C'est ce qui paroît avoir été décidé par les arrêts
des 25 juin 1516 & 17 février 1537, qui sont
cités par Dumoulin sur l'article 41 de l'ancienne
coutume de Paris, quest. 33, Louet, R. som.
16 & 26, Papon, liv. 13, tit. 1, art. 4.

Mais Dumoulin, le père de notre jurisprudence
féodale, a préparé la révolution remarquable
qui s'est opérée en 1580 dans la coutume de
Paris.

Les vassaux intéressés à éluder les droits de
ventes, concluoient de ce texte de la loi *jusqu'à*
démission de foi, qu'il leur étoit permis d'aliéner,
même à prix d'argent, la totalité de leurs fiefs,
pourvu qu'ils retinssent à eux la foi & l'obligation
d'en acquitter l'acquéreur.

Dumoulin s'est élevé contre cet abus, & a
soutenu qu'une pareille aliénation donnoit ouverture aux droits de quint ou au retrait.

E iv

Le fyftême des vaſſaux paroiſſoir fondé ſur le texte de la loi : *Videtur quod non per hunc textum*, diſoit Dumoulin, *quia vaſſallus non abdicavit, ſed expreſsè retinuit fidem & clientelam, igitur patronus nullum jus, nullum commodum petere poteſt, quidquid fecerit vaſſallus, cui quidlibet licet, citrà dimiſſionem fidei.*

Mais Dumoulin ſoutint que c'étoit abuſer du texte que d'en tirer une pareille conſéquence, & qu'il étoit impoſſible d'admettre, même dans la coutume de Paris, un Jeu par lequel le vaſſal aliénoit à prix d'argent la totalité de ſon fief, pour n'en réſerver que l'ombre, en ſe retenant la foi.

» Contrarium verum eſt (dit cet auteur), *quia* » *impoſſibile eſt eſſe vaſſallum abſque feudo, nec* » *poteſt feudum in totum ſeparari à fidelitate, nec* » *fieri ut unus ſit vaſſallus, alter vero habeat* » *feudum ſeu feudi dominium, & non ſit vaſſallus* » *nec clientelari conditioni obnoxius, & eſſet eſſen-* » *tialis diſmembratio feudi, videlicet ſeparatio* » *formæ à materiâ, & qualitatis ſubſtantialis à* » *ſubjecto.*

Le même auteur s'explique encore plus bas en termes auſſi énergiques : » In venditione «, ſi ſit perpetua » & *totalis alienatio*, apparet retentionem » fidei non eſſe appoſitam, *niſi in fraudem jurium* » *patronò debitorum ex hujuſmodi venditione :* » *alioquin eſſet feneſtra omnibus aperta ad fruſ-* » *trandum & evitandum omnia jura feudalia om-* » *nium venditionum, quia in omnibus venditio-* » *nibus rerum feudalium hujuſmodi clauſula reten-* » *tionis fidei apponeretur* «.

Ces réflexions judicieuſes de Dumoulin ont conduit à la réformation qu'a reçue la coutume de Paris. Par l'art. 51 de la nouvelle coutume, le vaſſal ſe peut jouer & diſpoſer & faire ſon profit des héritages, rentes ou cens de ſon fief, ſans payer aucun profit au ſeigneur dominant ; mais il ne le peut que ſous trois conditions : 1°. *pourvu que l'aliénation n'excède les deux tiers :* 2°. *en retenant la foi entière :* 3°. *en retenant quelque droit ſeigneurial & domanial ſur ce qu'il aliène ;* & dès-lors la coutume de Paris eſt paſſée dans la première claſſe des coutumes, c'eſt-à-dire, dans la claſſe de celles qui reſtreignent la liberté du Jeu du fief quant à la quotité.

Cette révolution célèbre dans la juriſprudence, y formera toujours une époque remarquable, en ce qu'elle ſervira à prouver que les vrais principes, qui doivent former le droit commun, conduiſent à reſtreindre d'une manière ou d'autre, le Jeu de fief, dont la liberté indéfinie ouvriroit à tous les vaſſaux une voie aſſurée, *ad fruſtrandum & evitandum omnia jura feudalia omnium venditionum, quia in omnibus venditionibus rerum feudalium hujuſmodi clauſula retentionis fidei apponeretur.*

D'après cet évènement remarquable dans la matière, il n'y a aucun doute que les trois ou quatre autres coutumes, qui ſont encore conçues dans les mêmes termes que l'ancienne coutume de Paris, ſeroient également réformées, ſi l'on procédoit à une nouvelle rédaction. Ce ſeroit peut-être même une queſtion de ſavoir ſi l'on ne devroit pas dès à préſent les interpréter par la nouvelle coutume de Paris, & par conſéquent les placer dans la première claſſe.

A la tête de cette première claſſe eſt la coutume de Paris. L'art. 51 porte : » Le vaſſal ſe peut » jouer & diſpoſer & faire ſon profit des héritages,

» rentes ou cens étant dudit fief, sans payer profit
» au seigneur dominant, pourvu que l'aliénation
» n'excède les deux tiers, & qu'il en retienne la
» foi entière & quelque droit domanial & sei-
» gneurial sur ce qu'il aliène «.

Cette disposition forme le droit commun. On
la retrouve du moins en termes équivalens dans
beaucoup d'autres coutumes. On y apperçoit au
premier coup d'œil deux parties principales; la
première relative à la forme de cette espèce d'aliénation ; la seconde, au prix de cette même
aliénation.

A l'égard du prix, la loi s'exprime dans lles
termes les plus absolus : *Se peut le vassal jouer,
disposer & faire son profit.* On ne peut rien de
plus général ; le vassal est donc le maître d'aliéner
par la voie du bail à rente, ou de recevoir des
deniers d'entrée. Telle est en effet la jurisprudence.
Dans cette coutume de Paris & dans toutes celles
qui ont la même disposition, le vassal peut, en
se jouant de son fief, ne se réserver que quelques deniers de cens & recevoir une somme
d'argent équivalente à la valeur de la chose. *N'importe,* dit Brodeau, *que l'aliénation ait été faite
à prix d'argent ou non.* Sur l'art. 51 de la coutume
de Paris, n. 23, il ne peut pas y avoir sur ce point
le doute le plus léger.

Passons aux formalités nécessaires pour cette
espèce d'aliénation.

Ces formalités se réduisent à trois ; elles sont
comprises dans ces mots de l'art. 51, *pourvu que
l'aliénation n'excède les deux tiers, qu'il en retienne la foi entière, & quelque droit seigneurial
& domanial sur ce qu'il aliène.*

Pourvu que l'aliénation n'excède les deux tiers.

Dans l'origine, les fiefs en l'air étoient inconnus.
La féparation du titre & du domaine du fief
étoit une idée trop métaphyfique pour entrer
dans la tête des anciens Francs. D'abord le
vaffal ne pouvoit difpofer de fon fief fans le confentement de fon feigneur. Les chofes changèrent
un peu, lorfque l'ufage s'introduifit de convertir
fon aleu en fief : ce nouveau vaffal, propriétaire
originaire du domaine, eut la faculté d'en difpofer,
toutefois avec cette reftriction, qu'il en confer-
veroit une portion fuffifante pour le mettre en
état de faire le fervice & de fupporter les charges
du fief. *Nullus liber homo det de cætero ampliùs
alicui de terâ fuâ, quàm ut de refiduo terræ fuæ
poffit fufficienter fieri domino feudi fervitium, &
debitum quod pertinet ad feodum illud.* Grande
charte d'Angleterre, chap. 32.

Vers le douzième fiecle, un nouvel ufage
s'introduifit; nos rois donnèrent en fief des rentes,
des penfions, qui n'avoient d'autres affiettes que
le tréfor royal : cet ufage donna l'idée d'un fief
fans domaine, & c'eft peut-être à cette innovation que l'on doit l'établiffement des fiefs *en
l'air* : du moins eft-il certain que, quelque temps
après cette époque, on en voit des exemples.
L'ancienne coutume de Paris les autorifoit formellement, puifque l'art. 41 permettoit au vaffal
de fe jouer de la totalité du domaine de fon fief,
pourvu qu'il en retînt le titre pardevers lui. On
s'apperçoit aifément en lifant le commentaire de
Dumoulin fur cet article, qu'il regardoit cette
difpofition comme contraire aux vrais principes
de la matière, & fur-tout comme trop préjudi-
ciable au feigneur. Cette faculté, dit-il, d'aliéner
ainfi la totalité du domaine eft trop indéfinie;

& la rétention de la foi n'eſt qu'une vaine formalité. *Si vaſſallus totum feudum daret ad reditum, aut, totaliter & perpetuò alienaret, & nullum dominium retineret commentitia, vana, nugatoria, cluſoria & fraudulenta eſſet retentio fidei.*

Eclairés par cette déciſion, les réformateurs ont ſupprimé cet article 41 de l'ancienne coutume, & ont reſtreint par le cinquante-unième de la nouvelle , cette faculté trop indéfinie : en ſorte que le vaſſal ne peut plus aujourd'hui ſe jouer que des deux tiers du domaine de ſon fief. Voici comme Brodeau développe l'eſprit de cet article.

» La nouvelle coutume en cet article a réduit » le pouvoir & la liberté , que le vaſſal avoit » généralement par l'ancienne , de ſe jouer de ſon » fief aux deux tiers, en quelque aliénation que » ce ſoit, par vente , bail à cens, rente ou emphy- » téoſe, c'eſt-à-dire que le vaſſal peut vendre & » aliéner les deux tiers de ſon fief à prix d'argent, » ou les bailler à cens, rente ou emphytéoſe, » ou l'un des trois ſeulement, à qui bon lui ſemble, » ſans le conſentement & inféodation du ſeigneur. *Brodeau , ſur l'art.* 51 *de Paris, n.* 26.

La conſéquence la plus notable de cette diſpoſition de l'article 51 , c'eſt qu'elle proſcrit pour l'avenir la converſion d'un fief réel en fief *en l'air; en ſorte qu'ils n'ont plus lieu en la nouvelle coutume, qui ne veut pas qu'un fief ſoit un fantôme, une carcaſſe , une idée , une ombre , une chimère & une imagination.* Brodeau , *idem , n.* 24.

Et qu'il en retienne la foi entière. Cette rétention étoit la ſeule loi impoſée au vaſſal par l'ancienne coutume. C'étoit même un adage de notre ancien droit féodal, que le vaſſal pouvoit ſe jouer

de fon fief, *jufqu'à mettre la main au bâton*,
fuivant l'expreffion des anciens feudiftes. *Vetus
francorum proverbium*, le vaffal peut fe jouer de
fon fief jufqu'à mettre la main au bâton, *vel ut
in Parifienfi confuetudine*, jufqu'à démiffion de
toi ; *id eft, vaffallus poteft fuo feudo, ad arbitrium
fuum, abuti, dum tamen ne haftam attingat, vel
dum ne à fide vel clientelâ fe fubducat*. Hoffman
ad lib. 2, feud. tit. 55.

· Les deux derniers mots de ce paffage expliquent
fort bien le fens de ces expreffions, *pourvu qu'il
retienne la foi* : retenir la foi, c'eft la reporter au
feigneur comme auparavant ; c'eft continuer de
fe reconnoître vaffal pour la totalité du fief; c'eft
en un mot couvrir fous fon hommage la partie
aliénee, & demeurer obligé envers le dominant,
à toutes les charges, à tous les devoirs auxquels
on étoit foumis auparavant l'aliénation. D'où il
réfulte, dit Brodeau, par une raifon démonftrative
& concluante, qu'il n'y a point d'extinction de la
nature du fief, ni la moindre altération, ni aucune
mutation parfaite ou imparfaite, vraie ou feinte ;
le vendeur ou le bailleur demeurant toujours
vaffal comme auparavant, & le droit de vaffelage
tout entier, avec la folidité de la foi, réfidant
en fa perfonne & non en celle de l'acquéreur.
Brodeau fur l'art. 51 de Paris, n. 19.

Le vaffal qui n'eft pas encore reçu en foi,
peut-il fe jouer de fon fief, c'eft-à-dire, peut-il
retenir la foi avant que de l'avoir rendue lui-
même ? Oui, répond Dumoulin, §. 41, *n*. 3 :
Brodeau penfe de même. La décifion de cet article,
dit-il, a lieu, bien que le vaffal n'ait point encore
prêté la foi au feigneur, & ne foit invefti par
lui, même que fon fief foit faifi faute d'homme

& . de droits. Brodeau *sur l'art.* 51 *de Paris,*
n. 30.

Et quelque droit seigneurial & domanial sur ce
qu'il aliène. Cette disposition n'étoit pas dans
l'ancienne rédaction de la coutume. Dumoulin
dont le génie vigoureux précéda toujours son
siècle, en faisoit néanmoins la condition essentielle
du Jeu de fief. Voici comme il s'exprime sur
l'art. 41. *Dimissio est quando vassallus verè desinit*
esse dominus, & consequenter vassallus feudi.
Retentio autem est, quando retinet saltem aliquod
jus, vel dominium in quo representatur feudum,
ratione cujus remanet vassallus. Quando vassallus
nullum dominium retinuit, commentitia fidei retentio
non prodest.

. C'est d'après cette décision, que les réformateurs de la coutume ont exigé la rétention d'un
droit seigneurial & domanial sur la partie aliénée.
Mais que doit-on entendre par ces mots, *un*
droit domanial & seigneurial? Les réformateurs ne
se sont point expliqués sur cet objet.

· Il y a quatre espèces de droits que l'on peut
regarder comme représentatifs du fond : le cens,
la rente foncière, la rente emphytéotique & le
champart.

. » Ayant baillé portion des terres de leurs fiefs,
» dit Bacquet, à cens, rente, bourdelage, terrage,
» champart & autres droits seigneuriaux, con-
» sistans en deniers, grains, volaille ou autres
» redevances annuelles, ce qui leur a été & est
» permis par la coutume de Paris, tant ancienne
» que nouvelle «. *Bacquet, des droits de francs-*
fiefs, part. 1, *chap.* 2, *n.* 7.

· Voyez sur la nature des droits que le vassal
doit se réserver ; Auzanet *sur l'art.* 51 *de Paris ;*
& Ferriere, *idem, gl.* 2.

La coutume, comme on l'a vu plus haut, impose au vassal l'obligation de conserver le tiers du fief; mais elle ne dit pas si c'est le tiers du domaine, ou s'il suffit qu'il se réserve le tiers du revenu en censives ou autres droits seigneuriaux. Il nous semble que le véritable esprit de cet article, est que le vassal doit retenir entre ses mains le tiers du domaine, autrement les fiefs réels pourroient être convertis en fief en l'air, ce qui est prohibé par les loix féodales ; ce que la coutume de Paris & autres semblables ont spécialement voulu éviter en obligeant le vassal de conserver une partie de son fief. Ferriere le dit expressément: » Le vassal peut aliéner jusqu'aux » deux tiers de son fief, soit que le fief consiste » en terres de quelque nature qu'elles soient, » ou en cens ou rentes dépendans de son fief, » pourvu toutefois qu'il se réserve *un domaine* » *en terres*, autrement il n'auroit plus qu'un fief » en l'air. *Traité des fiefs, page* 49.

Le principal manoir du fief peut-il être compris dans l'aliénation des deux tiers ? Auzanet tient la négative, parce que, dit-il, le chef ne peut pas être séparé des membres; & d'ailleurs si le chef-lieu qui porte le titre & la dénomination du fief pouvoit être aliéné, la mémoire de ce fief pourroit se perdre & s'anéantir. Cependant voyez ci-dessus le mot *Féage.*

Si le vassal décharge son sujet censier du cens dont son héritage étoit redevable envers lui, à la charge de lui en faire la foi & hommage, cet héritage devient féodal, & le possesseur est tenu dans les quarante jours d'en faire la foi & hommage à celui qui auparavant étoit son seigneur censier, car puisque le vassal peut donner jusqu'aux

deux tiers de son fief, à la charge que la foi &
hommage lui sera faite par le preneur, il peut
aussi, en déchargeant son sujet censier du cens,
l'obliger de le reconnoître pour son seigneur féodal, l'un étant une conséquence de l'autre ; &
c'est le sentiment commun des docteurs, que le
vassal peut convertir une roture en fief, ou un
fief étant en sa mouvance, le convertir en roture
du consentement du propriétaire, sans pour ce
requérir le consentement du seigneur dominant.

Une fois que le vassal s'est joué des deux tiers
de son fief, il ne peut plus en aliéner aucune
partie par cette voie ; l'aliénation au delà des
deux tiers n'est pas plus permise par plusieurs contrats que par un seul.

On demande si l'on doit comprendre dans ces
deux tiers les aliénations faites avant 1580, date
de la réformation de la coutume de Paris ? » Je
» crois que non, répond Ferriere sur l'art. 51 de
» la coutume de Paris, d'autant que les vassaux
» ne pourroient pas jouir du bénéfice que la cou-
» tume leur donne, dont la réformation n'a été
» faite que pour l'avenir ; ce qui est confirmé parce
» qu'elle n'a pas révoqué les aliénations faites dans
» l'ancienne coutume, excédant les deux tiers,
» & même des domaines entiers avec rétention
» de foi «.

Si l'aliénation excédoit les deux tiers, inutilement le vassal retiendroit la foi & un droit seigneurial & domanial ; cette rétention de foi seroit illusoire ; l'acquéreur ou le donataire deviendroit covassal du vendeur ou du donateur, & en
cette qualité il seroit obligé de *payer profit* au
seigneur dominant ; & cela parce que le vassal ne

peut

peut jouir du bénéfice de la coutume lorfqu'il contrevient à la condition qu'elle lui impofe.

Si le vaffal a vendu ou donné purement & fimplement une partie de fon fief, *il eft dû profit au feigneur dominant* : on ne diftingue point fi l'aliénation eft au deffous ou au deffus des deux tiers : il fuffit au premier cas, que le vaffal aliénateur n'ait rien retenu ; & au fecond, il l'auroit fait inutilement, comme on vient de le voir ; car, fuivant la coutume, pour qu'un vaffal puiffe difpofer de partie de fon fief fans payer profit au feigneur dominant, il ne fuffit pas que l'aliénation ne foit que des deux tiers du fief ou au deffous, il faut encore que le vaffal aliénateur retienne la foi entière & un droit feigneurial & domanial fur ce qu'il aliène, & cette rétention eft illufoire & fans effet, fi l'aliénation excède les deux tiers.

De là il fuit que la vente ou l'aliénation pure & fimple de partie d'un fief, eft un *jeu de fief avec profit* pour le dominant, auffi bien que celle de plus des deux tiers, quand même il y auroit de la part du vaffal aliénateur, rétention de foi & d'un droit feigneurial & domanial.

Il s'enfuit encore que le vaffal qui aliène purement & fimplement une partie de fon fief, n'eft point borné aux deux tiers, il peut excéder, & ne s'en réferver que la centième partie plus ou moins ; ce n'eft que quand il veut que l'acquéreur foit fon vaffal ou fon cenfitaire, que l'aliénation ne doit pas excéder les deux tiers.

Or dans tous les cas où l'acquereur de partie d'un fief doit profit au feigneur dominant, il lui doit la foi & hommage & le dénombrement, pour raifon de la partie qu'il a dans le fief, &

le seigneur dominant de son côté peut, au lieu de recevoir les profits qui lui sont dus, c'est-à-dire le quint, retenir cette portion par puissance de fief.

Ferriere sur l'article 51 de la coutume de Paris s'occupe du cas où le seigneur qui s'étoit joué de son fief par bail emphytéotique, rentre dans la partie ainsi aliénée quand les deux tiers du fief, dit cet auteur, ont été baillés à emphytéose sans démission de foi, & que le bailleur ou ses successeurs reprennent après le temps du bail expiré la partie du fief donnée à ce titre; elle redevient telle qu'elle étoit lors de la concession, c'est-à-dire qu'elle recommence de faire partie du fief comme elle faisoit avant le bail emphytéotique.

Il en faut dire de même au cas que le bailleur rentre dans son fief, faute par le preneur de lui payer la pension convenue; de même que si l'acquéreur d'une partie d'un fief à la charge d'une rente foncière, étoit obligé de le déguerpir pour n'être suffisant pour le payement de la rente, car en ce cas le fief retourneroit au bailleur tel qu'il étoit au temps qu'il l'auroit donné à cette charge.

Occupons-nous maintenant des coutumes de la deuxième classe. Ces coutumes sont Orléans, art. 7; Mantes, art. 14; Senlis, art. 251; Châlons, art. 194; Rheims, art. 117; Saint-Quentin, art. 72; Dourdan, art. 36; Sens, art. 223; Auxerre, art. 182; Vitry, art. 23; Amiens, art. 26; Saint-Omer-sous-Montreuil, art. 11; Saint-Omer-sous-Artois, art. 5; Meaux, 171; Péronne, art. 72 & 73; Montargis, art. 4; Berry, titre 5, art. 53; Sedan. art. 63. Ce qui distingue essentiellement cette classe des coutumes, c'est, comme nous l'avons déjà dit, qu'elles permettent au vassal d'aliéner par la voie du Jeu de fief la totalité de son domaine.

Ces coutumes n'ont rien de particulier quant à la forme du Jeu de fief. Il faut, comme dans celle de Paris, que le vassal retienne la foi entière & quelque droit seigneurial sur le domaine aliéné.

La seule difficulté que ces coutumes présentent, est celle de savoir si elles donnent au vassal la faculté de recevoir des deniers d'entrée, ou s'il ne peut se jouer de son fief que par la voie du bail à cens & rente.

Sous ce point de vue, les coutumes de cette deuxième classe reçoivent une nouvelle division : les unes prohibent expressément les deniers d'entrée ; elles sont rapportées plus haut dans l'addition au mot *Franc-fief* ; les autres sont muettes sur ce point. C'est dans ces dernières que s'élève la difficulté dont nous parlons.

Cette question, l'une des plus intéressantes de la matière féodale, fait depuis deux siècles le sujet d'une guerre très-vive entre les jurisconsultes : les uns admettent les deniers d'entrée ; les autres les proscrivent. Les tribunaux des provinces régies par ces coutumes se sont attachés à la première de ces deux opinions, & les arrêts des parlemens les ont successivement adoptées l'une & l'autre.

Nous allons mettre sous les yeux de nos lecteurs les pièces de ce fameux procès, c'est-à-dire une partie des raisonnemens & des autorités pour & contre.

Comme la coutume d'Orléans est à la tête de cette seconde classe, nous nous attacherons particulièrement à ses dispositions.

Voici d'abord ce qu'on allègue ordinairement pour établir que dans cette coutume d'Orléans & autres semblables, le vaffal peut, en fe jouant de la totalité de fon domaine féodal, recevoir des deniers d'entrée, même équivalens à la valeur de la chofe ; que le Jeu de fief eft régulier, quelque modique que foit le cens réfervé.

Les baux à cens modiques avec deniers d'entrée de toute la valeur de la propriété utile de l'héritage accenfé, font autorifés par la coutume d'Orléans, fans que les feigneurs dominans puiffent prétendre des droits feigneuriaux, pour raifon de ces contrats.

On établira la vérité de cette première propofition par le texte & l'efprit de la coutume, par la jurifprudence des arrêts, & par l'autorité des commentateurs des coutumes d'Orléans & d'Anjou.

Nous ferons voir en fecond lieu, que la coutume autorifant les baux à cens modique a pris les précautions néceffaires pour mettre à couvert les droits feigneuriaux, & que ces précautions font elles-mêmes une preuve que l'efprit de la coutume eft de permettre ces fortes de contrats.

Mais avant d'entrer dans les preuves de ces deux propofitions, il eft néceffaire d'établir quelques principes en matière de droits feigneuriaux, pour répandre plus de lumière fur tout ce que nous dirons dans la fuite.

La coutume eft aujourd'hui le feul titre fur lequel ces droits font fondés, & les feigneurs ne peuvent les exiger que conformément aux difpofitions particulières de ces loix municipales, parce que les droits feigneuriaux n'étant pas fondés fur le droit commun, il eft fenfible qu'il faut fe renfermer fcrupuleufement dans les termes de la loi

qui règle ces droits. Ainsi il n'est pas permis dans
cette matière d'étendre la disposition d'une coutume à une autre ; de sorte que s'il s'en trouvoit
quelques-unes qui ne continssent aucune dispofi-
tion par rapport aux droits seigneuriaux, il n'y
auroit certainement aucune obligation d'en payer
au seigneur dominant dans ces coutumes, quoique toutes les autres soient expresses & précises
à cet égard en faveur des seigneurs. Chaque coutume est souveraine dans son ressort, & n'y reconnoît l'empire d'aucune coutume étrangère en matière des droits seigneuriaux : c'est ce qu'établit
solidement d'Argentré sur l'article 62 de l'ancienne
coutume de Bretagne. *Cùm laudimia*, dit cet
auteur, *non habeant fundamentum de jure communi , fintque præter jus & speciali consuetudine
inducta , non videtur extendenda consuetudinis dif-
positio , nec à similitudine quidem , aut majoritate
rationis, præter caufam expressam, quamvis cafus,
de quo quæritur , tam fimilis fit expresso ut penè
fimilis videatur, & intellectu etiam statuentium com-
prehensus.*

L'autorité de ce jurifconfulte est d'autant plus
forte, qu'il est d'accord en ce point avec Dumoulin , dont on fait qu'il s'est fur-tout attaché
à combattre les principes & les opinions. *Hac
maximè peculiare est in consuetudinibus & statutis ,
quòd eorum verbis tenaciter est inherendum , nec
illis licet addere , nec detrahere , nec aliàs interpretari quàm loquuntur. Molinæus , conf. Parif.*

D'après ces principes dictés par l'équité , il est
évident qu'on ne peut & qu'on ne doit exiger
de droits seigneuriaux dans le ressort de chaque
coutume , que dans les cas où elles permettent
de le faire , & qu'on est dispensé d'en payer non

feulement dans ceux où elles en difpenfent expreffément , mais encore dans les cas où elles ne
prefcrivent pas d'en payer. Tout droit qui n'eft
fondé que fur une loi particulière , doit être di-
fertement exprimé dans la loi'pour pouvoir être
exigé.

Un autre principe non moins incontefable ,
c'eft que dans les coutumes qui ne s'expliquent
pas avec affez d'étendue ni de clarté , ou dont
on contefte le fens par rapport à certains objets ,
l'ufage eft le véritable interprète , & le feul guide
qu'il faut fuivre & confulter. *Talis videtur* , dit
Dumoulin fur Paris , *effe communis obfervantia ,
fecundùm quam poffumus & debemus confuetudinem
interpretari* , parce que l'ufage & la pratique , en
matière de loix coutumières , ne fe font établis
& continués qu'en conféquence de la manière
dont les difpofitions des coutumes ont été entendues dans leur origine , ou plutôt parce que les
coutumes ne font elles-mêmes que les ufages ré-
digés par écrit , ufages qui depuis les rédactions
ont continué d'être obfervés comme ils l'étoient
auparavant.

Il eft aifé de faire l'application de ces principes ,
& d'en conclure qu'il faut fe renfermer exclufivement dans les difpofitions particulières à la coutume
d'Orléans ; de forte que fi l'on parvient une fois à
prouver que cette coutume autorife les baux à
cens , avec deniers d'entrée , même de toute la
valeur de la propriété utile de l'héritage accenfé ,
fans profits féodaux , & que ces fortes de contrats
font d'un ufage immémorial dans le reffort de
cette coutume , il n'y aura dès-lors nulle difficulté
à rejeter la prétention des feigneurs , & à confirmer la pratique conftante de la coutume d'Or-

léans dans cette matière ; l'intérêt des seigneurs
ne devra point prévaloir sur la disposition de la
loi, parce que c'est elle qui doit décider dans
cette contestation , & qu'ils doivent l'exécuter
dans ce point, comme ils la font exécuter dans
les autres dispositions qui leur sont plus favorables. La coutume est une loi générale qui oblige
sans distinction & dans tous ses points, tous ceux
qui vivent sous son empire.

C'est ici le lieu de détruire pour toujours une
objection que l'intérêt met tous les jours à la bouche
des seigneurs. Si l'on permet, disent-ils, les baux
à cens avec deniers d'entrée de toute la valeur
de la propriété utile de l'héritage , sans payer de
droits seigneuriaux , on éludera par ce moyen la
disposition de la coutume , qui nous autorise à
percevoir ces droits. Mais n'est-ce pas s'aveugler
volontairement que de proposer un pareil motif ?
Est-il donc si nécessaire que les seigneurs aient des
droits seigneuriaux dans toutes sortes d'occasions ? A la bonne heure qu'ils en exigent dans
les cas où la coutume les y autorise. Mais n'est-il
pas sensible qu'ils ne sont pas fondés à en exiger
dans les circonstances où la coutume ne les y
autorise pas ? Et l'on verra dans un instant, que le
bail à cens est un de ces cas , une de ces circonstances , où la coutume ne leur en a point adjugé.
En un mot, la coutume leur donne des droits seigneuriaux toutes les fois qu'il y a mutation de
vassal ; & on va voir qu'elle n'admet pas cette
mutation dans le bail à cens , tel qu'il se pratique
de temps immémorial dans la coutume d'Orléans.
Si elle fournit aux vassaux le moyen de tirer de
l'aliénation de là propriété utile de leurs héritages

un parti plus avantageux qu'ils ne le feroient par une vente abſolue, pourquoi leur feroit-il interdit d'en faire uſage ? Par quelle fatalité faudroit-il que la coutume ne fût favorable qu'aux ſeigneurs dominans, & ne ſtipulât que leurs intérêts au préjudice de tous ſes autres ſujets ? Mais il eſt temps de faire voir que les baux à cens modique, avec deniers d'entrée de toute la valeur de la propriété utile, ſans profits féodaux, ſont autoriſés par la coutume d'Orléans.

Les diſpoſitions de cette coutume qui autoriſent ces contrats & qui en expliquent les conditions & les effets, ſont claires & ſans équivoques. L'article 7 porte : *Que le vaſſal peut bailler à cens, rente, ferme ou penſion à vie, à temps ou à toujours, ſon héritage, en retenant à lui la foi & l'hommage, & n'y a en ce faiſant le ſeigneur de fief aucun profit.*

L'article 11 : *Que celui qui a baillé à cens ſon héritage tenu en fief, ſans ſoi deſſaiſir de la foi, eſt tenu faire & porter la foi, & payer tous les profits féodaux dudit héritage & en acquitter le preneur, ſinon qu'il y ait convention au contraire.* Enfin, les articles 8 & 9 pourvoient, comme nous l'expliquerons dans la ſuite, à la ſûreté des droits ſeigneuriaux en cas de mutation, ſoit qu'elle arrive par l'aliénation du cens même, ſoit par la mort du bailleur. Dans l'un & l'autre cas, c'eſt l'héritage, même le fond de terre accenſé, qui répond des profits féodaux, & ces droits ſe règlent non ſur le prix provenant de l'aliénation du cens, ou ſur le revenu cenſuel, mais ſur l'eſtimation des propriétés utile & directe réunies dans le premier cas, & ſur le revenu naturel de l'héritage dans le ſecond.

Les 7 & 11 s'expriment avec clarté sur l'accensement de la totalité de l'héritage, qu'ils autorisent en ne restreignant point la liberté du Jeu de fief. Il est vrai qu'ils ne règlent pas textuellement la quotité du cens. Mais outre que ce silence de la coutume donne lieu de conclure avec raison, qu'elle laisse toute liberté à cet égard, on verra dans un instant que tous les commentateurs de cette coutume n'entendent par le cens dont il est question dans ces articles, qu'une redevance si modique qu'il suffit de la porter à deux deniers par arpent. D'ailleurs, le terme de *cens* sans qualification caractérise bien cette modicité, puisque le cens qualifié *gros cens* ou *cher cens* n'est, au sentiment même de ceux qui, comme Ragueau, donnent à cette expression toute l'étendue qu'elle peut avoir, que de dix, vingt ou trente sous tout au plus par arpent. Or, dans la coutume d'Orléans, il n'est question que du cens en général, & par conséquent que du simple cens, qui est très-modique. Les coutumes qui prescrivent le *cher cens*, s'expriment textuellement à cet égard. Telle est en particulier celle de Clermont en Beauvoisis, article 96, qui est expresse sur la qualité du cens. Celle d'Orléans, en ne le qualifiant point, ne doit être entendue que d'un cens très-modique, puisque le cher cens est si peu considérable dans les coutumes qui le prescrivent.

La coutume d'Orléans ne dit pas non plus expressément que le bailleur à cens pourra prendre des deniers d'entrée de la valeur de la propriété utile de l'héritage; mais la modicité du cens le dit assez pour elle, parce qu'il n'est pas naturel de présumer que les vassaux voulussent abandonner la propriété utile de leur fief, pour une redevance

ſi peu conſidérable. D'ailleurs, la coutume ne défend pas de prendre des deniers d'entrée; & nous
ferons voir que c'eſt parce que le droit commun,
qui, avant la rédaction des coutumes, étoit que
les vaſſaux puſſent aliéner la propriété utile de
leur fief, ſans payer de droits ſeigneuriaux, a été
conſervé dans la coutume d'Orléans. Si la coutume ne permet pas expreſſément de prendre des
deniers d'entrée dans les baux à cens, c'eſt qu'il
n'étoit pas néceſſaire d'exprimer le droit commun,
droit connu de tout le mode, & dont l'uſage &
la pratique conſtante étoient des monumens ſûrs,
qui ſuppléoient ſuffiſamment à la lettre de la
coutume.

Il eſt certain que dans l'origine & les premiers
temps des fiefs, il n'étoit permis de vendre les
fiefs ou de les aliéner à titre de cens, qu'avec la
permiſſion du ſeigneur dominant; mais dans la
ſuite, les ſeigneurs, ſoit par indulgence, ſoit pour
récompenſer des ſervices ſignalés, laiſſèrent à leurs
vaſſaux la liberté de vendre ou d'aliéner les fiefs
à titre de cens; il ſe forma de cette facilité des
ſeigneurs, un droit que le temps & l'uſage rendirent preſque général; de ſorte que les vaſſaux
n'eurent bientôt plus beſoin d'obtenir l'agrément
des ſeigneurs, pour diſpoſer de leurs fiefs, ſur-
tout à titre de cens. Cet uſage avoit déjà prévalu
vers le milieu du douzième ſiècle, ſuivant le témoignage d'Othon de Friſingen, auteur généralement eſtimé, qui s'explique ainſi ſur ce ſujet,
liv. 1, chap. 8 : *Permittitur vaſſallo alienare fun-
dum abſque conſenſu ſui ſenioris, nec ullâ utilitate, ob hanc cauſam patrono feudali acquirendâ,
dummodò cliens beneficiarium prædium transferat
fide non dimiſſâ, ſed penes ſe retentâ.* Cet auteur

étoit en état de parler de nos ufages avec une parfaite connoiffance, ayant demeuré fort long-temps à Paris, où l'éclat de fa naiffance l'avoit mis à portée de voir & de confulter ce qu'il y avoit alors de plus habile dans la fcience du droit & de nos ufages : mais le droit d'aliéner la totalité du domaine utile des fiefs, n'étoit pas encore généralement établi dans tout le royaume ; il faut même convenir qu'il y a toujours eu des coutumes, mais en petit nombre, où il n'étoit permis de fe jouer de fon fief, que jufqu'à une certaine concurrence ; mais généralement cette liberté n'avoit point de bornes, parce que c'étoit alors le droit commun & une conféquence de la patrimonialité des fiefs.

Le plus ou le moins de liberté à cet égard a dépendu d'abord de la conceffion des feigneurs, qui ont été plus ou moins reconnoiffans envers leurs vaffaux, à proportion des fervices qu'ils en avoient reçus dans ces temps de trouble & d'ambition, où les poffeffeurs des grandes terres étoient obligés de s'attacher la nobleffe pour fe défendre de l'invafion de leurs voifins. C'eft à ces conceffions, non à des principes imaginaires qu'il faut recourir, pour expliquer la différence des coutumes & des ufages par rapport au Jeu de fief. L'ufage qui feul a perpétué ces conceffions, & qui dans la fuite a été la preuve du droit accordé aux vaffaux avant la rédaction des coutumes, eft le feul guide & la règle unique que nous ayons depuis les rédactions, pour décider sûrement de quelle manière & jufqu'à quel point on peut fe jouer de fon fief dans les coutumes qui ne reftreignent point cette liberté, & qui au contraire, n'ayant dérogé en rien à l'ancien droit commun fur cette matière, l'ont confervée dans toute fon intégrité.

Il est constant que ce droit a été conservé dans plusieurs coutumes depuis leur rédaction. Le témoignage de M. Chopin, commentateur de la coutume d'Anjou, contemporain de ces rédactions, n'est pas équivoque sur ce sujet : il s'en explique ainsi, liv. 2, part. 2, tit. 2, nombre 7 de son commentaire: *Cliens dedit in censum clientelares fundos universos. . . . . Retento fidelitatis jure præstandæ recto domino. Sicut variis etiamdum Galliæ moribus de beneficio cuique suo licet ad arbitrium statuere.*

La liberté du bail à cens modique, & par conséquent avec deniers d'entrée de toute la propriété utile du fief, est ici clairement exprimée : Universos fundos. . . . . *Canonem*, ajoute Chopin, *ut exiguus erat abdicavit :* nec tali in censum datione vacat beneficium. Point de mutation, & par conséquent point de profits féodaux, pour raison des baux à cens modique, avec deniers d'entrée.

Cette liberté, selon le témoignage de Chopin, se conserve encore dans plusieurs coutumes depuis leur rédaction: *Sicut variis etiamdum Galliæ moribus de beneficio cuique suo licet ad arbitrium statuere etiamdum licet.* Ces coutumes sont, Orléans, Chaulni, Mantes, Melun, Montfort, Ponthieu, Péronne, Montdidier, Roye, Clermont en Beauvoisis, &c.

Ce droit, plus général & plus étendu avant la rédaction des coutumes, dans plusieurs desquelles les seigneurs dominans ont eu le crédit, ou de le faire restreindre & limiter, comme dans la nouvelle coutume de Paris, qui le réduit aux deux tiers, ou de le faire abolir, comme dans la dernière rédaction de celles de Lorris & Montargis, Amiens & autres, subsiste encore dans les cou-

tumes, dont les difpofitions générales & indéfi-
nies, par rapport au Jeu de fief, font expliquées
par la pratique & l'ufage immémorial, qui en eft
le feul & véritable interprète.

Telle eft en particulier la coutume d'Orléans ;
elle permet indéfinitivement le Jeu de fief. La
pratique conftante & journalière y a confervé l'ancien droit commun, & fixe le cens de cette permiffion indéfinie : elle prouve d'une manière authentique, que la liberté du Jeu de fief en entier
y a été confervée : d'ailleurs la lettre & l'efprit de
la coutume s'entre-aident mutuellement pour
prouver la confervation & l'exiftence actuelle de
ce droit ; tout ce qui s'eft paffé avant & depuis la
première rédaction, & dans le cours de la feconde,
vient encore au fecours de cette preuve.

Il eft certain que le droit de donner fon fief à
cens modique avec deniers d'entrée, fans profits
féodaux, étoit en vigueur dans l'ancienne coutume
d'Orléans ; & nous ferons voir dans la fuite, que
le plus ou le moins de deniers d'entrée eft indif-
férent, & n'ouvre pas les droits feigneuriaux ;
d'ailleurs cette liberté étant indéfinie, les vaffaux
peuvent en ufer comme bon leur femble. Enfin,
l'extrême modicité du cens prouve fenfiblement
qu'on peut prendre des deniers d'entrée de toute
la valeur de la propriété utile de l'héritage ; ce
qui fuffit à cet égard, quant à préfent qu'il n'eft
queftion que d'établir que le droit de prendre des
deniers d'entrée étoit en ufage dans l'ancienne
coutume d'Orléans. L'arrêt cité par Dumoulin
fur cette coutume, en eft une preuve incontef-
table ; arrêt écrit de la main de Dumoulin même,
dans fes manufcrits, & imprimé fous fes yeux
dans fes notes & apoftilles fur les coutumes de

France, au mois de novembre 1566, quelque
temps avant sa mort; ce qui doit suffire pour dis-
siper les nuages qu'on a voulu élever sur cet arrêt,
qui, quand il ne seroit pas exactement conforme
pour les noms des parties, à celui que l'on pré-
tendroit avoir découvert dans les regiftres de la
cour, n'en attesteroit pas moins l'opinion & le
sentiment de Dumoulin.

Ce grand jurisconsulte, après avoir rapporté les
termes de l'art. 4 de l'ancienne coutume d'Orléans,
qui, comme le 7 de la nouvelle, permet le bail
à cens, sans aucune mention, ni de la modicité du
cens, ni de la liberté de prendre des deniers d'entrée, ajoute: *ETIAM MEDIANTE PECUNIA. Ainsi
a été jugé, suivant mon opinion, par sentence du
bailli d'Orléans, entre Guillaume Durand, Notaire d'Orléans, qui avoit baillé le domaine de
son fief, moyennant une somme d'argent excédant
lesdits cens & rente, d'une part; & Florent Bour-
gouin, seigneur de Cleves, qui avoit saisi faute
d'hommes & devoirs non faits: sa saisie déclarée
tortionnaire, lui condamné aux dépens, ce qui fut
confirmé par l'arrêt du 5 février 1543; rapporteur,*
Bermondet; *présidens,* de Gouy et Spiphame.

Il est prouvé par cet arrêt, qu'il étoit permis par
l'ancienne coutume d'Orléans, d'aliéner à titre de
cens tout le domaine utile de son fief, & même
de prendre des deniers d'entrée. La quotité du
cens & de la rente n'est d'aucune considération,
parce qu'en cas d'ouverture du fief, ce n'est ni
sur la valeur du cens, ni sur le capital de la rente
que le seigneur dominant apprécie ses droits féodaux, mais sur le prix intrinsèque de l'héritage
même, du sol, du fond de terre accensé qui ne
sauroit périr, & que la coutume lui assigne comme

le gage de ses droits, par les art. 7, 8 & 9;
*mais lesdits baux & aliénations ne peuvent préju-
dicier au seigneur du fief, qu'il ne puisse exploiter
son fief, s'il le trouve ouvert, sans avoir égard
au bail fait par ledit vassal.*

L'arrêt de 1543, célèbre dans la coutume d'Orléans, ne laisse aucun doute sur l'usage de l'ancienne coutume, & sur le véritable sens de l'art.
4 de cette première rédaction : or l'article 7 de
la nouvelle coutume est textuellement le même
que le quatrième de l'ancienne; il est conçu dans
les mêmes termes, ou plutôt l'art. 4 de l'ancienne
coutume a seulement été transposé, est devenu le
7ᶜ de la nouvelle : nulle restriction, nulle limitation
par la nouvelle coutume de ce qui étoit permis
par l'ancienne; & par conséquent le bail à cens
modique, avec deniers d'entrée, sans profits féodaux, autorisé par l'article 4 de l'ancienne coutume, l'est encore aujourd'hui par l'art. 7 de la
nouvelle.

S'il y avoit eu le moindre doute sur le sens de
l'art. 4 de l'ancienne coutume, sur l'usage qu'il
autorisoit, & sur l'arrêt du 15 février 1543, qui
confirmoit cet usage, les commissaires & les députés qui travaillèrent quarante ans après cet arrêt
à la dernière rédaction de la coutume d'Orléans,
en 1583, n'auroient pas manqué de s'expliquer
sur ce sujet; car ils n'ignoroient certainement ni
l'arrêt de 1543, cité dans les notes & apostilles
de Dumoulin, imprimées de son vivant au mois
de novembre 1566, ni l'usage que cet arrêt avoit
confirmé : cependant on ne voit pas qu'ils ayent
rien dit sur ce sujet; ils ont conservé dans l'art.
7 de la nouvelle coutume, les termes & la disposition de l'art. 4 de l'ancienne, sur lequel étoit

intervenu cet arrêt, qui intéressoit de trop près les députés de trois états, & que l'adoption qu'en avoit faite Dumoulin avoit rendu trop fameux, pour que cette décision leur fût inconnue ; raisonnement qui prend un nouveau degré de force, si l'on veut se rappeler que c'est sur les notes de ce célèbre avocat que les coutumes ont été réformées, & que les réformateurs avoient ces notes & apostilles sous leurs yeux, en travaillant aux dernières rédactions : celle de la coutume d'Orléans est de ce nombre ; les apostilles de Dumoulin étant de 1566, & la dernière rédaction de la coutume d'Orléans, de 1583.

Il y a plus : pour prouver encore d'une manière plus frappante, s'il est possible, comment l'art. 4 de l'ancienne coutume, & le septième de la nouvelle, ont été entendus lors des deux rédactions de la coutume d'Orléans, en 1509 & en 1583, il suffit de se rappeler qu'après la première rédaction de cette coutume en 1509, Loris & Montargis qui suivoient les mêmes usages qu'Orléans, s'en séparèrent en 1531. Pour signaler leur séparation, ces deux bailliages affectèrent d'insérer dans leur coutume des dispositions toutes différentes de celles qui leur étoient communes auparavant avec celle d'Orléans. L'art. 4 de la coutume de Loris & Montargis, porte des marques bien sensibles de cette affectation ; il y est expressément défendu de rien prendre, soit meuble, soit immeuble, dans le bail à cens ; prohibition absolument contraire à la liberté accordée par l'art. 4 de la coutume d'Orléans, rédigée 22 ans auparavant, qui ne défendant pas les deniers d'entrée, avoit laissé subsister l'ancien droit commun, qui permettoit d'en prendre.

Cette

Cette liberté a si bien été conservée dans la nouvelle coutume d'Orléans, qu'on n'a rien changé dans sa dernière rédaction à cet article. Si l'on avoit voulu limiter le droit commun & l'usage autorisé en conséquence par l'art. 4, on n'auroit pas manqué de suivre dans la rédaction de 1585, l'exemple de la coutume de Paris, rédigée en 1580, dans laquelle le Jeu total de fief, libre auparavant cette dernière rédaction, avoit été restreint aux deux tiers de l'héritage; ou si l'on avoit voulu le détruire, on auroit imité Loris & Montargis, qui, pour abolir l'ancien droit commun, avoient expressément défendu de rien prendre, pour raison du bail à cens, sans payer des profits féodaux : or on ne voit rien dans l'art. 7 où il est question du bail à cens, ni dans les autres articles de la coutume d'Orléans, ni dans le procès-verbal de cette coutume; on ne voit, dis-je, rien qui puisse donner la moindre idée d'aucun changement; nulle difficulté de la part de l'église & des députés de la noblesse, par rapport au bail à cens, & à l'ancien usage d'y prendre des deniers d'entrée. L'art. 4 de l'ancienne coutume est devenu le 7 de la nouvelle, sans aucune modification : il est donc certain que les commissaires & les députés de la dernière rédaction ont voulu laisser subsister l'usage fondé sur le droit commun & sur l'art. 4 de l'ancienne coutume : enfin, une dernière preuve que cet usage subsistoit avant la dernière rédaction, c'est que Loris & Montargis en se séparant d'Orléans pour se faire une coutume particulière, ont aboli cet usage en termes très-exprès; ce qui n'auroit pas été nécessaire, s'il n'eût pas été en vigueur auparavant dans la coutume commune à ces trois bailliages : en effet, si l'usage eût été de n'y point prendre de deniers d'entrée, pour raifon du bail à cens, fans payer des droits feigneuriaux, les rédacteurs de la coutume de Lorris & Montargis n'auroient pas apporté une attention fi finguliere fur ce fujet, & ils euffent laiffé fubfifter la difpofition de la coutume telle qu'elle étoit, parce que l'ufage en eût fuffifamment déterminé le fens.

On ne finiroit pas fi l'on vouloit rapporter tous les raifonnemens que l'on ne ceffe de répéter en faveur de cette opinion : Pothier la défend avec beaucoup d'art & de chaleur. Après avoir pofé pour principe, que les difpofitions de l'art. 7 ne font autres que celles de l'ancienne coutume de Paris, cet auteur difcute les moyens fur lefquels s'appuient les partifans du nouveau fyftême : » Depuis peu, dit-il, la queftion s'eft renouvelée, » & on a foutenu nulle la rétention de foi, faite » par ces contrats (les baux à cens avec deniers » d'entrée équipollens à la valeur de l'héritage). » Pour moyens, on dit : 1°. que ces contrats ne » doivent pas paffer pour des contrats de bail à » cens, rente, ferme ou penfion, par lefquels la » coutume a permis de retenir la foi, puifque » c'eft une autre nature de contrat, favoir, celle » du contrat de vente qui y prédomine : 2°. que » ces contrats doivent être préfumés frauduleux, » & faits uniquement pour frauder le feigneur » du profit de vente : 3°. enfin ils prétendent que » leur fentiment a été confirmé par l'arrêt du 12 » août 1752, pour la terre de la Ronciere.

» La réponfe au premier moyen eft que cet » article n'eft qu'une fuite de ce principe des fiefs » qui eft en l'article 35 de l'ancienne coutume de » Paris. _Un vaffal peut fe jouer de fon fief jufqu'à_

» démiſſion de foi , ſans payer profits ; c'eſt-à-
» dire, ſuivant que l'explique Dumoulin, qu'il a
» une liberté auſſi grande que l'on puiſſe conce-
» voir d'en diſpoſer à quelque titre que ce ſoit,
» ſoit de donation , ſoit de vente, ſoit d'échange,
» ſans donner ouverture aux profits ; pourvu qu'il
» ne ſe démette pas de la foi , & *qu'il retienne*
» *dans l'héritage dont il diſpoſe quelque droit réel*
» *qui puiſſe être repréſentatif du* dominium civile
» *qu'il conſerve de cet héritage , auquel la foi ,*
» *c'eſt-à-dire, la charge des deniers féodaux ſoit*
» *attachée.* Ceci ſuppoſé , il eſt clair qu'il ne
» s'agit point en cet article de décider par quel
» eſpèce de contrat le vaſſal peut ſe jouer de ſon
» fief ; mais quelle eſt l'eſpèce de droit ou de
» redevance qu'il doit ſe retenir dans l'héritage
» dont il diſpoſe, qui puiſſe être repréſentatif du
» *dominium civile*, qu'il s'y retient, & auquel la
» foi qu'il retient doit être attachée «.

A l'égard du ſecond. moyen tiré de la
fraude , Pothier convient que toutes les fois
qu'il eſt prouvé que le bail à cens n'a point été
ſérieux, la queſtion tombe dans le cas de la proſ-
cription prononcée par la déclaration de 1731.
» Mais, ajoute-t-il, lorſqu'il n'y a aucune circonſ-
» tance qui faſſe préſumer la convention ſecrète de
» rétrocéder le cens, l'acte ne doit pas être pré-
» ſumé frauduleux pour cela ſeul, *qu'il y a des*
» *deniers d'entrée d'égale valeur au prix de l'héritage;*
» car la fraude ne ſe préſume point. Les parties
» ont pu avoir leurs raiſons pour convenir que la
» foi ſeroit retenue par le vendeur ; l'acheteur a
» pu ne pas vouloir poſſéder noblement l'héritage
» pour n'être pas ſujet au franc-fief, ou pour que
» l'héritage ne ſe partageât pas noblement dans ſa

» famille : on peut même dire que quand même
» l'acheteur n'auroit eu d'autres vûes en acquérant
» de cette manière, que d'éviter le profit de quint,
» & le vendeur de retirer un prix plus cher de
» son héritage en se chargeant de la foi, il n'y
» auroit point en cela de fraude ; car ce n'est
» pas une fraude que d'acquérir d'une manière per-
» mise par la loi : *Non videtur dolo facere qui jure*
» *communi utitur*. L. 55, de ff. de R. J. La fraude
» consiste seulement à faire paroître une rétention
» de foi, lorsque l'intention des parties n'est pas
» qu'elle demeure toujours pardevers le vendeur «.

Il existe un grand nombre d'arrêts conformes à
cette opinion ; Guyot qui les a recueillis en cite
onze.

Les deux premiers sont de 1516 & de 1538,
& ont été rendus sur l'ancienne coutume de
Paris.

Le troisième est celui de 1543, rapporté par
Dumoulin, & que nous avons déjà cité.

Le quatrième & le cinquième, rapportés par
Vrevin sur l'article 9 de la coutume de Chaulny,
ont décidé que les principes que l'on vient de
présenter doivent s'étendre même aux coutumes
qui sont muettes sur le Jeu de fief ; l'un est du
22 Juin 1619, au rapport de M. Viol, & l'autre
du 31 août 1624, au rapport de M. Séguier.

Le sixième du 18 mars 1568, rendu dans la
coutume de Mantes, a jugé qu'un seigneur dominant dans le cas du Jeu de fief par bail à
cens, avec deniers d'entrée, n'étoit pas recevable
à intenter le retrait, sauf à lui à se pourvoir
lors de l'ouverture du fief.

Le septième, rendu sur les conclusions de M.
Daguesseau le 12 août 1697, fait main - levée

provisoire d'une saisie féodale faite par le marquis de Nesle, & en appointant le fonds, ordonne que les parties rapporteront un acte de notoriété des juges de Péronne, sur la question de savoir, si dans les baux à cens de la totalité des domaines du fief, avec deniers d'entrée équipollens à la valeur du domaine, il est dû des droits de quints. Il est à remarquer que cet arrêt rendu à l'audience après la plus ample discussion, adjugea la provision au vassal, par conséquent décida que le titre étoit en faveur des deniers d'entrée, quoique équipollens à la valeur, & que pour détruire ce titre il falloit un acte de notoriété qui constatât un usage contraire. Le marquis de Nesle n'ayant pas pu le rapporter, la main-levée provisoire devint définitive.

Un huitième du 3 mars 1698, confirme un bail à cens de 104 journaux de terre, fait moyennant 15100 livres de deniers d'entrée; il n'est pas douteux que dans cette espèce les deniers d'entrée équipolloient à la valeur du domaine.

Le neuvième du 4 août 1699, a jugé la même chose.

Le dixième encore plus particulièrement dans l'espèce que les précédens, fut rendu en la cinquième chambre des enquêtes le 23 juin 1735. Voici le fait.

Le sieur de Sericourt avoit baillé à cens à un sieur de Romanet, les domaines du fief de la Neuvillette, moyennant 11700 livres de deniers d'entrée d'une part, & 600 livres d'autre. La dame de Luzan avoit en conséquence fait saisir ces domaines féodalement. Sentence du juge de Montdidier du 31 juillet 1730, qui fait main-levée de la saisie: appel par la dame de Luzan

en la cour : le fieur de Sericourt vint à décéder
dans cet intervalle ; fon fils offrit en conféquence
de la mutation arrivée par ce décès , le relief &
la foi & hommage du fief de la Neuvillette , &
configna les droits comme étant toujours demeuré
vaffal par la rétention du cens. La fentence du
juge de Montdidier déclara les offres valables :
le fieur de Sericourt intervint enfuite dans la conteftation pendante en la cour entre le fieur Romanet & la dame de Luzan : fur l'appel de la
fentence du 31 juillet 1730 , & par fa requête
du 10 mai 1734 , il adhéra aux conclufions du
fieur Romanet.

Sur ces demandes refpectives , la cour , par fon
arrêt du 23 juin 1735 , donna acte au fieur de
Sericourt de fon adhéfion aux conclufions du fieur
de Romanet ; & faifant droit fur l'appel de la
fentence du juge de Montdidier, mit l'appellation
au néant , ordonna que la fentence fortiroit fon
plein & entier effet , & condamna la dame de
Luzan en tous les dépens.

Enfin le dernier arrêt rapporté par Guyot , eft
du 17 août 1736. Dans l'efpèce , le marquis de
Vrailly avoit baillé à cens cinquante-quatre journaux de terre du fief de Frémicourt , à la charge
de douze deniers de cens par journaux & moyennant 12358 livres 10 fols de deniers d'entrée ;
le marquis de Nefle avoit fait faifir féodalement.
L'arrêt fait main-levée pure & fimple de la
faifie.

On trouve encore un douzième arrêt du mois
de mai 1580, rapporté par Chopin.

Peut-on mieux terminer l'extrait de tous ces
arrêts que par la réflexion que fait Guyot lui-
même ? Ils forment, dit-il , un corps de jurifpru-

dence d'autant plus refpectable , que ces arrêts
font rendus en différentes coutumes ; qui toutes
s'expliquent différemment fur le Jeu , mais qui
n'excluant pas textuellement du bail à cens les
deniers d'entrée , ont été jugées les avoir tacitement
& implicitement admis comme un Jeu où le dominant n'a aucun intérêt actuel , & où fes intérêts
à venir font parfaitement à couvert. *De là*, ajoute-
r-il *, concluons que ce Jeu a lieu dans toutes
les coutumes qui ne l'excluent pas textuellement.*

Telles font , du moins en partie , les raifons &
les autorités qui militent en faveur des deniers
d'entrée. Voyons maintenant les moyens qui s'é-
lèvent en faveur de l'opinion contraire.

Tout le monde fait que les droits feigneuriaux
font dus pour toutes mutations qui arrivent par
contrat de vente , ou équipollent à vente.

Il fuffit donc que le vaffal qui difpofe de fon
fief, en reçoive la valeur à quelque titre que ce foit,
pour que le feigneur puiffe demander le payement de ces droits , parce qu'alors la tranflation
de propriété opère naturellement ce que l'on appelle *mutation à prix d'argent par le vaffal*,
laquelle donne lieu à l'exercice des droits féodaux.

Ces droits font différens fuivant les différentes
coutumes du royaume.

Mais toutes les coutumes qui fe font expliquées
avec quelque étendue fur la matière des fiefs ,
ont pris des précautions pour préferver les feigneurs
de la perte des droits qui leur font dus pour
toutes les aliénations qui fe font par contrats de
vente ou équipollens à vente : les unes ont fixé
ces droits à une année du revenu du fief , ce
qu'on appelle *rachat* ou relief : les autres , fans

faire de diftinction entre les fiefs & les cenfives ; accordent aux feigneurs les *lods & ventes* , qui font la douzième partie du prix de l'aliénation.

. Dans la coutume d'Orléans, c'eft le *quint* denier ou la cinquième partie du prix de la vente. *Un vaffal* , dit l'article premier de cette coutume, *peut vendre fon fief ou partie d'icelui fans le confentement de fon feigneur , & eft tenu ledit feigneur du fief de recevoir en foi & hommage l'acheteur dud.t fief ou partie d'icelui , en payant le quint denier de la vente.*

; Donc, toutes les fois que le vaffal fe deffaifit de fon fief par une vente ou par contrat équipollent à vente , le quint denier du prix de la vente eft dû au feigneur ; & le vaffal ne peut fe mettre à couvert du payement de ce droit en déguifant fon acquifition, ou en lui donnant une autre qualification que celle qu'elle doit naturellement avoir.

Il eft vrai que, fuivant l'article 7 de la même coutume , » *Un vaffal peut bailler à cens , rente ,* » ferme ou penfion , fon domaine à vie, *à temps* » *ou à toujours , en retenant à lui les foi & hom-* » *mage , & qu'il n'y a en ce faifant aucun profit* » *pour le feigneur* «.

Mais qu'eft-ce que fignifient ces termes, *bailler à cens , rente , ferme ou penfion , fon domaine ?* Eft-ce à dire que le vaffal pourra fe deffaifir de la totalité des domaines de fon fief, & en recevoir la valeur en argent, en retenant fimplement un cens chimérique , & par là fruftrer le feigneur des droits que la coutume lui donne à chaque mutation? Mais cela répugne trop & aux lumières de la raifon & aux principes immuables de notre droit Francois, & même aux difpofitions de la coutume d'Orléans.

En effet, quel eft le fens de ces expreffions de la coutume , *bailler à cens , rente , ferme ou penfion, fon domaine ?* C'eft abandonner l'exploitation ou les revenus de fon domaine à un tiers, moyennant une rente annuelle , une penfion annuelle , un cens ou loyer annuel ; toutes ces expreffions n'ont qu'un même objet : or le fens le plus naturel qu'on puiffe leur donner, c'eft qu'il faut que le cens, la rente , la ferme ou la penfion foient réels & proportionnés aux revenus ordinaires du fief, & non dénaturés par le payement d'un prix en deniers équipollens à la valeur de ce fief ; autrement ce n'eft plus un bail à cens, mais une vente qui donne ouverture aux droits feigneuriaux. La coutume n'a pas prononcé qu'une tranflation de propriété pour de l'argent ne pourroit pas être regardée comme un bail à cens ; mais elle a parlé fuivant la notion commune que l'on a toujours eue du bail à cens , & qui eft oppofée à celle de la vente.

De toutes les coutumes qui ont permis aux vaffaux de difpofer de leurs fiefs à titre de baux à cens (ce que l'on appelle communément fe jouer de fon fief), il n'y en a point qui autorifent ces mêmes vaffaux à fe faire payer en argent le prix de leurs fiefs, en fe réfervant feulement un léger cens, avec la foi & hommage ; au contraire , grand nombre de ces coutumes ont prévu le cas où le vaffal donnant fon fief à titre de bail à cens, recevroit en argent ou autres effets la valeur de la totalité ou de partie des héritages qui compofent le fief ; elles ont regardé ces fortes de difpofitions comme des ventes faites en fraude des feigneurs, & qu'il y avoit lieu à l'exercice des droits féodaux , & même à une amende pour raifon de la fraude.

La coutume d'Amiens est une de celles qui se font expliquées avec plus d'étendue fur cette matière.

Voici les termes de l'article 26 de cette coutume : » Celui qui a fief auquel y a justice &
» seigneurie, peut, si bon lui semble, sans le
» consentement de son seigneur féodal, le bailler
» tout ou partie, pour *l'augmentation & méliora-*
» *tion d'icelui à cens ou rente héréditaire sans*
» *rachat,* à telle personne qu'il lui plaît, & en
» retenant sur ledit fief ou partie, baillé à cens
» ou rente, la justice &-seigneurie, *pourvu qu'il*
» *le baille à juste rente & prix & autant qu'il*
» *vaut, sans fraude,* pourvu aussi qu'en faisant
» ledit bail ou pour cause d'icelui il *ne prenne*
» *aucuns deniers n'autres profits* ; & où il en pren-
» droit, *outre lesdits cens & rente,* sans le con-
» sentement de sondit seigneur, il est tenu de
» payer les droits seigneuriaux à raison des deniers
» par lui reçus *& outre l'amende de* 40 *livres*
» *parisis,* pour le déguisement & recélement par
» lui fait «.

Les articles 27 & 28 de la même coutume confirment encore ces vérités. Dans l'un, le vassal peut bailler partie de son fief en arrière-fief, *pour l'augmentation de sondit fief & seigneurie, sans fraude.*

Dans l'autre il peut changer & permuter son héritage à l'encontre d'autre héritage, sans payer aucuns droits seigneuriaux, *pourvu* (encore) *que ce soit sans fraude, & qu'il n'y ait soutte de deniers ou autres profits.*

On trouve la même chose dans la coutume de Vitry.

Elle permet au vassal de bailler à titre de cens

partie de son fief pour l'augmentation d'icelui, pourvu que *ledit cens soit suffisant & raisonnable, eu égard à ce qui est ainsi laissé & baillé, & pourvu que le vassal n'ait reçu aucuns deniers en public ou secret, pour faire tel accensement à plus petit cens :* cette coutume en donne une raison bien sensible & bien frappante, c'est que *ce seroit frauder son seignéur féodal, & diminuer son fief.*

L'article. 4 de la coutume de Lorris, d'où l'on a tiré l'article 7 de la nouvelle coutume d'Orléans, permettoit aussi au vassal de disposer de son fief à titre de bail à cens ; mais lorsque le vassal prenoit d'autres droits que le cens, soit en argent, en meubles ou immeubles, il devoit les droits au seigneur, *comme en vente pour argent baillé ou estimation de la chose baillée ;* ce sont les termes de la coutume.

On sait que dans l'origine Orléans étoit régi par la coutume de Lorris, comme on le voit dans la rédaction de l'ancienne coutume de Lorris, recueillie par la Thomassiere parmi les anciennes coutumes de Berry.

Il est dit par l'article 4 de ces coutumes anciennes communes à Lorris & à Orléans, qu'un vassal peut bailler à cens & rente son domaine, retenu à lui la foi & hommage ; & n'y a en ce faisant le seigneur de fief aucun profit.

Lorsqu'en 1509 on a rédigé pour Orléans des coutumes séparées de Lorris, on n'a fait que copier en l'article 4 de la coutume rédigée pour Orléans, ce qui étoit en l'art. 4 de l'ancienne coutume de Lorris, en y ajoutant seulement qu'en cas d'ouverture de fief, le seigneur pourroit exploiter le total.

Mais en 1531, lors de la dernière rédaction de la coutume réformée de Lorris, on ajouta à ce article 4 , qu'il ne pourroit être pris par le vaſſal d'autres droits que le cens , ſinon que le quint & requint feroit dû comme en vente pour argent baillé ou eſtimation de la choſe baillée.

Les coutumes d'Artois , article 47 ; de Cambrai , article 43 ; de Clermont en Beauvoiſis , article 96 ; & de Châlons , article 194 , ſont conformes à celles que l'on vient de citer : dans toutes ces coutumes , il eſt écrit que les droits ſont dus aux ſeigneurs , lorſque , outre les cens & rentes , le vaſſal reçoit des deniers ou autres profits.

C'eſt le même eſprit qui règne dans la coutume d'Orléans , puiſque , ſuivant l'article premier, le droit de quint eſt dû pour vente du total ou de partie du fief , & que , ſuivant l'article 14 , le quint eſt auſſi dû pour échange d'héritage féodal, *quand il y a tournes ou autres choſes équipollentes ,* c'eſt-à-dire quand il y a *ſoulte ou retour de deniers , ou bourſe déliée ,* comme l'explique Ragueau en ſon indice ſous le mot *Tournes.*

De là pluſieurs vérités importantes.

1°. Les baux à cens ou rente héréditale , n'ont été autoriſés que pour procurer au vaſſal un moyen d'augmenter ou améliorer ſes domaines, & non pour s'en dépouiller ou les détériorer.

2°. Il faut que le domaine du fief ſoit baillé *à juſte rente & prix , & autant qu'il vaut , ſans fraude.*

3°. Il faut qu'en faiſant le bail à cens *ou pour cauſe d'icelui ,* le vaſſal ne prenne aucuns deniers ni autres profits.

4°. S'il prend d'autre profit que les cens ou rentes , les droits ſeigneuriaux ſont dus , à raiſon de ce qu'il a reçu , & même une amende pour le déguifement par lui fait. Ces droits font dus, *comme en vente pour argent baillé ou eftimation de la chofe baillée.*

Voilà les véritables principes de notre droit François touchant les baux à cens.

Ces principes font tirés des difpofitions tex- tuelles des différentes coutumes du royaume, & il n'y a certainement rien dans celle d'Orléans qui empêche qu'on y applique avec fuccès ces maximes fondées fur la raifon même.

Il n'y a qu'un feul cas où ces droits ne font pas dus ; c'eft celui du *bail à cens, rente, ferme ou penfion* : mais il faut, fuivant l'efprit général de nos coutumes, qu'il n'y ait aucun déguifement ni recélement, que le cens *foit fuffifant & rai- fonnable*, eu égard au revenu des domaines ; & que le vaffal *n'ait reçu aucuns deniers en public ou fecret*, parce qu'alors, difent les coutumes, *ce feroit frauder fon feigneur & diminuer fon fief.*

En un mot, dès que la coutume déclare en l'art. premier, que les droits font dus pour vente du tout ou de partie du fief, on ne peut pas dire que par l'article 7 elle exempte du payement de ces mêmes droits dans le cas d'un contrat fonnant & équipollent à vente ; il faut que l'art. premier ne foit pas contrarié par l'art. 7 ; il faut que ces deux articles fe confirment & ne fe dé- truifent pas.

Ils font parfaitement expliqués par l'art. 14, qui veut que s'il y a *tournes* ou foulte de deniers, le droit de quint foit dû à raifon des *tournes*, & tel eft le droit commun qui a toujours été en vigueur, foit avant, foit après la rédaction ou réformation des coutumes.

En vain veut-on fe prévaloir de la note mife
fur l'art. 4 de l'ancienne coutume d'Orléans, &
que l'on attribue à Dumoulin. L'auteur y fuppofe que dans cette coutume le vaffal en donnant
fon fief à titre de bail à cens, peut fauver les
droits feigneuriaux, même en prenant de l'argent
outre le cens.

Mais fi l'on examine attentivement cette note,
on trouve qu'il y a tout lieu de douter qu'elle
foit de Dumoulin, foit par l'inexactitude qui s'y
rencontre tant fur les dates, que fur les noms
des parties & fur l'objet de la conteftation qu'on
dit avoir été jugée par l'arrêt de 1543, foit par
la contradiction manifefte que l'on remarque
entre cette prétendue note de Dumoulin & fes
véritables fentimens bien marqués en plufieurs
endroits de fes ouvrages, & entre autres dans
fes commentaires & apoftilles fur la coutume de
Paris.

Premièrement, par l'examen que l'on a fait des
regiftres du parlement, on a trouvé qu'il n'y a
point d'arrêt tel que celui qui eft indiqué au 5
février 1543, par la note dont il s'agit.

Secondement, en cherchant dans tout le regiftre, cet arrêt s'eft enfin trouvé fous la date du
16 février 1543. On y voit que l'affaire avoit été
portée en première inftance devant le lieutenant
de Beaugency fur l'oppofition faite par Guillaume
Hurault, & non par Durand, comme le porte
l'apoftille ; que ce Guillaume Hurault s'étoit op-
pofé à la faifie féodale qui avoit été faite du
domaine du fief de Villequetout, à la requête
du feigneur de *Couftres*, & non pas de *Cleves*,
comme il eft dit dans la note prétendue de Dumoulin. Ce feigneur de *Couftres* regardoit

comme une mutation qui, devoit. le quint, l'acquisition faite par Guillaume *Hurault* : en sorte que ce n'étoit pas ce Guillaume qui avoit donné à cens son fief, comme on le lit dans la note imprimée, mais c'étoit ce Guillaume qui avoit fait l'acquisition, comme on le voit dans l'arrêt.

Troisièmement, on remarque dans cet arrêt, que le lieutenant de Beaugency avoit rejeté l'opposition de Hurault & confirmé la saisie ; qu'ayant eu appel à Orléans, la sentence de Beaugency fut infirmée ; que l'opposition de Hurault fut jugée bonne, & que main-levée de la saisie lui fut accordée ; qu'enfin sur l'appel en la cour, la sentence d'Orléans fut confirmée par l'arrêt dont il s'agit.

Cet arrêt ne dit rien de la qualité de la mutation ; il n'exprime qu'une prétention de droits pour ce que le seigneur de *Couſtres* appeloit une acquisition faite par *Hurault*.

Quatrièmement, en rectifiant la note imprimée sous le nom de Dumoulin, par l'arrêt qui est dans les registres, & en tirant de cette note ce qui n'est pas exprimé dans l'arrêt, c'est-à-dire, que le domaine avoit été pris *à cens & rentes*, & qu'il y avoit eu une somme d'argent donnée, laquelle excédoit lesdits *cens & rentes*, comme le dit la note, il est manifeste qu'il ne s'agissoit pas d'un simple cens retenu, mais qu'il y avoit des rentes imposées outre le cens, & que l'argent donné n'étoit qu'excédant les *cens & rentes*, c'est-à-dire, que cet argent donné pouvoit être un peu plus de moitié de la valeur des héritages, ce qui suffisoit pour excéder les cens & rentes retenus. Or, il est certain, & Dumoulin l'a toujours pensé, que la rétention de foi peut être attachée à une rente foncière ou à une redevance annuelle, pour laquelle un fief eſt donné, pourvu que la redevance ſoit proportionnée à la valeur de l'héritage, qu'elle ſoit capable de lé repréſenter, & qu'elle puiſſe effectivement paſſer pour la matière de la convention. Voilà ce que Dumoulin appelle, *conceſſio ad certum reditum annuum*, & ce n'eſt qu'à ce revenu annuel & ſérieux, qu'il a cru que la rétention de foi pouvoit être attachée.

En effet, ſi l'on parcourt les divers ouvrages de ce grand juriſconſulte ſur cette matière, on le voit par-tout réclamer contre la ſimple rétention de foi, ſans une redevance annuelle capable de repréſenter le fief ; par-tout il s'élève contre les fraudes pratiquées par les vaſſaux, pour ſouſtraire au ſeigneur les droits qui lui ſont dus à chaque mutation de vaſſal.

Dans ſon commentaire ſur l'art. 41 de l'ancienne coutume de Paris, il proteſte que cette coutume, en autoriſant le Jeu du fief, n'a jamais entendu fournir au vaſſal un moyen d'aliéner ſon fief, ſans qu'il y ait ouverture aux droits, & de ſe dépouiller ainſi de ce fief ſans le conſentement & en fraude, ou au préjudice de ſon ſeigneur. *Et iſte paragraphus non eſt conſcriptus ad hoc, ut ſit in poteſtate vaſſalli vendentis, donantis, permutantis, aut alio quocumque modo in totum alienantis feudum, facere quod feudum non aperietur, & quòd inde nulla jura acquirantur nec preſentur patrono...... nec unquam fuit mos aut intentio noſtræ conſuetudinis quòd hoc liceat & fieri poſſit præſertim ſine conſenſu patroni, & in ejus fraudem & prejudicium.*

De ce principe, Dumoulin tire la conſéquence, que quand le vaſſal a aliéné la totalité des
domaines

domaines de fon fief, la fimple rétention de foi
devient illufoire & ne fert à rien ; que par conféquent il y a ouverture de fief, & que le feigneur
peut faifir comme pour une véritable vente,
jufqu'à ce que l'acquéreur ait fait la foi & hommage, & payé les droits feigneuriaux, en fe re-
connoiffant pour vaffal. *Concludo* (dit Dumoulin)
in quæftione propofitâ ex quo venditor totaliter &
perpetuò alienavit & nullum dominium retinuit,
commentiam illam retentionem fidei non prodeffe,
& confequenter feudum aperiri, poffe prehendi
patrono.. .. .. potest patronus feudo frui cum
effectu, donec emptor in fidem ejus fe conferat, &
quintum denarium folvat, clientelarem conditionem
fubeundo.

Pourroit-on ne pas regarder ces principes comme
autant de règles certaines fur la matière dont il
s'agit? Ils partent tous de l'équité & de l'évidence
même. Chez nous, dit Dumoulin, les fiefs font
patrimoniaux, & le propriétaire peut les aliéner
à fa volonté ; mais cette aliénation ne peut pré
judicier au feigneur : *Apud nos feuda funt patri-*
monalia, ad libitum alienabilia, fine tamen preju-
dicio patroni. Première vérité.

Il faut que tout fe paffe avec fincérité, qu'il
n'y ait point de fraude dans les difpofitions que
l'on fait de fon fief, & que le feigneur féodal ne
puiffe fe plaindre d'aucune léfion, *fincere & fine*
fraude patroni, fiat infeudatio. Seconde vérité.

La mauvaife foi & les artifices frauduleux réfultans du déguifement des actes, ne doivent
point être tolérés, foûs prétexte d'une rétention
de foi qui n'eft qu'illufoire. *Non fiat fraus de*
contractu ad contractum, videlicet de totali ex
propriatione feu alienatione per viam donationis,

Tome XXXIII. H

vel venditionis , ad imaginariam & fimulatam in feûdationem & retentionem fidei. Troifième vérité.

Enfin (& ceci eft encore plus décifif), le vaffal peut fous-inféoder ; mais il faut qu'il le faffe de bonne foi, & non dans la vue de tromper fon feigneur en prenant de l'argent, en cachant une vraie vente fous le nom d'une fous-féodation , ou en pratiquant quelque autre forte de manœuvre, pour frauder fon feigneur. *Licere vaffallo fub-infeudare fincere & fine fraude , hoc eft, gratis & non capiendo pecuniam.*

Telles font les grandes maximes & les principes invariables que Dumoulin nous a tranfmis fur la matière des fiefs. Dira-t-on après cela, qu'il ait penfé que le vaffal pouvoit aliéner la totalité de fon fief, & frauder les droits féodaux, en fe réfervant feulement la foi avec un cens modique ? Ne pourroit-on pas foutenir au contraire & avec beaucoup plus de raifon, que Dumoulin ne peut être fuppofé l'auteur de l'apoftille dont il s'agit, qu'en la rapprochant du fens qui règne dans tous les ouvrages de cet excellent jurifconfulte ? Tout concourt à le perfuader.

D'un côté, la date qu'en donne dans cette apoftille à l'arrêt de 1543, eft abfolument fauffe ; les noms des parties y font déguifés ; on ne trouve, ni dans l'arrêt, ni dans l'apoftille, les véritables circonftances de la conteftation ; l'apoftille fait mention d'un bail à cens, & l'arrêt fe fert feulement du mot d'*acquifition.*

D'un autre côté, Dumoulin fe récrie par-tout contre les fraudes & les déguifemens des actes ou des contrats ; par-tout il avance comme des vérités inconteftables, que la foi & hommage n'eft qu'une dérifion , dès qu'elle eft féparée des domaines du fief, & que ce fief ne peut subsister sans les domaines, qu'autrement ce n'est plus qu'un fief en l'air ou un être de raison, *non fiat fraus de contractu ad contractum ;* &c. . . . . vana & illusoria fidei retentio non prodest.

Au surplus, que l'apostille en question ait été erronée, qu'elle ait échappé ou qu'elle soit sortie de la plume de Dumoulin, elle ne pourra jamais servir à favoriser les prétentions frauduleuses des vassaux.

Que l'on parcoure les coutumes qui permettent au vassal de se jouer de la totalité de son domaine, on voit, & c'est une chose très-remarquable, on voit que toutes s'accordent à ne parler du Jeu de fief que par la voie du bail à cens ou à rente. Différentes de celle de Paris, elles ne disent pas *le vassal peut se jouer & faire son profit*, expressions générales qui désignent également toutes les espèces d'aliénations ; elles se contentent de dire : le vassal peut donner *à cens, rente, ferme ou pension*, ce qui est bien différent ; ce qui n'indique qu'une seule espèce d'aliénation, *le bail à cens & rente.*

Ces coutumes comme celle de la première classe, ont senti la nécessité de donner des bornes au Jeu de fief ; mais en tendant au même but, elles ont pris une route différente. Le tempérament qu'elles ont cru devoir adopter pour concilier les intérêts du seigneur & du vassal, a été de limiter, quant à la nature de l'acte, le Jeu qu'elles permettoient indéfiniment quant à la quotité.

Ainsi dans ces différentes coutumes, les intérêts des seigneurs & des vassaux sont balancés d'une manière très sage, & les inconvéniens parfaite-

H ij

ment compenfés. Dans les premières, le vaffal peut recevoir des deniers d'entrée, mais il ne peut aliéner que les deux tiers de fon fief. Dans les fecondes, l'aliénation n'a point de bornes quant à la quotité, mais elle eft reftreinte quant à la forme de l'acte; le vaffal dans l'impoffibilité de recevoir des deniers d'entrée, ne peut fe jouer par bail à cens & rente.

Cette reftriction produit à peu près le même effet que la rétention du tiers dans la coutume de Paris. Effectivement le vaffal ne pouvant recevoir le prix de fon fief en argent, retient une rente proportionnée à la valeur de la chofe; & cette rente néceffairement confidérable, repréfente le fief aliéné. Elle eft, comme lui, fufceptible d'être vendue, & par conféquent de donner ouverture aux droits feigneuriaux: en un mot, cette rente, eft un fief commerçable.

Cet efprit déjà fi évident en lui-même, le devient encore davantage par la circonftance, que plufieurs coutumes de cette feconde claffe ont expreffément prévu la difficulté, en décidant qu'il eft dû profit au feigneur, non feulement quand il y a dans le bail à cens des deniers d'entrée égaux à la valeur du fond, mais encore toutes les fois qu'il y a deniers débourfés.

A l'égard des arrêts s'il y en a pour l'opinion contraire, il en exifte en plus grand nombre qui rejettent les deniers d'entrée, & c'eft la dernière jurifprudence.

Guyot en rapportant les arrêts que l'on vient de citer, eft obligé de convenir que de fon temps il y en avoit déjà neuf qui avoient décidé contre fon opinion, c'eft-à-dire, qui avoient profcrit les deniers d'entrée dans les coutumes femblables à eelles d'Orléans. Ces neuf arrêts font des 14 août 1618, 13 mars 1683, 26 mai 1694, 30 août 1702, 29 août 1714, 12 août 1719, 4 mai 1723, 3 avril 1726 & 16 août 1729.

Enfin, la queſtion vient d'être jugée *in terminis* par trois arrêts très-récens, dont le dernier eſt même rendu en forme de réglement. Ces arrêts paroiſſent devoir fixer irrévocablement la juriſprudence. En conſéquence, nous allons en rapporter les eſpèces.

Le premier du 4 avril 1767, eſt au profit de M. le Maréchal de Biron, contre le marquis de Mézieres, Charles de Maucourt & la veuve Vaſſe. Voici l'eſpèce de cette conteſtation.

Par un acte du 15 décembre 1751, le marquis de Mézieres avoit baillé, cédé & délaiſſé, *à titre de bail à cens foncier, lods & ventes, ſa ſine & amende, ſuivant la coutume de Mondidier,* à Charles de Maucourt & à la veuve Vaſſe, 25 journaux & demi de terres labourables, faiſant partie de ſon fief de Mézieres; le marquis de Mézieres *s'étoit réſervé un ſol de cens par journal; & l'amende voulue par la coutume, ainſi que la directe ſeigneurie, la foi & hommage & autres devoirs ſeigneuriaux, à porter au ſeigneur de qui leſdits domaines étoient tenus & mouvans.* Ce bail avoit été fait *moyennant la ſomme de 10200 liv. de vin d'entrade payé comptant.*

M. le Maréchal de Biron, dont la ſeigneurie de Mézieres relève à cauſe de ſa baronnie de Boves, a demandé contre Maucourt le payement de la ſomme de 2040 liv. pour le droit de quint, & qu'il fût tenu de lui faire les devoirs féodaux.

Le marquis de Mézieres, aſſigné en garantie, réſiſtoit à cette demande, mais il ſe réuniſſoit en même temps à Charles de Maucourt & à la veuve

Vaſſe, pour conteſter la demande de M. le maréchal de Biron, ſur le fondement de la rétention
de foi que contenoit l'acte du 15 décembre
1751.

Après une plaidoierie de ſix audiences, il eſt intervenu le 6 février 1764, en la première chambre
des requêtes du Palais, une ſentence qui a adjugé
à M. le maréchal de Biron ſa demande, & condamné le marquis de Mézieres à acquitter &
garantir Mancourt & la veuve Vaſſe.

L'appel appointé en la grand'chambre a formé
une inſtance au rapport de M. l'abbé Terray. Le
marquis de Mezières y fit les plus grands efforts
pour renverſer la ſentence ; il ſoutint, avec les
plus grands détails, que les deniers d'entrée ſont
licites dans cette coutume ; mais l'arrêt a confirmé purement & ſimplement la ſentence.

L'arrêt qui eſt intervenu en la même chambre
le 26 mai ſuivant, au rapport de M. l'abbé d'Eſpagnac, achève de prouver que la queſtion n'eſt
plus regardée comme problématique dans cette
coutume.

Rien n'eſt plus clair encore que l'eſpèce de cet
arrêt. Le ſieur Linard d'Avelny poſſédoit la terre
& ſeigneurie d'Avelny, à laquelle ſont unis les
fiefs du Mets & de Divion, dans la mouvance du
marquiſat d'Albert, appartenant alors à M. le duc
de Penthievre.

Par neuf actes faits dans le cours des années
1751, 1754 & 1755, le ſieur d'Avelny avoit
aliéné à différens particuliers pluſieurs pièces de
terre, étant, les unes du domaine du fief du
Mets, les autres du domaine du fief de Divion.
Toutes ces aliénations étoient faites ſous le titre
de baux à cens, avec réſerve de lods & ventes,

faifine & amende ; mais il y avoit eu des deniers débourfés qui égaloient la valeur des fonds
aliénés, ou qui formoient une partie prépondé-
rante dans les actes.

Le premier, du 23 mai 1751, contenoit aliénation de trente journaux cinquante verges de
terre, fous la réferve de cinq fous de cens, &
moyennant 9000 livres. Le fecond, du 23 décembre 1754, étoit pour quarante-huit journaux
de terre, moyennant cinq fous de cens & 16800
livres de deniers d'entrée. Les quatrième, cinquième & fixième, des 20, 22 & 26 du même
mois étoient pour fix journaux, moyennant 1500
livres, & pour dix-fept journaux quatre-vingt-dix
verges, moyennant 4475 livres. Le feptième, du
15 mars de la même année, de cinq journaux cinq
verges, moyennant 762 livres. Le huitième, du
9 août de la même année, de quinze journaux,
moyennant 3100 livres. Le neuvième enfin étoit
de 17 journaux, moyennant la fomme de 3000
livres. Tous ces actes contenoient également réferve
d'un cens, plus ou moins fort, mais qui n'avoit
aucune proportion avec les deniers débourfés.

Au mois d'avril 1763, M. le duc de Penthievre,
propriétaire du marquifat d'Albert, & madame
la comtefle de Touloufe, ufufruitière, firent affigner aux requêtes du palais tous ces acquéreurs,
fous le titre de baux à cens, pour voir dire,
» que les contrats faits à leur profit fous la qua-
» lification de baux à cens, feroient déclarés *être*
» *de véritables contrats de vente* ; ce faifant que
» les héritages énoncés auxdits contrats feroient
» déclarés être tenus en fief du marquifat d'Al-
» bert, ou membres en dépendans, n'avoir point
» changé de nature par lefdits contrats, avoir

» confervé leur qualité féodale , & comme tels
» fujets aux devoirs · & droits féodaux portés par
» la coutume de Péronne ; en conféquence , qu'ils
» feroient condamnés chacun pour ce qui les con-
» cernoit , à rendre la foi & hommage defdits hé-
» ritages , fournir leurs aveux & dénombrement ,
» & à payer les droits de quint & requint du
» prix defdites acquifitions , droits de chambel-
» lage & autres droits anciens qui fe trouvoient
» dus , fuivant la coutume «.

Le fieur d'Avelny , fils de celui qui avoit fait
les aliénations , intervint le 30 juin 1764 , prit le
fait & caufe des acquéreurs , & conclut : » *A ce*
» *qu'attendu que la coutume de Péronne permettoit*
» *au vaffal de fe jouer de fon fief , & de le donner*
» *à cens , furcens ou rente , en retenant la directe*
» *feigneurie fans le confentement du feigneur do-*
» *minant , & fans qu'il puiffe exiger de droits*
» *feigneuriaux ;* M. le duc de Penthievre & ma-
» dame de Touloufe fuffent déboutés de leurs
» demandes , & qu'il fût ordonné que les baux
» à cens dont il étoit queftion auroient leur pleine
» & entière exécution , & que les héritages y
» énoncés refteroient dans la directe feigneurie des
» fiefs de Divion & du Mets «.

Les acquéreurs formèrent une demande en garantie contre le fieur d'Avelny ; & dans cet état
il intervint le 3 août 1764 , en la première chambre
des requêtes du palais , une fentence qui adjugea
à M. le duc de Penthievre & à madame la comteffe de Touloufe , mot pour mot , les conclufions
qu'ils avoient prifes , & condamna le fieur d'Avelny
à garantir les acquéreurs.

Sur l'appel porté en la grand'chambre & appointé , après une inftruction très-ample , dans

laquelle M. le duc de Penthievre & madame la comteffe de Toulóuſe employèrent les mêmes moyens que M. le maréchal de Biron venoit de préſenter, lors de l'arrêt du 4 avril, par arrêt rendu le 26 mai au rapport de M. l'abbé d'Eſpagnac, la ſentence des requêtes du palais a été confirmée purement & ſimplement.

Voilà donc, même en retranchant les trois arrêts de 1694, 1702 & 1714, ſur leſquels Guyor a cru pouvoir élever quelques doutes, dix arrêts auſſi clairs & auſſi précis les uns que les autres, par leſquels la cour, en fixant le véritable ſens des articles 72 & 73 de la coutume de Péronne, a jugé que l'on ne pouvoit point étendre au contrat de vente ou équipollent à vente, le Jeu de fief ſans profits, que cette coutume autoriſe dans les baux à cens ou à rente.

Enfin, le 14 juillet 1775, la queſtion a été jugée de la manière la plus ſolemnelle en faveur de M. le duc d'Orléans, contre M. le préſident Rolland & la veuve de la Noue. L'eſpèce de cet arrêt eſt rapportée dans l'addition, au mot *Francfief*. Nous nous contenterons d'en tranſcrire ici le diſpoſitif : les termes en ſont remarquables.

» Notredite cour faiſant droit ſur le tout, ſans » s'arrêter aux requêtes & demandes de ladite Su- » ſane Maſure, veuve de la Noue & conſors, » ni aux interventions & demandes de Barthelemi- » Gabriel Rolland, dudit Amable-Thomas de » Bérulle, & de ladite Catherine-Marie Rolland, » ſon épouſe, dont ils ſont chacun à leur égard » déboutés, déclare la terre, ſeigneurie & mé- » tairie de la grand-cour d'Allaines & dépen- » dances, ſiſes en la paroiſſe dudit Allaines, être » tenues en fief de la châtellenie & domaine

» royal d'Yenville , membre du duché d'Orléans,;
» n'avoir point changé de nature par le contrat
» de vente qui en a été fait auxdits veuve de la
» Noue & confors , par acte paffé devant notaires
» au châtelet de Paris , le premier mars 1762 , &
» être demeurées fujettes aux droits & devoirs
» féodaux portés par la coutume d'Orléans : en con-
» féquence , condamne ladite veuve de la Noue &
» confors à payer audit Louis-Philippe , duc d'Or-
» léans , les droits de quint à lui dus , & autres
» droits portés par la coutume , à caufe de la
» châtellenie du domaine royal d'Yenville, membre
» du duché d'Orléans , pour raifon de la vente
» dudit jour premier mars 1762 , de ladite terre ,
» feigneurie & mairairie de la grand-cour d'Al-
» lames & dépendances , mouvantes & relevantes
» en plein fief, foi & hommage de ladite châtel-
» lenie d'Yenville , avec les intérêts de la fomme
» à laquelle fe trouveront monter lefdits droits ,
» à compter du jour de la demande ; condamne
» ladite veuve de la Noue & confors , ledit Rol-
» land , ledit de Bérulle & fon époufe , chacun
» à leur égard , en tous les dépens envers le duc
» d'Orléans , par lui faits tant en demandant ,
» défendant , que des fommations & contre-fom-
» mations ; donne acte à ladite veuve de la Noue
» & confors , de leurs dénonciations audit Rol-
» land , audit de Bérulle & fon époufe , & de la
» prife de fait & caufe de ces derniers pour eux.
» En conféquence , les condamne en tous les dé-
» pens envers ladite veuve de la Noue & confors ,
» & des fommations : fauf le recours de ladite
» veuve de la Noue & confors contre ledit Rol-
» land , ledit de Bérulle & fon époufe , tant pour
» les condamnations prononcées contre elle par

» le préfent arrêt au profit du duc d'Orléans, en
» principaux intérêts & frais, que pour raifon de
» l'indemnité, dommages-intérêts par eux pré-
» tendus contre ledit Rolland, ledit de Bérulle &
» fon époufe; le tout comme & ainfi qu'ils avi-
» feront bon être, défenfes réfervées au contraire.
» Faifant droit fur les conclufions de notre pro-
» cureur-général, ordonne que le préfent arrêt
» fera lu & publié, l'audience tenante au bailliage
» d'Orléans, & infcrit fur les regiftres dudit bail-
» liage : enjoint au fubftitut de notre procureur-
» général audit fiége, de tenir la main à l'exé-
» cution du préfent arrêt, & d'en certifier notre-
» dite cour dans le mois : fur le furplus des autres
» demandes, fins & conclufions, met les parties
» hors de cour «.

Quoique ces arrêts jugent la queftion dans les
termes les plus formels, même pour la coutume
de Péronne, il paroît cependant qu'ils n'ont pas
fubjugué les jurifconfultes des trois bailliages régis
par cette coutume. En effet, la validité des baux
à cens avec deniers d'entrée, a été remife plus
d'une fois en queftion, même depuis le dernier
arrêt en faveur de M. le duc d'Orléans. Voici les
motifs fur lefquels ils fe fondent; nous les puifons
dans un mémoire qui vient de paroître fur cette
queftion. Il ne faut, difent ils, que fe rappeler
les vrais principes de la féodalité, pour fentir
la fupériorité de l'ancienne jurifprudence, qui admettoit les deniers d'entrée fur la nouvelle qui
les rejette.

1°. Peut-on nier que nos fiefs fe règlent fur
d'autres principes que les matières ordinaires, &
qu'ils ont leurs loix particulières?

Peut-on difconvenir que le *nexus clientelaris*,

affecte tellement le pátron & le clien, le dominant
& le vaſſal, que tous titres ſont communs entre
eux, contre la règle, *Nemo tenetur edere contrà ſe?*
. N'eſt-il pas de toute vérité, que du ſeigneur au
vaſſal il n'y a aucune preſcription du *complexum
feudale*, quoiqu'entre ſeigneurs indépendans la
preſcription ait lieu?

Si c'eſt un principe fondamental de la matière
féodale, que c'eſt la foi ſeule qui conſtitue le fief
feudum in ſolá fidelitate conſiſtit. Il eſt d'une conſéquence néceſſaire que dans la vente d'un domaine féodal avec la retenue d'un cens ſeigneurial
& *de la foi*, ce n'eſt pas la vente qui prédomine,
mais le cens ſeigneurial & la foi retenue.

Si le bail à cens eſt à la fois une vente, ce
n'eſt pas une vente du titre du fief que le vaſſal
réſerve totalement, en proteſtant qu'il ne veut pas
diviſer ni démembrer le titre de ſon fief, ni la
foi qu'il doit à ſon ſeigneur dominant, qui ſeule
conſtitue le fief. Or, le titre du fief, la foi qui
conſtitue le fief, formant évidemment la partie
de l'acte qui prédomine, eſt-il juſte contre l'ancienne juriſprudence, de déclarer illuſoire de la
part des vaſſaux, une retenue de la foi en diviſant
leur ſerment, le titre & l'eſſence de leur fief,
contre leur vœu formel, conſacré dans un contrat
authentique?

2°. Peut-on dire qu'un bail à cens avec deniers d'entrées conſidérables, anéantit le fief &
le dégrade, lorſqu'il eſt de toute vérité que ces
ſortes d'aliénations n'opèrent aucun changement
dans l'eſſence & dans le titre du fief vis-à-vis le
ſeigneur dominant?

3°. C'eſt une vérité démontrée par le texte des
coutumes de Vermandois & de Péronne, qu'elles

permettent les deniers d'entrée indéfiniment. Voici l'article 195 de Vermandois.

» ..... Si le vassal l'avoit vendu, donné & aliéné,
» sans l'avoir déclaré & notifié audit seigneur, ou
» sans s'être dessaisi, ledit seigneur ne pourroit
» faire saisir ledit fief tant que le vassal le tien-
» droit en ses mains, ains est toujours icelui vassal
» tenu & réputé homme dudit seigneur «.

Ce texte démontre clairement que le vassal peut donner, vendre, aliéner son domaine, & que jusqu'à la démission de la foi; il est toujours l'homme du seigneur dominant.

Quant à la coutume de Péronne, d'abord l'article 21, en admettant le principe *feudum in sola fidelitate consistit*, s'exprime ainsi :

» Au seigneur féodal appartient la directe sei-
» gneurie du fief tenu de lui, & au vassal l'utile «.

Et si l'article 72 ne parle pas expressément de deniers d'entrée, c'est que la coutume considère le cens le plus modique retenu avec la foi, comme la qualité qui prédomine, puisque l'article 73 s'exprime ainsi :

» ..... Pour ledit bail à cens ou à rente, *fait*
» *comme dessus*, n'est dû aucun profit au seigneur
» féodal, sinon que *l'acheteur* voulût faire inféoder
» ledit cens ou rente du consentement du *vendeur*,
» & le seigneur le voulût recevoir «.

L'article parle d'un *acheteur*, d'un *vendeur*, pour un bail à cens *fait comme dessus*, c'est-à-dire comme en l'article précédent : donc la coutume annonce des deniers déboursés & reçus pour un *achat*, pour une *vente*.

L'article 73 dit : *Si le seigneur le voulût rece-voir du consentement du vendeur*. Donc le dominant ne peut être contraint de recevoir l'acquéreur à cens comme nouveau vaſſal, ſi ſon ancien vaſſal a retenu la foi : donc il ne le peut, le voulant bien, que du conſentement de ſon vaſſal bailleur à cens, qui ſe démettroit alors de la foi ; & ce ne ſeroit que par cette démiſſion de foi, que l'aliénation à cens donneroit ouverture aux droits.

Il y a plus ; l'article 253 de la coutume de Péronne dit : *Qu'en bail à cens & ſurcens, n'y a retrait lignager ;* & cette diſpoſition n'a pu être miſe dans la coutume, qu'à raiſon des deniers d'entrée, parce qu'il n'en étoit pas beſoin pour les baux à cens ſans bourſe délier : cela eſt évident.

Mais une obſervation bien eſſentielle ſur le Jeu de fief ſous Péronne, c'eſt que l'ancienne coutume défendoit les Jeux de fief indiſtinctement par vente, donation, éclipſement ou démembrement quelconque, ſans le conſentement du ſeigneur dominant, à peine de confiſcation de la partie éclipſée, vendue, donnée ou démembrée, & que les mêmes commiſſaires qui venoient de réformer la coutume d'Amiens, qui, en l'article 26, rejette les baux à cens avec deniers d'entrée, les introduiſoient ſous Péronne, Mondidier & Roye, par les articles 21, 72, 73 & 253 de la coutume rédigée en 1567.

On reconnut alors que les trois bailliages étoient compoſés de plus de 45000 feux, & que toutes les terres y étoient du meilleur ſol ; mais que parce qu'elles y étoient preſque toutes féodales, leur commerce en étoit difficile & onéreux aux agriculteurs qui ne pouvoient acquérir ſans la diſgrace des droits de francs-fiefs ; & d'un partage inégal entre leurs enfans ; en ſorte que le bien public & celui de l'agriculture firent admettre

dans cette province & dans le Vermandois, les
aliénations à une modique cenſive avec deniers
d'entrée, ſuivant l'avis de Dumoulin, *ne commer-*
cium & adminiſtratio ſui cujuſque patrimonii, quod
ut plurimùm in iſto pago conſiſtit in feudis pro-
hiberetur & impediretur. Les mêmes raiſons ſub-
ſiſtent encore ; *& ubi eadem ratio, idem jus.*

Ainſi l'arrêt de réglement pour Orléans ne peut
être appliqué ſous Péronne, Mondidier & Roye.

Ces coutumes étoient, avant 1567, prohibitives
des baux à cens modique avec deniers d'entrée ;
elles ont été réformées en 1567, & les aliénations
à cens & à prix d'argent y ont été admiſes de
l'avis unanime des trois états aſſemblés.

Donc, pour remettre les habitans de ces trois
bailliages dans la prohibition qui a été levée ſo-
lemnellement pour le bien public en 1567, il faudroit réformer de nouveau ces coutumes dans une
aſſemblée des trois états, de l'autorité du roi, ou
faire dire du moins par des actes de notoriété des
trois bailliages, que les articles 72, 73 & 253
de la coutume n'ont point eu d'exécution depuis
1567.

A ces moyens généraux pour les coutumes où
les baux à cens étoient en uſage, avec deniers d'entrée, ſoit qu'elles fuſſent, ou non coutume de veſt
& deveſt, de ſaiſine, deſſaiſine & de nantiſſement,
on peut en ajouter de particulières qui s'élèvent
contre la nouvelle juriſprudence dans les pays de
nantiſſement, tels que le Vermandois & Péronne.

Dans ces coutumes, non ſeulement le vaſſal
qui aliène purement & ſimplement ſans retenir
la foi avec un cens ſeigneurial, reſte l'homme
du ſeigneur dominant juſqu'au deveſt, juſqu'à
la deſſaiſine par un acte particulier ès mains du

feigneur même ou de fes officiers, mais encore
le tenant cotièrement qui vend l'immeuble qu'il
tient en roture, refte propriétaire & l'homme
cotier du feigneur, jufqu'à la deffaifine & le
deveft, c'eft-à-dire, que fi je vous vends purement
& fimplement mon fief ou ma roture, le contrat
de vente ne vaut pas plus dans ces coutumes
qu'une promeffe de me démettre de la foi, fi
c'eft le fief, ou de me devêtir & deffaifir, fi c'eft
une roture, ès mains du feigneur ou de fes officiers,
& que jufques-là le contrat n'eft qu'un fimple
projet, qui donne bien une action à l'acquéreur
contre le vendeur, mais qui n'en donne aucune
au feigneur dominant du fief ou de la roture, ni
contre le vendeur, ni contre l'acquéreur.

» En tous contrats d'aliénations & tranfports
» (dit l'art. 264 de Péronne), eft requis deffaifine
» & faifine, pour acquérir droit de propriété,
» & les deux contractans doivent comparoître
» pardevant le bailli ou lieutenant du lieu, dont
» les héritages font tenus ou mouvans, & il dé-
» clare en préfence du greffier & deux témoins,
» le contrat qui aura été fait, dont fera fait acte,
» qui vaudra deffaifine & faifine.

» Pour acquérir droit de feigneurie & propriété,
» dit l'art. 126 de Vermandois, eft requis que
» le vendeur fe devête ès mains de la juftice,
» au profit de l'acheteur, & qu'icelui acheteur
» en foit vêtu & faifi de fait.

» Si le vaffal (dit la même coutume, art. 195)
» avoit vendu, donné, ou aliéné fon fief, fans
» l'avoir déclaré ou notifié au feigneur, ou fans
» s'être deffaifi, ledit feigneur ne pourroit faire
» faifir ledit fief, tant que ledit vaffal le tiendroit

» entre

» entre ſes mains , ains eſt toujours ledit vaſſal
» tenu & réputé homme dudit ſeigneur «.

. Ces coutumes ont ſuivi la règle du droit :
Nihil tam naturale eſt, quàm eodem genere quicque diſſolvere quo colligatum eſt. Le vaſſal s'eſt lié par le ferment de fidélité ès mains du ſeigneur dominant qui l'a ſaiſi & inveſti du fief : ces coutumes veulent que le dominant délie le vaſſal de ſon ferment , & le deſſaiſiſſe par un acte formel.

Dans ces coutumes , le *nexus clientelaris* s'étend juſques ſur les parties ſubalternes des fiefs ; & le tenancier cotier du ſeigneur , ſaiſi par lui , doit ſe deſſaiſir en ſes mains , ſinon le contrat d'aliénation demeure en ſimple projet.

Auſſi , dans ces mêmes coutumes, l'argument *à fortiori* eſt-il foudroyant.

. En voici un contre la nouvelle juriſprudence.

Si l'on ne peut accueillir ni l'action , ni la ſaiſie féodale du ſeigneur dominant ſur une vente caractériſée avec démiſſion de foi & ſans retenue d'un cens ſeigneurial , juſques après la deſſaiſine du vaſſal aliénateur ; comment peut-on les admettre ſur une aliénation avec retenue d'un cens ſeigneurial ſans démiſſion de foi, ſans démembrement du titre du fief ?

En voici un autre contre le ſeigneur dominant du vaſſal aliénateur.

. Si lorſque j'ai déclaré formellement par un contrat ſolemnel , que je vends le titre de mon fief , & que je me démets de la foi , vous ne pouvez pas encore me méconnoître pour vaſſal, juſqu'à ce que je me préſente à vous, pour vous notifier ma volonté , le contrat à la main , & vous en demander acte ; comment pouvez-vous , vous qui m'êtes lié féodalement , *mutuâ correlatione nexûs clientelaris*, me renier pour vaſſal, ſur un contrat dans lequel je déclare formellement que je veux toujours l'être intégralement, & que je n'entends nullement diviſer le titre du fief & la foi qui nous lie ; ſur un contrat qui me repréſente à vos genoux comme votre vaſſal ancien & actuel ? Comment pouvez-vous, au mépris des liens ſacrés de l'inveſtiture, arracher d'un autre un ſerment qu'il vous refuſe, le vêtir ſans deveſt, le ſaiſir ſans deſſaiſine, le rendre malgré lui la proie des traitans, pour les droits de francs-fiefs, & mettre un fief dans ſa famille, lorſqu'il ne vouloit qu'une roture diviſible également entre ſes enfans & ſes collatéraux ?

Le parlement n'a pas cru devoir s'arrêter à ces raiſons ; il vient encore de proſcrire les deniers d'entrée dans cette coutume de Péronne par un arrêt du 22 juillet 1777 (*voyez l'addition au mot Franc-fief*) ; & par un dernier de l'année 1779, entre les demoiſelles Pavée de Villevielle & le ſieur Sagnier, ſeigneur du fief de la Topature.

Sur la forme du Jeu de fief dans les parlemens de Toulouſe, Bordeaux, Grenoble, dans les coutumes de Chartres, Chaumont. &c. Voyez l'addition au mot FRANC-FIEF.

Sur la queſtion de ſavoir ſi le Jeu de fief a lieu dans le duché de Bourgogne, & de quelle manière les vaſſaux peuvent en uſer, écoutons M. le préſident Bouhier dans ſes obſervations ſur la coutume de Bourgogne, *tom.* 1, *pag.* 633.

Comme la coutume de Bourgogne ne décide rien ſur ce ſujet, dit ce ſavant magiſtrat, on pourroit demander, s'il faut s'y conformer à l'ancien uſage du royaume, qui permet de ſe jouer de ſon fief juſqu'à démiſſion de foi, ou s'il eſt plus à propos de suivre la difposition des coutumes nouvelles, qui limitent à cet égard le pouvoir du vaffal , fuivant l'avis de quelques auteurs , qui croient que l'art. 51 de la coutume de Paris doit avoir lieu dans tout le royaume.

Pour moi, continue cet auteur, je croirois que les fiefs n'étant point de profit parmi nous, nous devons les conferver dans leur ancienne liberté ; en forte que les poffeffeurs foient les maîtres d'en difpofer à leur gré, pourvu que la mouvance en refte toujours en fon entier au feigneur dominant. Nous avons même des exemples de plufieurs feigneurs, qui ont ainfi morcelé & démembré leurs fiefs , fans que pour cela les feigneurs féodaux s'en foient plaints. En effet , puifqu'ils ne fauroient l'empêcher dans les cas de partage des fucceffions, je ne vois pas qu'ils aient plus de raifon de s'y oppofer dans le cas d'une aliénation volontaire. C'étoit l'avis de M. de la Moignon, & l'on ne fauroit mieux faire que de s'y conformer.

Il me paroît feulement, ainfi qu'à Dumoulin , qu'il y auroit une efpèce d'abfurdité, qu'un vaffal pût aliéner la totalité de fon fief, en fe chargeant du devoir féodal, & par conféquent qu'il demeurât vaffal, fans avoir aucune portion du fief. M. du Cange a très-bien montré, que, dans le temps de la plus grande liberté des vaffaux, il ne leur étoit permis de faire de ces fortes de démembremens , qu'en retenant *de quoi deffervir le fief* : ce qui s'entendoit du fervice militaire que le vaffal devoit alors à fon feigneur; & quoique ce fervice ne foit plus aujourd'hui d'ufage, toujours y a-t-il une efpèce de décence que le vaffal retienne du moins une parcelle de fon fief, & principalement le principal manoir, auquel la féodalité semble principalement inhérente. Ce fut sans doute le sujet d'une ancienne ordonnance, faite au mois de mai 1315 par le roi Louis X, pour les nobles de Champagne : car en déclarant qu'ils pouvoient sous-inféoder leurs fiefs, elle ajouta que c'étoit à condition *que le fief ne fût point trop amenuisié.* C'est aussi la disposition de l'art. 204 de la coutume de Normandie.

Cet article porte : *Le vassal se peut éjouir des terres, rentes & autres appartenances de son fief sans payer treizième à son seigneur féodal, jusqu'à démission de foi & hommage exclusivement, pourvu qu'il demeure assez pour satisfaire aux rentes & redevances dues au seigneur.*

Nous ne pouvons mieux faire connoître le véritable esprit de cet article, qu'en rapportant le commentaire de Basnage. Voici ses termes.

„ Notre coutume ne permet pas absolument „ & indistinctement de s'éjouir de son fief, mais sous ces deux conditions ; la première, jusqu'à „ démission de foi & hommage, *quia nullâ re-* „ *tentâ feudalitate corruit tota feudi substantia,* „ *quæ maximè in fidelitate consistit,* & comme „ a dit Balde, *plenitudo feudi non constat absque* „ *juramento fidelitatis.* Pontanus, coutume de „ Blois, art. 48. Et pour cette raison on a jugé „ que le seigneur qui vendoit son domaine non „ fieffé avec rétention de foi & hommage, quoi- „ que depuis il aliénât son fief à la même per- „ sonne, ne devoit point les lods & ventes pour „ le premier contrat, mais seulement pour le „ second ; jugé entre Pierre Chenis, sieur de „ Fontenil, Nicolas Lecolier, & le sieur mar- „ quis de Villars, prétendant le treizième du fief „ de Gonneville, dépendant du marquisat de

» Gráville, le domaine duquel avoit été vendu
» le 25 de novembre 1621, & le lendemain le
» fief fut vendu au même acquéreur, par arrêt
» fur rapport du 18 de mars 1624. Dumoulin
» dit que le mot éjouir fignifie *facultatem liberam*
» *difponendi ad libitum de feudo, citra difmembra-*
» *tionem prohibitam, & dummodò non interveniat*
» *dimiffio fidei.* §. 51, gl. 2, n. 1.

» L'autre condition que le vaffal doit garder
» en s'éjouiffant de fon fief, eft *qu'il en demeure*
» *affez pour fatisfaire aux rentes & redevances dues*
» *au feigneur.* Ces paroles ont été précédemment
» ajoutées pour prévenir plufieurs difficultés trai-
» tées par Dumoulin, fur l'art. 51, gl. 2. Il faut
» apporter cette exception à la difpofition générale
» de cet article, que les fiefs de dignité mouvans
» de la couronne, comme les duchés, les mar-
» quifats & les comtés, ne peuvent être aliénés
» que tout entiers, parce qu'ils font indivifibles ;
» ce qui a été jugé par plufieurs arrêts du parlement
» de Paris «.

A l'égard de la coutume de Nivernois, pour
en faire connoître les difpofitions, nous nous contenterons pareillement de tranfcrire ce qu'en dit
Coquille dans fes inftitutes au droit François.

» Les coutumes font fort diverfes au fait des
» baux perpétuels à cens ou rente que font les
» vaffaux de leurs fiefs entiers, ou de partie d'iceux.
» Nivernois, art. 27, 28 & 29, a traité cette
» affaire bien civilement ; que le total du fief
» noble, ni le principal manoir, ni la juftice ne
» peuvent être baillés à cens, ou fous autre pref-
» tation, difant être fief noble celui auquel il y
» a juftice, ou maifon forte, ou notable édifice,
» ou motte avec foffés, ou autre marque de no-

» bleſſe ou ancienneté : & que le fief rural qui
» n'a pas ces marques. de noble ou partie de fief
» noble , peuvent être baillés à cens ou à bor-
» delage, ſans qu'il ſoit dû quint denier, ſinon
» que le bailleur eût pris argent d'entrée , qui
» fût de plus grande valeur que la redevance ,
» auquel cas eſt dû quint de rentrée : quant au
» fief noble, il y a raiſon d'honneur., pour ce qu'il
» n'eſt pas bienſéant que ce qui eſt marque de
» grandeur , comme la juſtice & le châtel ſoient
» profanes par-redevance roturière , & eſt l'intérêt
» du ſeigneur féodal, que ce qu'il a baillé noblement
» ſoit exercé & ménagé noblement., Quant au
» fief rural ou partie du fief noble, qui conſiſte
» en pur ménagement de labour , il y a bien raiſon
» que le vaſſal qui n'a pas moyen ou volonté de
» ménager par ſes mains, reçoive le profit-par
» perception de redevance , qui correſpond à
» peu près au revenu des fruits «.

La coutume de Vitry a des diſpoſitions particulières ſur le Jeu de fief : nous allons les rapporter avec un extrait du commentaire de Guyot.

Art. 23. Autre coutume eſt audit bailliage,
qu'un vaſſal ne peut démembrer ſon fief , ne
vendre partie d'icelui ſans le congé du ſeigneur :
toutefois tel vaſſal peut bailler à titre de cens partie
de ſondit fief pour l'augmentation d'icelui, pourvu
que ledit cens ſoit ſuffiſant & raiſonnable , eu
égard à ce qui eſt ainſi laiſſé & baillé , & que
ledit vaſſal n'ait reçu aucuns deniers en public ou
ſecret, pour faire tel accenſement à plus petit cens;
car ce ſeroit frauder ſon ſeigneur féodal , & diminuer ſon fief.

Art. 24. Coutume eſt auſſi audit bailliage telle,
que les barons & châtelains peuvent donner de

leurs héritages à gentilshommes qui les tiennent d'eux en foi & hommage ; mais ils ne peuvent vendre leurſdits fiefs que les ſeigneurs n'y prennent droit de quint & requint , ſinon par la manière ci-devant dite , à ſavoir pour trois ans.

Art. 25. Le vaſſal ne peut faire de ſon fief arrière-fief , n'étoit qu'il mariât ſes enfans , & qu'il leur baillât en mariage de ſes héritages féodaux, auxquels cas ſeſdits enfans reprennent de lui ; mais il faut que ledit vaſſal retienne à lui dudit fief à ſa ſuffiſance pour ſervir ſon ſeigneur.

Voici les réflexions de Guyot ſur ces trois articles. Par rapport au Jeu de fief , par bail à cens', qu'il faut entendre du bail à rente , avec retention *expreſſe* de la foi, cette coutume, comme Amiens & Châlons, veut que le cens ſoit proportionné à la valeur du revenu , & qu'il n'y ait aucun denier d'entrée, auquel cas il y a quint ; la coutume le décide , & le cens retenu devient cens mort , dont on peut offrir le rembourſement , & n'emporte plus directe ſeigneurie ; mais cela ne fera qu'un Jeu avec profit , non un démembrement ; l'acquéreur fera ſa foi, *ratione partis ſub eodem titulo feudi*, comme dans le cas de vente pure & ſimple de partie. Voilà le principe vrai.

L'art. 24 permet aux châtelains & autres plus hauts-ſeigneurs , de ſous-inféoder ; mais il ajoute la condition, que ce ſoit à perſonnes *nobles*. Cette diſpoſition vient de l'ancien droit de Champagne; mais je tiens', nonobſtant cet article & le 46 , que roturiers pouvant tenir fiefs , en payant le droit de francs-fiefs , on peut auſſi leur ſous-inféoder.

Par le 25e article , la ſous-inféodation eſt interdite aux ſimples vaſſaux : la raiſon de différence eſt que les grandes ſeigneuries ſe trouvent moins diminuées par la ſous-inféodation qu'un ſimple fief, & même une grande ſeigneurie eſt plus décorée, plus elle a de fiefs mouvans d'elle : au ſurplus cette diſtinction de grands & de petits fiefs, pour la ſous-inféodation, eſt idéale, & n'a aucun fondement ſolide, *quia hoc fit ſub eâdem dependentiâ feudi*, mol. §. 35, *hodie* 51, gl. 1, n. 16, 17 & 18. Cela eſt écrit, il faut s'y conformer.

Le même art. 25 met cette exception, ſi ce n'eſt qu'en mariant ſes enfans, il donnât portion de ſon fief, auquel cas, dit l'article, ſes enfans reprendroient de lui, pourvu qu'il en retienne en ſuffiſance pour ſervir ſon ſeigneur. Cette précaution de la coutume eſt auſſi ſingulière que l'exception ; & il faut conclure que cette ſous-inféodation, par donation de père à fils, ne tient que pendant la vie du donateur, à moins que le ſurplus du fief réſervé ne fût à un autre enfant qui prétendît conſerver la dominance ſur cette portion donnée, ce qui ſeroit abſurde & pourroit être effacé par le rapport que le donataire feroit ſuivant les articles 55 & 56, à moins auſſi qu'on n'entende cet article d'une donation faite aux filles en les mariant ; de même que Dumoulin a entendu l'art. 41 de Montargis, qui dit, que pour donation faite à fils ou fille, par aſcendant, n'eſt dû relief, ſi ce n'eſt que le donateur ſe fût démis de la foi, ce qui indique qu'en ce cas le donateur doit retenir la foi ; ſur quoi Dumoulin dit : *Scilicet donando genero*, qui étant étranger, peut être en ce cas capable de tenir en arrière-fief, ſous la condition de cet article 25 ; autrement, ſi la donation eſt faite à la fille, c'eſt un avançement

d'hoirie ou fujette à rapport, ou qui, fi elle fe
tient à fon don, lui tiendra lieu de partage, mais
ne fera mouvante de l'autre part échue à autres
enfans.

Voilà ce femble, dit Guyot, l'interprétation la
plus nette de cette coutume.

De la peine du Jeu de fief irrégulier.

Le vaffal qui, en fe jouant de fon fief, ne fe
conforme pas exactement aux conditions prefcrites
par la coutume, dans le territoire, de laquelle ce
fief eft fitué, excède les bornes du Jeu : ainfi,
dans la coutume de Paris, s'il aliène plus des
deux tiers du fief, ou s'il néglige de fe réferver
la *foi entière*, ou enfin, s'il obmet de retenir un
droit feigneurial & domanial fur la partie aliénée;
dans chacun de ces trois cas, il excède les bornes
du Jeu de fief : il en eft de même dans les coutumes que nous avons placées dans la deuxième
claffe; s'il donne autrement que par bail à cens
& rente, s'il prend des deniers d'entrée, dans
tous ces cas, le Jeu de fief eft irrégulier. Quelle
eft la peine de cette irrégularité?

Lorfque le vaffal refufe de fe foumettre aux
conditions que la coutume lui impofe, il eft indigne du bénéfice qu'elle lui accorde. Ce bénéfice, lorfque le Jeu de fief eft régulier, confifte dans
l'exemption des droits & devoirs feigneuriaux pour
la partie ainfi aliénée. La privation de ce bénéfice
emporte donc la néceffité de la preftation de ces
mêmes droits & devoirs.

Ainfi toutes les fois que le vaffal n'a pas littéralement rempli les formes prefcrites par la coutume, l'acte dégénère en contrat de vente pur

& fimple ; la partie aliénée ne change pas de nature, n'eſt pas arroturée, elle demeure féodale, &
l'acquéreur en doit l'hommage & les droits de
mutation au feigneur dominant.

Les loix primitives étoient bien plus rigoureufes : elles prononçoient la confifcation de la
partie aliénée. C'eſt ce que nous apprennent les
affifes de Jérufalem, *qui aliène ſon fié ou partie
fans l'otroi dou ſegnor, & autrement que par l'ufage
dou royaume, & le met en main d'yglyfe, ou de
relligion, ou commune, ou d'autres ; le ſegnor de qui
il tient cil fié, peut prendre ce que il a aliéné, &
tenir & uſer comme la ſoue chofe. Car le ſegnor dou
fié par le fet, qu'il a fait, en échet vers ſon ſegnor,
de perdre à tos jors, lui & ſes hors, ce qu'il a
doudit fié aliéné, & retorne au ſegnor principal.*

Aujourd'hui, comme nous venons de le dire,
la confifcation n'a plus lieu ; l'acquéreur en eſt
quitte pour rendre l'hommage & payer les droits
féodaux.

Mais cet acquéreur, qui avoit pris par bail à
cens, comptoit poſſéder un héritage roturier,
exempt de l'hommage du quint, du relief, du
droit de franc-fief, un héritage fufceptible d'un
partage égal entre ſes enfans. Toutes ces vûes font
trompées, c'eſt un fief qu'il pofsède, l'aîné de ſes
fils en emportera la majeure partie, & tous payeront le droit de franc-fief s'ils font roturiers : a-t-il
au moins une indemnité à prétendre contre ſon
vendeur ?

La queſtion n'eſt pas nouvelle ; elle eſt décidée
dans les anciennes conſtitutions du châtelet de Paris.
L'article 22 porte : » Il puet bien eſtre que un
» conte ou un chevalier puet tenir ſon fié du roi,
» nu à nu ligement, & iceſtui puet baillier de célui

» fié à un autre se il veut, & se cestui second s'il bailloit
» à çens d'icelui fié, il amenuiseroit le fié & avilaine-
» roit & porroit dire le premier ou le secont à celui
» qui derrenièrement auroit baillié & accensé son
» fié , vous m'avez mon fié amenuisé & accensé
» & à vilaini , sachiez que je veuil en mon fié
» assener , & il le puet faire de droit : mes celui
» qui l'a pris *puet semoudre son garantisseur* dèvant
» celi de qui il tient celi fié , & ce il li fait droit,
» il le preigne ; & se non, il en puet souploier au
» roi , & requérir que celi li baille ses dommages
» ou droits ; & le doit celi qui li bailla deédom-
» mager envers le roi & envers celi de qui il tient
» son fié «.

  Ce droit primitif est encore en vigueur. Lorsqu'un preneur à cens est condamné à payer les
droits féodaux, on l'autorise à demander des dommages & intérêts à son vendeur. L'arrêt du 26
mai 1764, rendu en faveur de M. le duc de Penthievre, le juge expressément. Cet arrêt est rapporté plus haut. On retrouve la même disposition
dans l'arrêt en faveur de M. le comte de Mailly,
dont l'espèce est détaillée dans l'addition au mot
Franc-fief. Cet arrêt déclare irrégulier un bail à
cens fait par le sieur Hénon au sieur le Clerc , condamne le sieur le Clerc à porter l'hommage &
payer les droits de quint & requint à M. le comte
de Mailly , *& ledit Hénon à garantir & indemniser
ledit le Clerc.*

  Cette jurisprudence est fondée sur le motif principal, que le propriétaire du fief doit connoître
les loix qui lui permettent de l'aliéner , & les
obligations que ces loix lui imposent.

  Le bail à cens une fois jugé irrégulier, le preneur
est obligé non seulement de payer les droits de

mutation, mais encore le franc-fief, s'il n'eſt pas noble, & l'indemnité qui lui eſt due doit emᵇⁱ braſſer les deux objets.

Des effets du Jeu de fief.

Ces effets peuvent ſe réduire à quatre : 1°. l'aliénation, ne donne ouverture à aucun droit féodal en faveur du dominant. Ce point ne ſouffre aucune difficulté, lorſque le vaſſal ſe renferme exactement dans les bornes du Jeu de fief.

2°. La partie du fief aliénée par cette voie perd ſa nature de féodale; elle devient roturière à tous égards, *excepto patrono*, & conféquemment eſt exempte du droit de francs-fiefs, & ſe partage roturièrement. Cette décifion n'eſt pas univerſellement adoptée. Ainſi, je dois rapporter quelques-unes des autorités qui l'appuient.

» L'héritage baillé à cenſive, noble & féodal » à l'égard du bailleur, eſt fait roturier pour le » regard du preneur. *Bacquet, des droits de francs-* » *fiefs, ch. 2, n. 11,* & n'y a que le roturier » poſſédant héritage noble qui ſoit cotiſable en » droit de francs-fiefs, au moyen de ce qu'il eſt » incapable de poſſéder fief & héritage noble en » France. *Idem,* chap. 3, n. 3.

» Aucuns eſtiment que la terre ainſi accenſée » ſans le conſentement du ſeigneur de fief, de- » meure toujours en ſa priſtine nature de fief; de » ſorte qu'elle doit être partagée féodalement, & » eſt toujours ſujette aux francs-fiefs & nouveaux » acquêts. Néanmoins mon avis eſt qu'à cauſe » de la règle générale, que le vaſſal ſe peut jouer » de partie de ſon fief ſans démiſſion de foi, la » terre ainſi accenſivée devient roturière, *quoad*

» *omnes, excepto patrono,* & principalement qu'au
» partage d'icelle, il faut confidérer la condition
» felon laquelle elle appartient à la fucceffion,
» autrement les pauvres villageois qui font ac-
» cenfiver les terres qu'ils acquièrent des gentils-
» hommes, pour garder égalité entre leurs enfans,
» feroient bien trompés de leurs prétentions, &
» l'ai toujours vu pratiquer ainfi fans en faire
» difficulté «. *Loifeau des feign. chap. 6, n. 28*
& fuiv.

3°. La partie ainfi accenfée, doit être reportée
par le nouveau cenfitaire au vaffal aliénant, &
non point au feigneur de ce vaffal.

» Déformais cette partie relevera, non point
» du feigneur, mais de fon vaffal, poffeffeur
» de la portion retenue ; de forte qu'à l'avenir
» les mutations de cette portion démembrée ne
» feront plus confidérées envers le premier fei-
» gneur, mais feulement envers fon vaffal, qui
» en fera alors le feigneur direct, & les droits
» de mutation en feront dus à ce dernier, comme
» ils font réglés par la coutume, s'il n'a été fti-
» pulé autrement par le contrat «. *Dupleffis,*
traité des fiefs, liv. 9. chap. 3.

4°. La partie aliénée demeure fujette envers le
feigneur, à tous les droits féodaux ; en forte qu'à
fon égard l'aliénation eft abfolument nulle, &
ne lui porte aucune efpèce de préjudice : c'eft ce
qui réfulte de ces termes de l'art 52 de la coutume de Paris ; *& néanmoins s'il y a ouverture*
dudit fief, le feigneur peut exploiter tout ledit fief
tant pour ce qui eft retenu qu'aliéné. De ce principe dérivent fix conféquences.

1°. Toutes les fois que le vaffal eft dans le
cas de porter la foi au feigneur, il doit la lui

rendre pour la partie aliénée, comme pour celle qu'il s'est réservée de la même manière qu'il l'auroit faite avant l'aliénation.

2°. Le vassal doit comprendre cette partie aliénée dans le dénombrement qu'il présente de son fief, non pas comme objet relevant de lui à telle ou telle condition, mais comme s'il en étoit encore le seul & unique propriétaire.

» Quand il baille son démembrement, il y
» doit comprendre généralement tout le domaine
» de son fief, comme s'il n'y en avoit rien de
» démembré, c'est-à-dire, tant la portion aliénée
» que retenue; & s'il y vouloit employer le droit
» seigneurial qu'il s'est réservé sur la portion dé-
» membrée, il faut bien que le seigneur se donne
» de garde de l'accepter en cette forme «. *Du-*
plessis, traité des fiefs, liv. 9, *chap.* 3.

3°. Lorsque le vassal vend son fief, le quint est dû au seigneur, non seulement du prix de l'objet vendu, mais encore relativement à la valeur de la partie aliénée à titre *de Jeu de fief.*

» Si le vassal qui a baillé à cens sous des rentes
» non inféodées son fief, le corps & dépendances
» duquel consistent en cent arpens de terres la-
» bourables, vend ledit fief la somme de 500 liv.
» tournois ou autre somme; le seigneur féodal
» ne sera payé du quint du fief qui lui est dû,
» à cause de la vendition dudit fief, selon le prix
» du contrat de vendition; mais il aura le quint
» denier de l'estimation qui sera faite par prud-
» hommes, du total du fief ou bien du corps
» & dépendances du fief : duquel l'acheteur sera
» tenu entrer en foi & bailler par aveu & dénom-
» brement les cent arpens de terres labourables dé-
» pendans dudit fief «. Bacquet *des droits de*
francs-fiefs, chap. 2, n. 9.

4°. Lorfqu'il arrive de la part du vaffal une mutation qui donne ouverture au relief, le feigneur le perçoit fur la partie aliénée auffi bien que fur celle que le vaffal s'eft réfervée.

« Lorfqu'il arrive une mutation fur la portion » retenue, pour laquelle mutation eft dû droit » de relief, ce droit eft dû pour tout le fief, » c'eft-à-dire, tant de la partie retenue que de la » portion démembrée «..*Bourjon, droit commun du démembrement, n. 3.*

5°. Si le vaffal néglige de préfenter la foi, & que le feigneur faififfe féodalement, la faifie s'étend fur la totalité du fief, fur la partie aliénée, comme fur celle qui ne l'eft pas.

« La partie aliénée demeurera toujours fujette » à l'avenir aux droits du feigneur dominant, » comme fi elle n'avoit pas été féparée du fief » même pour la faifie féodale «. *Lacombe, collect. de jurifprud. verb. démembrement.*

Mais fur qui tombera la perte des fruits, foit dans le cas du relief, foit dans celui de la faifie? Loifeau répond à cette queftion : « Aux héritages » féodaux, dit-il, fi la mutation de la rente fon- » cière non-inféodée donne lieu au rachat, comme » quand l'ancien vaffal s'eft joué de fon fief & » l'a baillé à rente fans démiffion de foi ; alors » c'eft à lui à payer le rachat & en acquitter le » détempteur de l'héritage féodal, fi le feigneur » fe prend à lui ou s'il faifit le fief «. *Loifeau du déguerpiffement, liv. 1, chap. 10, n. dern.*

6°. Lorfque le vaffal vend la portion qu'il s'eft réfervée, fi le feigneur veut exercer le retrait, il peut retirer non feulement cette portion réfervée & vendue, mais encore celle dont fon vaffal s'eft joué. Ce n'eft même que lors de cette ouverture que le seigneur peut exercer son droit ; il seroit non recevable, si lors du Jeu de fief il vouloit retenir la portion aliénée par cette voie.

» La décision de cet article a lieu, non seule-
» ment pour l'exploitation du fief qui concerne
» les profits & droits utiles à la jouissance des
» fruits en cas de saisie féodale, mais aussi pour
» le retrait féodal qui ne peut pas être demandé
» par le seigneur, auparavant l'investiture du fief,
» parce qu'il n'y a point de véritable aliénation. . . .
» Donc l'ouverture arrivant par la vente du fief,
» il y a lieu au retrait féodal, tant de ce qui a
» été réservé, que du domaine vendu ou baillé
» à cens ou rente avec retention de fief, par quel-
» que temps que l'acheteur ou preneur ait joui,
» en remboursant les deniers d'entrée & autres
» par lui baillés, & les impenses & améliorations
» utiles & nécessaires qu'il a faites de bonne foi,
» avec les frais & loyaux coûts, & le déchargeant
» du cens & de la rente à la charge de laquelle
» les domaines lui ont été baillés «. *Brodeau,*
sur l'art. 52 *de Paris, n.* 3 & 4.

· » Si le fief baillé à cens & rentes non-inféo-
» dées est vendu, il peut être retiré par retrait
» féodal, & le seigneur retrayant rentrera en tout
» son fief & dépendances d'icelui, en rembour-
» sant les deniers d'acquisition & les deniers baillés
» au vassal lors du bail fait à cens & rentes avec
» les bâtimens, améliorations, frais & loyaux
» coûts «. *Bacquet des droits de francs-fiefs,*
chap. 2 *, n.* 10.

Voyez les arrêts rapportés par Levest, en ses arrêts, *chap.* 16, par M. Louet ; *litt. R. somm.* 36.

Quelque

· Quelque efpace de temps qui fe foit écoulé entre le Jeu fait par le vaffal & le retrait exercé par le feigneur, le propriétaire de la partie aliénée ne peut oppofer à la demande en retrait aucune efpèce de prefcription; c'eft une conféquence de la règle *contra non valentem agere*, &c. c'eft la décilion de Brodeau, *loco citato*.

L'acquéreur de cette partie aliénée par la voie du Jeu de fief, ainfi évincé par le retrait du feigneur, a-t il quelque recours à exercer contre le vaffal? Peut-il lui demander quelque indemnité? Non, répond Brodeau, parce qu'il a dû favoir la nature des fiefs lorfqu'il a fait une acquifition de cette qualité, *fur l'art.* 52 *de Paris*, *n.* 4.

» Sans que le propriétaire ait aucuns recours » contre le vaffal bailleur, d'autant qu'il devoit » favoir la nature des fiefs «; *Bacquet du droit de francs-fiefs*, *chap.* 2, *n.* 10.

Si le vaffal vend, non pas ce qu'il a retenu, mais les droits qu'il s'eft réfervé fur la partie dont il s'eft joué, cette vente donne ouverture à tous les droits féodaux; en forte que l'acquéreur eft obligé de porter au feigneur la foi, & de payer le quint, non pas à raifon des droits qu'il a acquis, mais comme propriétaire des héritages fur lefquels ces droits font affis. C'eft la décilion de Chopin, *in confuet. aud. part.* 2, *chap.* 2, *tit.* 2, *n.* 7; de Bacquet *du droit de francs-fiefs*, *chap.* 2, *n.* 9; de Brodeau, fur l'art. 52 de Paris, n. 6.

» Ce qui a été ainfi jugé par arrêt du 15 avril » 1581, en la coutume de Senlis, qui n'en parle » pas «. *Ferriere*, *fur l'art.* 52 *de Paris*, *glof.* 1, *num.* 13.

Cet arrêt dont parle Ferriere, eft rapporté par

M. Louet, litt., R. n. 29. Brodeau, *idem*, nous apprend que cet arrêt a été rendu *consultis classibus*; il est transcrit en entier dans les notes de Chenu, sur Papon, liv. 13, tit. 1, arrêt 4.

Sinon que le seigneur féodal eût inféodé le droit domanial retenu, en faisant ladite aliénation, ou bien qu'il l'eût reçu par aveu. Cette disposition de l'article 52 apporte une restriction bien notable à toutes les décisions précédentes. Il en résulte que le seigneur perd tous ses droits sur la partie dont son vassal s'est joué, s'il a inféodé ou permis qu'on lui reportât par aveu, le cens dont cette partie est grevée. S'il a eu cette facilité, les héritages ainsi aliénés sont sortis de sa mouvance immédiate; ils ne tomberont plus à l'avenir, ni dans le relief ni dans la saisie féodale, & il ne pourra plus exercer sur eux que les droits appartenans au suzerain sur ses arrières-vassaux, ou sur les censitaires de son vassal.

A ces mots, *ou reçu par aveu*, Brodeau ajoute, ou donné son consentement pur & simple lors de l'aliénation, ou auparavant, ce qui fait cesser l'indemnité qu'il pourroit prétendre. . . . . & au cas du consentement ou de l'approbation par l'inféodation & réception par aveu, qui d'un droit foncier & roturier en fait un féodal & noble; le seigneur, arrivant ouverture de fief, n'est pas recevable à demander de nouveaux droits de ce qui a été aliéné & par lui agréé & inféodé, encore moins à vouloir user du droit de retenue féodale, en venant contre son propre fait. *Brodeau, sur l'art. 52 de Paris, n. 7.*

» Si le vassal vouloit employer dans son aveu le » droit seigneurial qu'il s'est constitué sur la partie » démembrée, il faut bien que le seigneur se

» donne de garde de l'accepter en cette forme ;
» car par là il l'inféoderoit «. *Dupleſſis, des
fiefs, liv. 9, chap.* 3.

Cette diſpoſition de la coutume de Paris doit
avoir lieu dans les coutumes muettes.

La queſtion que nous allons examiner eſt peut-
être la plus intéreſſante de toutes celles que cette
matière préſente ; d'ailleurs elle doit renaître très-
ſouvent, elle mérite par conſéquent la plus grande
attention : il s'agit de ſavoir ſi, lorſqu'après avoir
exercé le retrait féodal ſur le fief mouvant de
lui, le ſeigneur étend cette action rigoureuſe
juſques ſur les parties du même fief aliénées par
la voie du bail à cens ; ſur quel pied doit ſe faire
le rembourſement du preneur ? Le ſeigneur en eſt-
il quitte en lui rendant les deniers d'entrée, ou
en le déchargeant de la rente a laquelle il s'eſt
aſſujetti ? ou doit-il lui rembourſer la véritable
valeur de la choſe, ſur le pied d'une juſte
eſtimation ?

Cette eſpèce d'aliénation, ſi commune aujour-
d'hui, l'étoit encore bien davantage dans ces temps
qui ne ſont que trop voiſins du nôtre, où la terre
manquoit de cultivateurs. Alors les ſeigneurs ſur-
chargés de domaines inutiles, s'empreſſoient de
les donner ſous des redevances qui ne pouvoient
qu'être modiques, parce que les frais de défrichemens formoient à peu près le juſte prix de la
choſe. Si quelquefois il y avoit des deniers d'entrée, ils étoient très-peu conſidérables, vu le peu
de valeur des héritages. On n'exagère certainement pas, en diſant que ces ſortes de propriétés
forment le patrimoine de moitié des habitans de
la campagne.

Cependant la plupart de ces aliénations ne ſont

pas inféodées, c'eft-à-dire, approuvées par les feigneurs dominans; & toutes les fois que le cens
eft vendu, il y a lieu au retrait féodal, non feulement du cens, mais des terres qui en font
grevées. Telle eft du moins l'opinion qui règne
aujourd'hui.

On voit maintenant de quelle importance eft
la queftion du rembourfement. De ces aliénations,
les unes, comme on vient de le dire, ont été
faites moyennant une fimple rente; d'autres pour
des deniers d'entrée, qui, proportionnés alors à
la valeur de la chofe, lui font aujourd'hui infiniment inférieurs ; &, nous le répétons, les objets
ainfi aliénés forment le patrimoine de la majeure
partie des laboureurs, des habitans de la campagne. Lorfque le feigneur retire le cens, & par
fuite les terres accenfées, s'il en eft quitte en
déchargeant les propriétaires de la rente, ou en
leur rendant ce que leurs auteurs ont débourfé
il y a 20, 40, 60, même 100 ans, voilà ces
malheureux réduits à l'indigence. Ces terres font
entrées dans les partages, ont été vendues fur
le pied de leur jufte valeur; combien d'actions
en garantie! quel défordre dans le commerce,
dans les familles, ajoutons quelle injuftice! un
feigneur jouiroit gratuitement d'une fertilité qui
ne feroit pas fon ouvrage. Les propriétaires ver-
roient paffer en d'autres mains le produit de leur
induftrie, de leurs travaux; & combien n'en a-
t-il pas fallu pour arracher des fruits à ces landes,
à ces bruyères que la nature fembloit avoir condamnées à une fterilité perpétuelle? Telles feroient
les fuites d'un arrêt qui autoriferoit les feigneurs
à retirer les objets accenfés, en rendant feulement
les deniers d'entrée, ou en déchargeant les pre-

neurs du cens réservé : au contraire , en ordonnant
l'estimation de l'héritage , tout est dans l'ordre ,
les seigneurs n'éprouvent aucune espèce de léfion ,
& fi le propriétaire fe voit forcé d'abandonner fon
héritage , au moins il en a l'équivalent. Telle est
notre opinion particulière.

Nous eftimons que le feigneur n'en eft pas quitte
pour rembourfer les deniers d'entrée , qu'il doit
rendre la jufte valeur de la chofe à dire d'experts.

Aucun auteur n'a difcuté cette queftion : une
pareille lacune dans notre jurifprudence , a fans
doute quelque chofe d'étonnant : quel peut donc
en être le motif ? C'eft que la queftion eft fubor-
donnée à un point plus intéreffant encore , celui
de favoir fi le dominant , qui exerce le retrait fur
le fief mouvant de lui , peut retirer pareillement
les parties du même fief aliénées , par la voie du
bail à cens. Il y a plus de trois fiècles que ce
point divife les jurifconfultes : aujourd'hui même ,
quoiqu'il foit décidé par la jurifprudence , peut
être n'eft-il pas fans difficultés ; voici le progrès
des idées à cet égard.

Les anciens docteurs , qui , comme on le fait ,
vouloient tout décider par les loix Romaines ,
appliquoient à cette queftion le brocard de droit
tiré de la célèbre loi *vectigali refoluto jure dantis ,
refolvitur jus accipientis.* Ils décidoient en conféquence , que l'éviction de l'acquéreur d'un fief
par le retrait féodal , annulloit tous les baux à cens
faits antérieurement par le vaffal , fans l'approbation
du feigneur.

Cette opinion régnoit lorfque Dumoulin parut :
ce grand homme étoit né pour éclaircir toutes
les difficultés , comme pour rectifier toutes les er-

reurs ; n'ofant néanmoins heurter de front un fentiment appuyé fur des autorités auffi nombreufes,
il parut d'abord y déférer, cependant fous différentes reftrictions ; voici comme il s'exprime à cet
égard : IN VETERIBUS REJESTIS MEIS NON AUDENS
TANTORUM PATRUM *fententiam convellere , limi-
tabam eam.*

Des études mieux approfondies lui montrent
enfin l'infuffifance de ces correctifs ; il rejette l'o-
pinion de ceux qui l'avoient précédé , & décide
de la manière la plus tranchante , que le retrait
féodal ne doit pas avoir plus de privilége que le
retrait lignager, & que le feigneur qui exerce cette
action, eft tenu de toutes les charges auxquelles
l'acquéreur qu'il évince étoit lui-même affujetti.
*Maturiùs cogitans exiftimo . . . . . Quòd quantum
ad onera non fit differentia , an patronus tanquam
privatus, an jure dominico feudum emat , fed omnino extraneo emptori , vel confanguineo retrahenti
equiparandus fit.*

D'Argentré écrivit fur cette queftion en 1566.
Cet auteur , fi fouvent en contradiction avec Dumoulin , adopte néanmoins les mêmes principes à
cet égard.

Ces deux oracles de la jurifprudence Françoife
avoient fubjugué tous les efprits , lorfqu'en 1581
la cour eut à juger cette même difficulté : il s'a-
giffoit du retrait féodal d'un fief dont partie avoit
été accenfée *trois ans* auparavant , par des baux à
cens non inféodés.

La briéveté de cet intervalle entre l'accenfement
& la vente du cens réfervé , fit appercevoir dans
cet arrangement , ce que nous avons appelé depuis la fraude Normande. Le feigneur ne man-
qua pas de relever cette circonftance ; en confé-

quence, la cour l'admit au retrait du cens & des parties accensées.

On ne fit pas d'abord assez d'attention à la circonstance des trois années; la plupart des auteurs crurent voir dans l'arrêt une décision absolue, & cette autorité reporta les esprits à l'opinion qu'ils venoient d'abandonner.

Cependant la défection ne fut pas générale : M. Duval, qui examina la difficulté quelque temps après, dans son traité *de rebus dubiis*, finit par dire, *maturiùs deliberandum*. D'autres jurisconsultes n'ont pas cru qu'il y eût matière à délibérer, & se sont invariablement attachés aux principes de Dumoulin. Sur ces mots de l'art. 72 de la coutume de Péronne, *n'est tenu le seigneur supérieur d'entretenir lesdits baux*, le commentateur dit : » Cela est vrai, en cas de saisie à faute » d'hommes ; mais non, quand le fief revient au » seigneur, *tanquam ad privatum*, à titre de do- » nation, ni même quand il revient *ut ad pa- » tronum*, par droit de retenue féodale «. Suivant ce jurisconsulte, le seigneur qui retire le fief ne peut pas, comme l'on voit, user de cette faculté sur les parties accensées.

Que l'on cesse donc de s'étonner du peu de lumière que l'on trouve dans les jurisconsultes, sur la question du remboursement ; celle du retrait n'étant pas même encore sans difficulté, toutes les vûes se sont concentrées sur cet objet principal. Ceux qui tiennent l'opinion de Dumoulin, n'avoient aucun motif de discuter la quotité d'un remboursement, qui, suivant eux, ne pouvoit avoir lieu ; & les autres se sont bien moins occupés des suites de leur système, que des moyens d'ajouter à sa solidité.

Cependant fi ces derniers avoient voulu fuivre les conféquences de leurs principes, ils en auroient néceffairement conclu, que le rembourfement du preneur doit fe faire fur le pied de la valeur actuelle de l'héritage, & qu'il ne fuffit pas de lui rendre les deniers d'entrée portés par le bail à cens.

Sur quels motifs en effet les auteurs fe fondent-ils pour admettre le feigneur au retrait des parties accenfées ? » Toutes les fois, difent-ils, que » les conditions requifes par les coutumes pour » la validité du Jeu de fief ou bail à cens, ont » été remplies, la loi ferme les yeux au feigneur, » elle lui défend de s'appercevoir des arrange- » mens que prend fon vaffal ; elle lui interdit » toute efpèce de réclamation à cet égard. En » effet, que lui importe cette aliénation ? La » partie aliénée n'eft point fortie de fa mouvance, » elle continuera de lui être reportée comme au- » paravant «. *Cet héritage*, dit Guyot, du dé- membrement, *relativement aux dominans, eft toujours refté féodal.* Ainfi, l'acte qui renferme le Jeu de fief eft abfolument étranger au feigneur, & comme tel, il ne peut lui apporter ni avan- tage ni préjudice. C'eft ce que la coutume de Péronne a décidé. On lit dans l'article 72 déjà cité : *Mais ledit bail fait par ledit vaffal ne pré- judicie au feigneur fupérieur.* Et l'article 73 ajoute : *Pour ledit bail à cens ou à rente, il n'eft dû aucun profit au feigneur féodal.* Ce bail à cens, encore une fois, eft donc abfolument nul à l'é- gard du dominant.

De ce principe, que le bail à cens eft abfo- lument étranger au feigneur, qu'il n'exifte pas à fon égard, dérivent toutes les règles de cette ma-

tière; c'est parce que ces sortes d'actes ne peuvent
ni profiter ni préjudicier au dominant, qu'ils sont
permis. C'est par le même motif que le vassal est
obligé de reporter dans ses aveux les parties aliénées; c'est encore par la même raison que ces
sortes d'actes ne donnent ouverture à aucun droit
utile. C'est de même, en conséquence de ce principe, que le seigneur jouissant de la partie réservée à titre de saisie féodale ou de relief, ex-
ploite en même temps les parties dont son vassal
s'est joué, à quelque époque que remonte l'aliénation, pourvu qu'elle ne soit pas inféodée. Enfin
si le retrait féodal a lieu dans cette espèce, c'est
encore en vertu de ce même principe : en effet,
les auteurs qui tiennent pour le retrait se sont
tous déterminés, sur cette considération unique,
que l'aliénation est étrangère au seigneur, & que,
puisqu'elle ne peut pas lui profiter, elle ne doit
pas lui nuire.

Mais, si tel est le principe, si l'acte est nul,
relativement au seigneur, s'il est censé ne pas
exister pour lui, comment se pourroit-il qu'il
lui servît de règle pour le remboursement qu'il
est tenu de faire au preneur? Il faudroit que la
loi recréât ce bail à cens à l'instant même où elle
l'anéantit; que dans le même moment elle le déclarât nul & lui rendît l'existence, pour en faire
un instrument de vexation contre le propriétaire
de l'héritage. Quelle contradiction !

En un mot, si le seigneur est admis au retrait
des parties accensées, c'est uniquement parce qu'à
son égard il est vrai de dire qu'il n'y a pas de
bail à cens, qu'il n'y a pas d'aliénation. De ce
principe résulte nécessairement la conséquence, que
l'on ne peut pas invoquer le bail pour en faire

la mefure du rembourfement, que ce rembourfement ne peut être fait que fur le pied de la
valeur actuelle de l'héritage. On trouveroit cette
décifion dans tous les auteurs, s'ils avoient voulu
être conféquens.

Examinons maintenant la queftion fous un autre
point de vue; rapprochons-la des loix qui peuvent
avoir trait à la matière.

Les coutumes gardent le filence fur notre difficulté, fur la queftion de favoir comment doit
fe faire le rembourfement du preneur, dans le
cas dont il s'agit. On ne peut expliquer un pareil
filence, qu'en fuppofant que les réformateurs pen-
foient que le retrait des terres accenfées ne pouvoit jamais avoir lieu. Cependant ces mêmes réformateurs nous ont laiffé un témoignage non équivoque de la manière dont ils auroient décidé la
queftion, s'ils s'en fuffent occupés; nous le trouvons ce témoignage dans la coutume d'Orléans,
fans contredit l'une des mieux rédigées du
royaume.

A la vérité, les magiftrats qui ont préfidé à
cette rédaction ne nous ont pas laiffé de règle pour
décider de quelle manière doit fe faire le rembourfement du preneur, en cas de retrait, lors
de l'aliénation du cens réfervé; mais ils ont pris
foin de déterminer fur quel pied, lors de cette
même aliénation, le feigneur doit prendre le quint
qui lui eft dû.

Tout le monde fait que le quint & le retrait
féodal fe règlent par les mêmes principes. Dumoulin le dit en différens endroits de fes ouvrages:
cela doit être ainfi, puifque ces deux droits s'ou-
vrent toujours enfemble, & que le feigneur ne
peut exercer l'un d'eux que dans le cas où il

peut exiger l'autre. Ainſi, la déciſion de la coutume d'Orléans ſur le quint, doit s'appliquer également au retrait.

L'article neuvième de cette coutume porte : que *ſi vente étoit faite du cens ou rente, à quoi auroit été baillé l'héritage, en ce cas l'acquéreur ſera tenu payer quint denier au ſeigneur du fief, à cauſe de l'acquiſition, ſelon l'eſtimation du total du fief par prud'hommes.*

Brodeau, ſur l'art. cinquante-deuxième de la coutume de Paris, nº. 2, dit, *que cette déciſion étant très-juridique & conforme au ſentiment des docteurs François & à la doctrine des arrêts, doit avoir lieu en toutes les coutumes qui ne diſpoſent point du contraire.* Choppin, au liv. 2 de la cout. d'Anjou, part. 2, ch. 2, tit. 2, nº. 7, confirme encore cette juriſprudence, dont la raiſon eſt, dit cet auteur, *qu'en même temps que le vaſſal aliène le cens ſeigneurial, il eſt préſumé aliéner les immeubles baillés à cens.* Cette déciſion eſt, comme l'on voit, conſacrée par le ſuffrage des juriſconſultes ; & ſi l'on fait attention au motif ſur lequel elle eſt fondée, il eſt impoſſible de ne pas l'étendre au cas où le ſeigneur exerce le retrait. Ce motif, ſuivant Choppin & Guyot, » c'eſt que le vaſſal n'eſt préſumé aliéner les im-» meubles donnés à cens, qu'à l'inſtant où il aliène » le cens qu'il s'eſt réſervé « ; mais cette préſomption milite également, dans le cas ou le ſeigneur exerce le retrait.

Or, la coutume d'Orléans décide de la manière la plus préciſe, que, pour déterminer la quotité du droit de quint dû au ſeigneur, l'on doit faire *l'eſtimation du fief par prud'hommes.* Lorſque ce même ſeigneur juge à propos de retirer la partie accenſée, l'on doit donc ſuivre la même règle; recourir à la même eſtimation pour fixer le taux du rembourſement dû au preneur.

S'il en étoit autrement, ſi l'on refuſoit d'étendre au retrait la diſpoſition de la coutume d'Orléans, il en réſulteroit les conſéquences les plus bizarres. Le même héritage auroit tout à la fois & très-réellement deux valeurs différentes, relativement à la même perſonne : ainſi, un immeuble accenſé 50 ans auparavant, moyennant 1000. livres de deniers d'entrée, ne vaudroit que cette ſomme, ſi le ſeigneur jugeoit à propos d'uſer de la faculté de retirer ; & s'il choiſiſſoit le quint, l'eſtimation qu'il exigeroit porteroit ce même objet à 10000 livres, & peut-être beaucoup au deſſus. Cependant il ne peut pas y avoir deux poids & deux balances ; il faut donc de toute néceſſité appliquer au retrait, comme au quint la diſpoſition de la coutume d'Orléans; l'analogie y conduit, & l'équité l'exige.

Ce motif d'équité eſt encore plus ſenſible, dans le cas où le bail à cens eſt fait de terres incultes, moyennant une ſimple rente ſans deniers d'entrée. Quelle injuſtice, ſi le ſeigneur qui a acquis le cens réſervé moyennant une modique ſomme, pouvoit rentrer dans des terres que le défrichement, la culture, l'amélioration, le laps de temps & le progrès naturel des choſes auroient porté à une valeur très-conſidérable, & cela en déchargeant ſimplement le propriétaire du cens reſervé par le bail? Il faut donc, de toute néceſſité, en revenir à l'eſtimation ordonnée par la coutume d'Orléans.

Le retrait féodal eſt bien moins utile qu'honorifique; c'eſt un droit de prééminence établi, non pour enrichir les feigneurs, mais uniquement pour les mettre à portée d'écarter un vaffal qui pourroit leur déplaire : l'attention qu'ont eue les loix d'obliger les feigneurs de renvoyer l'acquéreur parfaitement indemne, prouve bien qu'elles n'ont pas regardé la faculté de retirer comme un droit profitable, comme une occafion de bénéficier.

Cependant quel bénéfice ne feroit pas le feigneur, s'il lui fuffifoit de rendre les deniers d'entrée ? Mais les loix ne veulent pas qu'un citoyen puiffe s'enrichir aux dépens d'un autre.

Occupons-nous maintenant des autorités que l'on oppofe à notre opinion; elles font de deux efpèces, des arrêts & des auteurs.

Trois arrêts & leurs glofes rempliffent la première de ces deux divifions. Ces arrêts, dit-on, jugent que, dans l'efpèce, le feigneur en eft quitte en remboursant les deniers d'entrée. Le refpect dû aux décifions de la cour, nous impofe la loi d'examiner avec attention cette jurifprudence.

Le plus ancien des arrêts connus fur cette queftion, eft celui de 1581, dont nous avons déjà parlé; on le cite comme ayant jugé la queftion *IN TERMINIS*; mais elle ne fut pas même agitée. Il ne faut pour s'en convaincre, que lire M. Louet, qui nous a tranfmis les détails de cet arrêt; il n'y a pas un mot qui ait trait à la quotité du rembourfement. Le cenfitaire foutenoit que l'acquéreur n'étoit pas en droit de retirer les parties accenfées; & plein de confiance dans fon fyftême, il s'arrêtoit là : il auroit cru compromettre fes droits, s'il s'étoit occupé d'un rembourfement qui, fuivant lui, ne pouvoit jamais avoir lieu. Si l'on fe rappelle la fituation des efprits à cette époque, on fera convaincu qu'il n'eft pas possible que les choses se soient passées autrement. Dumoulin & d'Argentré venoient de décider que les parties aliénées par le Jeu de fief étoient à l'abri du retrait féodal. Des autorités aussi graves devoient bannir de l'esprit de l'acquéreur jusqu'au doute le plus léger. La question de savoir sur quel pied il seroit remboursé, devoit donc lui paroître absolument indifférente.

On n'en peut pas douter, l'autorité de Dumoulin & de d'Argentré agissoit très-puissamment sur l'esprit des juges ; il est plus que vraisemblable qu'ils l'auroient suivie ; mais une circonstance soigneusement observée par les anciens arrêtistes, fit pancher la balance en faveur du retrait. La vente du fief n'étoit postérieure au bail à cens, que de trois années. La briéveté de cet intervalle fit appercevoir aux magistrats une fraude pratiquée dans la vue d'éluder le retrait seigneurial, & c'est cette fraude qu'ils ont punie par l'arrêt de 1581.

Qu'importe, après cela, que la cour n'ait ordonné le remboursement que sur le pied des deniers d'entrée ? Pouvoit-elle faire autrement, puisque le censitaire n'en demandoit pas davantage ? Tout le monde sait que les tribunaux ne peuvent pas juger *ultra petita.*

Au surplus, le récit de M. Louet est-il à l'abri de toute critique ? Ce que nous allons dire à cet égard mérite attention.

Les auteurs qui favorisent la prétention des seigneurs, indiquent cet arrêt comme la base de leur opinion : ainsi, rien de plus intéressant que d'en bien connoître le dispositif.

Les détails de cet arrêt nous ont été transmis par deux auteurs contemporains, MM. Louet &

Choppin : ceux qui en ont parlé depuis, n'ont été que leurs copiſtes. A l'époque de cet arrêt, M. Louet exerçoit les fonctions de la magiſtrature, & Choppin celles d'avocat en la cour : l'un & l'autre ſe diſtinguoient par de rares talens. Voici comme chacun d'eux rapporte l'eſpèce de cet arrêt : M. Louet ne nous inſtruit pas du nom du bailleur à cens ; Choppin nous apprend qu'il ſe nommoit *Deſains*. Le premier ne parle pas de l'intervalle qui ſe trouvoit entre le bail à cens & l'aliénation du fief ; le ſecond remarque avec ſoin, que cet intervalle étoit de trois ans, *& triennio poſt.*

M. Louet dit que le bail à cens étoit avec deniers d'entrée ; Choppin, au contraire, dit ſeulement que ce bail avoit été fait moyennant un cens. *Cùm Valeranus Deſains, cliens ſub annuum vectigal dediſſet res ſuas beneficiarias.* Enfin nous liſons dans M. Louet, *que le ſeigneur de fief fut admis au retrait de la moitié des choſes acquiſes, en rendant, par ledit ſeigneur, le prix principal dudit contrat.* Au contraire, dans Choppin on ne voit pas un mot qui ait trait à cette reſtitution du prix porté au bail à cens. Cet auteur ſe contente de dire, que le ſeigneur dominant fut admis, au retrait des choſes accenſées. *Placuit ſenatui patronos dominio retractu uti poſſe, non modo ſolarii alienati, ſed & fundorum quos ſub ejus ſolarii onere venditor antea plebeiis mancipaſſit.* L'auteur n'en dit pas davantage.

Voilà deux éditions du même arrêt bien différentes ; elles ſont abſolument contradictoires ſur la queſtion du rembourſement. Suivant Choppin, l'arrêt n'a pas prononcé ſur cette queſtion.

M. Louet étoit conſeiller en la cour. Choppin

étoit un avocat diftingué. Né en 1537, il avoit 44 ans à l'époque de l'arrêt ; il étoit par con-féquent à même d'être inftruit des évènemens du palais & de les juger fainement. On ne peut pas douter qu'il n'ait pris des renfeignemens très-exacts fur l'arrêt dont il s'agit, puifqu'il rapporte des circonftances qui ont échappé à M. Louet : laquelle des deux éditions fera-t-on prévaloir fur l'autre ?

Avant de fe décider, il étoit un préalable néceffaire ; c'étoit de vérifier l'arrêt fur les re-giftres. Nous avons fait faire les recherches né-ceffaires, elles ont été vaines ; le regiftre des arrêts fur rapport de l'année 1581, n'exifte plus au dépôt.

Dans cette pofition, le parti le plus fage n'eft-il pas de laiffer cet arrêt à l'écart pour s'en tenir aux principes de la matière ?

Mais fi cela eft, toutes les autorités dont les feigneurs échafaudent leur fyftême, difparoîtront, parce que les auteurs qu'ils citent nous donnent tous, pour garant de leur opinion, cet arrêt de 1581 : c'eft une remarque que nous avons déjà faite.

On prétend que la queftion a été jugée par un arrêt du 12 juillet 1729. Il paroît en effet, qu'en admettant le feigneur au retrait des par-ties accenfées, cet arrêt ne le condamne à rem-bourfer le preneur que fur le pied du bail à cens. Mais la vérité eft, que la queftion de favoir fur quel pied fe feroit le rembourfement, ne fut pas même élevée.

Nous avons fous les yeux copie d'une confulta-tion de MM. Rotrou & d'Audibert, dans laquelle ces jurifconfultes remarquent que l'on voit

par

par le mémoire qui fut fait pour le rétrayant ;
que les tenanciers se bornèrent à contester le retrait ,
& que leur moyen se réduisoit à dire que l'action
du seigneur étoit prescrite ; parce qu'il auroit
dû l'exercer lors du bail à cens : genre de défense
absolument insoutenable. Il est donc vrai de dire
que cet arrêt n'a pas jugé la question.

. Les partisans de l'opinion contraire invoquent
enfin un arrêt du 19 février 1762 , confirmatif
d'une sentence du 16 avril 1760. On convient
que cette sentence autorise le seigneur à rentrer
dans les héritages accensés , en rendant les deniers
d'entrée ; mais il est facile d'écarter les conséquences que l'on voudroit tirer de cette disposition. Il ne fut pas dit un mot au procès de la
quotité du remboursement , la question ne fut
pas même élevée. Pour s'en convaincre , il ne
faut que parcourir les mémoires de l'affaire. On
voit par celui du comte de Mailli , en réponse
à celui d'Elizabeth Guyot , que la défense de cette
dernière consistoit en six moyens , tous tendans
à établir la nullité du retrait exercé par le comte
de Mailli. La veuve Guyot se renfermoit exclusivement dans cette prétendue nullité , se bornoit
absolument à repousser l'action du seigneur. Dans
cette position, que pouvoient faire les magistrats ?
pouvoient - ils ordonner une estimation ? Non
sans doute. C'eût été prononcer sur des choses non
contestées ; c'eût été donner *ultrà petita* , puisqu'il
n'y avoit pas de conclusions sur cet objet.

Cet arrêt ne peut donc avoir aucune influence
sur le point que nous examinons, puisqu'il ne l'a
pas jugé, puisqu'il ne pouvoit pas le juger; il en
est de même des deux précédentes: ainsi point de

jurifprudence fur la queftion. Voyons maintenant ce qu'en ont penfé les auteurs.

Ils fe divifent en trois claffes. Les premiers rejettent abfolument le retrait des parties accen-fées. Dans leur fyftême, point de rembourfement. Mais s'ils avoient eu à s'expliquer fur cette quef-tion, on n'en peut pas douter, ils l'auroient dé-cidée contre les feigneurs. Quel eft, en effet, le motif de leur décifion? C'eft que le retrait eft tou-jours une action odieufe que l'on ne fauroit ref-treindre dans des bornes trop étroites, & que le feigneur qui exerce cette action, n'eft autre chofe à cet égard, qu'un fimple acquéreur qui ne mérite aucune faveur particulière. *Omnino*, dit Dumou-lin, *extraneo emptori vel confanguineo æquiparandus*. La conféquence de ce principe eft facile à fuivre. Si, dans cette efpèce, le dominant doit être affi-milé à un fimple acquéreur, *extraneo emptori*, il doit donc rembourfer le prix de la chofe fur le pied de fa valeur réelle. Voilà ce que nous lirions dans les ouvrages de ces jurifconfultes, s'ils avoient écrit de nos jours, où le retrait des parties accen-fées eft autorifé par la jurifprudence. On doit donc regarder ces mêmes jurifconfultes comme ayant décidé la queftion en faveur des preneurs à cens, & Dumoulin & d'Argentré font à la tête de cette première claffe.

La feconde eft compofée de ceux qui admet-tent le retrait de la totalité du fief; mais fans s'occuper du rembourfement des preneurs, Guyot eft de ce nombre. Après avoir décidé que le retrait a lieu dans l'efpèce dont il s'agit, il s'arrête, & pas un mot de la quotité du rembourfement: ce-pendant il n'eft pas difficile de deviner fon opi-nion à cet égard, du moins s'il eût été conféquent. Dans le paffage que nous avons tranfcrit plus haut, cet auteur établit pour principe, qu'à l'égard du dominant qui n'a point inféodé l'aliénation du cens, cet héritage, dont le cens retenu vient d'être aliéné, eft réputé aliéné, HIC ET NUNC, relativement au dominant.... *C'eft la première fois, relativement au dominant, que l'héritage fe trouve réellement aliéné.* Si cela eft, fi l'acte par lequel le cens eft vendu, eft réellement le véritable contrat de vente de l'héritage, relativement au feigneur, il n'y a aucun motif de fe référer au bail à cens, d'en faire la mefure du rembourfement; il faut s'en tenir au dernier contrat; & comme nous l'avons déjà dit tant de fois, puifque le prix de l'héritage n'y eft pas inféré, il faut néceffairement fuppléer à fon filence par une eftimation. Cette conféquence fort immédiatement des principes de Guyot : on doit donc mettre encore cet auteur au nombre de ceux qui favorifent la prétention du preneur à cens.

Enfin il exifte des auteurs qui difent en effet que le feigneur peut retirer en rembourfant les deniers d'entrée. Mais comment ont-ils décidé cette importante queftion? Sans difcuffion, fans examen, fans même la propofer, tous fe contentent de mettre en maxime le prétendu difpofitif de l'arrêt de 1581 ; aucun n'a pris la peine de relever la contradiction qui fe trouve, à cet égard, entre M. Louet & Choppin : aucun n'a voulu voir que, lors de cet arrêt, la queftion n'avoit pas même été propofée. Tant de légèreté dans des écrivains, d'ailleurs fi eftimables, a fans doute de quoi furprendre ; il faut en citer des exemples : en voici.

» L'ouverture arrivant par la vente du fief ; il

» y a lieu au retrait féodal, tant de ce qui a été
» réfervé que du domaine vendu ou baillé à cens
» ou rente, *en rembourfant les deniers d'entrée* «.
Brodeau, fur l'art. 52 de Paris, n°. 3.

　» Si le fief baillé à cens ou rentes non inféo-
» dées eft vendu, il peut être retiré par retrait
» féodal, & le feigneur retrayant rentrera en tout
» fon fief *en rembourfant les deniers d'acquifition,*
» & les deniers baillés au vaffal lors du bail à
» cens & rente «. *Bacquet, des droits de francs-
fiefs, chap.* 11, *n°.* 10.

　Nous nous bornons à ces deux auteurs ; ce
font les plus notables de ceux qui paroiffent favorifer la prétention des feigneurs. Nous affurons
d'ailleurs qu'on retrouve dans tous les autres le
même défaut d'attention, de critique & d'examen.

　De quel poids peut donc être l'affertion de
ces auteurs ? Ce mot échappé à leur plume peut-
il être regardé comme leur véritable opinion,
comme une décifion de leur part ? Non fans doute;
ils n'ont pas difcuté la queftion, ils n'ont pas
même pris la peine de la propofer ; ils ne l'ont
donc pas décidée.

　Nous le répétons, on ne peut qu'être furpris
de voir des auteurs trancher auffi légèrement fur
un point de cette importance. Ce que nous allons dire, eft plus furprenant encore. On ne peut
du moins reprocher que de la légèreté aux écrivains que nous venons de citer. D'autres font
tombés dans des contradictions fi choquantes,
que l'on refuferoit d'y croire, fi nous n'en rap-
portions pas de preuves. On trouve la première
dans le traité des fiefs de Claude de Ferriere,
imprimé en 1680 ; on y lit, page 46 : » Le fei-

» gneur ne peut pas ufer du retrait féodal , fur ce
» qui aura été aliéné en premier lieu ; mais feu-
» lement fur le tiers que le vaffal aura aliéné le
» denier, quoique l'Hommeau remarque un arrêt
» du 15 avril 1681 , par lequel le total auroit
» été adjugé au feigneur. Et dans le même ou-
» vrage , page 486 , on lit : Au cas que le
» vaffal vienne à vendre la partie qu'il s'étoit
» réfervée , il y a lieu au retrait , tant de ce qui
» a été réfervé, que pour le domaine vendu ou
» baillé à cens ou à rente , avec rétention de foi ;
» par quelque temps que l'acheteur en ait joui ;
» en ce cas, le feigneur doit rembourfer l'acqué-
» reur du prix qu'il a payé pour fon acquifition,
» avec les impenfes utiles & néceffaires qu'il a
» faites de bonne foi «.

Le traité des fiefs de Poqüet de Livoniere nous
offre les mêmes inconféquences : on y voit, page
66 , » que le feigneur exercera le quint , *le re-*
» *trait féodal*, fur la partie aliénée , ainfi que
» fur le refte, toutes les fois que le vaffal don-
» nera ouverture à ces droits par fon fait «. Plus
bas, l'auteur oubliant une décifion auffi formelle,
tient au contraire que , dans ce cas, il n'y a pas lieu
au retrait. Voici comme il s'exprime , page 454 :
» Lorfque le feigneur fait de fon domaine fon
» fief, à la charge de relever de lui cenfivement,
» jufqu'à concurrence de ce qu'il lui eft permis de
» démembrer par les coutumes , *il n'y a point*
» *ouverture au retrait féodal*, au profit du fei-
» gneur fuzerain, ni d'aucun autre . . . . . Il eft
» vrai que M. Louet rapporte un arrêt du 15
» avril 1581 , qui paroît contraire . . . . . Le motif
» de cet arrêt fut que la cenfive retenue par le
» contrat d'accenfement, avoit été aliénée trois

» ans après...... Le peu de temps qui s'étoit
» écoulé entre ces deux aliénations, fit juger que
» l'une n'avoit été faite que pour parvenir à
» l'autre «.

M. Pothier, dans son introduction à la coutume d'Orléans, dit, n°. 283 : » La vente du
» cens *doit donner ouverture au retrait féodal,*
» non du cens seulement, *mais de l'héritage* «.
Nous lisons dans le traité des fiefs du même auteur : » Lorsque le vassal qui s'est joué de son
» fief, en le donnant à cens ou rente, vend son
» droit de cens ou rente, *le seigneur ne peut retirer*
» *féodalement que le droit de cens ou rente. Tom.*
» 2, *page* 300 «.

Ce jurisconsulte décide, comme l'on voit, de
la manière la plus formelle, que le seigneur *peut*
& *ne peut pas* retirer les parties accensées. Lorsqu'ensuite il ajoute que le remboursement des
preneurs doit se faire sur le pied des baux à cens,
de quel poids doit-être son autorité ? Est-il possible
de croire qu'il ait apporté plus d'attention à la
question secondaire qu'à la question principale ?

Tels sont les arrêts & les auteurs que l'on
oppose au preneur à cens, qui demande son remboursement sur le pied de la juste valeur de son
héritage. Il s'en faut bien, comme l'on voit, que
ces autorités balancent cette règle immuable, qui
ne veut pas qu'un citoyen puisse s'enrichir aux
dépens d'un autre. On doit donc tenir comme
une maxime certaine, que le seigneur n'en est
pas quitte, en rendant au preneur à cens les deniers d'entrée qu'il a fournis, ou en le déchargeant du cens & de la rente ; qu'il doit le rem-
bourser sur le pied de la juste valeur de l'héritage
sur lequel il exerce le retrait.

Le premier juillet 1779, la grand'chambre du parlement a jugé une question qui n'a pas moins d'intérêt que la précédente. Plaidée, approfondie par deux avocats très-habiles, MM. Mouricaut & Lacroix de Frainville, l'affaire a été décidée en parfaite connoissance de cause. Il s'agissoit du point de savoir si le seigneur qui a reçu le quint, & agréé pour vassal l'acquéreur de la partie réservée, peut ensuite retirer les parties accensées par la voie du Jeu de fief, ou, ce qui est la même chose, céder son droit de retrait à cet acquéreur. Voici l'espèce & les moyens respectifs.

Le propriétaire du fief d'Herchies (dans la coutume de Clermont en Beauvoisis) en avoit successivement aliéné plusieurs parties par bail à cens ; enfin il se détermina à vendre le surplus.

Le marquis de Siry se proposa pour acquérir ; mais ne voulant pas s'exposer au retrait féodal, il se retira d'abord pardevers les marquis de Saisseval & de Causans, propriétaires par indivis de la seigneurie de la Cour d'Auneuil, de laquelle seigneurie relevoit la terre d'Herchies.

Les deux seigneurs de la Cour d'Auneuil répondirent au marquis de Siry, qu'ils renonceroient volontiers en sa faveur au retrait féodal ; mais à la condition qu'il retireroit lui-même les parties accensées pour les réunir au corps du fief. En conséquence, par acte du 5 octobre 1778, les seigneurs de la Cour d'Auneuil renoncèrent au retrait féodal sur la partie acquise par le marquis de Siry ; mais à la condition expresse, & non autrement, qu'il retireroit les objets accensés, *lui faisant*, *lesdits seigneurs*, *cession de leur droit de retrait*, *&c.*

Le marquis de Siry étoit allé plus loin avec le

marquis de Saiſſeval ; il lui avoit payé le droit de quint, réſultant de ſon acquiſition future.

Le marquis de Siry, devenu bientôt après acquéreur de ce fief d'Herchies, ſe mit en devoir d'exercer le retrait ſur les différens détenteurs des objets donnés à cens par ſon vendeur ; il dirigea d'abord cette action contre le ſieur d'Hervilly, acquéreur d'une portion du domaine d'Herchies, moyennant 20 ſous par mine de cens annuel, & la ſomme de 16900 liv. de deniers d'entrée. Sur le refus du ſieur d'Hervilly, procès.

La défenſe du marquis de Siry étoit infiniment ſimple ; il diſoit : l'immeuble aliéné par la voie du bail à cens, eſt tout à la fois féodal & roturier. Il conſerve la première de ces deux qualités dans ſon rapport avec le ſeigneur dominant. A ſon égard, tout eſt nul, il n'y a pas d'accenſement, il n'y a pas même d'aliénation. Les parties ainſi détachées du domaine féodal, ſont toujours ſous le même titre de fief ; & lorſque ce titre eſt aliéné, tout eſt cenſé vendu par le même acte ; de là ces deux maximes : 1°. le Jeu de fief ou bail à cens ne donne ouverture à aucun profit en faveur du dominant : 2°. par une juſte compenſation, il ne peut pas lui nuire. En conſéquence lorſque le fief éprouve quelque mutation, il exige la foi, prend le relief, le quint, ou exerce le retrait à raiſon de la totalité, & cela juſqu'à ce qu'il ait inféodé, c'eſt-à-dire, approuvé l'accenſement.

C'eſt encore un principe de cette matière, que le retrait féodal eſt ceſſible, que les ſeigneurs peuvent indifféremment l'exercer par eux-mêmes ou par un ceſſionnaire.

Où peut donc être la difficulté de cette affaire ;

puifque le marquis de Siry eft bien certainement aux droits des feigneurs de la Cour d'Anneuil?

Le fieur d'Hervilly divifoit fa défénfe en trois moyens. La ceffion du retrait féodal fur la portion du domaine que je pofsède eft nulle, difoit-il : 1°. parce que le marquis de Siry eft acquéreur de ce même fief d'Herchies : 2°. parce que cet acquéreur a payé les droits de quint & requint réfultans de fon acquifition : 3°. parce que les feigneurs de la Cour d'Anneuil l'ayant agréé pour vaffal, à raifon d'une partie du fief, ils en ont couvert la totalité.

Au premier moyen du fieur d'Hervilly, qui confiftoit à dire que la qualité d'acquéreur eft incompatible avec celle de ceffionnaire du retrait, on répondoit : quel peut-être le motif de cette incomptabilité ? On convient que les feigneurs ont la faculté de céder le retrait féodal. Il faut également convenir que l'on ne connoît pas de bornes à cette faculté ; que les feigneurs peuvent faire cette ceffion à qui bon leur femble : pourquoi ne pourroient-ils pas faire tomber leur choix fur l'acquéreur du fief, comme fur un tiers? Cela fe voit tous les jours, fingulièrement dans les mouvances de la couronne. Lorfque l'acquéreur d'un fief dans cette mouvance craint que le roi ne cède le retrait féodal, il en demande la ceffion pour lui-même ; prefque toujours elle lui eft accordée, & perfonne ne s'eft encore avifé de lui oppofer fa qualité d'acquéreur.

Dans notre efpèce, la ceffion du retrait eft, s'il eft poffible, encore plus régulière ; puifque la glebe du fief d'Herchies fe trouve entre les mains de plufieurs perfonnes. En effet, le marquis de Siry & le fieur d'Hervilly font bien réelle-

ment codétenteurs de cette terre , & pour des
parties diftinctes & féparées. Ces parties n'ayant
abfolument rien de commun, pourquoi le propriétaire de l'une ne pourroit-il pas être ceffionnaire du retrait féodal fur l'autre ? Qu'y a-t-il
d'incompatible entre ces deux qualités , puifqu'elles
font parfaitemen. indépendantes ? Que fait d'ailleurs au fieur d'Hervilly la perfonne, du ceffionnaire ? C'eft lè feigneur lui-même qui exerce le
retrait; le ceffionnaire n'eft que le mobile qui
met en activité la puiffance féodale. En un mot ,
le marquis de Siry a deux qualités bien diftinctes,
celle d'acquéreur & celle de ceffionnaire , &
c'eft en vertu de la dernière feule qu'il agit.

2°. Le deuxième moyen du fieur d'Hervilly
réfulte de la circonftance , que lors de la ceffion
du retrait, le marquis de Siry avoit payé les droits
de quint & requint, auxquels l'acquifition qu'il fe
propofoit de faire devoit donner ouverture. Le
quint & le retrait, difoit le fieur d'Hervilly, font
deux droits alternatifs qui s'excluent réciproque-
ment. Le feigneur , après avoir perçu l'un, ne
peut donc plus ni exercer ni céder l'autre.

Ce principe eft vrai; le quint & le retrait font
des droits alternatifs , c'eft-à-dire , que le feigneur
ne peut plus retirer fur celui des mains duquel
il a perçu le quint. Voilà le fens de cette maxime ;
quel en eft le motif? C'eft que le feigneur qui
confent à recevoir les droits utiles , agrée pour
vaffal la perfonne qui les lui paye. Ce n'eft donc
pas le payement qui opère l'extinction du retrait,
c'eft l'agrément qu'il fuppofe. Cet agrément peut
être conditionnel, comme il peut être pur &
fimple. Dans le premier cas , fa validité eft fu-
bordonnée à l'accompliffement de la condition;

jufque là point d'agrément. Celui que le marquis de Saiffeval a donné au marquis de Siry, eft de cette efpèce. Il n'a confenti à recevoir le quint qu'à la charge de retirer les parties du fief qui fe trouvoient entre les mains des tiers-détenteurs. Il ne fera donc vrai de dire que le marquis de Saiffeval a reconnu pour vaffal le marquis de Siry, qu'après que le retrait fera effectué. Ainfi, quant à préfent, nulle conféquence à tirer du payement des droits de quint & requint.

Mais où le fieur d'Hervilly a-t-il puifé cette maxime, que le payement du quint, fait par le ceffionnaire, annulle la ceffion du retrait? Au contraire, il arrive prefque toujours que le ceffionnaire du retrait paye tout à la fois le prix de la ceffion & les droits réfultans de la vente fur laquelle il fe propofe de retirer; droits qui deviennent à fa charge par la tranfmiffion du fief dans fa main; & jufqu'à préfent perfonne ne s'eft encore avifé d'en faire réfulter une fin de non recevoir.

3°. Le fieur d'Hervilly oppofoit enfin, que les feigneurs de la Cour d'Aunéuil, ayant agréé le marquis de Siry pour vaffal, tout le fief eft couvert. Il n'éxifte, difoit-il, qu'un feul titre féodal fur un feul fief. Ce titre qui repofoit tout entier fur la partie réfervée, eft paffé dans les mains du marquis de Siry; les feigneurs d'Auneuil l'ont enfaifiné; ils ont donc renoncé au retrait fur la totalité de la glebe.

On répondoit: Le fieur d'Hervilly généralife trop fes idées. Cette prétendue maxime que le titre du fief repofe en entier fur le domaine réfervé, n'eft vraie qu'entre le propriétaire de ce domaine & le preneur à cens. À l'égard du feigneur dominant, il n'y a rien d'innové. Le titre féodal couvre la totalité de la glebe, comme avant le bail à cens : il repofe fur la partie accenfée, comme fur le furplus du fief. Il faut bien que cela foit ainfi, puifque, encore une fois, tout eft noble & féodal ; en un mot, ce titre effentiellement indivifible *eft totus in toto, totus in quâlibet parte.*

Ainfi le domaine d'Herchies n'a pas ceffé d'être féodal relativement au feigneur de la Cour d'Anneuil. A la vérité, la loi lui fermoit les yeux fur les aliénations qualifiées de baux à cens ; elle lui défendoit de s'en appercevoir ; elle tenoit tous fes droits fufpendus jufqu'à la vente de la partie réfervée. Mais cet évènement arrivé, la loi s'empreffe de réparer le préjudice qu'elle avoit fait au feigneur. Jufqu'alors elle avoit fuppofé qu'il n'y avoit pas d'aliénations ; par une fiction contraire, tout eft réputé aliéné par le dernier contrat, &, par une fuite néceffaire, la totalité du fief eft affujettie à tous les droits réfultans des mutations par vente.

Ces droits font connus ; c'eft le quint ou le retrait. Pour favoir de quelle manière le feigneur doit en ufer, il ne faut que déterminer le point où la fiction s'eft arrêtée. On a bien pu fuppofer qu'il n'y avoit point d'aliénation même après les baux à cens ; on a pu fuppofer également que la totalité de la glebe étoit aliénée par le dernier contrat ; mais il n'eft pas poffible d'aller jufqu'à feindre que la totalité du domaine eft dans les mains de l'acquéreur de la partie réfervée : ce feroit cumuler trop de fictions à la fois. D'ailleurs, cette dernière n'auroit aucune efpèce d'objet ; elle feroit même contraire à l'efprit de la loi, puifqu'à l'inftant de l'aliénation du domaine réfervé, elle foumet également toutes les parties du fief aux droits féodaux. Il exifte donc aujourd'hui plufieurs détenteurs de la glebe du fief d'Herchies; cette glebe eft féodale entre les mains de chacun d'eux, & le titre du fief, puifqu'il eft indivifible, repofe en totalité fur chaque partie.

Maintenant, ajoutoit le marquis de Siry, rien de plus palpable que le vice du raifonnement que l'on oppofe. Il eft bien vrai, qu'à la portion acquife par le marquis de Siry, eft attachée la totalité du titre féodal d'Herchies; mais la partie de ce même fief qui eft entre les mains du fieur d'Hervilly, jouit de la même prérogative. Pourquoi donc l'enfaifinement de l'une emporteroit-elle la déchéance du retrait fur l'autre? Ne voyons-nous pas tous les jours, lorfqu'un fief appartient à plufieurs codétenteurs, le feigneur retirer fur l'un & agréer les autres pour vaffaux? & cet ufage eft parfaitement d'accord avec les principes, par la raifon que l'enfaifinement de chaque partie d'un fief, quoique l'on puiffe toujours dire qu'il embraffe la totalité du titre, n'a d'efficacité que pour la partie de la glebe couverte par ce même titre.

Nonobftant toutes ces raifons, l'arrêt ci-deffus déclare le marquis de Siry non recevable dans fa demande.

Dans fes obfervations fur la coutume de Bourgogne, M. le préfident Bouhier examine la queftion de favoir fi les propriétaires des fiefs de dignité peuvent en fous-inféoder quelques parties par la voie du Jeu de fief. Il obferve que des auteurs très-graves tiennent la négative. Il eft, difent ces auteurs, de l'honneur du roi, que la

dignité de ſes premiers vaſſaux ne ſoit point diminuée par de pareilles inféodations.

Je ne ſais, répond M. le préſident Bouhier, ſi
cette raiſon ne prouve point trop : car elle tendroit à décider, que, pour quelque cauſe que ce
ſoit, ces grands fiefs ne peuvent être partagés,
ni morcelés : & cependant il eſt prouvé qu'ils
peuvent l'être en certains cas, comme au partage des ſucceſſions, lorſque l'aîné, à qui ces
grands fiefs doivent appartenir, n'a pas de quoi
récompenſer d'ailleurs ſes frères & ſœurs pour
le payement de leurs légitimes.

D'ailleurs des juriſconſultes de grand nom
ont fort bien fait voir, que quand nos ſouverains
ont donné en fief aux anciens ſeigneurs des grands
territoires & des provinces entières, ce n'a pas été
pour les tenir en domaine & les faire valoir par
leurs mains ou par des fermiers, mais pour ſe faire
des vaſſaux ; & il eſt ſi faux qu'ils n'euſſent pas
l'autorité de ſous-inféoder, qu'ils étoient les ſeuls
dans l'origine qui en euſſent le pouvoir.

Il ne faut pas dire auſſi, que le roi a quelque
intérêt d'empêcher ces inféodations, car il n'en
a aucun, ni réel, ni honoraire. Il n'en a point
de réel, puiſque dans les coutumes de profit
ſes droits ne lui ſont pas moins conſervés, de
l'aveu de tout le monde ; & dans les coutumes de
danger, on convient que par l'ouverture du fief
toutes les inféodations, qui ſont faites ſans le
conſentement du ſeigneur dominant, ſont annul-
lées. Il ne paroît pas non plus que le roi y ait
aucun intérêt honoraire ; car bien loin que les
fiefs perdent de leur luſtre par les ſous-inféoda-
tions, il eſt notoire qu'on regarde ceux qui
ont le plus de mouvance, comme les plus nobles
de tous.

S'il y avoit quelque doute fur ce point, ce feroit à l'égard des duchés-pairies : car comme ces dignités tiennent parmi nous de la nature des offices, à caufe du droit qu'elles donnent à ceux qui en font revêtus, d'entrer dans les parlemens, comme confeillers, & que les offices font indivifibles, il femble que ces dignités doivent l'être auffi. De plus, dans les lettres-patentes de leurs créations, on insère toujours cette claufe effentielle, que ces fiefs ne pourront être divifés, ni démembrés pour quelque occafion que ce foit. Or, ces confidérations particulières ne fe rencontrent point dans les autres fiefs de dignité, qui par conféquent femblent ne devoir pas fe régler par les mêmes principes.

Pour l'indivifibilité des duchés-pairies, on cite communément un arrêt rendu au parlement de Paris le 18 juillet 1654, en cette efpèce. Le duc de Chevreufe avoit vendu au fieur de Pontchartrain la feigneurie de Maupas, à la charge de la tenir de lui en fief. Le fieur du Tremblay, qui avoit un fief relevant de cette feigneurie, & qui étoit fâché de devenir arrière-vaffal d'un arrière-vaffal, foutint que cette vente étoit nulle, comme contenant le démembrement d'un duché. Et comme on lui oppofa apparemment, que la terre de Maupas avoit déjà été donnée autrefois en fief, relevant de Chevreufe, il prétendit que cette terre ayant été depuis long-temps réunie & incorporée au duché de Chevreufe, elle ne pouvoir plus en être féparée. A quoi les gens du roi ayant adhéré & formé oppofition au démembrement dont il s'agiffoit, la cour ordonna qu'en effet ce fief de Maupas demeureroit incorporé au duché de Chevreufe.

Cet arrêt eft fi négligemment rédigé, qu'on n'y voit ni les raifons du duc de Chevreufe, ni là date de la réunion du fief de Maupas à fon duché ; date qui néanmoins feroit importante : car fi elle étoit poftérieure à l'érection de ce duché, comme Ferriere paroît l'avoir cru, l'arrêt auroit jugé, qu'il ne feroit pas au pouvoir du poffeffeur d'un fief de dignité, de fous-inféoder de nouveau une terre qui n'avoit point fait partie du corps de fon grand fief, lorfqu'il avoit été érigé ; décifion contre les règles, puifqu'on ne fauroit aller plus loin que la claufe d'érection du duché, laquelle ne prohibe ce démembrement que de ce qui le compofoit au temps des lettres-patentes.

Nous avons dit au commencement de cet article, que le vaffal peut fe jouer de fon fief par la fous-inféodation comme par le bail à cens. Nous n'ignorons pas que M. le premier préfident de Lamoignon avoit voulu régler la chofe d'une autre manière, par cet article : *Si le vaffal baille en arrière-fief quelque domaine ou droit dépendant de fon fief, fans le confentement du feigneur dominant, même au deffous des deux tiers, la mouvance du fief nouveau appartiendra immédiatement au feigneur dominant, à l'exclufion du vaffal, & s'il y a deniers débourfés, les profits en feront payés au feigneur dominant.* Mais c'étoit une loi nouvelle, contraire à ce qui s'eft pratiqué jufqu'à préfent, fi ce n'eft tout au plus pour les duchés-pairies, fuivant l'arrêt de 1654, ci-deffus rapporté. Ainfi on ne doit point avoir d'égard à cet arrêté, jufqu'à ce qu'il ait plu au roi de l'autorifer.

Voyez les coutumes fuivantes & leurs commentateurs ;

tateurs ; *Anjou*, art. 201 ; *Bar*, art. 8 ; *Bourbon-
nois*, art. 333, 365 ; *Montargis*, ch. 1, art. 2 ;
Vitri, art. 23 ; *Valois*, art. 50 ; *Sens*, art. 210,
217 ; *Rheims*, art. 117 ; *Senlis*, art. 204, 252,
la *Salle-de-Lifle*, art. 66 ; *Saint-Quentin*, art.
70, 71, 72 ; *Châlons*, art. 194 ; *Château-Neuf*,
ch. 9, art. 39 ; *Chartres*, art. 37 ; *Chauni*, art.
96 ; *Dourdan*, art. 36 ; *Dreux*, art. 27 ; *Clermont*, art. 96 ; *Etampes*, art. 35 ; *Laon*, art.
161 ; *Lodunois*, ch. 12, art. 2 ; *Mantes*, art.
24 ; *Maux*, art. 166, 167 ; *Melun*, art. 101,
Amiens, art. 31 ; *Montfort*, art. 33 ; *Orléans*,
art. 7 ; *Normandie*, art. 24 ; *Nivernois*, ch. 4,
art. 3 ; *Péronne*, art. 71, 72 ; *Grand-Perche*,
art. 66.

(*Article de M. H****, *avocat au parlement*).

JEUNE. C'eſt en général un acte de religion,
par lequel on s'abſtient d'alimens & même d'autres choſes dont l'uſage eſt permis.

Le Jeûne a été dans tous les temps & parmi
toutes les nations un exercice uſité dans le deuil,
dans la douleur, dans la triſteſſe. C'eſt un ſentiment en quelque ſorte inſpiré par la nature,
qui, dans ces circonſtances, ſe refuſe la nourriture.

Virgile fait dire à un berger, que les animaux
jeûnèrent à la mort de Céſar.

Parmi nous, le Jeûne conſiſte à s'abſtenir de
viande, en ne faiſant qu'un repas dans la journée,
ſoit à dîner, avec une légère collation à ſouper,
ſoit à ſouper, avec une légère collation à dîner.

Le Jeûne eſt ordonné par l'égliſe pendant le
carême & les quatre-temps. Il y a auſſi dans les
diocèſes pluſieurs fêtes de l'année, qui ſont pré-

cédées d'un Jeûne que l'évêque peut établir ou abolir.

' L'églife n'a point ftatué fur l'âge auquel l'obligation de jeûner commence, ni fur le temps où elle finit; mais on doit croire que cette obligation dure autant qu'on eft en état d'accomplir le précepte.

On ne Jeûne jamais le dimanche, & on ne fait point abftinence le jour de noël. Dans les diocèfes où la cathédrale eft fous l'invocation de la vierge, il eft permis d'ufer d'alimens gras, les famedis qui fe trouvent entre la fête de noël & la purification.

Les curés peuvent, en connoiffance de caufe, difpenfer du Jeûne & de l'abftinence.

Voyez l'article CARÊME.

JOINDRE. On dit, *Joindre deux inftances ou procès*, pour dire, les mettre l'un avec l'autre, afin de les juger conjointement. Cette jonction ne fe fait quelquefois que fauf à disjoindre, c'eft-à-dire, que fi l'on reconnoît dans la fuite qu'il y ait lieu de juger une affaire avant l'autre, on les disjoint pour les juger féparément.

Dans les inftances & procès appointés, on appointe *en droit & joint*, les nouvelles demandes qui font incidentes au fond.

On joint même quelquefois au fond, des requêtes contenant demande provifoire, lorfqu'on ne trouve pas qu'il y ait lieu de ftatuer fur le provifoire.

Quand on joint fimplement la requête, il n'y a point d'inftruction à faire, on ftatue fur la requête en jugeant le fond; mais quand on appointe en droit & joint, il faut écrire & produire en exécution de ce réglement.

On dit, *qu'une affaire se poursuit à la jonction du procureur-général, ou du procureur du roi, ou du ministère public;* lorsque dans une affaire criminelle où il y a une partie civile, le ministère public intervient pour conclure à la vengeance & punition du délit. Cette intervention s'appelle jonction, parce que le ministère public se joint à l'accusateur, qui requiert cette jonction, attendu qu'en France les particuliers ne peuvent conclure qu'aux intérêts civils; le droit de poursuivre la punition du crime & la vindicte publique réside en la personne du ministère public.

JOUR. C'est l'espace de temps par lequel on divise les mois & les années. Il y a deux sortes de Jours, l'artificiel & le naturel.

Le Jour artificiel, qui est le premier qu'il semble qu'on ait appelé simplement Jour, est le temps de la lumière qui est déterminé par le lever & le coucher du soleil.

On le définit proprement le séjour du soleil sur l'horizon, pour le distinguer du temps de l'obscurité ou du séjour du soleil sous l'horizon, qui est appelé nuit.

Le Jour naturel, appelé aussi Jour civil, est l'espace de temps que le soleil met à faire une révolution autour de la terre, ou, pour parler plus juste, c'est le temps que la terre employe à faire une révolution autour de son axe; ainsi le Jour annuel ou civil comprend le Jour & la nuit.

Lorsqu'il a été convenu qu'une dette se payeroit à un Jour déterminé, elle ne peut être exigée qu'après que ce Jour est écoulé.

Dans les délais des assignations & des procédures, on ne doit pas compter les Jours des si gnifications des exploits & actes, ni les Jours auxquels échoient les assignations : mais on compte tous les autres Jours, même les dimanches & les fêtes solemnelles. C'est ce qui résulte des articles 6 & 7 du titre 3 de l'ordonnance du mois d'avril 1667.

A moins qu'il ne soit question d'un cas qui requiert célérité, toute assignation doit être donnée de Jour & avant le coucher du soleil, & l'on ne peut en donner aucune les Jours de fêtes ou de dimanche, si ce n'est dans les cas dont nous avons parlé à l'article *Ajournement.*

On a agité la question de savoir s'il étoit nécessaire, à peine de nullité, que l'exploit de demande en retrait lignager exprimât précisément le Jour auquel le défendeur est assigné à comparoir, sur-tout dans les coutumes telles que celle de Paris, qui exigent que le Jour de l'échéance de l'assignation tombe dans l'an & Jour accordé par le retrait : mais par arrêt du 26 juillet 1745, le parlement de Paris a jugé que cela n'étoit pas nécessaire. Cette décision est fondée sur ce que les délais de l'ordonnance étant par eux-mêmes certains, le défendeur qui est assigné à comparoir dans ces délais, est suffisamment averti du Jour auquel il doit se présenter.

Dans le commerce on appelle *Jours de faveur,* ou *Jours de grâce,* un nombre de Jours accordés par l'usage pour le payement d'une lettre de change lorsqu'elle est due, c'est-à-dire, lorsque le temps pour lequel elle a été acceptée, est expiré.

En Angleterre, on accorde trois jours de grâce; en sorte qu'une lettre de change acceptée pour être payée, par exemple, dans six Jours à vue, peut n'être payée que dans treize Jours. Par toute la France, on accorde dix Jours de grâce, autant à Dantzick, huit à Naples, six à Venise, à Amsterdam, à Rotterdam, à Anvers, quatre à Francfort, cinq à Leipsick, douze à Hambourg, six en Portugal, quatorze en Espagne, trente à Gênes, &c. Remarquez que les dimanches & les fêtes sont compris dans le nombre des Jours de grâce.

On dit qu'une lettre de change est payable à Jour préfix, à Jour nommé, lorsque le Jour qu'elle doit être payée est exprimé & fixé dans la lettre de change. Les lettres à Jour préfix ne jouissent point du bénéfice des dix Jours de faveur ou de grâce.

C'est conformément à cette décision que par arrêt de réglement du 2 juillet 1777, le parlement de Paris a ordonné que les porteurs de lettres de change, dont le payement écherroit à Jour certain, & dans lesquelles le mot *préfix* se trouveroit ajouté à la date de l'échéance, seroient tenus d'en faire la demande, & à défaut de payement, de les faire protester le jour même de l'échéance, sinon qu'ils seroient non-recevables dans leurs actions en garantie, & toute autre demande contre les tireurs & endosseurs.

On appelle *Jour de planche*, le séjour que le maître d'un bâtiment freté par des marchands, est obligé de faire dans le lieu de son arrivée, sans qu'il lui soit rien dû au delà du fret. On convient ordinairement de ces Jours de planche par la chartepartie, à moins qu'ils ne soient fixés ou par l'usage ou par des réglemens.

On appelle *Jour de coutume*, un Jour, une fenêtre, que le propriétaire d'une maison fait ouvrir dans un mur, contre lequel son voisin n'a pas de bâtiment adossé. Et l'on appelle *Jour de servitude*, une ouverture ou fenêtre faite dans un mur, en vertu d'un titre, d'une convention particulière.

Voyez VUE & SERVITUDE.

JOURNAL. On appelle dans le commerce, *livre Journal*, un livre sur lequel un marchand inscrit jour par jour les marchandises qu'il vend aux différens particuliers.

Comme on ne peut point se faire de titre à soi-même, il faut en conclure que les livres Journaux des marchands ne font pas une preuve pleine & entière contre les personnes à qui ils prétendent avoir vendu leurs marchandises. Cependant la faveur du commerce a établi que quand ces livres Journaux sont en bon ordre, qu'ils sont écrits de jour à jour sans aucun blanc, que le marchand jouit d'une réputation de probité, & que sa demande est formée dans l'année de la fourniture, ils forment une sémi-preuve : & pour suppléer à ce qui manque à la preuve de la fourniture, les juges prennent souvent le serment du marchand. C'est ainsi que Dumoulin pense qu'il faut en user. Mais cela ne doit en général avoir lieu que de marchand à marchand : car pour déférer l'affirmation à un marchand, contre des bourgeois sur la vérité des fournitures inscrites sur son livre-Journal, il faudroit qu'elles ne montassent pas à une somme considérable, & qu'elles n'eussent rien que de vraisemblable, relativement aux besoins qu'auroient pu en avoir les défendeurs.

Au reste, ce qu'on vient de dire ne s'applique pas aux petits marchands qui sont dans la classe du bas peuple. Boiceau pense fort bien que leurs livres ne doivent pas faire foi.

Quant à la preuve que les Journaux d'un marchand font contre lui relativement aux marchés qu'il a faits, aux sommes qui lui ont été payées & aux marchandises qui lui ont été livrées, elle est complette, quand même tout cela auroit été écrit d'une autre main que celle du marchand, pourvu qu'il conste que le Journal est celui dont le marchand a coutume de se servir. Cette décision de Dumoulin est fondée sur ce que le Journal étant en la possession du marchand, on doit présumer que tout ce qui y est écrit l'a été de son consentement.

Voyez LIVRE & REGISTRE.

JOURNÉE. C'est le travail d'un ouvrier pendant un jour.

On appelle *gens de Journée*, les ouvriers qui se louent pour travailler le long du jour, depuis le matin jusqu'au soir.

On dit parmi les ouvriers & artisans, *travailler à la Journée*, par opposition à travailler à la tâche & à la pièce. Le premier signifie travailler pour un certain prix & à certaines conditions de nourriture ou autrement, depuis le matin jusqu'au soir, sans obligation de rendre l'ouvrage parfait : le second s'entend du marché que l'on fait de finir un ouvrage pour un certain prix, quelque temps qu'il faille employer pour l'achever.

Dans la plupart des communautés des arts & métiers, on met aussi de la différence entre travailler à la Journée & travailler à l'année. Les compagnons qui travaillent à l'année, ne peuvent quitter leurs maîtres sans permission, que leur temps ne soit achevé ; & les compagnons qui

M iv

font fimplement à la journée, peuvent fe retirer à la fin de chaque jour.

Quant à ceux qui font à la tâche, il leur eft défendu de quitter fans congé, que l'ouvrage entrepris ne foit livré.

En termes de palais, on appelle *Journées de caufe*, les Journées d'audience, les expéditions, appointemens, les actes préparatoires & inftructifs qui fe prononcent par fentence, & non ce qui fe fait extrajudiciairement, & par une fignification.

JOYEUX AVÈNEMENT. C'eft l'avènement du roi à la couronne. Et l'on appelle *droits de Joyeux avènement*, certains droits dont le roi jouit lors de fon avènement à la couronne.

Ces droits font de deux fortes; les uns utiles, les autres honorifiques.

Les droits utiles font des fommes que le roi lève fur certains corps ou particuliers.

Cet ufage eft fort ancien, puifqu'on voit qu'en 1383, les habitans de Cambrai offrirent à Charles VI 6000 livres, lors de fon Joyeux avènement dans cette ville. En 1484, les états généraux affemblés à Tours, accordèrent à Charles VII deux millions cinq cent mille livres, & 300 mille livres pour fon Joyeux avènement; ce qui fut réparti fur la nobleffe, le clergé & le peuple.

Le droit de confirmation des offices & des priviléges accordés, foit à des particuliers, foit aux communautés des villes & bourgs du royaume, & aux corps des marchands, arts & métiers où il y a jurande, maîtrife & priviléges, eft un des plus anciens droits de la couronne, & a été payé dans tous les temps, à l'avènement des nouveaux rois. François I , par différentes déclarations & lettres-patentes de l'année 1514, Henri II, par des lettres de 1546 & 1547, François II, par celles de 1559 & 1560, Charles IX, par l'édit du mois de décembre 1560, ont confirmé tous les officiers du royaume dans l'exercice de leurs fonctions. Henri III ordonna par des lettres-patentes du dernier juillet 1574, à toutes personnes de demander la confirmation de leurs charges, offices, états & privilèges. Par une déclaration du 25 décembre 1589 , Henri IV enjoignit à tous les officiers du royaume, de prendre des lettres pour être confirmés dans leurs offices. Louis XIII, par lettres-patentes des années 1610 & 1619, confirma les officiers dans leurs fonctions & droits, & accorda la confirmation des privilèges des villes & communautés, & des différens arts & métiers du royaume. Louis XIV , par deux édits du mois de juillet 1643 , & par une déclaration du 28 octobre de la même année , confirma dans leurs fonctions & privilèges tous les officiers de judicature, police & finance; les communautés de villes, bourgs & bourgades ; les arts , métiers & privilèges , ensemble les hôteliers , cabaretiers & autres , à condition de lui payer le droit qui lui étoit dû à cause de son heureux avènement.

La perception du droit de Joyeux avènement fut différée par le feu roi jusqu'en 1723 qu'elle fut ordonnée par une déclaration du 23 septembre, publiée au sceau le 30.

Suivant l'instruction en forme de tarif, qui fut faite pour la perception de ce droit, les offices de finance & ceux qui donnent la noblesse , devoient payer sur le pied du denier 30 de leur valeur ; les offices de juſtice & de police ſur le pied du de-nier 60 ; les vétérans des offices qui donnent la nobleſſe, étoient taxés à la moitié des titulaires des moindres offices jouiſſant des mêmes priviléges, les veuves au quart, les vétérans des autres offices au quart, les veuves au huitième.

On excepta les préſidens, conſeillers, procu-reurs & avocats du roi, leurs ſubſtituts, & les greffiers en chef & premiers huiſſiers des cours ſupérieures.

La nobleſſe acquiſe par lettres depuis 1643, par les charges de prévôt des marchands, maire & échevins, jurat, conſuls, capitouls & autres offices que ceux de ſecrétaire du roi, fut taxé ſur le pied de 2000 livres par tête, tant pour les per-ſonnes vivantes, que pour leurs ancêtres.

Les octrois & deniers patrimoniaux ou ſubven-tions des villes furent taxés ſur le pied d'un quart du revenu ; les foires & marchés ſur le pied d'une demi-année de revenu ; les uſages & com-munes ſur le pied d'une année.

Les priviléges, ſtatuts & jurandes des différentes communautés des marchands & artiſans, ainſi que des cabaretiers & hôteliers, furent taxés ſelon leurs facultés.

Le franc-ſalé fut payé par toutes ſortes de per-ſonnes, y compris les communautés eccléſiaſtiques, excepté les hôpitaux, ſur le pied de la valeur d'une année du même franc-ſalé, ſelon que le ſel ſe vendoit dans les lieux où le privilége ſe levoit.

Pour confirmation des lettres de légitimation & de naturalité, chacun des impétrans paya 1000 livres.

Les domaines engagés & aliénés avant 1643, payèrent le quart du revenu, & ceux qui avoient

été engagés depuis, la moitié ; les dons, conceſſions, priviléges, aubaines & confiſcations, une
année de revenu ; les droits de moulins, forges,
vannères, péages , bacs, paſſages, pêches &
écluſes, une demi-année.

Lorſque le roi régnant monta ſur le trône, il
fit remiſe, par ſon édit du mois de mai 1774,
du droit de Joyeux avènement qui lui étoit dû (*) ;

(*) *Cette loi, la première du règne actuel, eſt un monument de juſtice & de bonté : non ſeulement elle diſpenſe
du droit de Joyeux avènement, elle aſſure auſſi le payement
des dettes de l'état. Voici les termes dans leſquels elle eſt
conçue :*

. Louis, &c. Salut. Aſſis ſur le trône où il a plu à dieu de
nous élever, nous eſpérons que ſa bonté ſoutiendra notre
jeuneſſe, & nous guidera dans les moyens qui pourront
rendre nos peuples heureux ; c'eſt notre premier déſir : &
connoiſſant que cette félicité dépend principalement d'une
ſage adminiſtration des finances, parce que c'eſt elle qui
détermine un des rapports les plus eſſentiels entre le ſouverain & ſes ſujets, c'eſt vers cette adminiſtration que ſe
tourneront nos premiers ſoins & notre première étude. Nous
étant fait rendre compte de l'état actuel des recettes & des
dépenſes, nous avons vu avec plaiſir qu'il y avoit des fonds
certains pour le payement exact des arrérages & intérêts
promis, & des rembourſemens annoncés ; & conſidérant
ces engagemens comme une dette de l'état, & les créances
qui les repréſentent comme une propriété au rang de toutes
celles qui ſont confiées à notre protection, nous croyons
de notre premier devoir d'en aſſurer le payement exact. Après
avoir ainſi pourvu à la ſûreté des créanciers de l'état &
conſacré les principes de juſtice qui feront la baſe de notre
règne, nous devons nous occuper de ſoulager nos peuples
du poids des impoſitions ; mais nous ne pouvons y parvenir
que par l'ordre & l'économie : les fruits qui doivent en
réſulter ne ſont pas l'ouvrage d'un moment, & nous aimons
mieux jouir plus tard de la ſatisfaction de nos ſujets, que
de les éblouir par des ſoulagemens dont nous n'aurions pas

mais il reconnut en même temps que le fonds
de ce droit étoit domanial & inceſſible.

---

aſſuré la ſtabilité. Il eſt des dépenſes néceſſaires qu'il faut
concilier avec l'ordre & la ſûreté de nos états. Il en eſt
qui dérivent des libéralités, ſuſceptibles peut-être de modération, mais qui ont acquis des droits dans l'ordre de
la juſtice par une longue poſſeſſion, & qui dès-lors ne préſentent que des économies graduelles ; il eſt enfin des dépenſes qui tiennent à notre perſonne & au faſte de notre
cour ; ſur celles-là, nous pourrons ſuivre plus promptement
les mouvemens de notre cœur, & nous nous occupons déjà
des moyens de les réduire à des bornes convenables. De
tels ſacrifices ne nous coûteront rien, dès qu'ils pourront
tourner au ſoulagement de nos ſujets; leur bonheur fera
notre gloire, & le bien que nous pourrons leur faire, ſera
la plus douce récompenſe de nos ſoins & de nos travaux.
Voulant que cet édit, le premier émané de notre autorité,
porte l'empreinte de ces diſpoſitions, & ſoit comme le gage
de nos intentions, nous nous propoſons de diſpenſer nos
ſujets du droit qui nous eſt dû à cauſe de notre avènement
à la couronne; c'eſt aſſez pour eux d'avoir à regretter un
roi plein de bonté, éclairé par l'expérience d'un long règne,
reſpecté dans l'Europe par ſa modération, ſon amour pour
la paix & ſa fidélité dans les traités. A ces cauſes & autres
à ce nous mouvant, de l'avis de notre conſeil, & de
notre certaine ſcience, pleine puiſſance & autorité royale,
nous avons, par le préſent édit perpétuel & irrévocable,
dit, ſtatué & ordonné, diſons, ſtatuons & ordonnons,
voulons & nous plaît ce qui ſuit :

ART. I. Voulons que les arrérages de rentes perpétuelles
& viagères, charges & intérêts, & autres dettes de notre
état, continuent d'être payés, & que les rembourſemens
indiqués par loterie ou autrement, ſoient faits ſans inter-
ruption : en conſéquence, ordonnons à tous tréſoriers &
payeurs de faire tous leſdits payemens avec exactitude.
Voulons pareillement que les rembourſemens des emprunts
faits par les pays d'états pour le compte de nos finances,
continuent d'avoir lieu juſqu'à la parfaite extinction deſdits
emprunts.

II. Faiſons remiſe à nos ſujets du produit du droit qui

Les droits honorifiques dont jouiſſent nos rois à leur avènement, conſiſtent dans les nouvelles fois & hommages qu'on leur doit, dans l'uſage où ils ſont d'accorder des lettres de grâce à des criminels, & dans le droit de diſpoſer d'une prébende dans chaque cathédrale & dans certaines collégiales. Voyez à ce ſujet *brevet de Joyeux avènement.*

JUBILÉ. On appeloit ainſi chez les Juifs l'année qui ſuivoit la révolution de ſept ſemaines d'année, c'eſt-à-dire ; la cinquantième année, lors de laquelle tous les eſclaves étoient libres & tous les héritages retournoient en la poſſeſſion de leurs premiers maîtres.

A l'imitation des Juifs, les chrétiens ont auſſi établi un Jubilé ; mais qui ne regarde que la rémiſſion des péchés, & l'indulgence que l'égliſe accorde aux pécheurs, en vertu du pouvoir qu'elle a reçu de Jéſus-Chriſt de lier & de délier. Ces ſortes de Jubilés n'ont eu lieu que depuis le pape Boniface VIII en l'an 1300 ; & encore n'ont-ils commencé à porter le nom de Jubilé, que depuis Sixte IV, qui fut fait pape en 1471, & qui, dans ſa bulle de l'an 1473, donna à l'indulgence plénière & générale qu'il accorda à tous les fidèles le nom de Jubilé. Dans les commencemens, ces Jubilés ne s'accordoient que de cent en cent ans : mais le pape Clément VII, en 1542, les réduiſit à cinquante. Grégoire XI les avoit fixés à un eſ-

nous appartient à cauſe de notre avènement à la couronne, le fonds du droit réſervé comme domanial & inceſſible, pour en être uſé par nos ſucceſſeurs rois ainſi qu'ils le jugeront convenable. Si donnons en mandement, &c.

pace de trente-trois ans ; & Paul II trouvant que
cette durée étoit encore trop longue, ordonna
que de vingt-cinq en vingt-cinq ans on donneroit
un Jubilé ; ce qui s'est toujours pratiqué depuis
ce temps-là.

On appelle ordinairement ce Jubilé, le Jubilé
de l'année sainte.

Outre cette sorte de Jubilé, tous les nouveaux
papes en accordent un à leur exaltation ; ils en
accordent aussi pour les besoins extraordinaires de
la chrétienté.

Suivant l'usage de l'église de France, les bulles
de Jubilé doivent être adressées aux archevêques,
qui les envoyent aux évêques leurs suffragans. Cet
usage est attesté par l'assemblée générale du clergé,
tenue en 1670.

Les chapitres & autres corps, même exempts
de la juridiction épiscopale, n'ont pas le droit
de donner des mandemens pour la publication
des Jubilés. Cette publication doit être faite de
l'ordonnance de l'évêque, tant dans l'église cathédrale, que dans celles de la dépendance des chapitres & des autres exempts, qui tous sont obligés
d'y obéir : cette maxime est conforme aux décisions du concile de Trente.

JUBILÉ, ou JUBILAIRE, est un titre qu'on donne
à un ecclésiastique qui a desservi une église pendant cinquante ans, à un religieux qui a cinquante
ans de profession dans un monastère, à un chanoine
qui a assisté aux offices le temps porté par les statuts capitulaires. On vient de voir que chez les Juifs
le mot de *Jubilé* se disoit de la cinquantième
année qui suivoit la révolution de sept semaines
d'année ; origine du mot *Jubilaire*.

Les jubilaires ou Jubilé ont quelque rapport à ce que les Romains appeloient *veterani* dans la milice.

Il y a dans les Pays-Bas & ailleurs plusieurs chapitres où il y a des statuts, qui portent que ceux qui ont été trente ans chanoines seront jubilaires, & en cette qualité exempts d'assister à matines, excepté les dimanches & les fêtes, & le temps qu'ils seront semainiers, sans qu'ils perdent aucune distribution manuelle affectée aux présens. Mais ces statuts sont regardés comme abusifs, parce qu'ils sont contraires à la nature même des canonicats, qui obligent tous les chanoines, non légitimement empêchés, d'assister à tous les offices divins.

Jubilé, se dit aussi dans la faculté de théologie de Paris, d'un docteur qui a cinquante ans de doctorat : il jouit alors de tous les droits, émolumens, &c. sans être tenu d'assister aux assemblées, thèses & autres actes de la faculté.

JUGE. C'est un homme préposé par l'autorité publique pour administrer la justice aux particuliers.

Une des plus importantes & des plus honorables fonctions dont l'homme puisse être chargé, c'est celle de rendre la justice à ses semblables, de terminer leurs différends, de venger les opprimés, d'être l'organe de la loi, de voir les grandeurs, les puissances s'abaisser devant lui, pour entendre sortir de sa bouche des décisions dictées par une sage & profonde équité.

Les jugemens ont tant d'influence sur le bonheur & sur la tranquillité de ceux qui les solli-

citent , que les magiſtrats ne peuvent être ni trop
juſtes , ni trop éclairés. Un mauvais jugement eſt
une ſource de peines & d'iniquité , il encourage
ceux qui l'ont obtenu ou qui en ont connoiſſance,
à élever d'injuſtes conteſtations dans l'eſpérance
d'en faire prononcer encore un ſemblable. S'il eſt
rendu par des juges inférieurs , c'eſt une calamité
pour celui en faveur duquel il a été dicté, puiſqu'il l'expoſe à ſuccomber dans l'appel interjeté
par ſon adverſaire , & à payer des frais qui le
ruinent.

Il y a en France différentes ſortes de Juges ,
comme il y a différentes eſpèces de juridictions.

Il y a des Juges eccléſiaſtiques & des Juges
laïques. Parmi ceux-ci , il en exiſte que l'on
nomme *Juges royaux* , & Juges des ſeigneurs.
Comme il doit être queſtion de ces derniers dans
un autre article , nous ne parlerons dans celui-ci
que des Juges royaux & des Juges eccléſiaſtiques.

Le roi en ſa qualité de ſeigneur doit la juſtice
à tous les ſujets qui vivent ſous ſon empire.
Comme il lui eſt impoſſible de prendre connoiſſance des conteſtations qui les diviſent , & de
conſtater tous les délits qui ſe commettent dans
l'étendue de ſa domination, il a fallu néceſſairement qu'il ſe déchargeât ſur des ſujets choiſis de
ce ſoin important. Il ne s'eſt réſervé que le plus
beau des droits & qui caractériſe le plus digne-
ment un ſouverain, celui de faire grâce aux coupables que la loi auroit condamnés.

Nul homme ne peut rendre la juſtice au nom
du roi, qu'il n'y ſoit autoriſé par le prince ; &
cette autoriſation ſe manifeſte par des proviſions
de la chancellerie, qui aſſignent à celui qui les a
obtenues le tribunal où il doit ſiéger, & la

place

place qu'il occupera. Avant que les offices de judicature fuffent érigés en charge, ces provifions s'accordoient au mérite, à l'expérience & à une grande réputation de lumière & de fageffe. Aujourd'hui il faut avant de les obtenir, avoir traité du prix de la charge avec le titulaire, ou avec ceux qui ont paffé à fes droits, ce qui exclut abfolument de la magiftrature le favoir & la vertu fi la fortune ne les précède pas. Heureufement nous avons la preuve qu'ils ne font pas incompatibles.

Tout Juge royal, avant de remplir les fonctions de fa charge, eft tenu de fe faire recevoir dans la cour d'où relève fa juridiction, & il doit y fubir un examen fur les loix & fur les ordonnances.

Depuis que la religion catholique eft la religion dominante, que toutes les autres ne font tout au plus que tolérées, il n'eft plus permis de poffér aucune charge, & à plus forte raifon celles de judicature, fans être catholique. L'article 13 de la déclaration du 13 décembre 1698, regiftrée au parlement le 20 du même mois, porte que, » fuivant les anciennes ordonnances, perfonne » ne fera reçu en aucune charge de judicature, tant » dans les cours & juftices du roi, que dans celles » des feigneurs hauts-jufticiers, fans avoir une » atteftation du curé de la paroiffe du domicile » du récipiendaire ou des vicaires, en forme de » dépofition de bonne vie & mœurs, *enfemble* » *de l'exercice de la religion catholique, apofto-* » *lique & romaine* «. On a cru qu'il étoit encore plus prudent pour avoir cette certitude de pureté de mœurs & de catholicité, de faire précéder toute réception d'officier de juftice d'une information de la vie & des mœurs du récipiendaire, dans laquelle on fait entendre ou le curé ou un autre prêtre, & au moins deux autres témoins. Il eſt néceſſaire, pour être Juge, d'être licencié & reçu au ſerment d'avocat, ce qui ne ſuppoſe pas toujours une connoiſſance parfaite des loix ; mais les abus rendent ſouvent inutiles les précautions les plus ſages. On voit clairement que l'intention du légiſlateur étoit non ſeulement que celui qui eſt chargé de rendre la juſtice eût fait une étude particulière du droit, mais qu'il eût encore exercé la profeſſion d'avocat : car la vaine formalité de la réception au ſerment d'avocat, ne lui donne ni plus de lumière, ni plus de capacité.

On ne pouvoit pas autrefois être reçu Juge avant l'âge de vingt-cinq ans ; mais depuis que les charges ſont devenues dans les familles de robe une eſpèce de patrimoine, on accorde facilement des diſpenſes d'âge, qui, à la vérité, ne donnent pas pour cela voix délibérative. Il étoit juſte que la faveur du ſouverain pour un de ſes ſujets ne tournât pas au préjudice des autres, en les expoſant à être victimes de l'ignorance ou des paſſions d'un jeune homme porté ſur le ſiége avant ſa majorité. Ainſi le juge qui n'a pas vingt-cinq ans ne peut qu'aſſiſter au rapport ſans opinion : & quoique ce temps de ſilence lui paroiſſe ſouvent un temps d'oiſiveté, il peut en tirer un grand parti, en peſant intérieurement les motifs qui déterminent les Juges à adopter ou à réfuter telle opinion ; il diſpoſeroit ainſi ſon jugement à être ſain, & le préſerveroit des erreurs qu'il entendroit combattre & qu'il verroit rectifier. Il eſt reçu que le Juge qui n'a pas l'âge requis peut cependant opiner lorſqu'il eſt lui-même rapporteur, parce

qu'alors on suppose, sans doute, qu'il a une parfaite connoissance de l'affaire qu'il présente, &
que son suffrage est le résultat d'une lecture atten-
tive & d'une étude approfondie.

Les Juges royaux prononcent sur toutes sortes
de matières, excepté sur celles qui sont attribuées
à des Juges particuliers, & auxquels il a été déféré une commission expresse, tels que les Juges-
consuls institués pour accélérer les affaires de commerce ; ceux des eaux & forêts, pour la conservation des bois, pour celle de la chasse & de la
pêche ; les Juges de la monnoie, pour vérifier la
qualité des métaux, prévenir l'altération des espèces ; la connétablie, pour éclaircir les affaires
d'honneur qui demandent une instruction, &
juger les discussions militaires ; les élections, pour
maintenir les ordonnances qui concernent les fermiers & les droits du roi ; la chambre des comptes,
formée pour rectifier, approuver les comptes des
receveurs & trésoriers, & empêcher que les deniers de l'état ne se perdent dans de faux ou de
doubles emplois.

Les fonctions du Juge civil, qui a le titre de
président, de sénéchal, de prévôt, suivant la nature de la juridiction dont il est le chef, sont
très-distinctes de celles du lieutenant-criminel, qui
doit se renfermer dans l'instruction des procès
criminels. Mais les conseillers ou assesseurs liés à
un tribunal, assistent également & au jugement
des affaires civiles & au jugement des affaires
criminelles. Dans les matières civiles, le Juge qui
préside, peut, sans l'assistance d'aucun autre Juge,
rendre une sentence.

Mais lorsque dans une affaire criminelle le

ministère public a pris contre l'accusé des conclusions qui tendent à peine afflictive ou infamante,
le Juge est obligé, avant de prononcer, de se faire
assister au moins de deux officiers de judicature,
qui sont présens au dernier interrogatoire. Si ces
deux officiers ne se trouvent pas dans son tribunal, il doit y appeler deux gradués. Cette distinction
prescrite par l'ordonnance de 1670, est très-sage :
car, quoiqu'il soit ici seulement question d'un
Juge dont la sentence est sujette à l'appel, un premier jugement dans une affaire criminelle est trop
important, tire trop à conséquence pour l'accusé
pour devoir être prononcé par un seul Juge, &
sans contradicteurs : & en effet, que cet accusé soit
à tort condamné à une peine afflictive ou infamante, il demeure privé de sa liberté jusqu'à ce
ce que la sentence dont il a à se plaindre soit
réformée.

Lorsqu'il s'agit d'un jugement en dernier ressort,
l'article 11 de l'ordonnance de 1670 exige qu'il
soit rendu *par sept Juges au moins* ; & ce n'est
pas trop, sans doute, pour décider de l'honneur
ou de la vie d'un homme, qui peut mourir vic-
time de l'erreur ou de la prévention.

Le Juge civil n'a besoin que de connoître parfaitement la coutume dans laquelle sa juridiction
est située, ou le droit Romain, si elle se trouve
placée dans le pays de droit écrit, & les ordonnances pour en faire une juste application aux questions qui sont soumises à sa décision. Mais le Juge
criminel doit avoir en outre une parfaite connoissance de l'ordonnance, pour l'instruction des procès
qu'il dirige ; & une perception juste dans les
idées, pour interroger méthodiquement, pour ne
pas confondre les preuves avec les probabilités.

Le Juge civil n'eft pas refponfable des erreurs de fes jugemens , & il n'en eft pas autrement puni qu'en les voyant annuller lorfqu'ils font fufceptibles d'appel. La raifon de cette impunité eft fondée fur la diverfité des fentimens attachée à l'efpèce humaine , & fur ce qu'on ne préfume pas qu'un Juge qui a mal jugé a eu l'intention de rendre un jugement contraire à l'équité.

Le lieutenant-criminel qui ne s'eft pas conformé fcrupuleufement aux ordonnances dans l'inftruction d'une procédure, s'expofe à la prife à partie , & à une condamnation de dommages & intérêts , ou à une injonction, ou même à une interdiction , lorfqu'il a commis une irrégularité grave & funefte.

Il arrive fouvent que la procédure qu'il a irrégulièrement inftruite , eft annullée & recommencée de nouveau à fes frais , pardevant un autre Juge. Cette févérité contre le Juge , dont les prévarications expofent un citoyen honnête à être humilié , inquiété par des décrets légèrement lancés , ne peut être trop maintenue , & prouve que notre procédure criminelle a été conçue dans un efprit de juftice & d'humanité.

Nos rois ont penfé qu'après avoir donné à leurs fujets pour Juges des hommes qu'ils avoient trouvés dignes de rendre la juftice, ils devoient les maintenir dans le tribunal où ils les avoient placés ; & qu'en conféquence ils ne devoient pas être deftitués , ni privés de leur charge, que ,, pour forfaiture préalablement jugée , & déclarée ,, judiciairement, felon les termes de juftice, par ,, Juge compétent ``. Ce font-là les expreffions d'une déclaration célèbre donnée par Louis XI le

21 octobre 1567, qui a été depuis confirmée par une déclaration de Louis XIV, du 22 octobre 1648. Nous avons vu en 1774, le souverain sous l'empire duquel nous vivons, rendre hommage à ces sages ordonnances, en rappelant dans leurs tribunaux tous les magistrats que l'autorité de son aïeul en avoit exilés.

Ce seroit peut-être ici le lieu d'approfondir ce que c'est, que la forfaiture qui doit entraîner la destitution d'un Juge ; mais sans entrer dans l'examen d'une question qui n'est pas encore suffisamment éclaircie, nous croyons pouvoir dire qu'un Juge qui commettroit des abus très-graves, tels que ceux de vendre la justice & de la refuser obstinément aux plaideurs qui n'alimenteroient pas sa corruption, ou qui se rendroit coupable d'infidélité dans ses fonctions, auroit certainement *forfait*, & mériteroit qu'on fît juger contre lui la *forfaiture*.

Tant qu'un Juge est sous le poids d'une interdiction, ou dans les liens d'un décret d'ajournement personnel, & à plus forte raison d'un décret de prise de corps, il doit s'abstenir de toutes fonctions, & même d'assister à aucun acte de justice, à peine de nullité de la procédure & de l'instruction qu'il feroit, du jugement qu'il rendroit & auquel il assisteroit, & à peine de dommages & intérêts envers les parties. Les Juges mêmes qui, ayant connoissance des décrets ou interdiction de leur confrère, souffriroient qu'il opinât avec eux, seroient responsables des dommages & intérêts qu'entraîneroit la nullité de la procédure & du jugement.

Une des qualités les plus nécessaires à un Juge, c'est l'impartialité. Avant d'opiner dans une affaire quelconque, il doit être aſſuré qu'il n'exiſte au fond de ſon cœur ni paſſion, ni affection particulière pour aucune des parties. Les anciens, en repréſentant Thémis un bandeau ſur les yeux & une balance dans la main, nous ont donné une juſte idée du véritable caractère d'un Juge. C'eſt pour prévenir les effets de la haine, de l'amitié, qui ne manqueroient pas de faire pencher cette balance, que la récuſation a lieu. Un Juge équitable ne doit donc pas attendre pour s'abſtenir de prononcer dans une cauſe quelconque, qu'on lui ait propoſé de ſe récuſer, parce qu'il peut y avoir pluſieurs moyens de récuſation inconnus à la partie intéreſſée. Perſonne ne ſait mieux que lui s'il eſt intérieurement plus diſpoſé en faveur d'une des parties qu'envers l'autre, s'il n'a pas conſervé contre l'une quelque ancien reſſentiment. On eſt ſi porté à trouver bonne la cauſe de celui qu'on affectionne; on a tant de penchant à croire injuſte ou coupable celui pour lequel on a de l'averſion, qu'en prenant ſur ſoi de les juger, on court ſouvent le riſque de commettre une injuſtice ſans le vouloir. Le Juge doit, par cette raiſon, être très-délicat, & ſonder profondément ſon cœur avant de donner ſon opinion dans une affaire dont les parties lui ſont connues.

Tous les Juges doivent, dans quelque juridiction qu'ils ſoient placés, ſe pénétrer de l'objet de leur office, en faire leur étude principale, & ſur-tout montrer le plus grand reſpect, la plus aveugle ſoumiſſion pour les ordonnances, quand elles ſont revêtues des formalités qui leur donnent force de loi. Le Juge doit être le premier eſclave de la loi, parce que cet eſclavage vaut mieux que la liberté. Si la loi lui paroît défectueuſe, il faut qu'il commence par la faire exécuter ; & ensuite qu'il adresse ses observations au chef de la magistrature , pour obtenir du législateur une réforme salutaire. Malheur aux Juges qui prennent sur eux de corriger la loi ! il ne leur est pas permis de faire mieux qu'elle , tant qu'elle existe.

Maintenir les propriétés , ordonner l'exécution des contrats , servir d'appui aux mineurs , écarter la fraude , empêcher que d'avides praticiens ne dévorent le bien de la veuve & de l'orphelin , accorder la justice la plus prompte possible (sans pourtant y mettre une célérité imprudente) , afin que les plaideurs ne se consument pas en frais & ne laissent à leurs héritiers que des procès à terminer ; faire exécuter les volontés dernières de l'homme , lorsqu'elles sont légitimes : voilà l'emploi honorable d'un Juge civil. Ne pas souffrir qu'aucun délit grave se commette impunément dans l'étendue de son ressort ; effrayer les oppresseurs par une sévérité inflexible ; ne laisser perdre aucune preuve par une lenteur funeste , avoir la plus grande aversion pour le crime , & la plus grande douceur pour l'accusé : voilà ce qui caractérise un bon Juge criminel.

Les Juges qui siégent dans les élections , doivent avoir sans cesse les yeux attachés sur les agens de la ferme , afin de les contenir dans les limites de l'impôt , & d'empêcher ces extensions qui font l'opulence du fermier & le malheur du peuple.

Les magistrats qui composent les cours souveraines ont à remplir une fonction plus sublime encore : élevés au dessus des simples juridictions , ils ne sont pas seulement revêtus de la haute magistrature pour réformer les jugemens contraires à l'équité, pour faire respecter dans les tribunaux inférieurs les ordonnances, & veiller à ce que les Juges qui leur sont soumis ne commettent aucun abus d'autorité; ils ont à répandre la lumière autour du trône, & les intérêts de la nation à protéger, à défendre par de sages, par de respectueuses remontrances. C'est cette illustre fonction qui exige de leur part autant de savoir que de vertu, que de grandeur d'ame & de fermeté.

Il nous reste maintenant à parler des Juges ecclésiastiques. » Les princes séculiers, dit l'éditeur » des loix ecclésiastiques, ont par respect pour » l'église, & pour honorer les pasteurs, beaucoup » augmenté les droits de la juridiction ecclésias- » tique; ils lui ont attribué par privilége un » tribunal contentieux, pour donner plus d'auto- » rité à ses décisions sur les affaires spirituelles, » & ils lui ont accordé par une grâce spéciale la » connoissance des affaires personnelles intentées » contre les clercs, tant pour le civil que pour » le criminel «.

Dans les premiers siecles de l'église, les évêques, assistés de leur clergé, jugeoient en personne les affaires qui étoient de la compétence de leur juridiction. Leurs décisions n'en devoient être que plus majestueuses & plus imposantes, lorsqu'on les voyoit sortir de la bouche d'un pontife. & d'un prince de l'église. Depuis le douzième siècle, soit que ces affaires se soient trop multipliées, soit que les évêques n'ayent pas voulu s'assujettir à une résidence nécessaire, ils ont confié l'administration de leur justice à un prêtre que l'on nomme official, lequel prononce ordinairement, d'après le rapport d'un autre officier de la même juridiction, qui y remplit les fonctions du miniftère public, fous 'le titre de promoteur.

L'official doit être prêtre, gradué, ne tenir à aucun ordre religieux, ni à aucune autre juridiction; il paroît cependant qu'il y a une exception en faveur de l'abbaye de l'écamp, & que les religieux de cette abbaye ont la faculté d'exercer la fonction d'official. Ils font encore plus fondés à le croire, depuis un arrêt du parlement de Rouen du 12 mars 1682, qui, en confirmant une fentence rendue par un moine, official de l'abbaye de Fécamp, contre un prêtre curé de *Fontaine-le-Bourg*, convaincu d'adultère, n'eut point égard aux moyens d'incapacité propofés par le curé, appelant contre le moine qui l'avoit condamné.

Nous ne favons pas pourquoi *Fevret* eft d'avis qu'un official eft moins officier de l'évêque que de l'évêché, puifqu'à l'inftant où un évêque eft fufpendu de fes fonctions, ou vient à changer, l'official n'a plus d'autorité, ce qui prouve qu'il eft au contraire le repréfentant, le mandataire de l'évêque, & non l'organe de l'évêché, qui ne change pas; les officiaux & promoteurs peuvent être deftitués par la feule volonté de l'évêque dont ils tiennent leurs pouvoirs.

Depuis que les évêques ont abandonné le foin de rendre la juftice à des officiaux, dont le nom eft placé à la tête des fentences qu'ils prononcent, on a mis en doute s'ils pouvoient maintenant préfider eux-mêmes dans leurs tribunaux. On a prétendu qu'ils n'avoient pas plus ce droit que les feigneurs hauts-jufticiers, qui ne peuvent pas rendre eux-mêmes la juftice. On ne voit pas cependant pourquoi ils auroient perdu une faculté effentielle à leur miniftère, dont ils ont ufé fi long-temps & qu'on ne leur conteste même pas, lorsqu'il arrive que la cour de Rome leur adresse nommément un rescrit. Ce qui prouveroit que c'est avec raison que d'*Héricourt* est d'avis que le droit de présider à leur tribunal leur appartient véritablement, c'est qu'il existe encore des évêques qui tiennent eux-mêmes leur officialité quand ils le jugent à propos, tels que ceux de Provence & de Flandre. Il y a donc tout lieu de penser que les évêques, en se faisant remplacer dans leurs fonctions de Juge par des étrangers, ont laissé naître l'opinion que nous combattons, & qui paroît adoptée par les cours souveraines.

Toutes les affaires qui ont rapport aux sacremens, aux vœux de religion, qui sont relatives au service divin & à la discipline ecclésiastique, sont de la compétence de l'officialité. Tous les ecclésiastiques qui se rendent coupables ou qui sont accusés de ce que l'on nomme *délit commun*, sont justiciables de la juridiction de l'évêque ; les moines mêmes qui commettent hors de leur cloître des actions répréhensibles, sont jugés par le tribunal de l'officialité, quoiqu'ils ne dépendent pas de l'ordinaire, & que les supérieurs réguliers ayent une sorte de juridiction sur leurs religieux. Cette distinction est fondée sur ce que l'autorité du supérieur régulier ne doit pas s'étendre au delà des limites de sa juridiction, qui est bornée à son cloître. Ce que nous disons est appuyé d'un arrêt rendu le 14 juillet 1703, qui, malgré qu'il fût revendiqué par son supérieur, renvoya devant l'official de Paris, un carme de la place Maubert, accusé de s'être enfermé avec des filles publiques le mercredi de la semaine sainte, de s'être enivré, & d'avoir causé un grand scandale.

Comme il n'y a rien de plus intéreſſant pour
la dignité de la religion , que ſes miniſtres
ayent des mœurs pures , & donnent l'exemple de
la régularité au peuple , le promoteur eſt ſpécia-
lement chargé de dénoncer à l'official tous ceux
qui s'écartent des devoirs de leur état. Nous n'a-
vons pas beſoin de dire qu'un eccléſiaſtique conſtitué pour veiller ſur les mœurs , pour exercer
le difficile emploi de cenſeur , eſt obligé d'avoir
une conduite irréprochable.

Lorſqu'un eccléſiaſtique a donné lieu à une ac-
cuſation qui porte ſur un délit dont l'ordre civil
eſt troublé , ce délit eſt déſigné par nos ordonnances , ſous la dénomination *de cas privilégié* ;
& alors l'official ne peut prononcer de peine
contre lui , ſans le concours du Juge laïque ; il
eſt tenu de l'appeler pour aſſiſter à l'inſtruction
du procès. L'article 38 de l'édit du mois d'avril
1695 , le recommande expreſſément : » Les pro-
» cès criminels , porte cet article , qu'il ſera né-
» ceſſaire de faire à tous prêtres , diacres , ſous-
» diacres ou clercs vivans cléricalement , réſidans
» & ſervans aux offices ou au miniſtère qu'ils
» tiennent de l'égliſe , & qui ſeront accuſés des
» cas que l'on nomme *privilégiés* , ſeront inſtruits
» conjointement par les Juges d'égliſe & par nos
» baillis & ſénéchaux ou leurs lieutenans , en la
» forme preſcrite par nos ordonnances «.

Il s'étoit élevé à ce ſujet une difficulté , qui étoit
de ſavoir , ſi dans le cas de cette réunion du Juge
d'égliſe & du Juge laïque , ce ſeroit le Juge
eccléſiaſtique ou le Juge laïque qui recevroit le
ſerment des accuſés & des témoins , & feroit les
récolemens & confrontations ; ce qui annonce la
ſupériorité de l'un ſur l'autre. Il a paru juſte d'ac-

corder cette fupériorité à celui des deux qui eft dans fon propre tribunal, plutôt que l'étranger qui y eft appelé. En conféquence, il a été rendu, le 4 février 1771, une déclaration enregiftrée le 23 mai fuivant, conçue en ces termes : » Voulons » que dans l'inftruction des procès criminels qui » fe font aux eccléfiaftiques conjointement par les » Juges d'églife, pour le délit commun, & par » nos Juges pour le cas privilégié, lorfque nos » Juges fe tranfporteront dans les fiéges des offi- » cialités pour l'inftruction defdits procès, les » Juges d'églife ayent la parole ; qu'ils prennent » le ferment des accufés & des témoins ; qu'ils » faffent, en préfence de nofdits Juges, les in- » terrogatoires, les récolemens & confrontations, » & toutes les autres procédures qui fe font par » les deux Juges ; de forte néanmoins que nos » Juges pourront requérir les Juges d'églife d'in- » terpeller les accufés fur tels faits qu'ils jugeront » néceffaires, foit dans les interrogatoires, foit » dans les confrontations, & du refte de la pro- » cédure, lefquélles interpellations, enfemble les » réponfes des accufés, feront tranfcrites par les » greffiers, tant des Juges d'églife que de nos » Juges, dans les cahiers des interrogatoires & » confrontations ; & en cas de refus des Juges » d'églife de faire aux accufés lefdites interpel- » lations, nofdits Juges pourront les faire eux- » mêmes directement aux accufés «.

Comme c'eft le fort des édits & déclarations, dont l'objet eft d'éclaircir des difficultés, de donner lieu à de nouvelles, il s'en eft élevé encore une fur les mots *nos Juges* : on a prétendu que puif-que le roi ne parloit que de *fes Juges*, & dans la déclaration que nous venons de tranfcrire, &

dans l'article 38 de l'édit du mois d'avril 1695 ;
le Juge d'une haute-justice, seigneuriale ne devoit
pas être appelé par l'official , ni concourir avec
lui à rendre une sentence contre un ecclésiastique
accusé d'un délit privilégié. Le parlement de Dijon
a jugé le contraire ; & plusieurs auteurs pensent
que les mots *nos Juges* ne sont employés que pour
désigner les Juges laïques, & ne donnent point
l'exclusion à ceux des seigneurs.

La raison pour laquelle l'official qui instruit le
procès d'un ecclésiastique est obligé d'appeler le
Juge laïque, lorsqu'il vient à découvrir dans le
cours de l'instruction , que l'accusé est prévenu
d'un crime compris dans le cas privilégié , c'est
parce que ce Juge ecclésiastique ne peut pas prononcer une peine afflictive ou infamante contre le
coupable , & que le tribunal de l'évêque n'a pas
été institué pour soustraire les ecclésiastiques aux
peines prononcées contre les autres citoyens ,
lorsqu'ils se rendent coupables des mêmes crimes.

Nous aurions pu donner à cet article beaucoup
plus d'étendue, considérer tous les Juges dans les
fonctions particulières qui les caractérisent ; mais
nous avons cru ne devoir nous attacher qu'aux
idées générales , afin de ne pas redire ce qui doit
être dit dans d'autres articles , où nos lecteurs
trouveront ce qui manque à celui-ci.

On ne peut pas trop recommander aux Juges
& aux jeunes magistrats de lire avec attention ce
que Domat a écrit sur ce sujet. Ils y verront toute
l'étendue de leur devoir , toute la dignité de leur
ministère ; combien l'intérêt qui les dégrade est
indigne d'approcher de leur ame ; combien il est
nécessaire qu'ils s'appliquent à l'étude , afin de
n'être pas responsables un jour des erreurs qu'ils

auroient pu éviter ; enfin combien il est essentiel qu'ils ne s'absentent pas sans motifs , parce que leur suffrage de plus en faveur de la bonne cause , auroit peut-être arrêté une injustice qui s'est commise en leur absence.

(*Article de M.* DE LA CROIX , *avocat au parlement*).

ADDITION à l'article Juge.

Dans l'origine des états , les Juges , comme Domat nous l'apprend , n'étoient distingués entre eux , que par les limites de leurs juridictions ; ils partageoient d'ailleurs entre eux le soin de rendre la justice aux peuples sur toutes sortes d'affaires indistinctement , dans l'étendue de leur ressort.

Mais dans la suite ces mêmes états ayant reculé leurs limites , & s'étant agrandis , les relations se multiplièrent au dedans & au dehors ; & de la combinaison des différens intérêts qui résultèrent de ces relations , naquirent une foule de discussions , qui , multipliant les affaires & leurs espèces , rendirent nécessaire l'établissement de différentes juridictions pour la décider.

C'est proprement la compétence des Juges , c'est-à-dire le droit qu'ils ont de connoître de certaines matière , à l'exclusion les uns des autres , qui les distingue entre eux , & cette distinction est marquée par des noms particuliers , qui rappellent à l'instant la natue & l'étendue de leurs pouvoirs.

Ceci posé , nous croyons pouvoir établir la division suivante entre les Juges.

Eu égard à la distinction des deux puissances , source de deux espèces de juridictions absolument opposées , on les divise en *Juges ecclésiastiques & Juges laïques.*

Les Juges laïques se divisent,

Par rapport à leur qualité, en Juges royaux & *Juges seigneuriaux ou subalternes.*

Ce qui concerne les Juges seigneuriaux est discuté dans un article particulier.

Les Juges royaux, dont nous devons uniquement nous occuper ici, se divisent,

Par rapport à l'étendue de leurs pouvoirs, en Juges ordinaires & extraordinaires.

Par rapport aux matières dont ils connoissent, en Juges civils, criminels & de police.

Par rapport à leur grade, en inférieurs, supérieurs & souverains.

Par rapport à la validité de leurs décisions, en Juges compétens & incompétens.

Enfin, par rapport à la durée de leurs fonctions, en Juges permanens & Juges délegués.

Nous examinerons tous ces objets séparément, en suivant l'ordre des distinctions.

Première distinction des Juges, en Juges ecclésiastiques & Juges laïques.

Le monde chrétien est gouverné par deux puissances absolument distinctes & séparées; l'une a pour but le salut des fidèles; l'autre a pour fin la tranquillité & la paix extérieure de l'état. Dieu lui-même a confié cette dernière aux princes temporels, & la première à son église, & jésus-christ a consacré de nouveau cette distinction essentielle au repos des empires (*).

_____

(*) Loix eccléfiast. l. 1. chap. 1. n. 2 & 4.

Or,

Or, comme on diſtingue en France deux puiſ-ſances ; l'une ſpirituelle , qui appartient à l'égliſe ; l'autre temporelle qui réſide en la perſonne du ſouverain , on diſtingue auſſi deux eſpèces de Juges , *les Juges eccléſiaſtiques & les Juges laïques.*

Les Juges d'égliſe ſont dépoſitaires de la puiſ-ſance ſpirituelle qui leur a été confiée par dieu même.

Les Juges laïques d'une portion de la puiſſance temporelle qui leur a été confiée par le prince.

Nous diſons d'une portion de l'autorité tem-porelle , parce que cette puiſſance conſiſte dans la faculté de publier des loix , de les abroger , de les interpréter , d'en arrêter en certain cas l'exécution pour faire grâce ; & que le prince s'eſt toujours réſervé cette partie de ſa puiſſance , & n'a jamais accordé aux tribunaux qu'il a inſtitués , que le droit de faire exécuter les différentes loix qui ont pour objet la tranquillité de l'état , & le bon-heur des citoyens qui le compoſent.

En ne s'écartant pas de la diſtinction des deux puiſſances que nous venons d'établir , il eſt cer-tain que les Juges d'égliſe n'ont de droit divin , d'autre pouvoir que celui d'enſeigner les nations , de diriger les ames , d'infliger des peines ſpiri-tuelles , de conférer les ſacremens , & de ramener les pécheurs égarés dans la voie du ſalut (*). Sous ce point de vue , l'égliſe n'auroit pas de Juges proprement dits , ou tous les prêtres exerçant une portion de la juridiction eccléſiaſtique , ſeroient dans le cas d'être décorés de ce nom.

(*) Voyez les loix eccléſiaſt. *loco citato.*

Mais nos souverains, par respect pour l'église & pour honorer les pasteurs, ont bien voulu leur accorder une juridiction contentieuse, & la connoissance des affaires personnelles intentées contre les clercs tant au civil qu'au criminel, même le droit de connoître de celles des laïques en certain cas seulement indiqués par des loix précises (*).

Ainsi l'on peut dire avec vérité, que les évêques, archevêques & primats à qui la juridiction ecclésiastique appartient, la tiennent en partie de dieu, & en partie des souverains, à titre de grâce & de concession.

Celle qu'ils tiennent de dieu est intérieure, & ne s'étend que sur les ames & sur les choses purement spirituelles. Celle dont ils font redevables à la piété & à la munificence de nos rois s'exerce sur les ecclésiastiques & sur les laïques dans les cas prévus par les loix; mais l'on ne peut appliquer le nom de Juge pris dans sa véritable acception, qu'aux officiers commis par les évêques pour vider les affaires contentieuses; on les nomme officiaux.

De ce qui vient d'être dit, il résulte que la juridiction ecclésiastique est exercée de deux manières.

Au for intérieur par les évêques, leurs pénitenciers, les curés, les confesseurs, & au for extérieur par les officiaux.

On appelle officiaux, ceux qui tiennent la place des évêques, archevêques ou primats pour l'exer-

(*) Voyez les loix ecclésiast. loco citato, & l'édit de 1695.

cice de la juridiction au for extérieur ou conᵗ tentieux.

Quant à la juridiction féculière exercée par les Juges laïques, elle appartient effentiellement au roi, qui eft la fource de toute juftice; cependant les feigneurs particuliers la font rendre dans l'étendue de leurs juftices, mais ils font redevables de ce pouvoir à nos fouverains, qui ont bien voulu leur concéder la juftice en fief ou en arrière-fief.

La juridiction féculière embraffe une foule d'objets & de matières, dont l'on n'auroit pu fans danger abandonner la connoiffance aux mêmes juges, comme cela fe pratiquoit dans l'origine. C'eft pour obvier aux inconvéniens que nos rois ont établi divers Juges auxquels ils ont attribué en particulier & à l'exclufion des autres, la connoiffance de certaines matières.

De là naiffent de nouvelles divifions entre les Juges féculiers, les feuls dont nous ayons à nous occuper déformais.

Deuxième diftinction des Juges en Juges royaux & feigneuriaux.

La première diftinction qui fe préfente à faire entre les Juges féculiers, réfulte de leur qualité. Comme ils reçoivent leurs pouvoirs du roi ou des feigneurs, leur qualité n'eft pas la même; il eft fans contredit plus honorable d'appartenir au roi qu'à fes fujets; auffi accorde-t-on dans la fociété plus de confidération aux officiers royaux qu'aux officiers des feigneurs.

C'eft donc avec raifon, que, diftinguant les Juges par rapport à leur qualité, en Juges royaux & seigneuriaux, nous donnons la préférence aux premiers comme étant supérieurs en qualité.

Mais, quoiqu'inférieurs en qualité, les Juges seigneuriaux n'en font pas moins respectables; parce que la justice est elle-même respectable dans quelque tribunal qu'elle soit rendue.

Les Juges royaux sont des officiers en titre, pourvus par le roi pour rendre la justice à ses sujets dans l'étendue de leur ressort.

On appelle ressort ou territoire l'étendue d'une juridiction, l'enceinte, s'il est permis de parler ainsi, dans laquelle un Juge a le droit de faire ses fonctions.

On appelle justiciables ceux qui sont domiciliés dans cette enceinte, parce qu'ils sont soumis à la juridiction du Juge dans le ressort duquel ils sont domiciliés.

Les Juges seigneuriaux sont ceux qui tiennent leur pouvoir des seigneurs particuliers, qui ont le droit de les instituer & de les destituer pour des causes justes.

Les Juges royaux, sont les châtelains, prévôts royaux, vicomtes, viguiers, baillis & sénéchaux, les parlemens, chambres des comptes, cours des aides, chambres des monnoyes, bureaux des finances, aides, gabelles, & en un mot tous les tribunaux établis par le roi, sont composés de Juges royaux.

Les Juges royaux reçoivent différentes divisions, dont nous traiterons dans les distinctions suivantes. Mais dans quelque siége qu'ils exercent leurs fonctions, ils ont des obligations & des devoirs qui leur sont communs.

Ils doivent s'occuper uniquement & exclusi-

vement des devoirs de leurs charges, s'abstenir
de tout autre emploi qui pourroit les en détourner ou les disposer à favoriser quelqu'un.
Aussi les ordonnances d'Orléans & de Blois leur
défendent-elles de s'immiscer dans l'exercice
d'aucune charge dans les justices seigneuriales,
comme étant incompatibles avec la dignité de
l'office royal.

On requiert en eux comme chez tous les
officiers qui concourent à l'administration de la
justice, la capacité, la probité & l'application à
leurs fonctions.

*Troisième distinction des Juges royaux en Juges
ordinaires & extraordinaires.*

Par rapport à l'étendue de leurs pouvoirs,
nous diviserons les Juges royaux en Juges ordinaires & extraordinaires.

On entend par Juges ordinaires, ceux qui
connoissent indistinctement de toutes sortes de
matières bénéficiales, civiles, criminelles & de
police, & en général de toutes celles qui n'ont
point été attribuées à d'autres Juges.

On appelle au contraire Juges extraordinaires,
ceux qui ne connoissent que de certaines matières
distraites de la juridiction ordinaire.

De ces définitions, il résulte que les parlemens, baillis, sénéchaux & autres officiers de
cette espèce, sont des Juges ordinaires, tandis
qu'au contraire les Juges des finances, des tailles,
aides, gabelles, monnoies & autres de cette espèce, sont des Juges extraordinaires, également
distingués entre eux par la différence des matières

dont ils connoiſſent à l'excluſion les uns des autres.

On peut diviſer les Juges extraordinaires en deux claſſes.

La première, compoſée de Juges qui connoiſſent de la plupart des matières dont connoiſſent les Juges ordinaires.

La ſeconde, de ceux qui ne connoiſſent abſolument que de certaines matières en vertu de leurs édits de création & d'attribution.

Dans la première claſſe, ſont meſſieurs des requêtes du palais & de l'hôtel, & les conſervateurs des privilèges royaux de l'univerſité ; ils peuvent être à certains égards aſſimilés aux Juges ordinaires, en ce qu'ils connoiſſent de toutes les cauſes des privilégiés, qui leur ſont attribuées par les ordonnances, lorſque ceux qui jouiſſent de ces privilèges en veulent faire uſage, encore que ces cauſes ſoient vraiment de la compétence des tribunaux ordinaires, & qu'elles n'en puiſſent être diſtraites qu'à raiſon du privilège des perſonnes.

Dans le ſeconde claſſe, ſont les officiers du grand-conſeil, les prévôts des maréchaux, les Juges de la connétablie, de l'amirauté, des eaux & forêts, de la chambre du tréſor, les élus, les officiers des greniers à ſel, les Juges des traités foraines, & enfin MM. de la cour des aides, réformateurs nés des jugemens vicieux émanés des greniers à ſel, élection & traites foraines. (Voyez les articles qui concernent chacune de ces juridictions (*).)

_____

(*) Voyez le praticien François de Lange, ou traité des Juges & des juridictions.

'A cette première diftinction des Juges royaux en ordinaires & extraordinaires, en fuccède une autre, tirée de la différence des matières foumifes à leurs décifions, que nous allons examiner dans la diftinction fuivante.

Quatrième diftinction des Juges en Juges civils, criminels & de police.

Comme on diftingue les différentes matières qui occupent les tribunaux, en civiles, criminelles & de police, il eft naturel de divifer les Juges par rapport à la connoiffance qu'ils ont de ces matières, en Juges civils, criminels & de police.

Mais il eft effentiel de remarquer que cette diftinction n'exifte proprement qu'entre les chefs des juridictions, & ne fe rencontre pas parmi les membres de ces mêmes juridictions.

Ainfi dans la plupart des bailliages & fénéchauffées il y a des lieutenans civils, criminels, & de police, qui ont le droit de préfider en particulier au civil, au criminel & à la police; mais ils font affiftés dans l'exercice de leurs fonctions par les confeillers des mêmes fiéges, qui donnent leurs opinions indifféremment dans toutes les affaires civiles, criminelles & de police.

Prenons pour exemple la juridiction du châtelet de Paris. C'eft une juridiction ordinaire qui jouit inconteftablement du droit de connoître de toutes matières civiles, criminelles & de police, dans toute l'étendue de la ville de Paris; en en exceptant toutefois l'enclos du palais, où cette même juridiction eft exercée par un bailli qui eft à la fois lieutenant-civil, criminel & de police,

& de quelques autres juridictions particulières, comme sont l'arsenal, la barre du chapitre, celle de l'abbaye Saint-Germain-des-Prés, &c.

La juridiction du châtelet est composée de plusieurs chefs, d'un lieutenant-civil, d'un lieutenant-criminel, & d'un lieutenant de police.

Le lieutenant-civil est un magistrat établi pour juger en première instance les affaires civiles : il est le premier des lieutenans du prévôt de Paris, & préside en cette qualité aux assemblées du châtelet. On porte devant lui au parc-civil, toutes les contestations civiles, c'est-à-dire, où il ne s'agit que d'intérêts pécuniaires en matière personnelle, réelle & mixte, à quelques sommes qu'elles puissent monter. Il préside cette audience & prononce les jugemens rendus à la pluralité des voix, concurremment avec lui, par les conseillers de service qui l'assistent à cette audience. Il juge seul & sans assistance à la chambre civile, accompagné du plus ancien avocat du roi, toutes les affaires au dessous de 1000 livres, lorsqu'il n'y a de part ni d'autre aucun titre paré ; il règle en son hôtel toutes les difficultés qui peuvent requérir célérité. Toutes les affaires de famille sont portées pardevant lui (*) ; là finit son pouvoir. Etabli pour connoître des matières civiles, il ne peut prendre connoissance des affaires criminelles, ni des affaires de police, qui sont attribuées à deux autres chefs dont nous allons parler.

Le lieutenant criminel est un magistrat établi par le roi pour poursuivre & punir les crimes qui se commettent dans l'étendue de la ville & des faubourgs de Paris.

(*) Ferrière & Denisart, *verb.* Lieutenant-civil.

Comme le lieutenant-civil préside à l'audience civile, le lieutenant-criminel préside à l'audience criminelle qui se tient les vendredis & samedis, & vide sur le champ, assisté d'un avocat du roi, toutes les affaires de petit criminel, où il s'agit d'injures, excès & autres matières légères qui ne méritent pas d'instruction ; cette audience où il juge seul, est appelée l'audience du petit criminel.

Dans les affaires de grand criminel, à l'exception de celles qui sont de la compétence du lieutenant de robe-courte & du prévôt de l'isle ; il a seul droit de faire les instructions ; mais il doit se faire assister, lors du jugement, par cinq conseillers ayant au moins deux années de service au châtelet, dans les affaires sujettes à l'appel, & de sept dans les jugemens en dernier ressort.

Enfin le *lieutenant de police* est un Juge créé par édit de mars 1667, pour veiller à la sûreté de la ville de Paris, connoître des contraventions aux ordonnances & aux réglemens de police.

Il connoît du port d'armes prohibé par les ordonnances, du nettoiement des rues & des places publiques ; il donne ses ordres dans les incendies, inondations, & dans tous les cas qui intéressent la sûreté & la tranquillité publique ; il est chargé de veiller à l'approvisionnement de Paris ; il a l'inspection des halles, foires, marchés, hôtelleries, cabarets ; il préside à l'élection des maîtres des six corps, & connoît des assemblées illicites & tumultueuses ; en un mot de toutes les choses qui ont pour objet la sûreté & le repos des habitans de Paris.

Il tient ses audiences au châtelet, où il entend les rapports des commissaires ; & juge sommairement les matières de police.

Cet exemple fuffira fans doute pour prouver l'affertion que nous avons faite, & faire fentir, que la différence que nous établiffons entre les Juges *civils, criminels & de police*, n'exifte réellement qu'entre les chefs, puifque les confeillers du même fiége affiftent chacun de ces mêmes chefs dans les cas où ils font tenus de prendre confeil, & que ces confeillers affiftent tour à tour, fuivant l'ordre établi dans la juridiction, aux audiences civiles, criminelles & de police.

Ceux qui voudront connoître précifément les pouvoirs de ces différens lieutenans dont nous venons de parler, auront recours aux articles de cet ouvrage qui les concernent.

Cinquième diftinction des Juges, en inférieurs, fupérieurs & fouverains.

Par rapport à leurs grades, les Juges royaux fe divifent *en inférieurs, fupérieurs & fouverains.*

Les Juges royaux n'ont pas tous les mêmes pouvoirs & la même autorité ; les uns connoiffent des affaires en première inftance ; les autres connoiffent de certaines affaires en première inftance, & d'autres fur l'appel ; d'autres enfin terminent toutes les conteftations fans appel.

C'eft cette autorité plus ou moins étendue que nous entendons défigner par le mot de *grade* : en effet, par la même raifon qu'un capitaine eft plus qu'un lieutenant, un colonel plus qu'un capitaine, ne peut-on pas dire qu'un bailli eft plus élevé en dignité qu'un prévôt & ainfi de fuite ? C'eft la dignité qui diftingue les hommes entre eux dans les différens états de la vie ; & cette dignité peut s'exprimer, à ce qu'il nous semble, par le mot de *grade*.

Nous ne faisons cette petite digression que pour faire sentir notre idée.

Les Juges inférieurs, quoique très-recommandables sans doute, occupent la place la moins distinguée parmi les Juges royaux.

Ils connoissent en première instance des différends qui naissent entre les sujets du roi, lorsqu'ils leur sont attribués par les ordonnances.

Nous disons lorsqu'ils leur sont attribués par les ordonnances, parce qu'en effet ils n'ont pas droit de prendre indifféremment connoissance de toutes les affaires. Par exemple :

Ils n'ont pas la connoissance des cas royaux, qui appartient privativement aux baillis & sénéchaux, suivant l'art. 11 du titre premier de l'ordonnance criminelle.

Ils ne connoissent point des affaires personnelles, réelles & mixtes entre les nobles. Edit de Crémieu, article 20.

On peut consulter, par rapport aux pouvoirs des Juges inférieurs, l'édit de Crémieu, la déclaration rendue en interprétation de cet édit, & les mots *Prévôts*, *Châtelains*, &c.

Les prévôts, châtelains, vicomtes & viguiers, sont les Juges royaux de première instance : quoiqu'ils soient appelés de différens noms, suivant l'usage des différentes provinces ; il n'en est pas moins vrai qu'ils ont les mêmes pouvoirs & la même autorité, & qu'ils ne diffèrent que de nom.

On peut aussi les appeler Juges *à quibus appellari potest*, parce que leurs décisions peuvent être attaquées par la voie de l'appel.

: Cet appel se relève pardevant les baillis & sénéchaux.

: De cette dernière observation, il résulte que nous devons appeler les baillis & sénéchaux, Juges supérieurs, par opposition aux viguiers & châtelains, puisqu'ils sont établis pour revoir leurs jugemens en cas d'appel, & les réformer s'ils les trouvent vicieux.

Mais sous d'autres relations, ils doivent être eux-mêmes considérés comme Juges de première instance.

. Les baillis & sénéchaux sont réellement supérieurs aux châtelains, en ce qu'ils sont les réformateurs nés de leurs jugemens.

. Ils sont comme les prévôts & châtelains, des Juges de première instance dans les matières dont ils connoissent à leur exclusion, d'après les dispositions des ordonnances.

- Enfin ils sont, quoique dans un degré plus éminent, Juges inférieurs comme les châtelains, puisque les sentences qu'ils rendent, soit en première instance ; soit sur les appels interjetés pardevant eux des jugemens des châtelains, sont dans le cas d'être réformés par les parlemens.

De là vient que l'on remarque trois degrés de juridiction ordinaire.

. Le premier, composé des prévôtés, châtellenies, vicomtés & vigueries.

Le second, des bailliages & sénéchaussées.

: Le troisième, des parlemens qui jugent souverainement les appellations des baillis & sénéchaux.

. Il faut avouer cependant que l'union faite aux bailliages & sénéchaussées d'une juridiction présidiale, donne à ces juridictions une supériorité plus

marquée, que celle dont nous avons précédemment parlé, puifque dans les matières préfidiales
ils ont le droit de juger en dernier reffort & fans
appel.

Des obfervations que nous venons de faire, il
réfulte que les vrais & feuls Juges fouverains font
les parlemens qui ont le droit, en cas d'appel,
de revoir & de réformer les jugemens rendus par
les autres Juges, & de terminer fouverainement
& fans retour toutes les affaires qui font foumifes
à leurs décifions : en ce fens ils peuvent être appelés Juges *ad quos appellari poteft*, & jamais
Juges *à quibus*, puifqu'ils n'ont point de fupérieurs, comme nous venons de l'obferver.

Il eft cependant à propos de remarquer que
MM. des requêtes du palais, quoique membres
du parlement, ne rendent que des fentences
dont l'appel fe porte directement en la grand'-
chambre.

Les jugemens de MM. du parlement font
qualifiés d'arrêts, pour exprimer la fupériorité
& la ftabilité de leurs décifions; ils font inti-
tulés au nom du roi : *Louis, par la grâce de
dieu, &c.*

Nous avons dit, il n'y a qu'un inftant, que les
arrêts des parlemens n'étoient pas fufceptibles d'être
réformés, & cette propofition eft vraie en général;
cependant elle fouffre quelques exceptions qu'il
eft effentiel de remarquer.

Premièrement ils peuvent être attaqués par la
voie de la tierce oppofition, par ceux qui n'ont
point été parties ni par eux ni par perfonnes
faites pour les repréfenter dans les conteftations
qu'ils ont décidées.

Pour être reçu à former une tierce opposition, il faut : 1°. avoir eu, lors de l'arrêt, une qualité qui obligeât de nous y appeler.

2°. N'y avoir pas été partie par le ministère d'un tiers qui soit censé avoir eu notre mission, ou que nous soyons censés représenter.

On peut se pourvoir, par cette voie, contre les sentences, comme contre les arrêts.

La tierce opposition est recevable en tout temps, lorsque les circonstances dont nous venons de parler concourent, parce que les sentences ne peuvent jamais passer en force de chose jugée contre des gens qui avoient intérêt d'y être parties & qui n'y ont point été appelés ; c'est à leur égard, *res inter alios acta.*

Secondement, les arrêts & jugemens en dernier ressort peuvent être attaqués dans les délais prescrits par l'ordonnance, par la voie de la requête civile.

Cette matière est amplement traitée dans le titre 35 de l'ordonnance de 1667, auquel nous renvoyons le lecteur.

Nous nous contenterons d'observer ici, que : 1°. la requête civile étant un remède extraordinaire, il n'est pas permis d'en user quand on peut prendre la voie de la tierce opposition, & conséquemment que l'on ne peut se pourvoir par requête civile, que lorsque l'on a été partie au procès, sur lequel le jugement ou l'arrêt ont été rendus.

2°. Qu'il faut prendre en chancellerie, dans le temps prescrit par l'ordonnance, des lettres en forme de requête civile, qui ne s'accordent que sur la consultation de deux anciens avocats, contenant les ouvertures de requête civile.

3º. Que ces lettres ne peuvent être prises que contre des jugemens ou arrêts définitifs, ou contre ceux qui seroient irréparables en définitif.

4º. Enfin, que l'instance de requête civile tombe comme toutes les autres en péremption au bout de trois ans.

(Voyez le dictionnaire de droit de Ferriere, Denisart, l'ordonnance de 1667, titre 35, & le mot *Requête civile.*)

Il faut encore observer ici, que la requête civile n'a point lieu en matière criminelle : le seul moyen de revenir contre les arrêts en matière criminelle, est d'obtenir des lettres de révision ; mais elles ne s'accordent que pour des causes de nullité dans la procédure. (Voyez *Révision*).

Enfin, la dernière voie que l'on puisse prendre pour faire réformer un jugement en dernier ressort ou un arrêt, est celle de la cassation.

C'est un remède extraordinaire qu'on peut difficilement employer avec succès.

On ne peut en faire usage dans les cas où il est possible de prendre la voie de la tierce opposition ou de la requête civile.

Le mal jugé au fond ne peut jamais offrir un moyen de cassation.

Il faut présenter des contraventions formelles aux dispositions des coutumes, ordonnances, édits & déclarations du roi, bien & duement vérifiées, ou des preuves manifestes de l'inobservation des formalités prescrites par les ordonnances.

Quand ces moyens se rencontrent, on peut se pourvoir au conseil du roi par le ministère d'un avocat au conseil ; & dans les délais prescrits par les réglemens. Celui qui succombe est condamné en l'amende envers le roi & la partie qui avoit obtenu le jugement ou l'arrêt contre lequel on s'étoit pourvu. (*Voyez Caffation.*)

Nous ne faurions trop répéter que c'eft un remède extraordinaire dont il ne doit pas être permis d'ufer légèrement & fans moyens folides.

Meffieurs du parlement de Paris, en la grand'-chambre, font Juges de première inftance ; mais fouverains de certaines caufes dont la connoiffance leur eft exclufivement attribuée, foit à raifon de l'importance des affaires, foit à raifon de la dignité des perfonnes.

C'eft par ces motifs qu'ils connoiffent :

1°. Des caufes auxquelles M. le procureur-général eft partie pour la confervation des droits du roi, de fa couronne & dès terres qui en font tenues en apanage.

2°. Des caufes des pairs & de leurs pairies, & des procès criminels intentés contre les pairs, premiers confeillers de cette cour, & prenant féance après les préfidens de cette augufte fénat, appelé par cette raifon la cour des pairs.

3°. Des caufes de régale de tous les diocèfes du royaume.

4°. Des caufes de l'hôtel-dieu, du grand bureau des pauvres, de l'hôpital-général, & d'autres perfonnes & communautés dénommées dans les ordonnances.

5°. Des caufes de l'univerfité de Paris en corps.

6°. Du crime de lèze-majefté contre toutes fortes de perfonnes.

7°. Enfin, des procès criminels des principaux officiers de la couronne, des préfidens & con-

feillers

ſeillers du parlement de Paris, des préſidens &
maîtres, correcteurs, auditeurs de la chambre des
comptes de Paris, des gentilshommes, des eccléſiaſtiques & autres perſonnes d'état (*). Voyez
l'article *Parlement*.

Sixième diſtinction des Juges, en Juges compétens
& Juges incompétens.

Par rapport à la validité de leurs déciſions;
nous diviſerons les Juges *en compétens & incom-*
pétens.

Il eſt inconteſtable que les jugemens rendus par
un Juge incompétent ſont abſolument nuls, lorſque le Juge averti de ſon incompétence par un
déclinatoire, a néanmoins voulu retenir à lui la
connoiſſance d'une affaire dont il n'avoit pas droit
de connoître, ou lorſqu'il a voulu prononcer ſur
une matière qui n'étoit pas de ſa compétence.

C'eſt donc avec raiſon que nous diviſons les
Juges par rapport à la validité ou invalidité de
leurs déciſions, en Juges compétens & Juges incompétens.

Ceci poſé, on peut dire avec certitude, que
toutes les fois qu'un Juge ne connoît que des
matières qui lui ſont attribuées entre perſonnes
ſoumiſes à ſa juridiction, il eſt compétent.

Et qu'au contraire toutes les fois qu'il veut
s'attribuer la connoiſſance des matières qui ne lui
appartiennent pas, uſurper une juridiction qui lui
eſt refuſée par les loix ſur des individus qui ne
ſont point ſoumis à ſa juridiction, il eſt incompétent.

_____

(*) Voyez le diction. de droit de Ferriere, & le diction.
des arrêts, *verbo* Parlement.

En général, il eſt vrai de dire, que le domicile du défendeur fixe la compétence du Juge, ſuivant la maxime *actor ſequitur forum rei* ; mais il perd cette compétence ſi l'une ou l'autre des parties étant privilégiée, demande ſon renvoi devant le Juge de ſon privilége. Et s'il veut juger la conteſtation nonobſtant la demande en renvoi, il rend une ſentence abſolument nulle à cauſe du défaut de pouvoir.

En matière réelle, le Juge du lieu où la choſe contentieuſe eſt ſituée, eſt compétent pour en connoître, & l'on peut valablement aſſigner pardevant lui, encore qu'il ne ſoit pas Juge du domicile du défendeur.

La compétence du Juge réſulte encore du privilége du ſceau de ſa juridiction. Le juge dont le ſceau eſt attributif de juridiction, a droit de connoître de l'exécution des contrats paſſés ſous le ſcel de ſa juridiction.

Tel eſt le privilége attribué aux ſceaux des châtelets de Paris, de Montpellier & d'Orléans : priviléges confirmés pour le châtelet de Paris, par les lettres-patentes de Charles V, du 8 février 1307, pour le châtelet d'Orléans, par édit du mois de mars 1749, portant réunion de la prévôté au bailliage, & pour Montpellier par Saint-Louis (*).

Nous obſerverons cependant, que le ſceau du châtelet de Paris n'eſt point attributif de juridiction contre le bailliage du palais, encore que ce ſoient les notaires au châtelet de Paris qui re-

---

(*) Voyez Deniſart, *verbo* Sceau du châtelet ; le dictionn. des arrêts, *ibid.*

çoivent les actes dans l'étendue de cette juridiction : une foule d'arrêts l'ont jugé ainsi, & notamment un arrêt du 10 juin 1739, fur l'avis de M. l'avocat-général Gilbert : en voici l'espèce.

Hubert Aymard, marchand mercier à Paris, avoit passé bail pour trois ans, pardevant M^c. Delau & son confrère, notaires au châtelet de Paris, le 10 juin 1736, au sieur Claude Lizonnet, orfèvre, d'une maison cour de la Moignon, enclos du palais, avec claufe expresse, que le preneur ne pourroit céder son droit sans le consentement du bailleur, & pour l'exécution du bail, les parties s'étoient soumifes à *la juridiction du châtelet*.

A l'expiration du bail, le sieur Aymard fit faire un commandement à Lizonnet de payer le terme, remettre les clefs & faire faire les réparations locatives, & le même jour il fit saisir & arrêter entre les mains de Jean la Miche, aussi marchand orfèvre, à qui Lizonnet avoit cédé son droit de bail.

Sur ce commandement, Lizonnet fit faire des offres réelles de la somme de 62 liv. 10 sous, pour le terme, & assigner au·bailliage du palais Aymard & la Miche, pour voir dire que sans avoir égard à la saisie & empêchement d'Aymard, la Miche feroit tenu de vider fes mains dans celles du sieur Lizonnet, de ce qui pouvoit lui être dû.

Le même jour, Aymard fit assigner Lizonnet au châtelet, pour voir dire qu'il seroit condamné à faire faire les réparations locatives, rendre les lieux en bon état, laver les vitres, réintegrer des armoires, un chambranle & différentes ferrures, qu'il prétendoit que le sieur Lizonnet avoit enlevées de sa maison.

Lizonnet fit évoquer cette assignation au bailliage du palais par sentence du lendemain.

Aymard y forma opposition & demanda son renvoi au châtelet, mais il en fut débouté par sentence du 9 mai 1739.

Appel de cette sentence de la part d'Aymard; ses moyens furent :

1°. Qu'il s'agissoit de l'exécution d'un acte passé sous le scel du châtelet de Paris, qui étoit attributif de juridiction.

2°. Que les juges du châtelet avoient été les premiers saisis de la contestation, parce que l'assignation donnée à Lizonnet, étoit avant midi, & celle que Lizonnet avoit fait donner à Aymard, étoit datée de l'après-midi.

3°. Il ajouta que mal à propos Lizonnet soutenoit que les notaires du châtelet sont également notaires du bailliage du palais ; que cette prétention n'étoit fondée sur rien ; que d'ailleurs ce n'étoit pas comme notaires du bailliage du palais, que Delau & son confrère avoient reçu le bail du 10 juin 1736 ; que ce n'étoit pas dans l'étendue du bailliage qu'ils avoient instrumenté, & que l'intention des parties avoit été si éloignée de les regarder comme notaires du bailliage, que pour l'exécution du bail, elles avoient expressément assujetti leurs biens à la juridiction du châtelet.

Il concluoit à ce que l'appellation & la sentence dont étoit appel fussent mis au néant, émendant, & en le recevant opposant à la sentence d'évocation, à ce que la cause & les parties

fuſſent renvoyées au châtelet pour y procéder ſuivant les derniers erremens.

La cauſe en cet état, portée au parquet de
MM. les gens du roi, Lizonnet fit voir qu'Aymard & la Miche devoient être traduits au bailliage du palais.

1°. Parce que la Miche étant domicilié dans
l'enclos du palais, tous les acceſſoires de la demande formée contre lui devoient y être portés.

2°. Que le ſcel du châtelet ne pouvoit déranger
cet ordre de procéder, n'étant pas attributif de
juridiction contre le bailliage du palais, parce
que c'étoit le même ſcel, les notaires du châtelet étant notaires au bailliage du palais, ainſi
qu'il avoit été réglé dès l'an 1317, par édit du
roi Philippe, & par les arrêts des 3 décembre
1569, & 4 avril 1573; que c'étoit une des pro-
poſitions que M. Talon, avocat-général, avoit
ſoutennes lors de l'arrêt du 6 mars 1665, dans
lequel ſon plaidoyer eſt tranſcrit; qu'en effet,
Henri IV ayant créé des notaires en tous les
bailliages & ſénéchauſſées, par édit de janvier
1573, & quatre particuliers ayant obtenu des
proviſions des charges de notaires au bailliage du
palais, les notaires du châtelet s'oppoſèrent à leur
réception, parce qu'ils étoient notaires au bailliage du palais, & ſe pourvurent au conſeil, qui
renvoya les parties & leurs conteſtations au parlement, où il intervint, le 23 juillet 1594, arrêt,
par lequel il fut ordonné que l'édit de création
des notaires n'auroit lieu au bailliage du palais,
parce que l'état & les fonctions des notaires étoient
réglés par l'édit de 1317, & par les arrêts de
1569 & 1573, avec toutes les juridictions des
ſeigneurs de Paris, de même qu'avec le bailliage

du palais, à la différence que Charles V, confirmant par édit du mois de janvier 1358, les priviléges du bailliage du palais, l'avoit maintenu dans la connoissance des contrats, marchés & promesses, clôtures des inventaires & différends qui en dépendent; droit dans lequel il avoit été expressément maintenu par l'arrêt du 4 avril 1573; d'où il s'enfuivoit que le châtelet n'avoit aucune attribution par rapport au scel contre le bailliage du palais, puisque les notaires & le scel étoient communs entre les deux juridictions, joint à la longue possession dans laquelle ils ont toujours été confirmés par les différens arrêts de la cour.

Dans ces circonstances, il est intervenu sur l'avis de M. Gilbert, avocat-général, le 10 juillet 1734, un arrêt dont voici le dispositif.

» La cour ordonne que l'appointement sera
» reçu, & suivant icelui, reçoit la partie de Ni-
» chaut, opposante à l'arrêt par défaut, & celle
» de Ferriere le jeune, partie intervenante au
» principal, a mis l'appellation au néant, ordonne
» que ce dont a été appelé, sortira son plein &
» entier effet : condamne l'appelant en l'amende,
» déclare l'arrêt commun avec la partie de
» Ferriere le jeune, tous dépens néanmoins ré-
» servés «.

Cet arrêt précédé de l'espèce, a été imprimé en 1747, chez Mesnier, rue saint Severin.

Nous n'en dirons pas davantage sur le scel du châtelet : on peut voir les mots Scel du châtelet, ou Scel attributif de juridiction.

En matière criminelle, le lieu du délit fixe la compétence du Juge ; c'est le Juge du lieu où le délit a été commis, qui est compétent pour en pourfuivre la réparation ; l'ordonnance criminelle de 1770 le décide en termes formels.

» La connoiffance des crimes appartiendra aux » Juges des lieux où ils auront été commis, & » l'accufé y fera renvoyé fi le renvoi en eft requis, » même le prifonnier transféré aux frais de la » partie civile s'il y en a, finon aux frais des fei- » gneurs. art. 1. «.

Il eft certain qu'aucun Juge ne peut agir avec plus de droit contre le coupable, que celui dans la juridiction duquel le crime a été commis; il eft le plus voifin du lieu du délit, celui qui peut en avoir une connoiffance plus prompte & plus facile, qui peut l'inftruire avec plus de célérité, ayant pour ainfi dire les témoins fous fa main : enfin il place l'exemple & la punition à côté du délit, il fait exécuter le coupable fur le lieu même de fon crime.

Cependant, comme il pourroit arriver que plufieurs crimes demeuraffent impunis, fi nul autre Juge n'avoit le droit de faire arrêter le coupable échappé de fon territoire & de le pourfuivre, la loi a fagement établi que tous les Juges ordinaires feroient compétens pour faire faifir le coupable, pour inftruire contre lui, même pour le juger fi le Juge du délit ne requéroit pas le renvoi.

D'où il réfulte que la compétence du Juge du lieu du délit eft une compétence de prévention & non d'exclufion, lorfqu'il ne requiert pas le renvoi.

Le renvoi peut être demandé par le Juge du lieu du délit en tout état de caufe, & le Juge de la capture ne peut le refufer, à moins que le crime pour lequel l'accufé feroit revendiqué par le Juge du lieu du délit, ne fût incident à une accusation principale dont les Juges du domicile ou de la capture auroient précédemment informé.

Le Juge seul du lieu du délit a le droit de requérir le renvoi, & jamais l'accusé ne peut demander son renvoi devant un autre Juge. En effet, par quelque Juge qu'il soit jugé, il ne peut se plaindre qu'on lui ait fait tort ou injure, puisqu'il peut être saisi & jugé par-tout. Cette idée a été parfaitement développée par M. Deseigneux, président des conseils du prince duc Daremberg. Il s'exprime ainsi : » Le criminel » doit être puni, en quelque lieu qu'on veuille » infliger au coupable la peine qu'il mérite ; il » ne peut se plaindre qu'on lui fasse une injus- » tice en le punissant, il n'y a qu'un Juge plus » compétent qui puisse se plaindre si on lui » refuse la restitution du délinquant qu'il a droit » de réclamer (*) «.

Nous avons dit que jamais l'accusé ne pouvoit demander son renvoi ; cette règle souffre cependant quelques exceptions indiquées par Jousse, dans son commentaire sur cet article.

1°. Les ecclésiastiques pour raison du délit commun, peuvent demander leur renvoi devant l'official, quand même ils auroient précédemment reconnu la juridiction du Juge laïque.

2°. Les nobles peuvent demander leur renvoi des prévôtés & châtellenies, aux bailliages & sénéchaussées.

3°. Les personnes privilégiées devant les Juges où elles ont leurs causes criminelles commises.

_____

(*) Voyez le système de la jurisprud. crimin. chap. 3, de la comp. des tribunaux.

Mais il faut obferver que ces priviléges n'ont lieu que de particulier à particulier, & non quand les accufés font pourfuivis à la requête du procureur du roi (*).

Nous ne nous étendrons pas davantage fur cet objet; le lecteur voudra bien recourir aux mots compétence & incompétence.

Septième diftinction des Juges en Juges permanens & Juges à temps ou délégués.

Par rapport à la durée de leurs pouvoirs, on peut divifer les Juges en Juges permanens, & en Juges à temps ou délégués. Nous entendons par Juges *permanens*, les Juges en titre d'office, ayant des provifions du roi, qui leur donnent le droit de conferver la qualité de Juges, & d'en exercer les fonctions tant qu'ils voudront garder leurs offices, ou qu'ils ne s'en feront pas rendus indignes par une conduite déshonorante & criminelle, qui les mette dans le cas de la forfaiture, laquelle entraîne, lorfqu'elle eft inftruite & jugée, la perte de l'office.

Nous entendons au contraire par Juges à temps ou délégués, ceux qui font commis par le prince ou par une cour fouveraine, foit pour connoître de certaines affaires pendant un certain temps, autant qu'il plaira à fa majefté, foit pour juger une conteftation qui auroit dû naturellement être jugée par un autre Juge.

Les Juges permanens & les Juges délégués différent effentiellement, en ce que les premiers

---

(*) Voyez Iouffe, fur l'art. 1 de l'ordonn. de 1670.

ne peuvent être privés de leurs offices & de leurs pouvoirs que pour forfaiture inftruite & jugée, tandis au contraire que les feconds font revocables à la volonté du prince qui les a commis, ou perdent leurs pouvoirs lorfque la conteftation foumife à leur décifion eft terminée.

Le Juge permanent a un caractère qu'il ne peut perdre que de trois manières, par vente, par forfaiture & par fon décès.

Le Juge délégué a un caractère qui ne repofe que momentanément fur fa tête, & qui peut s'effacer pour ainfi dire au moment même où il a été imprimé, s'il plaît au prince de révoquer la commiffion qu'il a donnée.

Tous les Juges royaux ordinaires font de véritables Juges permanens, qui ne peuvent être dépouillés de leurs offices contre leur gré, qu'autant qu'ils fe font rendus coupables de forfaiture.

Tous les autres Juges qui ne font point érigés en titre d'office, & qui n'ont que des pouvoirs momentanées, font des Juges délégués.

Les Juges délégués exercent leurs pouvoirs en vertu de commiffions qui leur font décernées par le prince ou par les arrêts de la cour ; de là vient qu'on les appelle auffi du nom de commiffaires, & que les Juges délégués par la cour fouveraine, s'intitulent commiffaires de la cour en cette partie, dans les inftructions qu'ils font en vertu d'arrêts, après avoir accepté la commiffion à eux adreffée par une fentence.

Les Juges délégués doivent apporter dans l'exercice de leurs fonctions, la même probité, la même exactitude & la même vigilance que les autres Juges : ils doivent en outre fe renfermer étroitement dans les bornes de leurs commiffions ; car ils ne font, fi l'on peut s'exprimer ainfi, que des efpèces de mandataires de la juftice ; & fous ce point de vue, ils doivent fe conduire comme tous les autres mandataires qui n'ont pas le droit d'excéder les bornes de leur mandat.

Nous avons dit que les Juges délégués tenoient leurs pouvoirs des commiffions qui leur étoient adreffées ; il eft à propos de diftinguer ici les commiffions.

Elles font extraordinaires, ordinaires ou rogatoires.

Les commiffions extraordinaires font celles par lefquelles le roi inftitue des officiers fans les ériger en titre, à l'effet d'exercer une juridiction quelconque tant qu'il lui plaira.

Le roi feul a droit de donner des commiffions extraordinaires.

Elles doivent déterminer l'étendue du pouvoir & des fonctions que le roi accorde à fes commiffaires.

Elles font révocables à fa volonté.

Par ces commiffions, le roi établit quelques chambres ou juridictions qui ne doivent durer que quelque temps ; ainfi l'on a vu établir des chambres de juftice, des chambres de francsfiefs, &c. (*).

Il y a des commiffions extraordinaires qui font perpétuelles (**).

Les commiffions ordinaires font celles qui font adreffées par les cours fouveraines, foit à des Juges inférieurs, foit aux avocats, foit aux procu-

_____

(*) Ferriere, dictionn. de droit, *verb*. Commiffion.
(**) Dictionn. des arrêts, *verb*. Commiffaires nommés par le roi.

reurs. Il arrive très-fréquemment que MM. du parlement commettent un Juge royal, soit pour faire une information ou une enquête, soit pour instruire & juger une affaire criminelle ou civile ; ils commettent aussi, tous les jours un ancien avocat ou un ancien procureur, pour juger une affaire civile ou une difficulté de procédure. Les avis des procureurs & des avocats sont reçus par forme d'appointement, & ont force d'arrêts.

Enfin, les commissions rogatoires sont celles qui sont adressées par un Juge royal à un autre Juge, sur lequel il n'a point de pouvoir, à l'effet de le prier de faire mettre à exécution, dans l'étendue de son ressort, quelque mandement de justice, ou de procéder à une enquête, à une information ou à un récolement, &c.

Les commissions des cours souveraines sont encore appelées lettres en commandement, pour les distinguer des commissions rogatoires.

On peut diviser les Juges délégués en Juges délégués séculiers, & Juges délégués ecclésiastiques.

Les Juges délégués séculiers sont ceux qui sont nommés par le prince ou par une cour souveraine pour connoître d'affaires civiles, criminelles & de police.

Les Juges délégués ecclésiastiques sont ceux qui sont députés par le pape dans les différens diocèses du royaume, à l'effet de juger les appels interjetés des sentences rendues dans les officialités diocésaines & métropolitaines.

On peut encore diviser les Juges délégués, eu égard aux différentes matières qui leur sont attribuées par leurs délégations, en Juges civils, criminels & de police.

S'ils font commis pour juger une affaire civile,
ils font Juges civils.

S'ils font commis pour inftruire & juger une
affaire criminelle, ils font Juges criminels.

Enfin, s'ils font nommés pour connoître d'un fait
de police, ils font Juges de police.

Les commiffaires au châtelet de Paris, encore
qu'ils ne méritent pas proprement le nom de
Juges, ont cependant des fonctions fi étroitement liées à celles des Juges, qu'il feroit difficile
de les paffer fous filence, en parlant des Juges
délégués.

Ils ne font pas Juges, mais ils les repréfentent
immédiatement dans toutes les fonctions civiles,
criminelles & de police, & font à cet égard des
fubdélégués nés & perpétuels des magiftrats établis
en titre d'office.

Ils repréfentent les magiftrats au civil, en ce
qu'à leur décharge ils appofent les fcellés dans la
ville de Paris, & par fuite dans toute l'étendue
du royaume, font les enquêtes, interrogatoires
fur faits & articles, liquidations, comptes, partages, ordres & contributions.

Ils les repréfentent à la police, en ce qu'ils
font prépofés pour veiller à la fûreté publique,
à la propreté des rues, conftater les contraventions
aux édits, déclarations, arrêts, fentences, ordonnances & réglemens concernant l'ordre public,
& en affurer l'exécution, en faifant affigner les
contrevenans pardevant le magiftrat de police,
pour fe voir condamner en l'amende prononcée par
les réglemens.

Enfin ils les repréfentent au criminel, en ce
qu'ils reçoivent les plaintes, interrogent d'office
les accufés arrêtés en flagrant délit, informent

contre eux, les font emprifonner; & encore en
ce qu'ils interrogent les autres accufés, en vertu
de l'ordonnance du Juge, font les informations &
procès-verbaux qui tendent à procurer des lumières
à la juftice (*).

Nous ne nous étendrons pas davantage fur ce
qui concerne les fonctions de ces officiers, qui ont
été développées dans un article particulier de cet
ouvrage.

On peut encore ranger dans la claffe des Juges
délégués, les arbitres nommés pour décider les
différends des parties.

Tantôt ils font choifis par les parties mêmes,
tantôt ils font nommés par les Juges; mais dans
l'un & dans l'autre cas, comme ils ne tiennent
leur juridiction que de la volonté des parties ou de
celle des Juges, on doit les confidérer comme de
véritables délégués.

Quoiqu'il y ait, dit Domat, des Juges établis pour régler tous les différends, & qu'une partie
ne puiffe obliger l'autre de plaider ailleurs, il eft
naturel qu'il foit libre aux deux parties de choifir
d'autres perfonnes pour être leurs Juges . . . . .
On les appelle arbitres, parce que les perfonnes
qui les nomment leur donnent le pouvoir de régler & d'arbitrer ce qui leur paroîtra jufte & rai-
fonnable, pour terminer les différends dont on les
fait Juges (**).

L'acte par lequel les parties nomment des arbitres, eft appelé compromis; il doit contenir

---

(*) Ferriere, *verb*. Commiffaire au châtelet; dictionn.
des arrêts, *ibid*.

(**) Voyez Domat, loix civiles, l. 1. tit. 14. fect. 1 & 2.

leurs pouvoirs & le temps dans lequel ils feront
tenus de juger : leurs fentences font appelées fentences arbitrales.

Il faut obferver qu'on ne peut compromettre
fur les affaires criminelles, fur celles qui inté-
reffent l'état des perfonnes, ni enfin fur celles
dont la conféquence peut intéreffer l'honneur ou
la dignité, de manière que les bonnes mœurs ne
permettent pas d'en commettre l'évènement, ni de
fe choifir des Juges pour les décider (*).

Toutes perfonnes, excepté les femmes, peuvent
être arbitres, à la réferve de celles qui fe trouvent dans quelque incapacité légale ou infirmité
qui ne leur permettroit pas cette fonction (**).

Les mineurs, les infames font également incapables d'être arbitres.

Il n'entre pas dans le plan que nous nous étions
propofé, & que nous avons parcouru, de nous
étendre davantage fur ce qui concerne les arbitres. (On peut confulter le mot *Arbitre.*) Il nous
fuffifoit de faire voir qu'ils devoient être rangés
dans la claffe des Juges délégués.

Mais nous ne croyons pas devoir terminer cet
article, fans avoir expofé les délits dont les Juges
peuvent fe rendre coupables dans l'exercice de leurs
fonctions, & fans avoir parlé des peines que les
loix prononcent contre eux. Cela va faire la matière
des obfervations fuivantes.

(*) Domat, loix civiles, l. 1. tit. 14. fect. 1 & 2.
(**) Domat, *ibid.*

Observations sur les délits dont les Juges peuvent se rendre coupables dans l'exercice de leurs fonctions, & sur les peines prononcées contre eux par les ordonnances.

Le ministère qu'exercent les Juges est si important, quelquefois même si rigoureux, il a tant d'influence sur la tranquillité des familles & de la société entière, que l'on ne peut trop s'assurer qu'on le confie à des mains pures.

C'est pour parvenir à ne donner à leurs sujets que des magistrats intégres, que nos souverains ont voulu que ceux qui se destineroient à cet auguste ministère, fussent éprouvés relativement à leurs mœurs, par des informations, & relativement à leur capacité, par des examens préalables à leurs réceptions.

Ces sages précautions ne leur ont point encore paru suffisantes ; ils ont voulu s'assurer qu'ils donneroient à leurs peuples des magistrats incorruptibles, incapables de prévention, de faveur & de haine, & qui, pénétrés d'un respect profond pour les loix & les ordonnances du royaume, s'attacheroient inviolablement à les faire observer.

Ce fut dans cette vue, bien digne d'un prince embrasé de l'amour de la justice, que saint Louis prescrivit la forme du serment qu'il voulut qu'on fît prêter à tous les officiers de judicature, sans en exempter les plus élevés en dignité : *Jurabunt omnes, tàm majoribus, quàm mediocribus ; tàm advenis, quàm indigenis, sine ullâ acceptione personarum, jus secundùm leges regni reddere : jurabunt etiam donum seu munus quodcunque præter esculenta & poculenta, quorum valor in unâ hebdomadâ summam decem solidorum Parisiensium non excedat.* Son

Son exemple fut fuivi par fes fucceffeurs, & s'eft heureufement confervé jufqu'à nos jours.

Mais ce n'étoit pas encore affez d'éprouver par des informations, par des examens ; d'affujettir par la religion du ferment ceux qui fe préfentoient pour remplir les fonctions honorables de la juftice : il falloit prononcer des peines févères contre ceux qui, oubliant leur caractère & leurs devoirs, ne craindroient pas d'abufer de leur autorité pour commettre des injuftices : il falloit effrayer par la crainte du châtiment, ceux que l'honneur & la vertu ne retiendroient pas dans leur devoir.

Notre projet n'eft pas d'entrer dans le détail de toutes les ordonnances de nos rois, rendues fur le fait & adminiftration de la juftice ; nous nous contenterons de rappeler ici quelques difpofitions des ordonnances d'Orléans & de Blois, après avoir donné, d'après ces mêmes ordonnances, une légère idée des fautes effentielles & des prévarications dont les Juges peuvent fe rendre coupables.

Jamais on ne peut imputer aux Juges les erreurs dans lefquelles ils tombent involontairement dans leurs décifions ; c'eft un des malheurs inféparables de la condition humaine, de pouvoir fe tromper avec les intentions les plus pures & les plus droites.

Mais autant ils méritent d'indulgence lorfqu'ils s'égarent contre le vœu de leur cœur, autant ils doivent être réprimés févèrement lorfqu'ils agiffent *per fraudem, inimicitias & fordes.*

Toutes les fautes ou prévarications qu'ils commettent par corruption de cœur, doivent être rigoureufement punies.

L'article 147 de l'ordonnance de Blois nous in-

dique les crimes dont un Juge peut se rendre coupable dans l'exercice de ses fonctions. Il est ainsi conçu : » Défendons à tous Juges pardevant les-
» quels les parties tiendront à fin de non procéder,
» de se *déclarer compétent & de nier le renvoi* des
» causes dont la connoissance ne leur appartient par
» nos édits & ordonnances, *sur peine d'être pris*
» *à partie*, au cas qu'ils aient ainsi jugé par *dol*,
» *fraude* ou *concussion*, ou que nos cours trouvent
» qu'il y ait faute *manifeste du Juge*, pour laquelle
» il doive être condamné en son nom «.

Sous le mot de *dol* ou de *fraude*, on comprend,

1°. L'abus d'autorité, comme lorsque le Juge excède son pouvoir, en connoissant des affaires qui ne sont point de sa compétence, ou en arrêtant le cours de la justice par la voie du déni.

2°. La passion, la haine, le crédit & l'argent qu'il a pu recevoir des parties pour rendre un jugement injuste.

Sous le mot de *concussion*, on comprend toute taxe injuste & tous droits illégitimes que les Juges peuvent percevoir dans l'exercice de leurs offices, les vacations excessives qu'ils se taxent, & toutes les exactions qu'ils peuvent faire, soit directement, soit par personnes interposées pour augmenter le produit de leurs offices au mépris des loix, dé l'honneur & de la justice (*).

C'est pour empêcher, autant qu'il est possible, des abus si préjudiciables, que les ordonnances d'Orléans & de Blois, articles 43 & 114, leur ont fait défenses de prendre ou laisser prendre aucun présent des parties, à peine de concussion.

_____

(*) Voyez le titre 25 de l'ordonnance de 1667, & le comment. de M. Jousse.

C'eft encore pour les attacher effentiellement à leurs fonctions & les détourner de toutes vûes d'intérêt, que les mêmes ordonnances leur ont fait défenfes d'accepter gages ou penfions des feigneurs du royaume, de prendre pour eux, leurs enfans ou domeftiques, des bénéfices des évêques, abbés ou chapitres des paroiffes où ils font officiers ; d'être officiers royaux & feigneuriaux, à peine de privation de leurs offices royaux, qui doivent être déclarés vacans & impétrables ; de prendre vicariats des prélats pour le fait du temporel ou fpirituel, & de fe mêler des affaires d'autres perfonnes que du roi, de la reine & des princes du fang, à peine de privation de leurs états ; enfin, de poftuler ou confulter pour les parties dans leurs fiéges, à peine de concuffion. Voyez l'ordonnance d'Orléans, article 44 ; celle de Blois, articles 112, 113 & 115.

Les malverfations, prévarications & délits des Juges connus, il nous refte à dire un mot des moyens autorifés par les ordonnances, pour en pourfuivre la vengeance.

Les ordonnances du royaume accordent aux parties qui font réellement fondées à fe plaindre de la conduite de leurs Juges, en ce que, par dol, intérêt fordide, ou par haine, ils ont préjudicié à leurs intérêts, le droit de demander à la cour fouveraine dont ils relèvent, la permiffion de les intimer en leur nom, pour fe voir condamner en leurs dommages & intérêts. C'eft ce que l'on appelle prife à partie.

C'eft un remède extrême que la loi donne aux parties contre un Juge inique, prévaricateur ou corrompu ; mais elle ne leur permet d'en faire ufage que lorfqu'il eft devenu indifpenfable.

Il faut, dit Mornac, fur la loi 2, au digeſte *de origine juris*, §. *per eos qui judicando præ-ſunt*, il faut que leurs crimes, leurs iniquités ſoient évidens, & qu'ils puiſſent être ſaiſis par les yeux de tout le monde.

Fortunam & dignitatem (opportet) ſpectari in judice, ne viteſcat apud ſuos.

Provocandos numquam eſſe ad curiam judices niſi manifeſtiſſimæ eorum ſordes fuerint, & niſi non imago ſceleris, ſed ſcelus ipſum excipiatur oculis.

Il faut donc pour pouvoir prendre un Juge à partie,

1°. Etre en état de préſenter l'évidence de ſon crime.

2°. En demander & en obtenir la permiſſion ſur les concluſions de MM. les gens du roi; encore les réglemens veulent-ils qu'elle ſoit demandée avec décence.

Celui du 4 juin 1699, rendu ſur les concluſions de M. l'avocat-général Dagueſſeau, le dit textuellement.

» Les Juges ne pourront être intimés & pris à » partie avant la commiſſion expreſſément obte-» nue par arrêt de la cour, à peine de nullité » de la procédure, & de telle amende qu'il con-» viendra; enjoint à tous ceux qui croiront devoir » prendre les Juges à partie, de ſe contenter » d'expliquer ſimplement & avec la modération » convenable, les faits & les moyens qu'ils eſ-» timeront néceſſaires à la déciſion de leur cauſe, » ſans ſe ſervir de termes injurieux à l'honneur » & à la dignité des Juges, à peine de punition » exemplaire «.

Il étoit de toute juſtice de prévenir par des

réglemens fages & même par des peines, l'abus
que pourroient faire des plaideurs fâchés de
la perte de leurs procès, d'une loi introduite
pour empêcher la prévarication des Juges, & ne
pas expofer légèrement ceux qui demeurent invariablement attachés à leurs devoirs, à des pourfuites rigoureufes qui les décourageroient & ten-
droient à avilir les fonctions les plus refpectables
& les plus auguftes.

Auffi voyons-nous que dans toutes les circonftances où, fur de faux expofés, la prife à
partie a été permife contre les Juges, ceux qui
ont fuccombé ont été condamnés à des peines
proportionnées à l'injure qu'ils avoient faite à leurs
Juges.

Ferriere, en fon dictionnaire de droit, en cite
un du 26 juin 1699, par lequel un marchand
qui avoit pris témérairement à partie le Juge
confulaire de Bourges, fut condamné à lui faire
réparation d'honneur en préfence de fix perfonnes,
telles que ledit Juge voudroit choifir, & à lui
en délivrer acte, & à 1000 livres de dommages
& intérêts, avec défenfes de récidiver, fous peine
de punition exemplaire, & aux dépens (*).

Lorfqu'au contraire le Juge fuccombe, & que
la prife à partie eft déclarée valable, le Juge eft
déclaré bien intimé, & condamné aux dommages
& intérêts des parties: il pourroit même arriver,
fuivant les circonftances & la gravité du délit,
que l'on prononçât une interdiction contre le Juge,
ou même que l'on déclarât fon office vacant &
impétrable. Mais il faut avouer, à l'honneur de

(*) Ferriere, dictionn. de droit, *verb.* Prife à partie.

nos Juges, que ces exemples fe préfentent bien rarement.

Voyez les loix eccléfiaftiques de M. d'Héricourt ; les loix civiles & le droit public de Domat ; le dictionnaire de droit de Ferriere ; le dictionnaire des arrêts de Brillon ; Denizart ; le traité de la fouveraineté par le Bret ; le traité des offices de Loifeau ; le praticien François de Lange ; l'ordonnance de 1667, & celle de 1670, commentée par Jouffe ; la bibliothèque du droit François de Bouchel ; les articles 43, 44, 112, 113, 115 & 147 des ordonnances d'Orléans & de Blois, &c. Voyez auffi les différens mots auxquels nous avons renvoyé dans le cours de cette addition.

(*Cette addition eft de M. MINIER, avocat au parlement*).

JUGES DES SEIGNEURS. Le feigneur haut-jufticier peut nommer des officiers qui rendent la juftice en fon nom, & ce droit lui eft commun avec le jufticier moyen & bas, chacun pour ce qui le concerne.

Non feulement le feigneur peut nommer des officiers, mais il eft encore obligé de le faire ; car les feigneurs ne peuvent eux-mêmes exercer ou rendre la juftice : ils le pouvoient, & ils le faifoient autrefois, mais ils ne le peuvent plus aujourd'hui. La caufe de ce changement eft parfaitement bien expliquée par Loifeau, traité des offices, *liv. 5, chap. 1, n. 42*, en ces termes : *En la première antiquité, les feigneurs étoient les vrais Juges, auffi n'étoient-ils lors que fimples officiers du roi ; mais ayant converti leur office en feigneurie, qui eft une efpèce de dignité diftincte fpécifiquement de l'office, comme ils ont pris à eux ce qui appartenoit au roi, à savoir, la propriété de la justice; aussi ils ont laissé à leurs Juges ce qui étoit de leur ancien office, savoir l'exercice de la justice.*

M. de Montesquieu a pris la peine de rechercher dans le chaos des anciens monumens la manière dont les seigneurs rendoient autrefois la justice. Nous ne le suivrons pas dans tous les détails auxquels il s'est livré sur les épreuves, les combats judiciaires, &c. il faut les voir dans son immortel ouvrage de l'esprit des loix. Nous nous contenterons de rapporter ce qu'il dit sur la manière dont les anciens usages se sont abolis, pour faire place à ceux que nous suivons aujourd'hui.

Il y avoit du temps de Beaumanoir deux différentes manières de rendre la justice: dans des lieux on jugeoit par pairs; dans d'autres on jugeoit par baillis: quand on suivoit la première forme, les pairs jugeoient selon l'usage de leur juridiction; dans la seconde, c'étoit des prud'hommes ou vieillards qui indiquoient au bailli le même usage. Tout ceci ne demandoit aucunes lettres, aucune capacité, aucune étude. Mais lorsque le code obscur des établissemens & d'autres ouvrages de jurisprudence parurent, lorsque le droit Romain fut traduit, lorsqu'il commença à être enseigné dans les écoles, lorsqu'un certain art de la procédure & qu'un certain art de la jurisprudence commencèrent à se former, lorsqu'on vit naître des praticiens & des jurisconsultes, les pairs & les prud'hommes ne furent plus en état de juger; les pairs commencèrent à se retirer des tribunaux des seigneurs; les seigneurs furent peu portés à les assembler: d'au-

tant mieux que les jugemens, au lieu d'être une
action éclatante, agréable à la nobleſſe, intéreſſante pour les gens de guerre, n'étoient plus
qu'une pratique qu'ils ne ſavoient ni ne vouloient
ſavoir. La pratique de juger par pairs devint
moins en uſage ; celle de juger par baillis s'é-
tendit ; les baillis ne jugeoient pas, ils faiſoient
l'inſtruction, & prononçoient le jugement des
prud'hommes ; mais les prud'hommes n'étant plus
en état de juger, les baillis jugèrent eux-mêmes.

Cela ſe fit d'autant plus aiſément, qu'on avoit
devant les yeux la pratique des Juges d'égliſe :
le droit canonique & le nouveau droit civil con-
coururent également à abolir les pairs.

Ainſi ſe perdit l'uſage conſtamment obſervé dans
la monarchie, qu'un Juge ne jugeoit jamais ſeul,
comme on le voit par les loix ſaliques, les capitulaires, & par les premiers écrivains de pratique de la troiſième race : l'abus contraire, qui
n'a lieu que dans les juſtices locales, a été modéré,
en quelque façon corrigé par l'introduction en
pluſieurs lieux, d'un lieutenant du Juge, que
celui-ci conſulte, & qui repréſente les anciens
prud'hommes, par l'obligation où eſt le Juge de
prendre deux gradués, dans les cas qui peuvent mériter une peine afflictive ; & enfin, il
eſt devenu nul, par l'extrême facilité des appels.

Ainſi ce ne fut point une loi qui défendit aux
ſeigneurs de tenir eux-mêmes leur cour ; ce ne
fut point une loi qui abolit les fonctions que
leurs pairs y avoient ; il n'y eut point de loi
qui ordonnât de créer des baillis ; ce ne fut point
par une loi qu'ils eurent le droit de juger ; tout
cela ſe fit peu à peu & par la force de la choſe.
La connoiſſance du droit Romain, des arrêts des

cours , des corps de coutumes nouvellement
écrites, demandoient une étude , dont les nobles
& le peuple fans lettres n'étoient pas capables.

La feule ordonnance que nous ayons fur cette
matière, eft celle qui obligeoit les feigneurs · de
choifir leurs baillis dans l'ordre des laïques. C'eft
mal à propos qu'on l'a regardée comme la loi
de leur création ; mais elle ne dit que ce qu'elle
dit. De plus, elle fixe ce qu'elle prefcrit, par
les raifons qu'elle en donne : » C'eft afin , eft-il
» dit, que les baillis puiffent être punis de leurs
» prévarications, qu'il faut qu'ils foient pris dans
» l'ordre des laïques ; on fait les priviléges des
» eccléfiaftiques dans ce temps-là «.

Il ne faut pas croire que les droits dont les
feigneurs jouiffoient autrefois, & dont ils ne jouiffent plus aujourd'hui , leur aient été ôtés comme
des ufurpations ; plufieurs de ces droits ont été
perdus par négligence , & d'autres ont été aban-
donnés, parce que divers changemens s'étant introduits dans le cours de plufieurs années, ils ne
pouvoient fubfifter avec ces changemens.

Par d'anciennes ordonnances , renouvelées par
l'article 27 de celle de Rouffillon, les feigneurs
étoient refponfables du mal jugé de leurs Juges ;
& en cas de réformation de leurs fentences , ils
étoient condamnés en 60 livres d'amende , fans
qu'ils puffent être reçus, à défavouer leurs Juges,
& fauf leurs recours contre eux. Mais quoique
cette ordonnance n'ait jamais été expreffément révoquée , la rigueur exceffive de fa difpofition qui
avoit encore lieu au temps de Bacquet , étoit
déjà tombée en non ufage, quand Loifeau écri-
voit ; en forte que depuis long-temps elle ne s'obferve plus. Pareillement il n'eft plus d'ufage de

rendre les feigneurs refponfables des malverfations de leurs Juges, comme ils l'étoient anciennement. Ainfi il eft inutile de s'étendre là-
deffus davantage

La feule peine qui refte contre les feigneurs
jufticiers qui ont abufé de leur droit de juftice,
foit en la déniant à leurs jufticiables, foit en les
vexant induement, eft de les priver de leur juridiction, foit en tout, foit en partie, foit à per-
pétuité, ou à temps feulement.

Les feigneurs ne devoient inftituer aux offices
de leurs juftices, que des perfonnes-capables de
les exercer, fujets du roi, réfidant dans le
royaume, & ayant des biens fuffifans pour répondre des abus & malverfations qu'ils pourroient
commettre dans l'exercice de leurs emplois. Le
père & le fils ne peuvent pas être Juge & greffier
dans la même juftice, parce qu'ils concourent à la
foi des jugemens.

L'âge requis pour être pourvu des offices de
judicature, eft de 25 ans accomplis; il faut être
licencié dans quelque univerfité du royaume, &
même reçu au ferment d'avocat, pour être Juge
en chef dans les juftices feigneuriales, qui reffortiffent nuement au parlement (*); mais le grade
n'eft pas requis pour les autres.

(*) *Déclaration du 16 janvier* 1680.
Louis, par la grâce de dieu, roi de France & de Na-
varre; à tous ceux qui ces préfentes lettres verront: falut.
Nous avons toujours confidéré comme la principale de nos
obligations, celle de faire régner la juftice dans nos états;
& afin de donner à ceux qui fe deftinent à ce miniftère, le
moyen d'acquérir la doctrine & la capacité convenables, en
leur impofant la néceffité de s'inftruire des principes de la

Il n'eſt pas libre aux ſeigneurs de donner à leurs Juges la dénomination qu'il leur plaît. Celle de bailli n'appartient qu'aux Juges des ſeigneuries de dignité : ceux des ſimples juſtices ne peuvent prendre cette qualification. » En effet, dit » Loiſeau, *des ſeigneuries*, *ch.* 8, les ſimples » hauts-juſticiers n'ayant droit de bailliage, ne » doivent nommer leurs Juges, baillis ; ains » comme les ſeigneurs des ſimples juſtices n'ont

---

juriſprudence, tant des canons & du droit Romain, que du droit François, nous avons, par notre édit au mois d'avril dernier, fait des réglemens que nous avons cru néceſſaires, tant pour l'établiſſement des leçons que pour le temps des études ; & bien que par icelui notre édit nous ayons expliqué que nul ne pouvoit être pourvu d'aucune charge de judicature, ſans faire apparoir de ſes lettres de licence, adoſſées du ſerment d'avocat, néanmoins, parce qu'il n'a point été fait mention des Juges que les ſeigneurs qui ont droit de juſtice établiſſent dans leurs terres, ni des officiaux qui ſont établis par les évèques dans leurs dioceſes, qu'il n'importe pas moins qu'ils aient chacun à leur égard la doctrine & la capacité néceſſaires pour leur miniſtère : Savoir faiſons, que nous, pour ces cauſes & autres à ce nous mouvans, de notre certaine ſcience, pleine puiſſance & autorité royale, & amplifiant notre édit dudit mois d'avril dernier, nous avons dit, déclaré & ordonné, diſons, déclarons & ordonnons par ces préſentes, ſignées de notre main, voulons & nous plaît, qu'à l'avenir, & vacation arrivant des charges de bailli, ſénéchal, prévôt-chàtelain, & autres chefs de juſtices ſeigneuriales de notre royaume, qui ſont tenues en pairie, & dont l'appel reſſortit nuement en nos cours de parlement en matière civile, nul ne puiſſe être pourvu deſdites charges s'il n'eſt licencié & n'a fait le ſerment d'avocat, dont il ſera tenu rapporter la matricule Voulons pareillement qu'aucun eccléſiaſtique ne puiſſe à l'avenir être admis à faire la fonction d'official, qu'il ne ſoit licencié en droit canon ; le tout à peine de nullité des ſentences & jugemens qui ſeront rendus par leſdits Juges & officiaux.

» aucun titre de dignité, ni n'ont autre nom,
» que de feigneurs jufticiers, auffi leurs juges
» ne devroient avoir autre nom, que de Juges
» ou gardes de juftice, eftant le bailliage *un*
» *degré de juridiction greigneur*, dit la cou-
» tume de Normandie, & autres viels li-
» vres, c'eft-à-dire plus haute & honorable que
» la fimple juftice, comme il eft porté au 24
» art. du premier ch. de la coutume de Niver-
» nois fus allégué, & au grand coutumier, liv.
» 4, ch. 5, en ces mots : *Celui qui a toute juf-*
» *tice, s'il fe nomme bailli, ce n'eft qu'un nom*
» *trouvé contre raifon, & ne peut pas pour ce,*
» *tenir affife ni avoir reffort; car il n'eft que Juge*
» *premier, pour ordonner en première juridiction &*
» *première cour, &c.* ».

Ainfi, quoique tous les feigneurs qui ont juftice aient également le droit de nommer des officiers pour l'exercer, ils n'ont pas celui de leur
donner indiftinctement les dénominations qu'il
leur plaît. Ces officiers doivent fe qualifier baillis,
prévôts, Juges - gardes, fuivant la dignité de la
feigneurie.

Outre le premier Juge, les feigneurs peuvent
encore nommer un lieutenant, un affeffeur, lorfqu'ils font en poffeffion de le faire.

Un autre officier, que les feigneurs ont droit
d'inftituer, comme néceffaire dans toutes les juftices, c'eft un greffier, pour dreffer & enregif-
trer les jugemens, & les expédier aux parties;
cet officier tient le fceau de la juftice, & a droit
d'en fceller les fentences qu'il délivre, comme
l'obfervent les auteurs (*)

_____

(*) Loifeau, des feigneuries, chap. 10, n. 79.

Les feigneurs étant obligés d'avoir des prifons, pour y enfermer les délinquans, il s'enfuit qu'ils doivent avoir un geolier pour les garder (*). Ce fut pour cela que par arrêts des grands jours de Moulins, du 16 octobre 1550 (**), il fut enjoint aux feigneurs hauts-jufticiers d'entretenir un geolier créé & juré, réfidant au château, où eft la prifon. Il eft pourtant vrai que plufieurs feigneurs s'en difpenfent, fe contentant de tenir les prifonniers enfermés en un lieu fûr, & d'en faire prendre la clef, foit par un domeftique, foit par le greffier de la juftice ou autre; mais c'eft un abus auquel il feroit à propos d'apporter du remède.

Un fergent eft encore un officier néceffaire pour exécuter les mandemens & les fentences des Juges des feigneurs. Anciennement on avoit coutume de leur donner des lettres d'inftitution (***); les Juges en commettroient lorfqu'ils le jugeoient néceffaire : mais cet ufage, qui avoit pareillement lieu dans les juftices royales, y ayant été aboli par les ordonnances, il a peu à peu ceffé de s'obferver auffi dans les juftices fubalternes; en forte que les feigneurs font par-tout en poffeffion aujourd'hui d'inftituer des fergens dans leurs feigneuries.

Mais jufqu'à quel nombre en peuvent-ils nommer ? Toutes les coutumes (****) qui en parlent,

---

(*) Loifeau, des feigneuries, chap. 10, n. 79.

(**) Voyez les notes de Néron de la dernière édition fur l'ordonnance d'Orléans, art. 55; Boucheul, fur Poitou, art. 15, n. 2.

(***) Voyez Boucheul, fur Poitou, art. 387.

(****) Coutume de Poitou, art. 387; de Tours, art. 76; d'Angoumois, art. 9.

décident que ce nombre doit être fixe , & qu'il faut faire diftinction à cet égard , entre les grandes & les moindres feigneuries : mais comme elles ne s'accordent point , & que plufieurs n'en difent rien , il paroît qu'on peut fuivie , dans les coutumes muettes , celle d'Angoumois : elle porte , que le comte peut en créer jufqu'à douze ; le baron , fix ; le feigneur châtelain , quatre ; & les autres fimples feigneurs , deux feulement : il femble que Loifeau (*) ait voulu les fixer à fix dans toutes fortes de feigneuries fans diftinction , conformément , dit-il , à la coutume de Tours ; mais il n'a pas fait attention que cette même coutume permet aux comtes & aux barons d'en avoir jufqu'à douze.

A l'égard de leur pouvoir , il eft limité à l'exécution des feuls jugemens ou obligations paffées fous le fcel de leur feigneur , fans pouvoir exploiter hors du détroit de la juftice où ils font établis.

La juftice contentieufe ayant été confervée aux feigneurs , il femble , par de grandes confidérations qui ont été déduites par de favans hommes (**) , qu'ils devroient à plus forte raifon jouir de la volontaire ; c'eft à-dire , de créer en leurs terres des notaires authentiques , pour y recevoir toutes fortes d'actes , foit entre vifs ou de dernière volonté.

Il eft pourtant vrai que l'ufage eft contraire & paroît uniquement fondé , fuivant le témoignage de Bacquet , fur un article d'une ancienne

---

(*) Loifeau , des feigneuries , chap. 10 , n. 79.
(**) Bacquet , des droits de juftice , chap. 25 , n. 7 ; Loifeau , des feigneuries , chap. 8 , n. 86.

ordonnance de Philippe-le-Bel du 23 mars
1302. Cet article, dont cet auteur parle d'une
manière assez incertaine, & qui est le trente-
sixième dans l'édition qu'en a donnée M. Eusèbe
de Lauriere (*), porte, que pour diminuer le
trop grand nombre de notaires, le roi se réserve
à lui seul & à ses successeurs, le droit d'en
créer de nouveaux ; à quoi il ajoute néanmoins
cette clause importante : *Nolumus tamen, quod
prælatis, baronibus & omnibus aliis subditis nostris, qui de antiquâ consuetudine in terris suis
possunt notarios facere, per hoc præjudicium ge-
neretur.*

Telle est la source de la jurisprudence présente
du royaume sur cette matière, suivant laquelle
(**) les seigneurs hauts-justiciers n'ont ce droit
de tabellionage qu'en trois cas ; savoir, quand
ils y sont fondés en titres exprès, ou en possession immémoriale, ou enfin par la coutume particulière des lieux. Et suivant cela, par arrêt du
21 novembre 1623 (***), il a été fait défenses
aux seigneurs de créer en leurs terres des notaires
authentiques, à moins qu'ils n'en eussent le pouvoir, à peine d'être procédé contre eux ainsi
qu'il appartiendra.

Mais cela ne regarde que les simples seigneurs
hauts-justiciers ; car à l'égard des barons, des
seigneurs châtelains, & à plus forte raison de
ceux dont les fiefs ont encore des titres plus émi-

_____

(*) Recueil des anciennes ordonnances, tom. 1, p. 363.
(**) Voyez Bacquet, *and.* chap. 25 ; Loiseau, des
seigneuries, chap. 10, n. 79.
(***) Tiré des registres des délibérations secrètes de la
grand'chambre.

nens, ils ont de plein droit cette prérogative ;
fuivant l'édit du roi François I, du mois de novembre 1542, dont Bacquet (*) a rapporté
les termes, auffi bien que par la difpofition précife de plufieurs coutumes du royaume qui y font
conformes.

Il ne faut pas croire que ceux qui ont ce
droit puiffent créer autant de notaires que bon
leur femble : le nombre en eft fixé par quelques
coutumes (**), mais d'une manière différente.
Dans celles qui n'en parlent pas, on fe règle
fuivant ce qui s'eft pratiqué de tout temps, ou
par l'importance & l'étendue des terres. Ainfi,
par arrêt donné au rapport de M. Robelin le 7
août 1578, entre les officiers royaux du comté
de Charolois, & les officiers particuliers de ce
comté, il fut ordonné que les notaires authentiques
y feroient inftitués en tel nombre qu'il feroit jugé
néceffaire pour la commodité du public, appelé
trois ou quatre des principaux habitans des lieux.
Par un autre arrêt du 28 mai 1586, entre meffire
Antoine de. Vienne de Beauffremont, feigneur
d'Arc en Barrois, contre M. Nicolas de Giffey,
tabellion royal au bailliage de Châtillon; il fut
dit, que le nombre des notaires authentiques de
la feigneurie d'Arc, ne pouvoit être plus grand
que de dix, qui feroient difperfés, tant dans le
bourg d'Arc, que dans les villages de la dépendance, le plus commodément que faire fe pourroit. Et par un troifième arrêt, donné à l'audience

---

(*) Bacquet, *loc. citat.* n. 9. 10. Voyez auffi Loifeau,
des feigneuries, chap 8. n. 85.
(**) Coutumes d'Augoumois, art. 5 ; de Tours, art. 753
de Poitou, art. 375.

du 16 février 1680 (*), les notaires authentiques du bailliage de S. Seine en Auxois, furent réduits à six.

Il y a pourtant des seigneurs à qui on a conservé le droit d'instituer dans leurs terres autant de notaires qu'il leur plairoit. C'est ainsi que par des lettres-patentes du 22 avril 1673, qui furent enregistrées au parlement de Bourgogne le 3 juillet 1674, le roi confirma messire Nicolas Brulart, premier président du parlement, dans le droit & possession d'avoir, dans l'étendue de sa baronnie de Sousbernon, tel nombre de notaires qu'il jugeroit à propos ; mais ces sortes de concessions particulières ne doivent pas tenir à conséquence.

Est-il permis aux seigneurs d'augmenter le nombre de leurs officiers ; par exemple, à celui qui d'ancienneté n'a qu'un bailli, de créer un lieutenant ?

Cette question s'est présentée à l'audience de la grand'chambre du parlement de Paris, entre le bailli de saint Marcel & du Mont-Saint-Hilaire, & les chanoines du chapitre saint Marcel. Ceux-ci, contre l'ancien usage, avoient institué un lieutenant de leur justice. Le bailli s'étoit pourvu au parlement, & demandoit à être reçu opposant à l'institution de cet officier, à ses lettres de provisions, &c. M. l'avocat-général Talon portant la parole, a dit : que si l'entreprise faite par les chanoines avoit lieu, ils s'arrogeroient plus d'autorité que le roi même, puisqu'il s'est

_____

(*) Arrêts de Fr. Perrier, quest. 209 : cet arrêt, dans d'autres mémoires, est daté du 20 février.

tellement lié les mains pour ce regard, qu'il ne peut
créer ni ériger aucun office, de fi petite conféquence
qu'il puiffe être, fans édit & déclaration vérifiée en la
cour ; auffi n'a-t-on jamais foufferr qu'aucun feigneur l'ait entrepris. La cour fait quelle eft la
difpofition de l'arrêt pour le bailliage de faint
Germain, dans lequel il n'y a qu'une feule perfonne qui y adminiftre la juftice, quoiqu'il foit
de fi grande étendue, qu'il y a plufieurs préfidiaux en France qui n'en ont pas les deux tiers : de
même le fieur duc de Nemours ayant voulu créer
un fergent dans fon duché, & le fieur duc de
Montmorency, donner une partie de fa juftice à
un gentilhomme de fes voifins ; ils s'y font oppofés, parce que quoiqu'un feigneur puiffe inféoder ; c'eft-à-dire, faire de fon fief un arrière-
fief, il ne peut pas démembrer fa juftice fans
la permiffion & le confentement du roi ; c'eft
pourquoi il ne faut point ici alléguer de poffeffion, parce que outre qu'elle n'eft pas bien
établie, il faudroit en rapporter un titre, d'autant que fi dans l'établiffement de la juftice la
charge de lieutenant avoit été érigée, il faudroit
que les feigneurs en rendiffent aveux au roi,
lefquels fe trouveroient en la chambre des comptes ;
cela eft de notoriété : de forte qu'une poffeffion,
telle que l'on la peut inférer du prétendu acte,
que l'on peut rapporter à préfent, fait en 1608,
& d'un arrêt qui a confirmé la fentence rendue
par le lieutenant audit bailliage, ne peut pas
être confidérable. Ceux qui exercent en l'abfence
du bailli ne pouvant prendre la qualité de lieutenant, vu que depuis ce temps conftamment
il n'y en a point eu dans le bailliage, & particulièrement depuis feize à dix-fept ans, que fe

bailli pourvu à titre onéreux eft en poffeffion, & ainfi croient qu'il y a lieu de ne point autorifer les nouveautés, n'y ayant pas encore longtemps que les chanoines de faint Marcel auroient voulu établir un franc fergent, avec la qualité de feul prifeur, vendeur de meubles, dont eux, comme gens du roi, avoient demandé la fuppreffion, qui avoit été ordonnée conformément à leurs conclufions; ainfi qu'il y a lieu de leur faire défenfe de mettre un lieutenant, même avec quelque forte de peine. La cour a reçu & reçoit le bailli oppofant, & ayant égard à l'oppofition, ordonne qu'il exercera la charge & office de bailli, fans qu'il puiffe être créé & établi un lieutenant, à peine de concuffion, & fans dépens.

Du pouvoir des feigneurs de deftituer leurs officiers.

Si l'article 27 de l'ordonnance de Rouffillon n'avoit pas renouvelé en 1563 contre les feigneurs l'ancienne amende qu'ils payoient pour le mal jugé de leurs Juges, on n'auroit pas penfé à donner aux feigneurs particuliers le pouvoir de deftituer leurs officiers; pouvoir dont le fouverain lui-même eft privé par des ordonnances regardées comme des loix fondamentales dans l'état.

L'exemple de M. de Saint-Romain, procureur général, deftitué pour avoir fait fon devoir, fit ouvrir les yeux à Louis XI, qui fe repentit d'avoir violé l'ordonnance de Philippe de Valois : il la renouvela en 1467; M. de Saint-Romain fut depuis rétabli dans fon office. Ce roi prudent & abfolu, pour faire fentir combien il importe que les officiers ne foient point deftituables, dit dans l'ordonnance faite à ce sujet, que ses officiers sont les *ministres essentiaux de la chose publique* sous son administration, comme membres du corps dont il est le chef; & afin qu'une ordonnance si nécessaire ne fût plus exposée à être violée, il fit jurer à Charles VIII, son fils, au lit de la mort, de n'y jamais contrevenir.

Louis XI reconnut par expérience, qu'il est utile aux princes d'avoir des gens qui aient assez de courage pour être fermes & n'écouter que la loi dans leurs fonctions : il sentit que le pouvoir de destituer, inutile contre un officier corrompu, auquel on peut faire le procès, est toujours pernicieux contre un officier fidèle, dont il ralentit le zèle & peut arrêter les services.

A l'exemple des officiers royaux, ceux des justices de seigneurs étoient irrévocables, jusqu'à l'ordonnance de Roussillon, qui pour récompenser les seigneurs d'une amende, qui, dans nos mœurs, ne tombe plus sur eux, leur a donné le droit de révoquer leurs Juges. Régulièrement la première partie de cette ordonnance pour l'amende n'étant point exécutée, la seconde pour les destitutions tombe de plein droit; mais il faut convenir que l'usage a prévalu, & que, dès le temps de Loiseau, qui atteste cet usage, les seigneurs pouvoient destituer leurs officiers : ce droit néanmoins n'a jamais été sans plusieurs exceptions, qui font la preuve qu'on ne l'a jamais regardé comme purement arbitraire, & qu'on ne peut jamais le regarder comme tel.

Ce qui a le plus contribué à établir le pouvoir de destituer, c'est que les seigneurs qui sont toujours dans l'appréhension d'être réformés par la cour, s'ils commettent une injustice, n'ont guère ufé de ce droit que dans des cas où il étoit jufte de le faire. Alors la cour les a difpenfés de prouver par une accufation juridique & contentieufe, les plaintes qu'ils avoient à faire contre leurs Juges ; & c'eft l'effet du véritable pouvoir de deftituer, que de donner aux feigneurs une efpèce d'infpection fur la conduite de leurs Juges, qui les met à portée de les réprimer, fans être obligés de foutenir un procès toujours épineux, & qui ne réuffit que dans des cas très-graves.

On n'a pas craint d'un autre côté que les feigneurs méfufaffent de l'autorité qu'on leur donnoit fur leurs Juges, parce que la cour s'eft toujours réfervé le droit de juger à fon tour de leur conduite, & de la réprimer en déclarant nulles les deftitutions qui feroient injuftes.

Après l'expofition de ces principes, qui ne tendent pas à annuller le pouvoir donné aux feigneurs de deftituer leurs Juges, quelque défavorable qu'il foit, mais qui foumettent avec raifon les deftitutions particulières à la prudence & à l'examen de la cour ; il eft aifé de parcourir les différens cas dans lefquels la cour annulleroit les deftitutions, & ceux-là feront les exceptions à la règle générale.

La première de ces exceptions devroit être celle qui paroît être prononcée par l'ordonnance de Rouffillon ; les officiers ont été pourvus pour récompenfe de fervice, ou pour une autre caufe onéreufe. Mais à dire vrai, ce n'eft pas ici une exception qui empêche la deftitution, c'eft feulement un obftacle à la deftitution, & une loi impofée au feigneur de récompenfer l'officier qu'il deftitue, & de lui rendre fa finance en le deftituant.

Si l'on allègue des arrêts qui paroiffent avoir

jugé fur ce point différemment les uns des autres ;
il y a toute apparence que les uns ont annullé la
deftitution, attendu les circonftances par lefquelles
les officiers prouvoient qu'elle étoit injufte, &
que les autres, jugeant que le feigneur pouvoit
avoir des motifs légitimes de deftitution, ont
confirmé la deftitution en rembourfant la valeur
des fervices & la finance donnée par l'officier :
plufieurs même de ces derniers ont été rendus
en faveur des bénéficiers, qui font moins aftreints
à conferver les officiers pourvus par leurs prédéceffeurs.

. L'arrêt du 7 juillet 1663, que l'on cite communément comme ayant jugé qu'un officier pourvu
avec finance, & pour récompenfe de fervice, ne
pouvoit être deftitué, n'a point eu cette maxime
pour fondement ; il eft bien vrai que cet arrêt
a maintenu l'officier ; mais il ne l'a pas maintenu
parce qu'il étoit pourvu pour récompenfe de fervice ; c'eût été une raifon de le rembourfer,
comme M. Bignon y conclut, & non de le maintenir purement & fimplement contre la volonté
du feigneur : la véritable raifon fut que la conduite du feigneur avoit été injurieufe à l'officier ;
qu'il n'avoit pas dû *le deftituer*, mais *le remercier*,
& lui témoigner qu'il étoit content de fes fervices ;
qu'enfin le feigneur avoit été piqué de ce que
le frère de fon fénéchal avoit obtenu une abbaye
que le feigneur avoit demandée, & qui étoit auparavant dans fa maifon, qu'il avoit agi pour fe
venger avec précipitation & emportement.

. Cet arrêt dans lequel la cour a condamné avec
raifon la conduite injurieufe & irrégulière du
feigneur, nous découvre une véritable exception
au pouvoir des feigneurs de deftituer leurs offi-

ciers ; il faut que la destitution soit juste & modérée ; la cour a toujours conservé le droit de juger de la conduite des seigneurs , & de la réprimer : on ne peut rapporter aucun arrêt par lequel la cour ait approuvé la vengeance, l'avarice ou l'injustice des seigneurs. Il est vrai qu'il y a plusieurs arrêts, qui, depuis celui de 1663 , ont confirmé les destitutions ; mais on ne peut prouver que, dans aucun de ces arrêts, le seigneur eût commis une injustice évidente. Tout ce qui peut donc résulter de plus fort de ces arrêts, c'est que l'officier doit prouver l'injustice, & que la présomption pourroit être du côté du seigneur, si l'officier ne la fait cesser.

L'arrêt de 1663 n'est pas la seule autorité sur laquelle soit fondée la maxime que les destitutions ne sont pas purement arbitraires, & que la cour a droit de les annuller : quoique depuis cet arrêt les seigneurs aient été retenus par la crainte d'être réformés, on en trouve cependant un récent du 31 mai 1726, dans l'espèce duquel il a été prouvé que le seigneur avoit destitué son Juge en haine de ce qu'il avoit contre sa volonté fait défense de s'attrouper pour célébrer une fête licentieuse : le Juge a été maintenu dans les fonctions & exercice de son office avec dépens.

L'arrêt est rendu au grand-conseil ; mais, à coup sûr, la cour n'auroit pas jugé différemment dans une affaire où la conduite du seigneur étoit si odieuse & si digne de repréhension.

Loiseau rapporte un autre exemple singulier arrivé de son temps. Un grand prélat, dit-il, destitua son Juge ; parce qu'il accommodoit la moitié des procès, & que par-là, la ferme du

greffe étoit diminuée de moitié ; ce fut l'unique
raison qu'il rendit de sa conduite au Juge lui-
même, qui se plaignoit à lui de la destitution.
Quelqu'un voudroit-il révoquer en doute, qui,
du prélat avare & injuste, ou de ce Juge équitable & désintéressé, auroit trouvé de l'appui en
la cour dans une telle contestation ?

La seconde limitation au pouvoir de destituer ,
est de ne le pas faire en termes qui puissent porter
atteinte à l'honneur & à la réputation de l'officier ; de là vient que le seigneur ne peut ni exprimer une cause infamante , ni dire en général,
pour cause à lui connue, comme il ne peut pas
même le destituer purement & simplement : la
destitution est injurieuse en ce cas ; il faut
que le seigneur qui veut s'épargner un procès,
destitue son Juge , comme le dit M. Bignon dans l'arrêt de 1663, *par un remercîment*,
en témoignant qu'il est content de ses services,
autrement la destitution est *injurieuse* à l'officier,
& ne peut être approuvée.

Les officiers des seigneurs peuvent-ils résigner
leurs offices ?

Il y a deux manières de pourvoir aux offices ,
gratuitement & à titre onéreux.

La différence qui est entre ceux qui sont pourvus
gratuitement, & ceux qui sont pourvus à titre
onéreux, est que ceux qui sont pourvus gratuitement, ne peuvent résigner, si la permission ne
leur en est expressément accordée, soit par les
provisions, soit par une faveur singulière du seigneur, postérieure aux provisions ; au lieu que ceux
qui sont pourvus à titre onéreux peuvent résigner
de leur vivant.

L'impuiffance de réfigner fait que l'officier ne peut difpofer ni de fon vivant, ni après fa mort ; il a fimplement la liberté de fe démettre, parce que perfonne n'eft obligé d'exercer un office malgré lui ; & le feigneur a toujours le pouvoir de le deftituer à volonté, fuivant l'article 27 de l'ordonnance de Rouffillon.

Ceux qui font pourvus à titre onéreux peuvent réfigner à perfonnes capables, c'eft-à-dire, fe démettre avant la mort & fe donner un fucceffeur, auquel le feigneur ne peut refufer des provifions, à moins qu'il n'indemnife l'officier qui a été pourvu à titre onéreux, foit en rendant la finance qu'il a reçue, foit par une jufte récompenfe des fervices de l'officier dont il ne veut point admettre la réfignation.

La réfignation qui eft permife à l'officier pourvu à titre onéreux, a fes règles, qui font :

La première, que la réfignation foit faite par l'officier de fon vivant, & non par teftament ou à caufe de mort ; ce qui a introduit la règle des quarante jours pour les offices royaux, fuivant laquelle l'officier doit furvivre quarante jours après fa réfignation notifiée ; mais cette règle n'eft pas obfervée à la rigueur pour les offices des feigneurs, à l'égard defquels il n'eft pas néceffaire que l'officier furvive quarante jours, pourvu qu'il ait réfigné & notifié de fon vivant.

La deuxième eft que la veuve & héritiers de l'officier ne peuvent réfigner, la réfignation étant une faculté perfonnelle à l'officier pourvu à titre onéreux.

La troifième eft que ceux qui ont acquis l'office moyennant finance, foit du feigneur, foit de ceux qui ont acquis du feigneur, font réputés

pourvus à titre onéreux ; en forte que le fucceffeur à titre de réfignation de l'officier pourvu
à titre onéreux, en quelque degré que ce foit, a
plus de droit que la veuve & héritiers ; car il
peut réfigner de même que le premier qui a acquis
à titre onéreux.

Il y a trois manières de pourvoir à titre onéreux:
1°. Pour récompenfe de fervice.
2°. Moyennant finance.
3°. Avec brevet de retenue.

Le brevet de retenue eft plus qu'une fimple
quittance de finance, parce qu'il donne le droit
de garder l'office jufqu'au remboufement de la
finance, fuivant l'étendue que le feigneur a donnée au brevet de retenue : c'eft une efpèce de nantiffement fur un office comme fur un domaine
ou héritage, par forme de contrat pignoratif, pour
fûreté de la finance qui a été donnée pour l'acquifition d'un office.

Mais le nantiffement ne dépouille pas le feigneur
de la propriété de l'office qui réfide toujours en fa
perfonne, de même que dans le contrat pignoratif la propriété du domaine & héritage appartient
toujours à celui qui a emprunté, le prêteur n'a
que la jouiffance *nomine domini*, qui eft une
efpèce de poffeffion précaire.

Des perfonnes qui peuvent inftituer & deftituer les officiers d'une feigneurie.

On peut demander fi l'inftitution des officiers
peut être faite par le tuteur du feigneur, par
le mari de la dame à qui appartient la feigneurie,
par celui qui en a l'ufufruit, par l'économe ou
curateur, qui en a la régie, par le commiffaire

aux faifies-réelles, & autres perfonnes pareilles ;
fur quoi on demeure affez d'accord, que le tuteur, le mari & l'ufufruitier font en droit de
le faire, quoique d'Argentré foit d'avis contraire
pour la collation & préfentation des bénéfices,
où il paroît y avoir la même raifon de décider.
Mais c'eft un paradoxe qu'il a pris plaifir de
foutenir, pour contredire Dumoulin, comme
l'a très-bien obfervé Dupineau. Loifeau y a fait
auffi quelque difficulté à l'égard de l'ufufruitier ;
mais fon opinion a été à cet égard généralement
réprouvée.

J'y ferois bien plus de difficulté à l'égard du
fequeftre d'une feigneurie, qui n'eft pas même
quafi dominus, comme le mari, ou l'ufufruitier.
Cette queftion a été fouvent agitée à l'égard de
la collation & de la préfentation des bénéfices,
fuivant que l'obferve le même Dupineau ; fur
quoi il fait une différence entre le fequeftre volontaire, & le fequeftre forcé ; croyant que le
premier peut préfenter & conférer, & non le
fecond, qui n'eft qu'un fimple commis à la régie
de la chofe, *cuftodiæ caufa*, tels que l'économe,
le curateur aux biens vacans & le commiffaire aux
faifies-réelles.

A l'égard de la deftitution, on a mis en pro-
blême fi le tuteur peut révoquer les officiers des
juftices appartenantes à fes mineurs ; mais fi le
tuteur n'eft pas feigneur, il le repréfente & tient
fa place, difent les jurifconfultes. Ainfi, à l'exception de la feule aliénation des immeubles du
mineur, il eft en droit de faire tout ce que péut
un propriétaire majeur ; cela eft des premiers principes. D'ailleurs on convient qu'il peut inftituer
les officiers ; il eft donc le maître de les deftituer ;

ainſi on ne ſauroit le priver avec juſtice d'un avantage que les loix lui ont donné.

: J'ajoute qu'il y auroit de grands inconvéniens à lui lier les mains à cet égard. Ne ſe peut-il pas faire en effet qu'il trouve dans la terre de ſon mineur un procureur d'office, qui négligera les droits de la ſeigneurie & la pourſuite des procès criminels ? Un Juge & un greffier, de la conduite deſquels il recevra pluſieurs plaintes, quoique peut-être il n'y en eût pas d'aſſez fortes pour leur faire leur procès ? Il faudra donc qu'il les ſouffre au grand préjudice de ſon mineur & du public, ſans oſer y remédier par la deſtitution de ces officiers, dont on ſera mécontent ; cela ſeroit trop criant pour pouvoir être toléré ; & vouloir en ce cas qu'il ſe pourvoie en juſtice contre l'officier qu'il voudra deſtituer, c'eſt l'obliger à eſſuyer un procès diſpendieux, & pendant la durée duquel l'officier continueroit toujours ſes fonctions, choſe qui ne ſeroit pas ſupportable.

: Si on a jugé anciennement d'une autre manière, c'eſt parce qu'alors on étoit prévenu de cette idée, que toute deſtitution étoit odieuſe & par conſéquent qu'il falloit limiter ſur ce point la liberté des ſeigneurs, autant qu'il étoit poſſible ; mais on en a reconnu l'abus, comme il paroît par la juriſprudence nouvelle, qui leur permet ſans diſtinction, de deſtituer les pourvus, même pour cauſe onéreuſe en les indemniſant. Ainſi il me paroît que le tuteur du ſeigneur, & même le curateur donné au furieux, ou à l'imbécille ; ou à l'abſent, doivent jouir de la même autorité.

Il y avoit plus lieu d'en faire difficulté, quoi qu'en diſe Loiſeau à l'égard du mari, pour les officiers des terres de ſa femme : car, euxore que le mari puiſſe agir ſans procuration de ſa femme, en ce qui regarde ſes droits, poſſeſſions & ſes actions perſonnelles, néanmoins ſi ces officiers avoient été inſtitués par la femme, avant que d'être mariée, il ſemble que ce ſeroit lui faire une injure, que de les dépoſſéder enſuite ſans ſon aveu.

Cependant, comme parmi nous le mari eſt regardé l'uſufruitier des biens de ſa femme, & que l'inſtitution ou la deſtitution des officiers ſont en quelque manière *in fructu*, il eſt d'uſage que ce droit s'exerce par le mari; mais ce n'eſt pourtant pas de façon, qu'après la diſſolution du mariage, les officiers inſtitués par lui ne puiſſent être deſtitués; c'eſt bien aſſez d'avoir ôté cet avantage à la femme mariée, ſans la priver encore de celui de rentrer dans ſes droits, quand elle n'eſt plus ſous la puiſſance de ſon mari. Ainſi il en doit être d'elle comme du bénéficier, auquel, de l'aveu de Loiſeau, le mari eſt comparé, & qui peut dépoſſéder les officiers qui avoient été établis par ſon prédéceſſeur.

Officiers des ſeigneurs hauts-juſticiers ne ſont ſujets à l'examen des baillis & ſénéchaux

M. le cardinal de Guiſe ayant pourvu Me. Jean Pelletier de l'état & office de bailli de Monnorville, les officiers du bailliage d'Etampes le font incontinent aſſigner, aux fins de venir ſubir l'examen pardevant eux, pour reconnoître s'il eſt capable, ſuivant & conformément à l'ordonnance. Pelletier n'ayant obéi, ils le condamnent en 50 livres d'amende, & le décrèrent d'ajournement perſonnel, dont il interjette appel.

Pelletier répondit, que l'ordonnance d'Orléans, art. 55, sur lequel vraisemblablement les Juges se sont fondés, qui porte que tous officiers des justices & juridictions subalternes, ou des hauts-justiciers ressortissans pardevant les baillis & sénéchaux, seront examinés avant que d'être reçus; par un des lieutenans ou plus ancien conseiller du siége, après sommaire information de leurs bonne vie & mœurs, n'étoit plus observée. Si on assujettissoit les officiers des seigneurs à l'examen des baillis & sénéchaux, ce seroit entiérement leur ôter la faculté d'instituer & destituer. Cette question a été jugée *in terminis* pour madame la comtesse de Mortemart, contre les officiers de Montmorillon.

M. l'avocat général Servin dit, qu'ayant porté la parole en l'arrêt qu'on a allégué pour Mad. la comtesse de Mortemart, qui a jugé la question en sa thèse *in individuo*, il n'a rien à y ajouter.

La cour dit qu'il a été mal, nullement jugé & procédé, révoqua tout ce qui avoit été fait par les officiers d'Etampes, ordonna que les amendes seroient rendues au bailli appelant, le déchargea de l'ajournement personnel contre lui décerné, & condamna le lieutenant-général & procureur du roi d'Etampes aux dépens.

Cet arrêt du 10 juillet 1618, est rapporté dans le premier tome des arrêts de Bardet.

Compétence des Juges des seigneurs.

Les Juges des seigneurs connoissent de toutes sortes de crimes; il n'y a d'exception que pour ceux dont l'ordonnance de 1670, tit. 1, art.

11 & 12, attribue la connoiffance aux baillis & fénéchaux, ou aux prévôts & juges préfidiaux.

Les baillis & fénéchaux connoiffent, à l'exclufion des Juges des feigneurs, ainfi que des premiers Juges royaux, du crime de lèfe-majefté, du facrilège avec effraction, de la rebellion aux mandemens émanés du roi ou de fes officiers, de la police pour le port des armes, des affemblées illicites, féditions, émotions populaires, force publique, fabrication, altération & expofition de fauffe monnoie, correction des officiers royaux, & malverfations par eux commifes dans leurs charges, crimes d'héréfie, trouble public fait au fervice divin, rapt & enlèvement des perfonnes par force & violence, &c.

Ces crimes font appelés communément cas royaux; ils font tels, difent quelques-uns de nos auteurs, parce qu'ils font fi graves, qu'il importe d'en affurer la recherche & la punition; mais ce raifonnement eft faux, & ce qui le prouve évidemment, c'eft qu'il y a des crimes plus graves & plus énormes que ceux dont nous venons de parler, & qui cependant ne font point des cas royaux; le crime de lèfe-majefté divine, le parricide, &c. Ce qui fait le cas royal eft moins l'énormité du crime, que les conféquences ou les fuites du crime par rapport à l'état & au public; & on peut définir en ce fens le cas royal, celui où la majefté du prince, la dignité de fes officiers, la fûreté & la tranquillité publique fe trouvent violées ou intéreffées.

Les prévôts & les Juges préfidiaux connoiffent, à l'exclufion des Juges des feigneurs & des premiers Juges royaux, de tous crimes commis par les vagabonds, gens fans aveu & fans domicile;

ou qui ont été condamnés à quelque peine corporelle, bannissement ou amende honorable; des
oppressions, excès, ou autres crimes commis par
gens de guerre, tant dans leur marche, lieux
d'étape, que d'assemblée & de séjour; assemblées illicites avec port d'armes, levée des gens
de guerre sans commission du roi, des vols faits
sur les grands chemins (*), des vols faits avec
effraction, port d'armes & violence publique,
des sacriléges avec effraction, assassinats prémé-
dités, séditions, émotions populaires, fabrication,
altération ou exposition de fausse monnoie.

Suivant l'ordonnance de 1670, tit. 1, art. 7 &
9, les sénéchaux peuvent prévenir les Juges des
seigneurs, lorsque ceux-ci ont négligé d'informer & de décréter dans les vingt-quatre heures;
mais ils ne peuvent prévenir les premiers Juges
royaux, qu'au cas qu'ils n'aient informé & décrété
dans trois jours après le crime commis. La différence peut être prise sans doute de ce que la
négligence est moins excusable de la part des
Juges des seigneurs, qui peuvent être aisément
instruits des crimes commis dans le détroit de
leur juridiction, moins étendue ordinairement
que celle des Juges royaux, si on ne veut dire encore que la dévolution des Juges des seigneurs
aux sénéchaux se fait plus naturellement & en
moins de temps que celles des premiers Juges
royaux, parce que, suivant l'observation de MM.
les commissaires, que nous trouvons dans le
procès-verbal des conférences, sur l'ordonnance

_____

(*) Les prévôts ne connoissent de ceux-ci que lorsqu'ils
ont été commis hors les villes de leur résidence.

de

de 1670, le roi ne s'eſt pas ſi fort dépouillé en faveur des ſeigneurs de la propriété de la juſtice, & ſur-tout de la juſtice criminelle, qu'il ne le ſoit réſervé le droit de la faire exercer par les Juges, même par concurrence avec ceux des ſeigneurs ; raiſon pour laquelle dans le premier projet de l'ordonnance, non ſeulement les ſénéchaux, mais encore les premiers Juges royaux pouvoient prévenir les Juges des ſeigneurs, en informant & décrétant le même jour.

On a douté long-temps ſi le Juge du ſeigneur pouvoit connoître des procès & conteſtations entre le ſeigneur & les juſticiables ; mais l'ordonnance de 1667, au titre des récuſations des Juges, a décidé la queſtion en ces termes : » N'entendons » exclure les Juges des ſeigneurs, de connoître » de tout ce qui concerne les domaines, droits » & revenus ordinaires ou caſuels, tant en fief » que roture de la terre, même des baux, ſous- » baux & jouiſſances, circonſtances & dépendances, » ſoit que l'affaire fût pourſuivie à la requête du » procureur fiſcal ou à celle du ſeigneur ; & à l'é- » gard des autres actions où le ſeigneur ſera partie » ou intéreſſé, le Juge n'en pourra connoître «.

De ce qui concerne les domaines, dit l'ordonnance : de là il naît une autre queſtion ; ſavoir, ſi le Juge du ſeigneur eſt competent, lors même que la propriété de la choſe eſt contentieuſe, & que la qualité de vaſſal ou d'emphytéote eſt conteſtée. Suivant l'opinion commune, on peut décliner en ce cas la juridiction du ſeigneur : *Sequitur*, dit d'Argentré, ſur la coutume de Bretagne, art. 45, n°. 9, *ſequitur alia ſpecies cùm lis inter duos inſtituitur, & is qui reus eſſet negat ſe vaſ-ſallum eſſe, cùm alter contra intendat, quo caſu*

putant ordinarii effe juridictionem , quod verum
eft ; ordinarium hic vocat qui extra feudi caufam
judex eft litigantium & juridictionem ordinariam
habet.

Bien plus, fi la conteftation eft à raifon des
droits plus ou moins forts ; que le feigneur,
par exemple , demande une certaine quotité de
rente , & que l'emphytéote fe plaigne de la furcharge , on peut encore , en ce cas , décliner la
juridiction du feigneur ; les arrêts le jugent ainfi ,
& la plupart des coutumes l'ont expreffément
décidé : celle de Bretagne entre autres , lorfqu'elle dit en l'art. 28 : » que fi le feigneur veut
» prétendre plus grand devoir lui être dû par
» fon fujet, que le fujet n'avoue & reconnoît ,
» icelui fujet peut décliner la juridiction de
» fondit feigneur , à la juridiction fuzeraine, &c. «.

Les art. 41 & 42 de la même coutume , portent : » Nul ne fera contraint de répondre en caufe
» d'héritage devant le Juge du feigneur , qui veut
» retirer à foi ou à fon hoir l'héritage contentieux,
» fi celui qui feroit convenu ne l'auroit accepté
» à Juge : auquel cas ne pourroit reffortir à cour
» fupérieure , fi n'étoit de grief fait depuis l'accep-
» tation «.

» Auffi ne peut le feigneur pourfuivre fon homme
» proche ou arrière , par fa cour, des obligations
» & contrats que le feigneur diroit avoir fait avec.
» fon homme d'autres chofes étranges , qui ne
» toucheroient l'office ou le fait du feigneur ;
» comme exploit de fa cour, amendes ou autres
» cas, dont eft dit que le feigneur peut pour-
» fuivre fon homme par fa cour, s'il ne l'avoit ac-
» cepté pour Juge «. Voyez Salvaing de l'ufage
des fiefs , page 449.

Les feigneurs font exécuter dans leurs reſſorts les édits & réglemens de police ; leurs officiers peuvent aufſi en faire, quand il s'agit de police inférieure, comme en ce qui concerne les fours & cheminées, pour prévenir les accidens du feu ; obliger les fujets à avoir des lanternes pour aller de nuit dans leurs granges & écuries ; faire des viſites, pour favoir ſi l'on fatisfait à ces régle-mens ; condamner les contrevenans à l'amende ; ordonner l'enlèvement des fumiers qui empêchent le paſſage dans les rues & chemins publics ; pro-hiber le paſſage & pâturage dans les communes ; en certains cas & circonſtances où le bien public le demande ; empêcher l'uſurpation des commu-naux ; aſſembler les fujets pour la chaſſe du loup & bêtes fauvages dommageables aux fruits de la terre ; ouvrir les vendanges, &c.

Sur la queſtion de favoir, ſi le feigneur inſulté par un de fes fujets ou tenanciers, peut en demander la réparation à fa juſtice, Bretonnier fur Henrys (*) tient la négative. Après avoir rapporté ces mots qui terminent l'art. 11 du titre 24 de l'ordon-nance de 1667, *& à l'égard des autres actions, où le feigneur fera partie ou intéreſſé, le juge n'en pourra connoître* ; cet auteur ajoute : » Ces » derniers mots ne permettent pas de douter que » pour la réparation des injures faites aux fei-» gneurs par leurs vaſſaux, ils doivent fe pour-» voir pardevant les Juges fupérieurs «.

Un arrêt du 8 août 1712, donné à la tour-nelle, a fait réglement fur ce point ; il porte : Emandant, déclare toute la procédure extraor-

---

dinaire, enfemble les fentences nulles, renvoie les parties pardevant le lieutenant-criminel de Langres.

Fait défenfes au fieur de Lenty de former en fon nom aucune accufation en fa juftice, ni d'y intenter aucunes actions qui lui foient perfonnelles, & de les y pourfuivre comme partie ou inté-reffé, fous fon nom & celui de fon procureur fifcal ; & à fes officiers, d'en connoître en qualité de Juges, à peine de nullité, de tous dépens, dommages & intérêts, & de plus grande peine s'il y échet ; fans préjudice néanmoins à fefdits officiers de prendre connoiffance de tout ce qui concerne les domaines, droits & revenus ordi-naires, cafuels, tant en fief qu'en roture de la terre de Lenty, pourvu que le fond du droit dudit fieur de Lenty ne foit point contefté, même des baux, fous-baux & jouiffances, cir-conftances & dépendances, foit que l'affaire fût pourfuivie fous le nom du fieur de Lenty ou du procureur fifcal, fuivant l'art. 11 du titre 24 de l'ordonnance du mois d'avril 1667.

Cet arrêt eft rapporté au tom. 6 du journal des audiences.

Outre les cas royaux qui concernent principa-lement la matière criminelle, il eft certain que les Juges royaux connoiffent de plufieurs cas ci-vils entre les fujets des hauts-jufticiers. Comme l'entérinement de toutes lettres royaux, de ref-cifion, de répit, de bénéfice d'inventaire, de bénéfice d'âge & autres, & de toutes lettres qui paffent par le fceau du roi, auquel fon effigie eft empreinte, le Juge royal feul en connoît, & il faut procéder pardevant les Juges royaux, fans que les hauts-jufticiers puiffent demander renvoi des caufes pardevant leurs Juges, encore que ceux qui font pourfuivis foient leurs jufticiables.

En effet, le roi n'adreffe point fes lettres à autres qu'aux Juges royaux.

Et s'il eft néceffaire d'avoir lettres royaux en quelques procès pendans pardevant un Juge fubalterne & non royal, le roi adreffe fes lettres, non pas au Juge fubàlterne, mais au premier huiffier de la cour de parlement, ou autre huiffier ou fergent royal fur ce requis, auquel fera mandé faire commandement au Juge fubalterne, s'il lui appert, &c. procéder au jugement du procès d'entre les parties, quand il fera en état de juger, fans s'arrêter ni avoir égard à tel contrat de vente ou d'échange, ou à tel autre contrat, confeffion, dénégation ou déclaration, felon la qualité & exigence des cas.

Ainfi a été jugé, même en refcifion de contrat, par arrêt du 24 avril 1564.

Par l'article 16 de l'ordonnance faite à la réquifition des états tenus à Blois, il eft dit : que les feigneurs hauts-jufticiers ne peuvent, en vertu de commiffion de leurs juges, faire procéder par voie de faifie fur le temporel des cures & autres bénéfices étant au dedans de leurs feigneuries & hautes-juftices, à faute de réfidence ou réparations non faites par les titulaires defdits bénéfices.

Le femblable eft porté par l'article 5 de l'édit intervenu fur les remontrances faites par les eccléfiaftiques, vérifié en la cour le 8 mars 1580. Il y a un arrêt conforme contre le feigneur de Guzan, du 15 février 1571.

Les Juges des hauts-jufticiers, quoiqu'ils foient pairs de France, ne peuvent connoître des cas poffeffoires, & complaintes en cas de nouvelletés,

prifes & intentées pour raifon des bénéfices , étant
au dedans de leurs feigneuries ; la connoiffance
defdites complaintes appartient aux Juges royaux,
privativement aux Juges fubalternes, conformément à l'ordonnance du roi Louis XI , publiée
en la cour de parlement le 30 juillet 1464 , & au
chapitre , *caufam quæ , 2 extrà qui filii fint le-
gitimi.*

Le bailli du comté d'Eu voulant prendre connoiffance d'une complainte formée pour raifon du
poffelloire d'un bénéfice fitué au comté d'Eu, &
empêcher que le fénéchal de Ponthieu en con-
nût , & ce bailli, par fa fentence , ayant retenu
la connoiffance de la caufe , il fut dit mal & nullement jugé , les parties renvoyées pardevant
le fénéchal de Ponthieu ; l'intimé condamné ès
dépens , par arrêt donné fur plaidoierie le lundi
14 mars 1594.

Par l'ancienne jurifprudence , les Juges des
feigneurs pouvoient connoître de la complainte
en matière bénéficiale , quand ces bénéfices étoient
à la collation & difpofition du feigneur haut-jufticier. Brodeau fur M. Louet, lettre B, ch. 11, rapporte les arrêts qui l'ont jugé ainfi ; mais cette jurifprudence a été abrogée par l'ordonnance de 1667 ,
tit. 15, art. 4, qui ôte aux Juges des feigneurs la
connoiffance des complaintes en matière bénéficiale , quoique les bénéfices foient de la fondation
des feigneurs , & que la préfentation ou collation
leur en appartienne. Voyez Brodeau fur Louet ,
lettre B, ch. 15, & l'art. 4 du tit. 15 de l'ordonnance de 1667 , qui attribue la connoiffance
des complaintes en matière bénéficiale aux Juges
royaux , privativement aux Juges d'églife & à
ceux des feigneurs.

Par ce même article, les complaintes pour bénéfices appartiennent aux Juges royaux privativement aux Juges d'église & des seigneurs.

On rapporte plusieurs raisons pour lesquelles les Juges d'église & des seigneurs ne connoissent point de la complainte : la première, parce que le possessoire est purement de fait, *l. 1, paragr. Scævola, ff. si quis testam. lib. esse jus.* Or, le Juge d'église n'est pas compétent pour juger des faits.

La deuxième, que le possessoire se résout en intérêt, parce que la possession étant de fait, est l'obligation *in id quod interest*, succède à l'obligation *in factum*, l. ult. ff. de R. I. Or, la connoissance des intérêts à l'égard de quelque personne que ce soit, n'appartient qu'au Juge séculier, & le Juge ecclésiastique n'en peut point connoître.

La troisième, que c'est le roi qui maintient les possesseurs en leurs droits possessoires, & qui ordonne ou le sequestre, ou la maintenue; & l'ancienne formule de prononcer en ces sortes d'instances, étoit de lever & ôter la main du roi, ce qui ne se peut faire que par son autorité, ou par celle de ses officiers.

La quatrième, dans les possessoires, c'est l'usage de prononcer sur la recréance, & de l'exécuter nonobstant l'appel, ou de faire droit sur le sequestre, & les exécutions consistent en pure réalité; ainsi le Juge d'église n'en peut point connoître.

C'est pour cette raison qu'autrefois il n'y avoit que les cours souveraines qui connussent des possessoires, même en première instance, comme nous apprenons du stile du parlement, *chap.* 18,

part. 1, *tit. de causâ art.* 25, & *tit.* 29, *art.* 5;
où Dumoulin dit : *Hodie feculares judices ordi-*
narii de eo cognofcunt ; & la connoiffance en a
été attribuée aux Juges royaux par l'édit de
Cremieu.

On peut encore ajouter, que le Juge d'églife
n'a point d'autorité pour exécuter fes jugemens ;
ainfi il ne peut point prêter main-forte aux fpo-
liés pour les rétablir, ou pour maintenir les
poffeffeurs dans leur poffeffion ; il ne peut ordonner
ni faifie ni fequeftre des fruits.

Lorfque le jufticiable d'une juftice feigneuriale
eft traduit devant un Juge royal, que doit-il
faire ? Doit-il comparoître ? Peut-il décliner la
juridiction ? Peut-il la décliner feul & fans l'intervention du feigneur ? Le paffage fuivant de
Bacquet, droit de juftice, ch. 9, répond parfaitement à ces queftions.

» Pour conferver l'autorité & prééminence
» que le roi a fur tous les feigneurs jufticiers de
» fon royaume, & montrer que le droit de juftice
» procède de fa majefté, on a toûjours gardé,
» que fi le fujet d'un feigneur fubalterne eft
» ajourné pardevant le Juge royal, au bailliage ou
» prévôté duquel il eft demeurant, comme s'il
» eft demeurant en la prévôté & vicomté de Pa-
» ris, & foit ajourné pardevant le prévôt de Pa-
» ris : lequel fujet, encore qu'il foit jufticiable
» d'un pair de France ou autre feigneur haut-
» jufticier, ne peut décliner la juridiction du
» prévôt de Paris : & s'il appelle du déni de ren-
» voi, il fera déclaré non-recevable en fon appel,
» parce qu'il ne peut dénier qu'il ne foit fujet
» naturel du roi.

» Mais il eft néceffaire que le feigneur haut-

» justicier compare pardevant le Juge royal, &
» le revendique comme son sujet & justiciable :
» lors le Juge royal, *cognoscere debet an sua*
» *sit juridictio, an non* : & s'il ordonne qu'il pro-
» cédera pardevant lui, le seigneur haut-justicier
» appellera du déni de renvoi, comme de Juge
» incompétent, & entreprise de juridiction. Pour
» grief alléguera, que sa justice, suivant la com-
» mune usance de France, lui est patrimoniale,
» & fait partie du revenu, profit & émolument
» de son fief, lequel est patrimonial, & hérédi-
» taire. Et sera dit mal refusé, mal dénié, comme
» nous avons amplement déduit au chapitre pré-
» cédent. Ou bien si le seigneur haut-justicier n'a
» vendiqué son sujet pardevant ce Juge royal, &
» le sujet soit appelant du déni de renvoi, le
» seigneur en cause d'appel se joindra avec son
» sujet, le vendiquera, &, avec lui conclura
» en l'appel. Et sans l'adjonction & vindication
» du seigneur, le sujet ne seroit recevable en son
» appel, encore qu'il mît en fait que son seigneur
» eût été pratiqué & gagné par sa partie adverse,
» à ce qu'il ne le vendiquât. La raison est que
» le seigneur ayant le principal intérêt au renvoi,
» au moyen de ce que sa justice est patrimoniale,
» il peut renoncer au profit d'icelle «.

Les *moyens & bas-justiciers* peuvent demander
au haut - justicier le renvoi des matières de leur
connoissance, & en user de même respectivement
entre eux. Voy. Perrier, observ. 1. n. 7, 8, 9.

C'est une obligation commune à tous les seigneurs ayant justice-haute, moyenne & basse,
de la faire exercer à leurs frais. Cette obligation
est une suite de leur pouvoir & des profits qui
sont attachés à la justice. Voyez Loisel, liv. 2,

tit. 2 , reg. 43 ; & Lhomme , au liv. 2, n. 2. Mais
cela ne s'entend que de ce qui doit être jugé gratuitement , suivant les ordonnances , en matière
civile ; & en matière criminelle , que lorsqu'il n'y
a point de parties civiles. Voyez le tit. 17 des matières sommaires de l'ordonnance de 1667 ; les
art. 1 & 6 du tit. 1 de l'ordonnance de 1670 ; &
les art. 16 & 17 du tit. 25 de la même ordonnance.

La question de savoir , si après le décès des
seigneurs leurs officiers doivent , à l'exclusion
des officiers royaux , apposer le scellé sur leurs
effets & en faire l'inventaire , ayant été agitée à
l'audience de la grand'chambre , entre les officiers au présidial de Mantes & ceux des seigneurs
de Binanville & d'Orvilliers , fut décidée contre
ces derniers , sur les conclusions de M. l'avocat-
général le Nain , par un arrêt du 6 février 1702.

En 1704 , on prétendit que ce réglement ne
regardoit que les Juges des seigneurs laïques , &
non pas ceux des seigneurs ecclésiastiques. Voici
le fait qui donna lieu à cette distinction :

» M. le cardinal de Furstemberg , abbé de saint
» Germain-des-Prés à Paris , mourut au mois
» d'avril 1704 , dans sa maison abbatiale. Après son
» décès , le bailli de l'abbaye apposa le scellé sur
» ses effets à la requête d'un créancier. Plusieurs
» autres créanciers formèrent opposition à ce scellé :
» on demanda ensuite à ce Juge la main-levée du
» scellé , & que l'inventaire fût fait. Il ordonna que
» le scellé seroit levé & l'inventaire fait par son
» greffier. Tous les créanciers , qui étoient en grand
» nombre , consentirent , les uns expressément , les
» autres tacitement , à la levée du scellé & à la
» confection de l'inventaire «.

Pendant la vacation dans laquelle le bailli de saint Germain rend cette ordonnance, deux créanciers, en demandant la levée du scellé, requièrent que l'inventaire soit fait par deux notaires du châtelet. Le bailli, sans s'arrêter à cette réquisition, ordonne que son greffier fera l'inventaire.

La communauté des notaires du châtelet fait sa protestation, appelle des ordonnances du bailli de saint Germain, & demande d'être maintenue dans le droit de faire les inventaires.

La cause portée à une petite audience de la grand'chambre, M. le premier président du Harlay fit d'abord une objection aux officiers de l'abbaye saint Germain, & leur dit qu'il falloit commencer par examiner leur pouvoir; & si, par la mort de M. de Furstemberg, ce pouvoir n'étoit point fini, puisqu'ils ne tenoient droit que de lui : ainsi il remit la cause au mercredi suivant, avec MM. les gens du roi.

Après que Me. Jean-Léonard Secousse eût plaidé pour les notaires, & Me. Jacques de Troyes pour les officiers de l'abbaye, M. l'avocat-général Joseph-Omer Joly de Fleury traita deux questions : la première, de savoir si le pouvoir des Juges des seigneurs finit par la mort des seigneurs : la seconde, si dans la ville de Paris les notaires du châtelet doivent faire les inventaires des justiciables des Juges des seigneurs.

Par rapport à la première question, il dit que c'est un principe certain que tout mandat cesse par la mort du mandant ou du mandataire; mais que les provisions d'un Juge ne devoient pas être regardées comme un simple mandat; elles impriment à un Juge le caractère attaché à ces fonctions, caractère qui ne l'abandonne que lorsqu'il est valablement destitué.

Les auteurs font tellement perfuadés qu'un Juge conferve toujours fa qualité après la mort du feigneur qui l'a nommé, qu'ils demandent fi le fuccef-feur du feigneur peut deftituer le Juge ; & ils déci-dent, que pendant l'appel de la fentence de deftitu-tion il peut encore exercer fes fonctions ; ce qui fuppofe comme une maxime certaine, que fon pouvoir ne ceffe point par la mort du feigneur.

A l'égard de l'exercice de fon pouvoir, ou le feigneur dont il eft Juge eft laïque, ou il eft ecclé-fiaftique. Dans le premier cas, le Juge ne peut appofer le fcellé chez fon feigneur, ni faire l'in-ventaire de fes effets, parce qu'il ne peut con-noître des caufes de fon feigneur, ni par conféquent de celles de fes héritiers, qui, en lui fuccédant dans fa terre, deviennent, au moment de fa mort, feigneurs du Juge. Il en feroit peut-être autre-ment, fi les héritiers du feigneur avoient renoncé à fa fucceffion, ou que fa fucceffion fût vacante.

Mais fi le feigneur eft eccléfiaftique, il eft conftant que fon Juge peut appofer le fcellé fur fes effets, parce que fes héritiers n'y ont point intérêt, n'ayant aucun droit au bénéfice.

L'objection la plus confidérable qu'on puiffe faire à ce fujet, eft qu'en matière de bénéfice, & principalement quand ils font confiftoriaux, le titulaire n'eft que dépofitaire ; & le roi a intérêt que les titres & les effets du bénéfice ne fe perdent pas ; ainfi fes officiers doivent veiller à leur con-fervation ; ce qui femble, en ce cas, leur donner une attribution fpéciale.

Cependant l'ufage a confirmé, même en ce point, la règle en faveur des officiers des feigneurs eccléfiaftiques. La mort de M. de Harlay, arche-vèque de Paris, arrivée en 1695, nous en fournit

un exemple. Me Taupinard de Tilliere, bailli
de l'archevêché, y appofa le fcellé de l'aveu de M.
le premier préfident. H eft vrai que l'inventaire
fut fait par des notaires du châtelet, parce que les
héritiers les avoient choifis pour cela.

On peut encore en trouver des exemples dans
l'hiftoire des priviléges de l'ordre de Malthe, où
l'on rapporte plufieurs arrêts qui ont maintenu les
officiers des commandeurs de cèt ordre, dans le
droit d'appofer le fcellé fur leurs effets & d'en
faire l'inventaire.

. Dans le fait particulier, la caufe eft moins fufceptible de difficulté ; car de tout temps les abbés
& religieux de faint Germain-des-Prés font en
droit d'avoir des officiers pour exercer leur juftice :
à la vérité, cette juftice fut fupprimée lors de la
réunion de toutes les juftices de Paris au châtelet ;
mais en 1693, M. le cardinal de Furftemberg
obtint des lettres-patentes du roi regiftrées au parlement, portant rétabliffement de cette juftice.

Mais, dit-on, ces lettres n'ayant été obtenues
que par M. de Furftemberg feul, elles ne peuvent
fervir après fa mort.

L'objection eft mauvaife, car ces lettres ne
portent pas une nouvelle conceffion, mais un
rétabliffement de la juftice, telle qu'elle éroit auparavant ; & auparavant la juftice s'adminiftroit au
nom de l'abbé & des religieux, qui donnoient
concurremment des provifions à leurs officiers.

. Quant à la dernière queftion, elle eft jugée
par un réglement de la cour du 3 décembre
1569, qui ordonne que fi les officiers du châtelet préviennent les Juges des feigneurs, ils ap-
poferont le fcellé & feront l'inventaire ; mais que
ce droit appartiendra aux officiers des feigneurs dans

l'étendue de la ville de Paris , s'ils préviennent ceux du châtelet , à moins que les parties ne voulussent que l'inventaire fût. fait par des notaires du châtelet ; en ce cas ils seroient préférés.

Dans l'espèce présente, il n'y a point d'héritier ; un créancier a requis les officiers de l'abbaye de faire l'inventaire ; tous les autres créanciers y ont adhéré , excepté deux , qui ont demandé qu'il fût fait par leurs notaires ; mais ils ne paroissent point en la cour pour soutenir leurs prétentions : & l'économe des abbayes, qui est la véritable partie , demande les officiers de celle de saint Germain : ainsi la demande formée par les notaires , ne se trouve appuyée par aucune des parties.

Par ces considérations, M. l'avocat-général estima qu'il y avoit lieu de débouter la communauté. des notaires de sa demande , & d'ordonner que l'inventaire seroit fait par les officiers de saint Germain-des-Prés. Conformément à ses conclusions , la cour rendit le 23 avril 1704 l'arrêt qui suit :

» La cour a reçu la partie de Gaignat partie » intervenante , ayant égard à son intervention ; » sans s'arrêter à la requête & demandes des par- » ties de Secousse , a mis & met l'appellation in- » terjetée par lesdites parties de Secousse , au » néant. Ordonne que ce dont est appelé sortira » effet ; & en conséquence , que l'inventaire com- » mencé par les officiers du bailliage de saint » Germain-des-Prés, sera par eux par achevé : con- » damne les appelans en l'amende ordinaire de » 12 livres , dépens compensés, du consentement » des parties. Fait-en parlement , le 23 avril » 1704 «.

Les officiers des seigneurs sont Juges des nobles comme des roturiers. Autrefois leur compétence à cet égard étoit bornée aux seules matières réelles. A l'égard des actions personnelles, les nobles les portoient devant les Juges royaux, comme uniquement sujets du roi. Cet ancien état des choses dura peu. Comme nos rois tiroient, pour les besoins de l'état, de gros revenus de leurs prévôtés, en les donnant à ferme, les seigneurs qui voulurent en cela les imiter, & tirer tout le profit qu'ils pouvoient de leurs justices, s'opposèrent au privilége des nobles, & les forcèrent, quand ils demeuroient dans leur territoire, de plaider en leurs justices, comme les roturiers.

Il y eut cependant un cas où les nobles furent de meilleure condition que les roturiers ; car en quelques provinces, les seigneurs qui avoient ressort, savoir, *prévôté & bailliage*, accordèrent aux nobles résidans en leurs seigneuries, de plaider d'abord au *bailliage*, au lieu que les roturiers étoient obligés de plaider à la *prévôté* ; ce qui devint ensuite un droit commun dans certaines provinces, comme il se voit par les articles suivans.

La coutume de Vitry, publiée en 1509, art. 2 : *Les nobles vivans noblement, convenus pardevant le prévôt, ne sont tenus y répondre, si bon ne leur semble, & peuvent demander leur renvoi pardevant le bailli ; & , au regard des nobles vivans roturièrement, ils y peuvent être convenus, & sont tenus répondre pardevant ledit prévôt.*

La coutume de Meaux, publiée en 1509, art. 142 : *Par la coutume observée audit bailliage, les nobles, demeurans en icelui bailliage, sont* responsables pardevant monseigneur le bailli ou son lieutenant, à son siége plus prochain, & ne peuvent être contraints procéder pardevant tout autre Juge, sinon de leur consentement, supposé qu'ils soient demeurans en la subjection d'aucun haut-justicier, si ce n'est que ledit haut-justicier ait châtellenie & bailliage.

En 1536, François premier fit l'édit de Crémieu, par l'art. 5 duquel il ordonna, que *les Juges royaux, baillis & sénéchaux ressortissans en la cour de parlement, sans moyen, connoîtroient de toutes les causes & matières civiles, personnelles & possessoires des nobles vivans noblement, tant en demandant qu'en défendant, & où lesdits nobles seroient parties ou joints, comme ayant intérêt & sans fraude : & des causes criminelles, esquelles lesdits nobles seroient poursuivis & accusés, sans que les prévôts, châtelains & autres Juges royaux, en pussent prendre connoissance:*

Les seigneurs justiciers ayant formé leur opposition à cette ordonnance, il y eut une déclaration en date du 4 février 1537, par laquelle le roi dit que, *par l'ordre & réglement qu'il avoit mis entre ses Juges présidiaux & subalternes, il n'avoit aucunement compris, en son ordonnance, ses vassaux, ayant en leurs terres & seigneuries, juridictions & justice ; mais seulement ses justiciables qui auroient à subir jugement pardevant ses Juges ; & qu'il vouloit & lui plaisoit que tous & chacuns ses vassaux ayant justice, l'exerçassent & fissent exercer entre toutes personnes nobles & plebées, & de toutes causes & matières dont la connoissance leur avoit appartenu & appartenoit, &c.*

Depuis

Depuis cette déclaration, les nobles réſidans dans les juſtices des, ſeigneurs, y ont toujours plaidé ; ſavoir, d'abord dans les bailliages, lorſque les ſeigneurs avoient reſſort, comme il a été dit ci-deſſus.

Mais quand les ſeigneurs n'ont point de reſſort, les nobles plaident dans les juſtices ſeigneuriales, comme les roturiers, ſuivant la remarque de Loiſeau, des ſeigneuries, ch. 8, n°. 70.

Les Juges ſubalternes ne connoiſſent des délits des eccléſiaſtiques.

M. l'avocat-général Bignon portant la parole ſur l'appel d'un décret d'ajournement perſonnel prononcé par un Juge de ſeigneur contre un eccléſiaſtique, a dit : qu'en ce qui concerne l'appel du décret d'ajournement perſonnel, il y a charge ſuffiſante contre l'appelant ; mais en ce qui eſt de l'appel d'incompétence & déni de renvoi requis par l'appelant pardevant ſon official, il n'y a point de doute qu'il n'ait été mal jugé, même prononcé d'une manière extraordinaire. Les officiaux n'ont pas accoutumé d'aſſiſter avec les Juges laïques aux jugemens des procès contre les eccléſiaſtiques ; mais tout au contraire cet honneur eſt déféré aux eccléſiaſtiques, & quand il eſt queſtion d'inſtruire les procès criminels contre eux, les Juges royaux ſe tranſportent en la juridiction eccléſiaſtique pour le cas privilégié, & à cet effet l'on prononce par ces mots, *rendre l'accuſé à l'official.* Le cas privilégié eſt un cas purement royal, duquel un Juge ſubalterne & de ſeigneur haut-juſticier ne peut aucunement connoître ; ainſi il y a lieu de confirmer le décret, & de rendre l'ac-

cufé appelant à l'official , pour lui être fait &
parfait fon procès par ledit official , à la charge du
cas privilégié pour lequel affiftera le Juge royal.

La cour faifant droit fur l'appel du décret, mit
l'appellation au néant : ordonna que ce dont étoit
appel fortiroit fon plein & entier effet ; condamna
l'appelant aux dépens : & faifant droit fur l'appel
du déni de renvoi, mit l'appellation & ce dont
étoit appel au néant ; émendant & corrigeant,
rendit l'accufé appelant à l'official de M. l'évêque
du Mans , pour lui être fon procès fait & parfait, à la diligence du feigneur de Soleme intimé,
le famedi premier juillet 1628.

Les Juges des feigneurs connoiffent des matières
d'eaux & forêts.

C'eft un principe certain en matière de juridiction, que les Juges ordinaires des lieux font
les vrais Juges du territoire, auxquels par cette
raifon appartient régulièrement & univerfellement
la juridiction fur toutes les perfonnes & les chofes
qu'il renferme, à moins que par quelque démembrement, ou par quelque attribution particulière,
on ne leur ait ôté la connoiffance de certaines
matières, pour la donner à d'autres Juges qu'on
appelle extraordinaires. Ce principe eft établi par
Loifeau dans fon traité des offices.

Cela pofé , pour juger fi par la création des
juridictions des eaux & forêts qui font du nombre
de ces juftices extraordinaires , on a privé les Juges
des feigneurs, de la connoiffance de cette matière
dans leur territoire ; il n'y a qu'une chofe à favoir,
fi en effet les érections de ces Juges contiennent
un démembrement à cet égard de la juftice des
feigneurs hauts-jufticiers , & une attribution de

cette portion de leur juridiction aux Juges des eaux & forêts.

Or c'est ce qu'on est bien éloigné de trouver, quand on consulte les ordonnances sur ce sujet : on pourroit, en remontant aux anciennes, faire une ample dissertation ; mais celle de 1669, qui forme à cet égard le véritable code de notre jurisprudence, dispense de le faire : qu'y trouve-t-on ? D'abord deux articles précis, qui, en réglant le pouvoir des Juges des tables de marbre, leur attribue la connoissance des appels, *des juge-mens émanés des justices seigneuriales, concernant la matière des eaux & forêts.* En faudroit-il davantage pour prouver que l'érection de ces Juges n'a pas enlevé aux Juges des seigneurs la con-noissance de cette matière ? Et n'est - ce pas au contraire la leur avoir conservée bien expressément en première instance, que d'avoir attribué aux tables de marbre l'appel des jugemens intervenus à ce sujet dans les justices seigneuriales ?

Mais l'article 12 du premier titre, qui est celui qui traite spécialement *de la juridiction des eaux & forêts,* quel doute peut-il laisser à ce sujet ?

Cet article est ainsi conçu : *Dans les justices où les seigneurs auront un Juge particulier pour le fait des eaux & forêts, nos officiers ne jouiront de la prévention que lorsqu'ils auront été requis ; mais s'il n'y a qu'un Juge ordinaire, ils au-ront la prévention & la concurrence, encore même qu'ils n'aient point été requis.*

Cet article est clair & n'a pas besoin de com-mentaire. Il distingue, à l'égard des seigneurs, ceux qui ont un Juge particulier pour le fait des eaux & forêts, & ceux qui n'ont qu'un Juge ordinaire ; & loin de priver les derniers de la

connoiſſance de la matière des eaux & forêts ;
il établit une diſtinction entre ces deux ſortes
d'officiers des ſeigneurs, qui préſuppoſe que les
uns & les autres en ont également la connoiſſance,
avec cette différence que l'officier particulier du
ſeigneur pour le fait des eaux & forêts ne peut
être prévenu par les Juges royaux, que
lorſque ceux-ci ont été requis ; au lieu que lorſque le ſeigneur n'a qu'un Juge ordinaire, ce Juge
eſt ſujet à la prévention, & même à la concurrence du Juge royal, quand le Juge royal n'en auroit point été requis.

L'établiſſement des Juges royaux des eaux &
forêts ſe borne donc à la prévention & à la concurrence, loin d'avoir ôté aux Juges des ſeigneurs
la connoiſſance de cette matière, pour l'attribuer
aux tables de marbre.

Mais le droit de prévention, comme exorbitant,
doit être reſſerré dans les bornes les plus étroites.
En effet, la prévention eſt contraire au droit général & univerſel de la France, & rien n'eſt plus
oppoſé au droit des hauts-juſticiers & à l'intérêt
des juſticiables. Toutes les ordonnances concourent
pour fixer les limites des juridictions & ſoumettre
les juſticiables à leurs Juges naturels. Il n'y a rien
qui doive être moins arbitraire que le Juge. Nulle
maxime plus certaine que celle qu'il n'eſt pas en la
liberté des particuliers de s'en choiſir ; & cette faculté
de ſe pourvoir pardevant l'un ou l'autre Juge, fait
perdre au Juge une partie de ſon autorité, & donne
au juſticiable une eſpèce d'indépendance qui ne lui
convient pas. Par la prévention, le ſeigneur haut-
juſticier & les juſticiables ſouffrent également ; l'un
la diminution & la perte de ſes droits de juſtice,
qui font partie de ſon domaine & de ſon patri-

moine ; & les autres font expofés à des dépenfes
& des frais bien plus confidérables, lorfqu'ils font
obligés de plaider hors du lieu de leur domicile.

Des faifies réelles.

La queftion de favoir fi les Juges des feigneurs
font en droit de faire les faifies-réelles & adjudications par décret des biens fitués dans leur diftrict, a été jugée pour l'affirmative par arrêt en
forme de réglement du 24 mars 1688, rapporté
au tom. 4 du journal des audiences ; pourvu néanmoins, ajoute l'arrêt, que les Juges & les praticiens du fiége foient en nombre compétent.

La conteftation étoit entre les comtes, chanoines & chapitre de Brioude, feigneurs hauts-jufticiers
d'une part, &, les officiers de la fénéchauffée &
fiége préfidial de Riom.

Les biens d'un nommé Tranche avoient été
faifis réellement de l'autorité des Juges fubalternes
du chapitre de Brioude, les criées faites & le
décret pourfuivi pardevant eux : les officiers de
la fénéchauffée prétendirent que les Juges fubalternes n'avoient point le droit d'interpofer un décret, & rendirent une fentence le 16 février 1680,
par laquelle ils évoquèrent ladite faifie-réelle &
criées des biens de Tranche en ladite fénéchauffée,
& firent défenfes aux parties de faire pourfuite
ailleurs qu'en icelle.

C'étoit la fentence dont étoit appel par lefdits
chanoines & chapitre de Brioude, prenant le fait &
caufe de leurs officiers ; & pour moyens d'appel ils
foutenoient, 1°. que par les ordonnances, fur le
fait des décrets, il n'y a aucune prohibition aux Juges
fubalternes de faire des adjudications par décrets,

casus omissus remanet indispositione juris communis : 2°. que les Juges subalternes, par les ordonnances, sont compétens de toutes les mêmes actions qui appartiennent aux Juges ordinaires, excepté les cas royaux. Or, l'on n'a jamais mis les saisies-réelles, criées & adjudications par décret, au nombre des cas royaux. 3°. Une adjudication par décret n'est autre chose qu'une sentence du Juge dont l'appel·est recevable, comme de tous les jugemens rendus par les Juges royaux, excepté les cas présidiaux : or les Juges subalternes des seigneurs hauts-justiciers sont compétens de rendre toutes sortes de sentences entre les personnes soumises à leur juridiction, · & pour les héritages situés dans l'étendue de leur justice ou ressort, excepté néanmoins les actions qui concernent les domaines du roi ou de l'église, qui sont des cas attribués par les ordonnances aux baillis, sénéchaux ressortissans nuement au parlement ; mais ces exceptions *firmant regulam in cæteris :* de manière que la saisie-réelle d'un immeuble situé dans·l'étendue de ladite justice, n'ayant rien de privilégié, rien ne peut empêcher qu'elle ne soit faite & l'adjudication prononcée par les Juges subalternes : il faut ajouter que dans le pays coutumier qui a reçu la pratique & l'usage des décrets, les coutumes en ont établi les solemnités & les formes ; coutumes arrêtées dans l'assemblée des états de chaque province, où assistoient les seigneurs hauts-justiciers & leurs Juges, pour la conservation de leurs droits : or il n'y a aucune coutume, ni aucune loi, ni même aucune ordonnance, qui ait prohibé aux Juges subalternes l'usage des décrets pour les héritages de leur ressort.

Nous ne connoiſſons que deux ſortes de décrets, les uns volontaires, & les autres forcés & néceſſaires : les premiers ne ſe font qu'en exécution de la clauſe d'un contrat d'acquiſition, & ne ſont qu'acceſſoires au contrat; les autres, en vertu d'une obligation ou condamnation rendue contre les débiteurs qui ne veulent faire aucune juſtice à leurs créanciers. Ces deux ſortes de décrets conviennent en deux choſes ; l'une, qu'ils purgent les hypothèques de tous ceux qui ne ſont oppoſans, même des mineurs, ſauf leur recours contre leurs tuteurs, & ce pour les ſûretés d'un acquéreur ou d'un adjudicataire ; l'autre, qu'ils ſe font en vertu des titres exécutoires, ou obligations ou condamnations. Or, les officiers des ſeigneurs hauts-juſticiers ſont capables de l'un & de l'autre ; leurs notaires peuvent paſſer des obligations emportant hypothèques, non ſeulement ſur les héritages & immeubles de leur détroit, & entre toutes les perſonnes domiciliées dans l'étendue de leur reſſort, mais encore entre toutes perſonnes qui volontairement ſe ſoumettent à leur juridiction & paſſent des obligations dans leur territoire, comme il a été jugé par les arrêts. Les Juges des hauts-juſticiers peuvent auſſi prononcer des condamnations ; leſdites obligations & ſentences de condamnations étant ſcellées & exécutoires ; leſdits Juges ſubalternes ſont compétens pour connoître de leur exécution & des ſaiſies-réelles & adjudications par décret faites en conſéquence.

Ces deux décrets conviennent en un autre point; ſavoir, que les adjudications étant faites, ſoit par les Juges royaux ou ſubalternes, ne ſont que des ſentences dont l'appel eſt recevable, même

juſqu'à trente années ; & cet appel ne peut être
fondé que 'ſur deux ·moyens principaux , ſur le
défaut des formalités établies par les ordonnances,
ou la coutume des lieux de la ſituation des héritages , ou par le mérite du fonds , lorſqu'un
décret eſt fait *pro non debito* ; ou ·ſuper non do-
mino , ou autres moyens pertinens ; car la léſion
d'outre moitié de juſte prix n'eſt pas un moyen
pour donner atteinte à un décret revêtu de toutes
ſes formes , dont l'effet eſt de purger les hypothèques du vendeur pour la ſûreté de l'acquéreur. D'ailleurs les ordonnances &, les coutumes
ont établi des criées , des publications & affiches
ſur les lieux de la ſituation des héritages , parce
que les créanciers qui ont des hypothèques veillent
principalement en la juſtice du lieu de la ſituation des immeubles qui leur ſont hypothéqués :
c'eſt pourquoi les décrets qui ſont faits devant les
Juges des lieux de la ſituation , ſont beaucoup plus
importans que ceux qui ſe font dans des juſtices
royales éloignées , ſoit par évocation ou autrement ;
outre que les praticiens qui ſont ſur les lieux obſervent les formalités qui ſont du ſiége avec beaucoup plus de rigueur que les autres Juges.   ·ɔɔ
;·'Les officiers de la ſénéchauſſée de Riom ſou-
tenoient au contraire qu'à eux ſeuls appartenoit
d'interpoſer des adjudications par décret , & ſe
fondoient ſur ce qu'ils étoient les premiers Juges
& magiſtrats ; que leur pouvoir & leur autorité
étoient émanés immédiatement du roi ; que les
hautes-juſtices n'étoient que des conceſſions & priviléges accordés par le roi aux ſeigneurs pour relever leur pouvoir & leurs terres ; que l'importance
des décrets par leſquels un homme eſt dépouillé
de ſon bien , le grand nombre des formalités

établies par les ordonnances & les coutumes, les-
abus qui s'y commettent à caufe des différentes
perfonnes & de leurs différens intérêts, font que
ces fortes d'adjudications ne fe peuvent faire dans
des juftices de villages ; le nombre des praticiens qui
eft requis pour certifier la validité defdites faifies-
réelles & criées ne s'y rencontrant jamais ; ce qui
oblige les hauts-jufticiers d'emprunter des praticiens
des juftices voifines, qui ordinairement ne font que
des payfans ignorans & faciles à corrompre ; ce
qui caufe une infinité d'abus qui donnent lieu de
fe pourvoir contre lefdites adjudications, pour les
faire caffer & infirmer, & ce qui caufe la ruine
des parties faifies & des créanciers oppofans.

Le prix, dans les adjudications par décret, eft
l'un des points les plus importans : or, pour porter
les chofes à leur jufte valeur, pour le bien des
parties faifies & des créanciers oppofans, il faut
que les décrets foient interpofés dans une affluence
de peuples ; ce qui ne fe peut rencontrer dans
des juftices de villages.

Nonobftant toutes ces raifons, qui ne font que
des inconvéniens qui ne fe rencontrent point quand
les formalités établies par les coutumes & l'ufage
font obfervées fur les lieux de la fituation des héritages, les officiers de la fénéchauffée de Riom
perdirent leur caufe ; & par l'arrêt en forme de
réglement, leur fentence d'évocation dudit décret
fut infirmée fur les conclufions de M. le procureur-
général, & les parties renvoyées pardevant les
Juges du chapitre de Brioude, pour être procédé
à l'adjudication par décret, & ordonné que ledit
arrêt feroit lu & publié à l'audience de la fénéchauffée & fiége préfidial de Riom, à la diligence
du fubftitut du procureur-général, à lui enjoint

d'en certifier la cour au mois, avec défenfes aux officiers de Riom d'y contrevenir. L'arrêt porte en outre : *Et, avant faire droit fur l'intervention & demande dudit feigneur, ordonne qu'il fera tenu de rapporter dans un mois un état & mémoire contenant le nom des officiers de fa juftice, des avocats, s'il y en a, & des procureurs qui y poftulent ; pour ce fait, on à faute de ce faire dans ledit temps, être ordonné ce que de raifon.*

Le grand Juge de Saint-Claude, quoique Juge de feigneur, a droit de connoître des cas royaux. Le roi l'a expofé de la forte au pape dans la demande qu'il a formée de la fécularifation de l'abbaye de Saint-Claude & de l'éreçtion d'un évêché en cette ville : *Supremum tribunal, quod jus reddit etiam in caufis majoribus, quæ regiæ nuncupantur ; cujus juridiçtio, tàm criminalis quàm civilis, nulli fub-eft ; nifi fupremo Bifantino fenatu.* Ce privilége eft fondé fur un diplome de Frederic I, empereur & comte de Bourgogne, de l'an, 1184, & fur des lettres-patentes de Philippe le-Bon, duc & comte de Bourgogne, datées de Lille du 9 mars 1436, enregiftrées au parlement & à la chambre des comptes, & confirmées par plufieurs fuccef-feurs de ce prince. L'abbaye de Luxeul a un pri-vilége femblable, & les officiers de cette abbaye ont dans fon reffort la même juridiçtion que les lieutenans des baillis royaux ont dans leur bailliage.

Lorfque les Juges des feigneurs fe font main-tenus dans la poffeffion de recevoir toutes les açtes & contrats volontaires, tels que donation, con-trats de vente, conftitution, &c. peuvent-ils en être dépouillés par les notaires royaux ? . . .

L'exercice des juridiçtions contentieufe & vo-lontaire appartint aux mêmes officiers jufqu'au

règne de Philippe le-Bel, qui défendit en 1302
à fes baillis, fénéchaux & autres officiers de
fes juftices, de commettre à l'avenir ni inftituer
des notaires pour la rédaction des contrats ou
actes volontaires entre particuliers, entendant fe
réferver, & à fes fucceffeurs rois, cette faculté,
comme droit domanial ; mais en même temps
il déclara ne vouloir donner atteinte aux droits
des feigneurs qui feroient en poffeffion de
nommer des tabellions dans leurs juftices. On
voit même par une chartre poftérieure en faveur
des feigneurs du pays de Bourgogne, que Philippe-le-Bel défend aux chanceliers de fes juftices
royales, non feulement d'établir des notaires,
mais même, de recevoir aucuns actes dans l'é-
tendue des hautes-juftices ; ce qui montre que
la vue du fouverain ne portoit que fur fes juftices
& officiers.

Long-temps après cette réferve, faite par Philippe-le-Bel, de créer des tabellions & notaires
dans fes juftices, à l'exclufion des officiers de
ces mêmes juftices, l'intention du légiflateur
n'étoit pas encore remplie, fur-tout dans les pays
de droit écrit ; c'eft pourquoi François I, en
1542, fe propofa de rendre l'établiffement des notaires & tabellions (dont les fonctions diffé-
roient, & ont-été depuis réunies & confondues)
plus général dans le royaume. L'on remarque
dans le préambule de cet édit, que le roi ne
confond pas fon droit de tabellionage & de fceaux,
avec le même droit appartenant aux feigneurs
châtelains & hauts-jufticiers ; par lequel il
énonce que les mêmes droits leur font *domaniaux*.
L'on remarque dans le même préambule, en parlant de la défenfe aux Juges de recevoir des

contrats, qu'elle ne se réfère qu'aux Juges royaux en ces termes : *Et qu'aussi ne fut loisible aux greffiers de* NOSDITES *juridictions, ne A NOSDITS Juges d'icelles, leurs lieutenans & commis, de recevoir aucuns contrats volontaires.* Ce monarque ordonne en conséquence, qu'il sera établi partout son royaume des tabellions, notaires & gardes-sceaux, & il excepte les barons, châtelains & autres seigneurs étant en possession d'en créer dans leurs justices.

Mais ce qui importe pour la question présente, c'est que la défense portée par l'édit, s'adresse exclusivement aux greffiers & aux Juges des juridictions royales, *sans qu'il soit loisible, ne à nosdits greffiers & Juges, leurs lieutenans & commis, de plus recevoir aucuns contrats volontaires :*

La justice des seigneurs leur est patrimoniale; par cette raison, les jurisconsultes les plus célèbres ont observé que le roi, *par puissance réglée,* ne peut pas y porter d'atteinte. Tel a été le principe de la circonspection avec laquelle les anciens édits renferment leurs dispositions dans la sphère des justices royales, en exceptant les justices seigneuriales.

Cependant il faut convenir qu'on y découvre un germe de l'anticipation qui a été faite postérieurement par les notaires, comme officiers royaux, sur les officiers des justices seigneuriales : on ne peut pas dire que cette anticipation soit contraire aux vrais principes; c'est un chef où il faut ne pas confondre.

1°. Il est des cas spécialement réservés à la justice royale, & pour lesquels les justiciables des seigneurs doivent se pourvoir, ou être traduits devant le Juge royal plus prochain. Ce sont les cas royaux, la bâtardise, la déshérence, &c.

2°. La prééminence due à la justice du roi, de laquelle a été distraite toute justice seigneuriale, donne aptitude aux officiers royaux pour proroger leurs fonctions dans le district des justices seigneuriales, & sur leurs justiciables; d'où est né le droit de prévention des officiers royaux sur ceux des justices seigneuriales, lequel a été confirmé par la jurisprudence en faveur des notaires royaux.

Et de ce droit de prévention qui leur donne, seulement aptitude à instrumenter dans le district des justices seigneuriales, même de s'y établir (ce qui n'auroit pas lieu, selon le droit strict de la patrimonia·ité des justices seigneuriales), a dérivé en leur faveur le droit de prescription, pour y recevoir, privativement & exclusivement, les actes & contrats volontaires; tellement que ce qui appartenoit, selon le droit primitif, aux justices seigneuriales, s'est trouvé dévolu par le bénéfice de la prescription, aux notaires royaux à leur exclusion.

Mais il ne faut pas perdre de vue l'état primitif du droit des seigneurs ou de leurs justices, qui sont patrimoniales, & dont l'exercice, comme les émolumens, doit leur être conservé, tant qu'il ne se trouve pas de loi expresse & formelle qui l'entame; laquelle loi seroit opposée à ce que Loiseau appeloit *puissance réglée*. Suivant ce droit primitif, le plein exercice de l'une & de l'autre juridiction appartenoit aux officiers des justices seigneuriales·: si ce droit leur a appartenu, ils n'ont pas pu le perdre, que par l'une des deux voies, savoir, par une loi expresse, laquelle n'existe pas, ou par le non usage du droit, qui auroit donné lieu à la prescription des notaires royaux; prefcription qui ne peut être allégée, lorfque les officiers des feigneurs n'ont ceffé d'exercer conjointement les deux juridictions contentieufes & volontaires.

Les Juges des feigneurs doivent fe faire recevoir dans les Juftices royales de l'arrondiffement.

Le ferment prêté entre les mains du feigneur fuffit-il pour faire un Juge & lui en conférer le caractère ?

Il eft de droit public, que les Juges royaux des bailliages, préfidiaux, fénéchauffées, prévôtés, font obligés de fe faire recevoir dans les cours & juridictions fupérieures, afin que par cette formalité les Juges & le public connoiffent ceux fur la foi defquels ils peuvent fe repofer. C'eft ainfi que s'en expliquoit Louis XIV, dans le préambule de l'édit de 1693, dont on parlera plus particulièrement dans la fuite : à plus forte raifon les officiers des feigneurs font-ils obligés de fe faire recevoir dans les juridictions royales, où ils doivent puifer leur véritable miffion.

Sans parcourir toutes nos ordonnances, arrêtons-nous à celle d'Orléans, qui, dans l'article 55, veut que tous les officiers des juridictions fubalternes & des feigneurs hauts-jufticiers foient examinés avant que d'être reçus, par le lieutenant-général du bailliage ou autre Juge de la juftice royale dans l'étendue de laquelle la juftice feigneuriale eft fituée.

De cette ordonnance, il réfulte deux formalités, qui doivent être remplies par les officiers des feigneurs, avant de pouvoir exercer leurs fonctions.

La première, l'examen qu'ils doivent subir ;
la seconde, la réception par le Juge royal. ·

Vainement obferveroit-on que l'ordonnance
d'Orléans n'a été obfervée que jufqu'à l'ordonnance du Rouffillon, depuis laquelle les feigneurs
ont, dit-il, été maintenus dans le droit d'établir
eux-mêmes leurs officiers, & de leur faire prêter
ferment, puifque la formalité de la réception a
été expreffément rappelée par deux édits poité-
rieurs. Ce font les édits de 1693 & de 1704.

Par ces édits, il a été ordonné, *que tous les
particuliers qui feroient pourvus par les feigneurs,
tant eccléfiaftiques que féculiers, pour exercer les
offices de judicature de leurs juftices, foient tenus
de fe faire recevoir par les officiers des cours ou
juridictions royales, dans lefquelles les juftices
feigneuriales font fituées, avant que d'en pouvoir
faire aucune fonction, à peine de faux & de
500 livres d'amende.*

On oppofe que ces édits font des édits burfaux, qui n'ont rien changé à l'ancienne jurifprudence; qu'ils ont été donnés en temps de
guerre & dans les preffantes néceffités de l'état,
& que leur objet a été de lever des taxes fur
les officiers des feigneurs ; que les taxes ont
été payées, & que l'on en a ufé comme auparavant.

La réponfe eft bien fimple, ces édits ont été
vérifiés en la cour, & doivent avoir leur exécution. Il faut diftinguer dans ces édits deux difpofitions ; l'une regarde les officiers des feigneurs
précédemment pourvus, & qui avoient exercé
leurs offices fans s'être faits recevoir dans les
cours & juridictions royales ; l'autre regarde les
officiers qui devoient fe faire recevoir dans la

fuite; il eft vrai que les premiers font difpenfés moyennant finance; & dans cette partie, ces édits pourroient peut-être avec raifon être regardés comme des édits burfaux ; mais à l'égard des feconds, c'eft-à-dire, de ceux qui feroient ci-après pourvus, ces édits n'ont rien de burfal ; ils ne font qu'ordonner purement & fimplement l'exécution des précédentes ordonnances, fans exiger aucune finance de ces officiers, & par conféquent cette difpofition doit être exécutée.

On a voulu établir une diftinction en faveur des officiers des pairies, fur le fondement que les édits n'en font pas une mention expreffe; mais étant compris fous la dénomination générale de Juges de feigneurs, ils doivent néceffairement fe faire recevoir dans une juridiction royale; rien ne peut les exempter de la loi commune.

Si cette réception eft néceffaire aux officiers du roi, qui tiennent leur pouvoir de celui de qui émane tout pouvoir; à plus forte raifon eft-elle néceffaire aux officiers des feigneurs, puifque ces feigneurs, n'ayant l'exercice d'aucune puiffance publique, ne peuvent par conféquent l'attribuer d'eux-mêmes à leurs officiers. C'eft ainfi qu'en parle Loifeau, qui a été lui-même officier de juftice feigneuriale.

Les feigneurs par leurs provifions ne donnent que le titre de l'office, qui confère à ceux qu'ils choififfent, une aptitude à obtenir cette puiffance publique, qui leur eft communiquée par les magiftrats qui en ont le pouvoir, & qui leur donnent la miffion, l'ordre & le caractère d'officiers publics.

Il n'eft fi petit officier en France, dit Loifeau, qui puiffe exercer la puiffance publique fans avoir
été

été reçu folemnellement en juftice, & il ajoute, que c'eft fa réception & non pas fa provifion qui le fait officier.

Il fe fonde fur la décifion de l'art. 55 de l'ordonnance d'Orléans, & par-là il nous apprend que de fon temps l'ordonnance d'Orléans étoit en vigueur.

Il relève l'abus qui commençoit à fe glifler alors dans les juftices feigneuriales, dont quelques Juges fe contentoient de leurs provifions, & d'autres de prêter ferment devant leurs feigneurs. Il apprend à tous ces Juges qu'ils fe trompent lourdement, puifque les feigneurs ne peuvent pas leur conférer la puiffance publique, dont ils n'ont pas eux-mêmes l'exercice.

De là ce jurifconfulte conclut que tous les actes qui fe font par ces officiers avant d'avoir été reçus, font nuls comme faits par celui qui n'a point de puiffance, même qu'ils font faux fuivant la décifion expreffe de la loi *eos ff. de lege Corneliâ de falfis.* C'eft fur ce fondement que l'édit de 1693 prononce la peine de faux & l'amende de 500 livres.

La réception eft donc effentiellement néceffaire à l'officier qui veut exercer fes fonctions ; elle doit être faite par les officiers royaux qui peuvent feuls lui conférer la puiffance publique.

Dans les coutumes d'Anjou & du Maine, les Juges des feigneurs ne peuvent pas tenir leurs audiences aufli fréquemment qu'ils le jugent à propos.

La coutume d'Anjou diftingue différens degrés de juftice, & a mis fous différens titres & fous différentes claffes, les feigneurs bas-jufticiers, les moyens, les hauts, les châtelains, les barons; ainsi des autres, & a attribué aux uns plus de connoissance qu'aux autres, proportionnément à l'ordre de leurs dignités; & sur ce fondement elle a aussi établi une différence dans la tenue de leurs plaids ou juridictions; car le mot de *plaids* signifie la tenue de la juridiction; il vient du mot latin *placita*, comme plaider de *placitare*: en effet, suivant la coutume d'Anjou, tenir plaids signifie tenir sa juridiction, puisque dans les art. 46, 64, 171 & 196, lorsqu'il est parlé de l'expédition des causes & des procès, il est fait mention des plaids. Chopin, dans plusieurs endroits de son commentaire sur cette coutume, s'en explique ainsi, particulièrement sur ledit art. 46, nomb. 7; & Ragueau, dans son indice, au mot *Plaids*, donne la même interprétation.

Par l'art. 46 de ladite coutume d'Anjou, le seigneur châtelain peut tenir ses plaids tous les quinze jours, même plus souvent: il a encore plusieurs autres prérogatives au dessus des seigneurs hauts-justiciers, suivant les art. 43 & suivans; mais suivant l'art. 64 de la même coutume, le haut-justicier ne peut tenir ses plaids que quatre fois l'an & non plus: cette clause limitative, *& non plus*, retranche tout prétexte d'extension ou d'interprétation.

La vue de cette loi municipale, en fixant ainsi la tenue des plaids des seigneurs hauts-justiciers, a été d'empêcher la multiplicité des juridictions subalternes, parce qu'il y a en la province d'Anjou une infinité de seigneurs hauts-justiciers, & encore davantage de seigneurs moyens & bas-justiciers, qui ont la même tenue de plaids.

Les commentateurs de la coutume d'Anjou;

qui en ont pénétré l'efprit & l'intention, en ont auffi fuivi la difpofition. Mingon, le plus ancien fur ledit article 64, nombre premier, dit que le haut-jufticier doit tenir les plaids par trimeftres, obfervant entre chacune tenue l'intervalle de trois mois ; & qu'il ne lui eft pas permis d'intervertir cet ordre. Chopin dans fon commentaire fur l'art. 46, nomb. 9, affirme que les hauts-jufticiers ne peuvent tenir leur juridiction que quatre fois l'an.

L'autorité de la chofe jugée eft conforme à ce que deffus. Suivant deux arrêts, l'un du 12 juillet 1695, rapporté au cinquième tome du journal des audiences ; l'autre du 20 décembre 1704, rendu dans la coutume du Maine, conforme à celle d'Anjou, il eft permis aux feigneurs hauts-jufticiers de connoître des cas à eux attribués lors de leurs plaids, qu'ils ne pourront faire tenir que quatre fois l'an.

Suivant l'ufage obfervé dans la province d'Anjou, les feigneurs hauts-jufticiers ont abandonné la juridiction contentieufe, par rapport à la rare tenue de leurs plaids fixés à quatre fois l'an ; & s'il y en a quelques-uns en poffeffion d'un exercice fréquent, c'eft en vertu des articles 3 & 143 de la même coutume d'Anjou, qui permettent d'acquérir par poffeffion, privilège ou titre particulier, la connoiffance des matières au delà de l'attribution portée par la coutume.

Les Juges des feigneurs ont la préféance fur les officiers des élections. » Je crois, dit Breton-» nier fur Henrys, fuite du livre 2, queft. 46, » que cela eft fans difficulté : En premier lieu, fui-» vant le proverbe, chacun doit être maître chez » foi. En fecond lieu, les Juges des feigneurs font

» officiers de juſtice, & les élus ne ſont officiers
» que des finances ; la choſe eſt ſans difficulté,
» lorſque les châtelains ſont gradués «.

La queſtion a été jugée différentes fois entre
les officiers des duchés-pairies & ceux des élections, & toujours à l'avantage des premiers.

On convient que les élus ont leurs inſtitutions
du roi, & que les officiers des duchés - pairies
n'ont leurs proviſions que des ducs & pairs :
mais auſſi on doit demeurer d'accord que tous les
Juges en général, ſeigneuriaux & autres, n'exercent la juridiction qui leur eſt commiſe que ſous
le bon plaiſir & par la ceſſion particulière du
roi. Si cette propoſition en général eſt certaine,
elle l'eſt encore davantage en particulier à l'égard
de la juridiction des ducs & pairs, qui ne ſub-
ſiſte qu'autant qu'il plaît à ſa majeſté, & qu'autant qu'elle accorde ſon agrément pour l'exercice
de la pairie.

Il faut joindre à tous ces moyens la conſidération de l'ancienneté, laquelle n'a pas peu de
force dans la détermination des rangs. Qui ne
ſait que la création des élections eſt récente, &
du dernier ſiècle ſeulement ? Au lieu que les juridictions ordinaires ſont auſſi anciennes que la monarchie.

Auſſi toutes les fois que les élus ont conteſté
la préſéance aux officiers des bailliages royaux &
à ceux des duchés-pairies, ils ont été déboutés ;
car les bailliages des pairies ont, dans les villes
où ils ſont établis, le même rang que les bailliages royaux : ils poſſèdent la même autorité, ils
exercent la même magiſtrature, & jouiſſent du
même pouvoir, avec pareille ſubordination au
parlement.

Il a été ainsi jugé par arrêt du conseil le 11 janvier 1680, entre tous les officiers de l'élection de Nevers & les officiers du bailliage ducal de la même ville : ce qui formoit particulièrement la difficulté, est que la déclaration du 22 septembre 1617, alors nouvellement donnée en faveur des élections, dit que les officiers de ces élections auront rang dans toutes les assemblées publiques & particulières, immédiatement après les Juges des bailliages royaux & sénéchauffées, & avant tous autres Juges royaux ou non royaux. Cependant l'arrêt porte, qu'en toutes assemblées publiques & particulières, le lieutenant-général, le lieutenant-particulier, l'affesseur & les conseilleurs du même bailliage, précéderont les officiers de l'élection.

On a considéré la déclaration de 1627 comme un édit bursal, qui oblige les élus à financer, en même temps qu'elle leur donne un rang honorable, & qui par conséquent n'est pas d'une autorité perpétuelle, puisqu'au contraire elle s'étend, se restreint, ou cesse absolument, selon la conjonéture des temps, outre qu'elle attribue aux élus des droits utiles & suffisans pour les indemnifer de la finance à laquelle ils font taxés.

Mais quand cette déclaration feroit en vigueur, on n'en pourroit pas conclure qu'elle préfère les élus aux officiers des pairies, puisque les bailliages des pairies tiennent le même rang que les juridictions royales des bailliages & sénéchauffées ; & que, quand elle parle de la préféance des élus fur les autres officiers des juridictions royales, elle ne s'entend que des Juges qui font dans un degré inférieur aux bailliages royaux.

Le conseil a rendu un fecond arrêt le 21 mars

1654 en faveur des officiers de la prévôté royale du Mans, contre les élus de la même ville ; un troisième, le 24 juillet 1659, pour les officiers de la pairie de Laval, contre ceux de l'élection ; un quatrième, le 11 avril 1669, au profit des officiers de la pairie de Mayenne, contre les élus de cette même ville ; un cinquieme, le 18 juin 1685, qui préfère aux élus les officiers du comté de Brioude, de la dépendance du chapitre de saint Julien.

Toutes les cours du royaume suivent la même jurisprudence. Le parlement de Paris a donné la préféance en tous actes publics & particuliers, aux officiers du duché de Longueville dans Château-Dun, sur les présidens & officiers de l'élection. Le grand conseil l'a décidé de même par arrêt du 8 août 1686, pour les Juges de la pairie de Thouars en Poitou.

Nous avons dit plus haut, que les premiers officiers des justices qui ressortissent nuement aux cours de parlement, doivent être gradués & même reçus au serment d'avocat. Cette règle n'a pas toujours existé, du moins le parlement de Paris y a dérogé plus d'une fois en faveur des procureurs en la cour. Les magistrats ont cru devoir cette distinction à des officiers qui avoient mérité leur estime par la manière dont ils avoient rempli les importantes fonctions de leur ministère. Il y en a beaucoup d'exemples ; nous les avons recueillis avec d'autant plus de plaisir, qu'ils font honneur à une compagnie, qui, dans tous les temps, a produit des hommes aussi recommandables par les qualités du cœur, que par les lumières de l'esprit.

Ce n'est pas seulement dans des offices seigneuriaux que la cour a admis des procureurs non gradués ; mais dans des bailliages , dans des présidiaux & autres juridictions royales.

Par arrêt du 11 avril 1440 , Me Jacques Delpine , procureur en la cour , a été déclaré suffisant & habile pour tenir l'office de lieutenant au bailliage de Touraine , quoique non gradué.

En 1473 , Me Michel de Pont , procureur en la cour , a été fait procureur-général en l'amirauté & aux eaux & forêts de France.

Me Jean Duluc , procureur en la cour , a été procureur-général de la reine Catherine de Médicis. régente de France , comme il est remarqué par Papon , livre 6.

Me Nicolas Viset , procureur en la cour , non gradué , a été reçu prévôt forain de la ville de Senlis , avec séance au dessus des conseillers du présidial , comme il a été jugé par arrêt du 7 février 1605 , au profit de M. Jacques Bourdon son prédécesseur.

Me Jean - Baptiste Mesmin , procureur en la cour , non gradué , a été reçu conseiller en la chambre du trésor à Paris.

Me Olivier Gauthier , procureur en la cour , aussi non gradué , a tenu long-temps le siége du bailliage du palais , qui est le premier bailliage du ressort du parlement , par l'absence & maladie du sieur de Larche , lieutenant-général audit bailliage.

Me Didier Bourgevin , procureur en la cour , non gradué , a été reçu le 12 août 1610 , procureur du roi en l'amirauté , à la table de marbre du palais , siége d'appel.

M^e . . . . de la cour , procureur en parlement , non gradué , a été reçu avocat du roi en la table de marbre des eaux & forêts, & est mort dans l'exercice de sa charge.

Me Jean Poitevin, procureur en la cour, non gradué, a été reçu procureur-général des eaux & forêts, siége d'appel & souverain en plusieurs cas.

Me Jean Louvain, procureur non gradué, après avoir exercé dix ans la charge de prévôt civil de la ville de Montdidier, a été dispensé de l'examen par arrêt, & reçu président au présidial de Beauvais.

Me Josias Dupré, procureur non gradué, a été lieutenant-civil de Montdidier.

Me Louis Froment, procureur en la cour, non gradué, après avoir exercé ladite charge de procureur seulement dix ans, a été reçu en la charge de prévôt royal, civil & criminel de Château-Fort.

Me Jacques Godin, procureur en la cour, non gradué, après avoir exercé ladite charge dix ans, a été reçu en la grand'chambre, en la charge de lieutenant-général de Langes en Touraine, & dispensé de l'examen.

Me Hyerosme Bourgevin, procureur en la cour, non gradué, a été reçu procureur du roi en l'élection de Paris.

Me François Pegere, procureur en la cour, a été reçu auditeur des comptes à Paris.

Nous terminerons cet article par un extrait du célèbre réglement du 10 juillet 1665, concernant la forme que les Juges des seigneurs doivent suivre dans leurs procédures, les épices qu'ils doivent prendre, &c.

Art. XLVII. A l'égard des justices subalternes, si le défendeur comparoît à la première assignation, il pourra propofer fur le champ & verbalement fes défenfes, fur lefquelles & fur les repliques, fi aucunes font faites auffi verbalement par le demandeur, la caufe fera terminée fur le champ, ou au plus tard en l'audience fuivante.

XLVIII. Si le défendeur ne paroît point à la première affignation, fera donné défaut, & pour le profit d'icelui, ordonné qu'il fera réaffigné ; & à la feconde audience, s'il ne compare, fera donné un fecond défaut, & le profit d'icelui jugé fur le champ.

XLIX. Et fi le défendeur fe préfente fur le réadjournement, les parties étant ouïes, la caufe fera jugée fur le champ, ou bien remife à l'audience fuivante, s'il eft jugé à propos.

L. Il ne fera point donné d'appointement à écrire & produire en matière légère : mais fi l'affaire ne peut être jugée à l'audience, il fera ordonné que les parties mettront leurs pièces & mémoires dans trois jours entre les mains du greffier, & fans qu'il foit befoin de forclufion après l'acte de produit fignifié ; & dans huitaine, à compter du jour dudit appointement à mettre, fera donné fentence.

LI. Les dépens adjugés par les fentences qui feront données par les Juges fubalternes en l'audience, ou fur les pièces mifes, ferònt liquidés par la même fentence, fi faire fe peut.

LII. Il ne fera rien pris par les Juges pour les jugemens, réglemens & expéditions faites en l'audience, à peine de concuffion ; & pour les jugemens donnés fur pièces mifes, les épices ordinaires feront de 3 livres 4 fous tournois, & au plus, 6 livres 8 fous tournois, lorfqu'il y aura confeil.

LIII. Ne pourront être lefdites épices augmentées, à peine de concuſſion & de répétition du quadruple, dont ſera délivré exécutoire par le Juge royal ſupérieur, ſur la plainte des parties ou de l'une d'icelles, après avoir ouï le Juge.

LIV. Fait défenſes aux Juges ſubalternes, procureurs-fiſcaux, greffiers, procureurs & ſergens, de prendre aucuns repas aux dépens des parties, à peine de concuſſion & d'amende arbitraire, & de la répétition du quadruple.

LV. Les Juges ne prendront pour les actes de tuteles & aſſemblées de parens, pour quelque cauſe que ce ſoit, plus grande ſomme que celle de 20 ſous tournois ; & à l'égard du greffier, ne prendra que 10 ſous tournois pour la groſſe dudit acte ſans vacation.

· LVI. Les ſubalternes, greffiers & ſergens ne pourront s'ingérer de faire aucunes appoſitions de ſcellés ſur la requiſition du procureur-fiſcal, ou autre, ſuppoſé même qu'il y eût des mineurs ou des abſens, s'ils n'en ſont requis par l'une des parties intéreſſées, par un acte écrit, ſigné d'elle ; & ſi elle ne ſait ſigner, ledit acte ſera écrit par le plus prochain tabellion ou notaire, ſur la requiſition de la partie intéreſſée, pour lequel il ne pourra exiger que 5 ſous tournois, à peine de concuſſion ; & quelques requiſitions qui leur ayent été faites, ne pourront aux lieux où il y aura notaires, faire l'inventaire ni aſſiſter à icelui, mais ſeront tenus de ſe retirer après la reconnoiſſance des ſcellés par eux appoſés ; & aux lieux auxquels il n'y aura notaire, ſera l'inventaire fait par le greffier, qui ne prendra plus grand ſalaire qu'auroit fait le notaire.

LVII. En travaillant aux appoſitions & levées

de fcellés & invenraires, les officiers qui y feront employés ne prendront aucun repas ni nourriture fur les effets de la fucceffion, ni aux dépens d'aucune des parties intéreffées, à peine de concuffion & de répétition du quadruple contre chacun defdits Juges, procureurs-fifcaux, greffiers & fergens folidairement, mais fe contenteront des falaires raifonnables qui feront réglés à raifon de 20 fous tournois par heure : en forte néanmoins que pour la matinée ou relevée, ils ne pourront exiger que 40 fous tournois pour chacune, quand ils ne fe tranfporteront hors de leur demeure ; & quand ils fe tranfporteront hors defdites demeures, prendront 4 livres tournois par jour pour vacations, falaires & dépenfes ; & les procureurs fifcaux, s'ils y affiftent, les deux tiers du Juge : & lefdits greffiers fe tranfportant hors de leur demeure, & non autrement, la moitié du Juge, & ne fe tranfportant point, n'auront que la groffe des actes qu'ils délivreront fans vacation.

LVIII. Fait la cour très-expreffes inhibitions & défenfes à tous Juges & officiers, tant des préfidiaux, fiéges royaux & fubalternes, qu'autres, de contrevenir au préfent réglement, à peine, en ce qui concerne leurs fonctions, d'interdiction & de plus grande peine s'il y échet.

LIX. Les plaintes de contraventions faites au préfent réglement, pourront être reçues par les confeillers de la cour trouvés fur les lieux, pour en être par eux informé, fans qu'il foit befoin de commiffion particulière.

Voyez les ordonnances du Louvre ; le journal des audiences ; celui du palais ; les arrêts de Bardet, d'Augeard, &c. la bibliothèque de Bou-

cheul ; l'esprit des loix ; le traité des justices de Bacquet ; celui des seigneuries de Loiseau ; les observations de M. le préfident Bouhier , & celles de Dunod fur les coutumes des duchés & comtés de Bourgognë ; les inftitutes coutumières de Loifel ; la fomme rurale de Bouthilier ; les maximes de l'Hommeau ; les coutumes de Tours , d'Anjou , du Maine , de Bretagne , de Normandie , & leurs commentateurs.

(Article de M. H*** , avocat au parlement).

JUGEMENT. C'eft la décifion d'une contef-tation donnée par un Juge compétent , entre per-fonnes capables de plaider.

Ce terme eft générique ; il comprend toutes les efpèces de décifions qui fe donnent dans les procès ; mais on appelle plus particulièrement fen-tences , celles des juges inférieurs , qui font fujettes à l'appel.

Les décifions des Juges en dernier reffort , tels que les préfidiaux , les prévôts des maréchaux, retiennent le nom de jugement.

Celles des cours fouveraines ou du confeil du roi, font appelées arrêt.

Il n'y a de vérirables Jugemens , que ceux qui font rendus fur des conteftations & après une inftruc-tion juridique ; ceux qui font rendus du confen-tement des parties , font plutôt des tranfactions que des décifions , parce que le Juge ne prononce que ce qui a été convenu entre elles; c'eft pour-quoi ces fortes de décifions n'acquièrent l'autorité de chofe jugée , que quand elles ont été rendues entre perfonnes capables de tranfiger. Si un béné-ficier qui ne peut aliéner les biens , ni céder les droits dépendans de son bénéfice, avoit passé de concert un Jugement emportant aliénation de quelque partie dépendante de son bénéfice, ce Jugement ne pourroit jamais passer en force de chose jugée, & l'on pourroit toujours se pourvoir pour le faire rétracter, quelque laps de temps qui se seroit écoulé, pourvu que ces biens n'eussent pas passé entre les mains d'un acquéreur de bonne foi, qui ait ignoré ce Jugement & qui ait prescrit (*).

Pour qu'un Jugement soit valable, il faut, 1°. qu'il ait été rendu par un juge compétent.

2°. Entre personnes capables d'ester en Jugement.

3°. Qu'il soit conforme à la jurisprudence & aux règles prescrites par les ordonnances.

Voyez ce qui a été dit au mot Compétence. On observera seulement, que lorsqu'une personne est assignée pour une action personnelle devant un autre juge que celui de son domicile, elle peut proposer son déclinatoire & demander son renvoi devant son juge, & en cas de refus, appeler comme de déni de renvoi; mais si elle se présente & qu'elle reconnoisse la juridiction, elle ne peut plus, après que la contestation est jugée définitivement, appeler de la sentence sur le fondement de l'incompétence, à moins que le juge n'ait pas pu connoître de la matière qui faisoit le sujet de la contestation; comme si un tuteur étoit assigné devant des juges d'élection, pour rendre son compte de tutelle : dans ce cas, le défendeur & le demandeur peuvent appeler comme de

_____

(*) La prescription court contre l'église, quoique le titre soit vicieux. Voyez le procès-verbal & l'ordonnance de 1667, titre de l'Exécution des Jugemens.

juge incompétent , quoiqu'ils aient engagé la
conteſtation , & même qu'elle ait été décidée ,
parce qu'on ne peut reconnoître ni attribuer à
des juges une autorité & un pouvoir qu'ils n'ont
pas. Il n'en eſt pas de même lorſque le juge
eſt compétent pour connoître de la matière , mais
incompétent ſeulement , parce que la perſonne
aſſignée devant lui n'a pas ſon domicile dans
l'étendue de ſa juridiction ; car le droit de ne
pouvoir être traduit hors de ſa juridiction , eſt
perſonnel , & l'on peut y renoncer.

Les perſonnes incapables d'eſter en Jugement ,
ſont : 1°. les interdits & les mineurs qui ne
peuvent plaider ſans l'aſſiſtance de leurs tuteurs
ou de leurs curateurs. Il faut cependant excepter
de cette règle les mineurs émancipés par lettres
du prince ou par mariage , qui peuvent pour-
ſuivre en juſtice le recouvrement des ſommes
mobilières qui leur ſont dues , comme le payement d'un billet , des loyers ou des fermages ;
mais ſi l'affaire préſentoit une diſcuſſion un peu
conſidérable , le défendeur pourroit oppoſer au
mineur une exception dilatoire , juſqu'à ce qu'il
eût été pourvu d'un tuteur pour l'aſſiſter en cauſe ,
parce que ſi le mineur ſuccomboit , le ſeul fait
qu'il auroit plaidé ſans être aſſiſté d'un tuteur ,
feroit préſumer qu'il n'auroit pas été valablement
défendu. Il faut auſſi excepter les mineurs marchands & les bénéficiers qui ſont cenſés majeurs
pour tout ce qui regarde leur commerce & les
droits dépendans de leurs bénéfices.

2°. Une femme mariée ne peut eſter en Jugement , ſi elle n'eſt aſſiſtée de ſon mari ou de lui
autoriſée , excepté celles qui ſont ſéparées d'habitation ou de biens ſeulement , leſquelles ſont

comparées à des mineurs émancipés, parce que, par la féparation, la femme eft affranchie de la puiffance de fon mari pour toutes les actions confervatoires, & pour la jouiffance de fon revenu. Mais s'il s'agiffoit de fes immeubles, comme de défendre à une licitation, il faudroit qu'elle fût autorifée ou affiftée de fon mari, quoique féparée, ou, au refus de fon mari, qu'elle fe fît autorifer par juftice (*). ...

3°. Une femme marchande publique, quoique pouvant s'obliger pour fait de fon commerce, ne peut cependant efter en Jugement fans l'affiftance de fon mari, car la coutume n'accorde ce droit qu'à la femme féparée; la femme marchande publique n'eft difpenfée de la néceffité de l'autorifation expreffe de fon mari, que pour le fait de fon commerce feulement. La raifon de différence eft fenfible; la femme féparée n'agit que pour fon propre intérêt : au contraire, la femme marchande publique agit pour la communauté dont le mari ne laiffe pas d'être le maître ; il ne feroit pas jufte qu'elle l'engageât dans un procès à fon infçu.

4°. Les communautés d'habitans ne peuvent intenter aucune action, tant en caufe principale que d'appel, fans une délibération d'habitans, confirmée & autorifée d'une permiffion par écrit des intendans des provinces.

Les règles que les juges doivent obferver font de deux fortes ; les unes font relatives au fond

---

(*) Cette queftion a été ainfi décidée à la conférence de la bibliothèque le famedi 5 juin 1779, où étoient M. Doutremont, alors bâtonnier, MM. Cailleau, Thction, Durand, de Miremont de la Chartóniere, moi préfent.

des conteſtations , & les autres le font à la forme:
ou ne parlera que de ces dernières.

Les Jugemens doivent être rendus dans le lieu
où s'exerce la juridiction : il y a cependant quelques cas que le juge peut décider en ſon hôtel ;
comme les nominations de tuteurs , les référés
ſur les conteſtations qui s'élèvent relativement
aux ſcellés & inventaires , & autres matières pro-
viſoires ſur leſquelles il eſt néceſſaire de ſtatuer
promptement.

L'édit du mois de janvier 1685 , contenant
réglement pour le châtelet de Paris , porte ; art. 6 :
» Quand il s'agira de la liberté de perſonnes qua-
» lifiées ou conſtituées en charge , de celle des
» marchands & négocians empriſonnés à la veille
» de pluſieurs fêtes conſécutives , ou des jours aux-
» quels on n'entre pas au châtelet ; lorſqu'on de-
» mandera la main-levée des marchandiſes prêtes
» à être envoyées , & dont les voituriers feront
» chargés , ou qui peuvent dépérir ; du payement
» des ouvriers que des hôteliers ou des ouvriers
» demandent à des étrangers , pour des nourritures
» & fournitures d'habits ou autres choſes néceſ-
» ſaires ; lorſque l'on réclamera des dépôts , gages,
» papiers ou autres effets divertis : ſi le lieutenant-
» civil le juge ainſi à propos pour le bien de la
» juſtice , il pourra ordonner que les parties com-
» paroîtront le jour même dans ſon hôtel, pour
» y être entendues , & être par lui ordonné par
» proviſion ce qu'il eſtimera juſte «.

Il faut que les Jugemens ſoient rendus par le
nombre des juges fixés par les réglemens , ſuivant
l'article 91 de l'ordonnance de 1453 ; il faut au
parlement de Paris , pour rendre un arrêt, dix conſeillers & un préſident.

Dans

Dans les préfidiaux ils doivent être au nombre de fept pour juger en dernier reffort.

En matière criminelle, dans les procès qui fe jugent à la charge de l'appel & où il y a conclufions à peines afflictives, les Jugemens doivent être rendus par trois juges, foit dans les fiéges royaux, foit dans les fiéges des feigneurs ; & lorfqu'il ne s'en trouve pas autant dans ces fiéges, on appelle des gradués. Les trois juges doivent être préfens au dernier interrogatoire.

Les prévôts des maréchaux ne peuvent juger, même à la charge de l'appel, un crime de duel, s'ils ne font au nombre de cinq.

Lorfqu'il y a plufieurs commiffaires nommés pour décider une affaire, ils doivent tous affifter au Jugement, à moins que la commiffion ne porte qu'ils pourront juger en l'abfence les uns des autres.

Les Jugemens fe rendent à la pluralité des voix. Toutes les opinions fe réduifent à deux. Lorfque les voix fe trouvent égalés pour l'une ou l'autre opinion, il y a partage, excepté dans les cours fouveraines ou dans les procès par écrit, il faut qu'une opinion excède l'autre de deux voix ; quand il n'y en a qu'une, il y a partage, & il faut le faire décider par une des autres chambres.

Le partage opère même une efpèce de Jugement, car l'affaire ne peut plus être décidée que fuivant l'une ou l'autre des deux opinions, & aucune des parties ne feroit plus reçue à produire de nouvelles pièces. Cela a été décidé par un ancien arrêt de 1508, qui fert de réglement en cette matière : mais cette jurifprudence ne s'obferve pas à l'égard du roi, lorsqu'il se trouve partie dans une contestation sur laquelle il y a partage. M. le procureur-général est toujours reçu à produire de nouveau, comme l'établit M. d'Aguesseau dans une de ses lettres.

» On tient pour maxime, que le sort des parties est fixé par le partage même; qu'il ne s'agit plus que de savoir laquelle des deux opinions doit prévaloir; mais qu'il est sûr que l'une des deux doit être suivie; que la destinée des parties est tellement déterminée dès le jour du partage, qu'en quelque temps qu'on le juge, le Jugement remonte toujours jusqu'à ce jour fatal; que par conséquent on ne peut recevoir de production qui ait une date posterieure, au moment critique où les opinoins des juges sont tellement acquises aux parties, qu'elles ne peuvent jamais plus les perdre «.

On pouvoit appliquer, ce semble, tous ces principes au roi, qui dans l'ordre des Jugemens, est assujetti aux mêmes règles que les parties.....
Mais l'opinion contraire a prévalu, non pas tant par le respect qui est dû à la majesté royale, que par l'obligation singulière de la forme dans laquelle les causes du roi sont défendues. Comme il ne les soutient que par le ministère de son procureur-général, on a cru qu'il n'étoit pas juste que l'ignorance ou la juste négligence de son défenseur lui pût nuire, & qu'il ne devoit pas être confondu avec ses sujets, auxquels on peut justement imputer leur négligence ou leur erreur. C'est par cette raison que même après un jugement définitif on reçoit le procureur-général à produire de nouveaux titres, & à faire juger une seconde fois les mêmes questions qui ont déjà été décidées contre

le roi ; & fi on peut l'écouter après une décifion parfaite & confommée, on a cru fans doute qu'il devoit être encore plus facile au procureur-général de produire de nouvelles pièces, après un fimple arrêt de partage ; l'équité & l'intérêt même des parties, contre lefquelles le roi ufe de ce privilége, femblent le demander ainfi, afin qu'elles puiffent éviter par-là un nouveau procès ; mais en ce cas la loi eft égale, & la production nouvelle des parties qui plaident contre le roi eft reçue.

On avoit douté, fi lorfque les préfidiaux jugent en dernier reffort, on devoit leur appliquer la règle qui eft établie pour les cours fouveraines. Mais la déclaration du 30 feptembre 1751 a levé cette difficulté : elle ordonne que dans toutes les caufes & procès qui font de nature à être jugées par les préfidiaux en dernier reffort, la pluralité d'une feule voix pour l'un des avis, forme le Jugement, fans qu'il puiffe y avoir de partage, que dans le cas où il fe trouvera un nombre égal de fuffrages.

En matière criminelle il n'y a jamais de partage. Les Jugemens, foit définitifs ou d'inftruction, rendus à la charge de l'appel, doivent paffer à l'avis le plus doux, lorfque le plus févère ne prévaut pas d'une voix dans les procès qui fe jugent à la charge de l'appel, & de deux dans ceux qui fe jugent en dernier reffort (*).

Le juge peut fuppléer par lui-même tous les moyens de droit qui ont été omis par les avocats ou procureurs, foit en plaidant, foit dans le

_____

(*) Ordonnance de 1670, tit. 25, art. 12.

cours de l'inftruction ; mais il ne peut fuppléer les moyens de fait. Il doit rendre fon Jugement fur les preuves qui font au procès, quand il feroit moralement fûr que la chofe eft autrement qu'elle n'eft prouvée.

· Ces principes font retracés dans une lettre de M. Dagueffeau (*). Il s'agiffoit d'un privilége qui intéreffoit tous les membres d'une cour fouveraine. La caufe avoit été plaidée en la première chambre ; & fur le délibéré qui y avoit été prononcé, on avoit envoyé dans les autres chambres deux confeillers, fur le rapport defquels on avoit opiné. L'arrêt fut rendu à la pluralité de deux voix feulement. Cette forme d'opiner dans une caufe qui avoit été plaidée, parut irrégulière à M. Dagueffeau ; il jugea que les autres chambres n'avoient pas eu une connoiffance fuffifante ; il écrivit : » Je » ne fuis pas furpris que les différentes chambres du parlement de . . . . . aient été attentives au Jugement d'une queftion qui, de quelque manière qu'elle fût décidée, pourroit intéreffer le privilége de tous les membres de cette compagnie, dont il s'agiffoit de régler l'étendue & l'application. Mais c'étoit la première chambre qui étoit faifie de cette queftion ; & fi les trois autres chambres croyoient auffi devoir en être juges ; elles devoient y penfer plutôt, & ne pas attendre que l'affaire eût été plaidée contradictoirement par les avocats des parties ; que l'avocat-général y eût porté la parole & pris fes conclufions ; qu'il eût été ordonné un délibéré, & que le rapport eût été fait par un des confeillers de la première chambre. Mais en fup-

_____

(*) Tome 8, page 677.

pofant qu'il étoit encore temps d'avoir égard aux
défirs des trois autres chambres, il falloit commencer par leur faire remplir le premier devoir
des juges (*fi judicas cognofce*), & ces termes appliqués aux magiftrats, s'entendent, non d'une
fimple connoiffance particulière qu'ils peuvent avoir
comme hommes, mais d'une connoiffance judiciaire acquife dans les formes qui font prefcrites
par les loix, & qu'ils ont par-là comme juges.

Il falloit donc que les officiers des autres chambres fuffent inftruits de la même manière que ceux
de la première chambre l'avoient été ; & dès le
moment qu'on vouloit les rendre Juges de la queftion qui avoit été agitée, on n'avoit pas d'autre
parti à prendre que celui de faire recommencer la
plaidoierie dans l'affemblée de toutes les chambres,
& d'entendre de nouveau le même avocat-général
qui avoit déjà parlé dans cette affaire. C'eft la
feule manière d'inftruire les juges qui ait lieu dans
les caufes d'audience ; il n'y en a pas d'autre par
laquelle les ordonnances du royaume pérmettent
d'y fuppléer «.

Le juge doit prononcer fur toutes les demandes
des parties, lorfqu'elles contiennent plufieurs chefs ;
il peut juger définitivement les unes, & ordonner
un interlocutoire à l'égard des autres. Il n'eft pas
non plus néceffaire de fpécifier les chefs fur lefquels on prononce le hors de cour ; mais il ne
peut prononcer que fur ce qui a été demandé.

Cependant le juge peut & doit même condamner aux dépens la partie qui fuccombe, encore
qu'on n'y ait pas conclu, parce que les dépens
font une efpèce de peine que l'ordonnance inflige
aux plaideurs téméraires ; de même que l'amende

qui eft due par celui qui fuccombe dans fon appel (*).

. Les arbitres font auffi tenus de prononcer la condamnation de dépens, à moins qu'il n'y ait dans le compromis une claufe expreffe, portant pouvoir de les remettre, modérer & liquider, parce que cette dernière claufe fait regarder le compromis comme une efpèce de tranfaction (**).

Les Jugemens ne doivent être rendus que contre des perfonnes vivantes. Cette règle reçoit cependant quelques exceptions ; la première réfulte de l'article 1 du titre 26 de l'ordonnance de 1667, qui porte : » Le Jugement de l'inftance ou procès » qui fera en état de juger, ne fera différé par » la mort des parties ni de leurs procureurs «.

La feconde, que le Jugement rendu depuis le décès de l'une des parties, n'eft nul qu'autant que le décès a été fignifié à la partie adverfe.

La troifième, que la nullité réfultante de ce que le Jugement a été rendu depuis le décès de l'une des parties, n'eft relative qu'aux héritiers de la perfonne décédée, & fi le Jugement leur eft favorable, la partie qui a fuccombé ne peut l'attaquer.

Ce qu'on a dit par rapport au décès, s'applique également, lorfque l'une des parties a changé d'état ; comme fi depuis le procès elle eft morte civilement ; & fi c'eft une fille, qu'elle fe foit mariée.

_____

(*) Ordonnance de 1667, art. 30, tit. 1, toute partie, foit principale ou intervenante, qui fuccombera, même aux renvois déclinatoires, évocations ou réglemens de juge, fera condamnée aux dépens . . . . . . en vertu de notre préfente ordonnance.

(**) *Idem.* art. 2.

Les Jugemens rendus à l'audience doivent être datés du jour qu'ils ont été prononcés, & ceux rendus en procès par écrit, du jour qu'ils ont été arrêtés, car c'eſt la prononciation ou la délibération qui forment le Jugement ; la rédaction n'en eſt que la preuve : auſſi les Juges ne peuvent plus y rien changer depuis qu'ils ont été prononcés ou arrêtés.

Dans les procès par écrit, la date doit être écrite de la main du rapporteur, enſuite du diſpoſitif avant de le mettre au greffe.

Les Jugemens doivent être conçus & prononcés en termes clairs, & ſuivant la qualité des juges qui les rendent. Les préſidiaux, lorſqu'ils jugent en dernier reſſort, ne pourroient pas prononcer *par Jugement ſouverain* ; mais ils ſont obligés de prononcer dans les matières civiles, *par Jugement dernier*, & dans les matières criminelles, *par Jugement préſidial en dernier reſſort.* Sur l'appel d'une ſentence, ils ne peuvent pas non plus prononcer par mettre *l'appellation au néant*, mais ſimplement par *bien ou mal jugé.*

Les officiaux ne pouvant pas connoître du poſſeſſoire, ils ne peuvent dans leurs ſentences ſe ſervir du terme de *maintenue* ; s'ils le font, il y a abus.

On diſtingue deux ſortes de Jugemens, les interlocutoires & les définitifs ; on peut encore diſtinguer à l'égard des Jugemens définitifs, ceux qui s'exécutent par proviſion, nonobſtant l'appel, & ceux dont l'appel ſuſpend l'exécution.

Les Jugemens interlocutoires ſont tous ceux d'inſtruction, par exemple, lorſque le Juge ordonne la preuve par témoin, ou qu'il prononce un appointement. En matière criminelle, les décrets décernés contre l'accusé, les Jugemens. qui ordonnent le récolement & la confrontation, font des Jugemens interlocutoires.

On appelle Jugemens définitifs, ceux qui décident le fond de la contestation.

Après le Jugement définitif, le juge a rempli fon miniftère, il ne peut plus réformer fon Jugement. Il n'en eft pas de même de ceux interlocutoires, le juge qui les a prononcés peut fe réformer lui-même, & déclarer nulle une procédure faite devant lui.

Les Jugemens d'inftruction ou interlocutoires, s'exécutent par provifion, fans préjudice de l'appel, à moins qu'ils ne caufent un préjudice qui foit irréparable en définitif. C'eft en conféquence de cette maxime, que les criées d'héritage & les baux judiciaires s'exécutent, malgré l'appel de la faifie-réelle.

Les ordonnances des juges ou commiffaires établis pour la réception des cautions, les fentences qui homologuent des délibérations, arrêtées dans les affemblées des créanciers, à la pluralité des voix, pour le recouvrement des effets, ou pour le payement des dettes du failli ; les ordonnances & Jugemens confervatoires, tels que ceux concernant les oppofitions & levées des fcellés, les fequeftres, les dénonciations de nouvelle œuvre, lorfqu'une perfonne fe plaint des ouvrages que fon voifin fait faire, & qui lui font préjudiciables, s'exécutent par provifion.

En matière criminelle, tous les Jugemens d'inftruction s'exécutent par provifion, nonobftant l'appel, même comme de juge incompétent. Il faut excepter ceux qui condamnent l'accufé à être appliqué à la queftion, lefquels, lorfqu'ils ne font pas rendus par des Juges en dernier reffort, ne peuvent être exécutés, à moins qu'ils n'aient été confirmés par arrêt.

Les fentences de police s'exécutent par provifion, à quelque fomme qu'elles puiffent monter, fuivant l'article 12 du titre 17 de l'ordonnance de 1667. M. Jouffe obferve que la difpofition de cet article s'exécute dans les matières où il s'agit de l'intérêt public ; telles font celles qui font pourfuivies à la requête des procureurs du roi fur la citation des commiffaires de police.

A l'égard de la partie de la police qui concerne les métiers, comme font les différends qui furviennent entre deux communautés ou corps de métiers, entre une communauté & l'un de fes membres, d'un maître à un apprentif ou un compagnon ; il faut diftinguer s'il s'agit de l'exécution de quelque ftatut. Comme alors les parties font fondées en titre, la fentence doit être exécutée par provifion. Mais lorfque les parties ne font pas fondées en titre, il faut s'en tenir à la règle générale, & ces fortes de fentences, quoique rendues dans les fiéges de police, ne doivent pas s'exécuter par provifion.

Les Juges-confuls dans les matières qui font de leur compétence, jugent en dernier reffort, jufqu'à concurrence de cinq cents livres, & leurs fentences portant condamnation au deffus de 500 livres, s'exécutent par provifion, à quelque fomme qu'elles montent, excepté pour les dépens.

Les préfidiaux, par l'édit de leur création du mois de janvier 1551, jugeoient en dernier reffort, jufqu'à concurrence de deux cent cinquante livres ; & leurs Jugemens jufqu'à con-

currence de la fomme de cinq cents livres tournois, ou de vingt livres de rente, étoient exécutoires fans préjudice de l'appel. Leur pouvoir
a été augmenté par l'édit du mois de novembre
1774; il a été ordonné qu'ils jugeroient en dernier
reffort toutes matières qui feroient fufceptibles
d'eftimation, qui n'excéderoient pas la fomme
de deux mille livres de principal, & quatre-
vingts livres de rente, enfemble des dépens &
reftitutions de fruits, à quelque fomme & valeur
qu'ils puiffent monter, & par provifion, à la
charge de donner caution jufqu'à quatre mille
livres de principal, & cent foixante livres de
rente; mais par l'édit du mois d'août 1777,
le fecond chef de l'édit a été abrogé; en forte
que les préfidiaux ne connoiffent plus de fommes
excédant deux mille livres, tant pour le principal que pour les intérêts ou arrérages échus
avant la demande; mais ils jugent en dernier
reffort, jufqu'à concurrence de cette fomme.

Les fentences rendues par les auditeurs du
châtelet de Paris, s'exécutent nonobftant l'appel,
jufqu'à la fomme de cinquante livres.

Les fentences arbitrales, après qu'elles ont été
homologuées, s'exécutent auffi par provifion.

Les ordonnances & Jugemens rendus par les
évêques ou archevêques pour la célébration du
fervice divin, les réparations des églifes, achats
d'ornemens, fubfiftance des curés, le rétabliffement ou la clôture des religieufes, & concernant
la difcipline eccléfiaftique, font exécutés nonobftant l'appel même comme d'abus.

Il faut excepter de cette règle les appels comme
d'abus interjetés par les procureurs-généraux, qui
font toujours fufpenfifs, même en matière de

correction & de difcipline eccléfiaftique ; ce qui
eft fondé fur cette maxime générale, que le roi
n'accorde jamais la provifion contre lui-même,
parce que le miniftère public n'interjecant ces
appels que pour maintenir l'ordre public, l'intérêt
de l'églife & de l'état exigent que l'exécution
de ces Jugemens foit fufpendue, parce qu'il ne
feroit pas jufte qu'on laiffât provifoirement fubfifter l'abus.

Tous les Jugemens rendus dans les matières
qui requièrent célérité, comme l'élargiffement des
perfonnes emprifonnées pour dettes, la main-levée
des marchandifes prêtes à être envoyées ou fujettes à dépérir ; la main-levée de faifies de
fruits, beftiaux, équipages, marchandifes & ventes
de meubles ; le payement des hôteliers ou des
ouvriers, pour nourritures ou ouvrages fournis à
des étrangers, les fentences qui condamnent les
locataires fans baux, ou dont les baux font expirés, ou après le congé donné en conféquence
du droit des propriétaires, à vider les lieux ;
celles concernant le payement des falaires, loyers
& médicamens, font exécutoires par provifion,
pourvu, à l'égard des condamnations pécuniaires,
qu'elles n'excèdent pas la fomme de mille
livres.

Suivant l'article 13 du titre 17 de l'ordonnance de 1667, les Jugemens donnés en matière fommaire font exécutoires par provifion,
quand les condamnations ne font, favoir, à
l'égard des juftices des duchés-pairies & autres
qui reffortiffent fans moyens au parlement, que
de quarante livres, aux autres juftices, même
des duchés & pairies qui ne reffortiffent nuement au parlement, de vingt-cinq livres ; dans

les maîtrises particulières des eaux & forêts ; siéges particuliers d'amirauté, élection, grenier à sel, de soixante livres ; dans les bailliages & sénéchaussées, les siéges des grands-maîtres des eaux & forêts, connétablies & siéges généraux d'amirauté, de cent livres ; aux requêtes de l'hôtel & du palais, de trois cents livres & au dessous, quoiqu'il n'y ait contrat, obligation, promesses reconnues, ou condamnations précédentes.

Il faut observer que tous ces Jugemens ne sont exécutoires par provision, qu'à la charge de donner caution.

Quand la somme adjugée par provision est très-modique, & que celui au profit duquel la sentence a été rendue est notoirement solvable, on peut ordonner qu'il touchera la somme à sa caution juratoire ; si c'est une communauté, à la caution de son revenu temporel.

Avant de mettre un Jugement à exécution, il faut qu'il ait été signifié d'abord au procureur s'il y en a un en cause, & ensuite au domicile de la partie ou à sa personne, avec sommation ou commandement d'y satisfaire.

On peut se pourvoir contre les Jugemens de différentes manières ; s'ils sont par défaut, on peut y former opposition ; quand ils sont contradictoires, on peut les faire réformer par la voie de l'appel ; contre ceux en dernier ressort, il n'y a que la voie de la requête civile ou de la cassation. A l'égard de ceux qui n'étoient pas parties lors de ces Jugemens, & auxquels ils font préjudice, ils peuvent y former une tierce opposition.

Voyez l'ordonnance de 1667 ; le commentaire de M. Jousse ; le commentaire de Bornier ; celui de Serpillon ; l'ordonnance de 1670 ; l'édit de 1560,

touchant les sentences arbitrales; l'édit de 1695 *;
le procès-verbal des ordonnances de* 1667 & 1670 *;
œuvres de M. Daguesseau ; maximes tirées des
ordonnances à la fin du cinquième tome ; lettres
sur les Jugemens à la fin du huitième ; Des-
peisses, &c.* Voyez aussi les articles COMPÉ-
TENCE, APPEL, DÉPENS, DOMMAGES ET INTÉ-
RÊTS, &c.

(*Article de M.* LA FOREST *, avocat au
parlement*).

JUGEMENT DES ÉVÊQUES , ou CAUSES
MAJEURES. Ce Jugement a toujours été regardé
comme une matière très-importante , vaste &
remplie de difficulté.

Son importance se tire de la dignité épiscopale ,
qui rend le délit plus grave que celui des autres
hommes.

Son étendue vient du grand nombre des dispositions des conciles sur cette matière , des changemens arrivés à la discipline , & des différens
usages introduits sur la qualité & le nombre des
juges , sur la procédure & sur la punition des
délits.

Les difficultés consistent à démêler le droit qui
est solidement établi , d'avec le fait qui varie selon
les lieux , quelquefois selon l'ambition & le caprice des hommes ; à distinguer les principes
d'avec les exemples , pour s'attacher aux uns sans
se laisser ébranler par les autres ; à considérer
même dans les exemples les circonstances des
temps , des personnes & des lieux , qui ont
presque toujours influé dans la décision , principalement depuis le règne des fausses décrétales;
à distinguer dans les accusés la dignité du sacer-

doce ou de la cléricature, d'avec la qualité do sujets des souverains qui les assujettit à des devoirs si essentiels & si indispensables, que ni le caractère de prêtrise, ni les honneurs les plus éminens dans l'état ecclésiastique, ni les liaisons & les engagemens avec le pape & avec la cour, ne peuvent les effacer ni les affoiblir.

Le docteur Gerbais prétend que personne n'a parlé des causes majeures avant le pape Innocent qui vivoit vers l'an 404 (*); mais ce pape n'a pas expliqué ce que c'étoit que ces causes majeures. Pour le savoir, il faut consulter les monumens les plus authentiques de la discipline ecclésiastique : c'est là qu'on trouve la manière de juger les évêques.

Dans la primitive église, c'étoit le métropolitain assisté des évêques de la province, qui en régloit toutes les affaires. Alors il n'y avoit point d'appel des ordonnances ni des Jugemens ecclésiastiques : on en voit un exemple dans la cinquante-cinquième épître de saint Cyprien au pape Corneil. Il s'agissoit de certains clercs & d'un évêque hérétique, qui, excommuniés dans un concile d'Afrique, s'étoient retirés à Rome, & que ce pape avoit eu dessein de recevoir dans sa communion.

L'autorité (**) souveraine des conciles provinciaux dans leurs Jugemens n'empêchoit pas que les évêques des autres provinces n'y eussent quelque part ; tous les évêques se prêtoient la main contre les ennemis de l'église : c'est ainsi que Novatien fut condamné dans les synodes de Rome,

---

(*) De causis majoribus, art. 1.
(**) Ce qui suit est extrait en partie du septième livre de concord. sacerdotis & imperii, de Marca.

d'Italie & d'Afrique, & par tous les évêques. C'eſt ainſi que Marcian, évêque d'Arles, qui étoit de la même ſecte, fut dépoſé par Fauſtin, évêque de Lyon, & par ſes collégues, leſquels donnèrent avis de ſa dépoſition au pape Étienne & à ſaint Cyprien : ce ſaint écrivit enſuite au pape de faire exécuter leurs Jugemens ; car c'étoit en ce temps-là une prérogative du ſiége apoſtolique de faire mettre à exécution les décrets des conciles.

Cet uſage qui donnoit aux conciles provinciaux le pouvoir de faire le procès aux évêques ſans appel, a été confirmé par les cinquième & ſixième canons du concile de Nicée, par l'autorité du ſecond concile œcuménique & du concile d'Afrique ; & par celle du pape Innocent premier ; par les canons du concile d'Antioche tenu l'an 341, dont le 15 dit formellement, que le Jugement rendu par tous les évêques de la province ne peut être caſſé par les autres évêques ; mais il veut que les avis ſoient conformes, pour ôter toutes ſortes de prétextes aux évêques qui avoient peine à obéir aux Jugemens des ſynodes provinciaux, & qui, lorſque les avis étoient contraires ou partagés, ne vouloient point quitter leurs évêchés.

Cependant, quoique le concile ordonne que s'il y a diverſité d'opinions, on y appellera quelques évêques de la province voiſine, ce n'étoit pas pour donner atteinte aux Jugemens ſouverains du ſynode provincial, puiſqu'ils y étoient appelés avant que le Jugement fût prononcé. Il eſt vrai que les empereurs accordoient quelquefois des reſcrits pour la réviſion de ces Jugemens, comme cela eſt marqué dans le quatorzième canon du même concile.

Le concile de Sardigue donna enfuite au pape le même pouvoir d'ordonner la révifion des affaires qui avoient été traitées dans les fynodes provinciaux. Quoique les mots d'*appellatio* & de *provocatio* fe trouvent employés dans le feptième canon de ce concile, M. de Marca prétend que c'eft improprement qu'on s'en eft fervi, à caufe que la révifion tient ordinairement lieu d'appellation ; mais c'eft à tort, car il y a cette différence que, par l'appellation, l'entière connoiffance de la caufe paffe au juge fupérieur qui l'examine & la juge dans fon tribunal ; & que, dans la révifion, la caufe demeure devant les premiers juges, auxquels on en donne de nouveaux pour adjoints.

Lorfque l'évêque demandoit la révifion de fon procès, le pape avoit, par ce concile, l'autorité de l'accorder ou de le refufer ; s'il l'accordoit, il déléguoit de nouveaux juges : pendant qu'il étoit incertain s'il accorderoit cette grâce, il n'étoit pas permis de fubftituer un autre évêque à la place de celui qui avoit été dépofé ; mais la dépofition ne laiffoit pas de s'exécuter.

Les juges que le pape donnoit, étoient des évêques de la province voifine, qui revoyoient les procès avec les premiers juges ; & c'étoit un légat du fiége apoftolique qui y préfidoit, lorfque le pape en envoyoit. Voilà, felon M. de Marca, qui s'appuie fur l'autorité de Hincmar, le fens le plus naturel des troifième, quatrième & feptième canons du concile de Sardigue.

Mais ce pouvoir que le concile de Sardigue attribue au pape, n'a pas été reconnu par les évêques orientaux qui s'étoient retirés du concile, parce que le pape Jules avoit reçu dans fa communion faint Athanafe & les autres évêques qui

avoient

avoient été condamnés dans le concile de Tyr ;
car c'étoit une règle indubitable que l'église d'Occident ne pouvoit toucher aux choses jugées dans
l'église d'Orient. Le pape ne disconvenoit pas de
cette maxime ; il soutenoit seulement que les
formes n'ayant pas été gardées dans le Jugement
de saint Athanase, il étoit nul & de nul effet.

L'épître du pape Jules qui se trouve dans les
ouvrages de saint Athanase, dont Baronius, Bel-
larmin & le cardinal du Peron se servent pour
établir le droit des appellations au siége apostolique, ne prouve autre chose que la prétention
singulière qu'avoit ce pape & le clergé de Rouen ;
que dans les causes des évêques des églises apostoliques, c'est-à-dire, qui avoient été fondées par les apôtres, comme celles d'Alexan-
drie, d'Antioche, d'Ephèse, &c. lorsqu'il s'agiroit de leur déposition, on en communiqueroit
au pape & au clergé de Rome, avant que les
synodes Orientaux entreprissent d'en connoître,
afin de terminer par les communs suffrages de
l'Orient & de l'Occident, les différends de ces
églises?

Les Orientaux se sont toujours opposés à ce
dessein ; il y en a une preuve dans le second
canon du premier concile de Constantinople, qui
n'étoit composé que des évêques d'Orient. C'est
dans ce concile que les limites de la juridiction
ecclésiastique furent réglées, suivant la division
des diocèses ou gouvernemens de l'empire. Il y
en avoit cinq dans l'empire d'Orient ; ceux d'E-
gypte, d'Orient, de Thrace, de Pont & d'Asie.
Chaque diocèse comprenoit plusieurs provinces ;
& il étoit régi par le préfet du prétoire, ou son
lieutenant dans les affaires civiles, & par un

exarque dans les caufes eccléfiaftiques. Ce concile
ordonne que tout ce qui regarde la difcipline
fe traitera dans chaque diocèfe avec l'autorité
fouveraine ; de forte que le fynode de la province
connoiffant en première inftance des crimes des
évêques, lorfqu'on fe vouloit pourvoir contre le
Jugement qui y avoit été rendu, on portoit fa
plainte au fynode du diocèfe que l'exarque af-
fembloit fans refcript particulier des empereurs,
Mais comme ces difpofitions tendoient à changer
la forme de la police extérieure, & qu'elles
ôtoient aux empereurs un droit dont ils étoient
en poffeffion, Théodofe ne les voulut point approuver ; ces règles ont été confirmées enfuite
par deux canons du concile de Calcédoine, qui
eft le quatrième œcuménique, en faifant néanmoins, à l'égard des Jugemens des évêques,
une nouvelle diftinction entre un évêque & un
métropolitain. Ces canons veulent que le procès
foit fait aux évêques en première inftance dans
le fynode de la province, &, au métropolitain
pardévant l'exarque de chaque diocèfe ou le patriarche de Conftantinople, auquel ce concile
donne le privilége de juger par prévention les
métropolitains de tout l'Orient.

Juftinien a autorifé cette diftinction dans la
novelle 123, ch. 22, & dans la novelle 137.
Il paroît par le *nomocanon de Phocius*, titre 9,
& par les commentaires de Zonares & de Bal-
zamon, fur ces canons, que les Grecs en ont
toujours ufé ainfi.

D'où l'on peut tirer cette nouvelle conféquence,
que les canons du concile de Sardique, qui attribuent
au pape le pouvoir de décerner la révifion en faveur des évêques qui ont été dépofés, n'étoient

pas encore reçus dans les diocèses , puisque le patriarche de chaque diocèse jugeoit de ces dépositions définitivement , comme de toutes les autres causes de discipline.

Le concile *in Trullo* , tenu l'an 692 , fit mettre à la fin dans sa collection les canons du concile de Sardique , & ceux concernant l'autorité du pape dans son patriarchat , dans les limites duquel il borne sa puissance. On a cependant inféré dans cette même collection les canons du deuxième & quatrième concile œcuménique. Les papes n'ont pas cessé de s'en prévaloir & de vouloir étendre leur autorité sur toute l'église.

Ce que l'on découvre de la coutume de ce temps-là , est que les diocèses d'Italie obéissoient au pape , qui étoit le chef & le patriarche de leurs synodes , & que les autres provinces d'Occident étoient tenues de lui donner avis , & de le consulter sur tous les points de foi & de discipline ecclésiastique , parce que Rome étoit l'église matrice & principale , dont les églises d'Occident étoient comme les colonies.

A l'égard des appellations des évêques , il seroit inutile d'en faire aucune recherche , puisqu'elles n'avoient point lieu dans l'ancienne église.

Lorsqu'Innocent I dit que le concile de Nicée a commis les causes des clercs d'un ordre supérieur au Jugement des synodes de chaque province , il ajoute : *Sine præjudicio tamen ecclesiæ Romanæ cui in omnibus causis debet reverentia custodiri.* Mais parce que ces termes *in omnibus causis* sont vagues & généraux , & s'appliquent aux causes des évêques & des autres clercs , ce pape s'en est expliqué dans la suite bien plus précisément , en disant : *In omnibus caufis quæ inter clericos, tam fuperioris ordinis, quam etiam inferioris fuerint exortæ,* c'eft-à-dire que ce refpect & cette obéiffance que l'on doit au fiége de Rome, confifte feulement à lui demander fon avis dans les différends de la foi, & dans les doutes de la difcipline ; mais ce feroit faire violence au fens de ces paroles, que de vouloir qu'elles ne fignifient pas les dépofitions des évêques, que l'on prétend être comprifes fous le nom des caufes majeures ; il n'y a que trop de preuves, que les dépofitions des évêques n'ont point été mifes dans ces premiers temps au nombre des caufes majeures, qui font aujourd'hui réfervées au fiége apoftolique.

ꝛ Quoique toutes les églifes confultaffent le fiége apoftolique dans les matières de la foi, il y avoit cependant cette différence, que les églifes d'Orient n'envoyoient leurs relations qu'après que la queftion avoit été agitée dans le fynode du diocèfe ; au lieu que les églifes d'Occident les portoient au fiége apoftolique, ce qui étoit la plus grande marque de fon autorité fuprême.

Les conciles généraux & nationaux y envoyoient auffi leurs décrets, non pour les faire confirmer, mais afin que le pape les fît publier dans les lieux de fon obéiffance, & exécuter par fon autorité, de la même manière à peu près que le roi envoye fes édits & déclarations aux parlemens.

Les conciles provinciaux envoyoient quelquefois au fiége apoftolique les mémoires du procès ; mais ce n'étoit-là qu'une précaution pour que le pape ne reçût pas dans fa communion l'évêque qui avoit été excommunié. Innocent I fit une entreprife fur l'autorité du fynode de Macédoine, en commençant le procès de *Bubalius* & *Tau-*

rianus, qui avoient été condamnés dans ce synode. Les évêques de Macédoine s'étant plaints de cette nouveauté, il n'allégua point le concile de Nicée, parce qu'il ne donne point ce pouvoir au siége de Rome; il ne parla point non plus des canons du concile de Sardique, qui n'étoient pas encore en usage; il se servit seulement pour excuse du prétexte de l'équité.

Sous la première race de nos rois, la pratique de l'église Gallicane dans ses Jugemens des évêques, étoit conforme aux canons du concile de Sardique, c'est-à-dire que les évêques étoient déposés par le synode de la province; & si l'on en appeloit au pape, il faisoit examiner la cause une seconde fois dans la province, s'il le jugeoit à propos.

Il y en a un exemple dans la cause de Contumeliasus, évêque de Riez, qui fut déposé en plein synode par César, évêque d'Arles. La déposition fut exécutée nonobstant l'appel, quoique le pape Agapet, qui ordonna la révision du procès, prétendît le contraire.

Pour bien connoître la pratique de ce temps-là, il faut lire dans Grégoire de Tours, les actes du synode tenu contre Salonius, évêque d'Ambrine, & Sagittarius, évêque de Gap. On y voit que le roi Gontran convoqua, l'an 567, le synode de Lyon & l'assemblée des évêques; qu'après leur condamnation, ils demandèrent au roi la permission d'en appeler au pape, & que Jean III ne les rétablit sur leurs siéges, qu'après en avoir écrit à Gontran.

Ce droit de convoquer les synodes, & de donner des juges ecclésiastiques aux évêques & aux prêtres, étoit commun aux empereurs & à nos rois. Il est autorisé par le 104 canon des conciles d'Afrique, lequel se trouve dans la collection des canons, qui étoit dès-lors reçue en France.

Les papes ne pouvoient se plaindre, lorsque nos rois donnoient des Juges aux évêques ,,à moins que ces juges ne fussent point compétens : Pélage I se plaignit au roi Childebert, de ce qu'il avoit commis dans la cause de Sapaudus, archevêque d'Arles, & primat des Gaules, un évêque d'une dignité inférieure.

Cette permission qu'ils obtinrent de Gontran pour appeler au siége apostolique, marque l'ancienneté du droit du roi, qui oblige les évêques à ne point sortir du royaume sans congé, même pour aller à Rome.

Les mêmes évêques furent accusés une seconde fois, l'an 579 ; le roi Gontran convoqua le synode de Châlons, dans lequel, après avoir examiné de nouveau les chefs de la première accusation, & le crime de lèze-majesté dont ils étoient accusés, ils furent déposés & mis en prison dans l'église de Saint-Marcel, d'où s'étant échappés, on substitua d'autres évêques à leurs siéges. Ainsi les Jugemens des synodes s'exécutoient sans qu'il fût besoin d'en communiquer aux papes.

Cette maxime est d'ailleurs confirmée par beaucoup d'exemples ; par celui de Saffura évêque de Paris, qui ayant déjà été condamné, fut déposé dans un nouveau synode, convoqué par le roi Chilperic l'an 555.

Gille, archevêque de Rheims, ayant été pareillement accusé du crime de lèse-majesté l'an 590, le roi Gontran assembla à Metz les évêques de son royaume. Cet archevêque y fut déposé par le synode, & Romulfe élu en sa place. Ces exemples sont d'autant plus remarquables, qu'il s'y agissoit de métropolitains. Desiderius, métropolitain de Vienne, fut aussi déposé dans un concile de Châlons, relégué dans une île l'an 603, & Domnolus élevé au siége sans aucun rescrit du pape. Enfin, un grand nombre d'évêques ayant été accusés du crime de lèse-majesté pendant les guerres civiles, le roi Thierry, & Ebroin, maire du palais, assemblèrent un synode, où plusieurs d'entre eux furent déposés, & particulièrement Didon, qui eut ensuite la tête tranchée : les autres furent seulement exilés. Quant à saint Léger, évêque d'Autun, qui s'étoit retiré parmi ceux du parti contraire, il fut pris & livré au maire du palais, qui lui fit couper la tête sans aucune forme de procès.

Le pape saint Grégoire se servit de deux moyens pour étendre son autorité, & pour empêcher nos rois d'user de leur pouvoir dans la convocation des synodes : premièrement, en établissant Virgile, évêque d'Arles, vicaire du siége apostolique, à l'effet de juger les causes de la foi ou des évêques dans l'assemblée de douze évêques, à condition que s'il se rencontroit quelque point si difficile qu'il ne pût être décidé, on en laisseroit la décision au siége apostolique. Il ne paroît pas que cela ait eu lieu ; car on ne voit point que les évêques d'Arles aient assemblé depuis ce temps-là aucun synode. Ceux de la province qui l'ont été, avoient été convoqués par ordre du roi.

Le second moyen fut d'écrire à la reine Brunehaut de trouver bon qu'il envoyât un légat en France, pour tenir un synode contre les évêques qui étoient accusés d'incontinence. La reine &

Thierri son petit-fils déférèrent à la demande du pape ; mais les guerres civiles du royaume en empêchèrent l'effet.

Autre exemple : en 563, le roi Charibert cassa le Jugement de Léonce, archevêque de Bordeaux, & des autres évêques de la province, contre Emery, évêque de Xaintes, qu'ils avoient déposé après la mort du roi Clotaire, à cause qu'il avoit été promu par son ordre à l'épiscopat, & ordonné par d'autres évêques que par son métropolitain. Léonce en avoit élu un autre en sa place, dont il avoit demandé au roi la confirmation par des députés ; mais Charibert, pour venger le mépris que l'on avoit fait de l'autorité de son père, envoya, de sa propre autorité, des personnes de piété dans la province pour rétablir Emery, dans son évêché, & condamna Léonce à une amende de mille écus d'or, & les autres évêques à une amende plus légère.

Sous la seconde race de nos rois, deux collections de canons introduisirent un droit nouveau dans les Jugemens des évêques ; celle du pape Adrien, qu'il donna lui-même à Ingelram, évêque de Mets, l'an 785 ; elle étoit tirée des anciens canons & des lettres véritables des pontifes Romains, & des loix du code Théodosien ; mais l'on avoit, selon l'intérêt de la cour de Rome, ajouté ou retranché dans les chapitres de cette collection des mots d'une grande conséquence : on transcrivit néanmoins beaucoup de ces chapitres dans les capitulaires de nos rois.

L'autre collection est celle d'Isidore Mercator, apportée d'Espagne en France par Riculphe, évêque de Mayence, qui est une compilation de ces chapitres d'Adrien, augmentés d'un grand nombre d'épîtres suppofées des anciens papes qui ont précédé Syrice & Innocent. Ce qui fuit fe trouve au chap. 3 de la collection d'Adrien, dans celle de Mercator, fous le nom du pape Jules, & aux capitulaires, dans la feconde addition de Louis-le-Débonnaire, chap. 11 : *Nullus epifcopus nifi canonicè vocatus & in legitima fynodofus tempore apoftolicâ autoritate convocatâ, fuper quibuslibet criminibus pulfaltus audiatur vel impetratur;* ce qui eft contraire à tous les conciles & aux épîtres mêmes de tous les papes ; car au lieu que les papes, en cas d'appel, n'avoient le pouvoir que de confirmer la fentence, ou d'ordonner la révifion du procès, les évêques ne peuvent, d'après ces difpofitions, commencer l'inftruction fans l'autorité du fiége apoftolique, & n'exercent plus que comme délégués, la puiffance qu'ils avoient *jure ordinario.*

Il eft dit néanmoins enfuite, que le premier Jugement rendu par les évêques de la province, fera exécuté, fi l'évêque qui aura été condamné n'en appelle pas au fiége apoftolique.

Il convient d'obferver que quoique cette collection d'Adrien & ces épîtres apocryphes aient été inférées dans les capitulaires, elles ne faifoient point loi dans ce royaume, lorfqu'on favoit qu'elles étoient contraires aux canons. C'eft pourquoi l'on a inféré dans les mêmes capitulaires, le cinquième canon du concile de Sardique, pour fervir de règle dans les affaires eccléfiaftiques. *Ut judicatus epifcopus, ad apoftolicam fedem fi voluerit appellet, quòd fi appellaverit in cathedrâ ipfius alter non ordinetur.*

Une autre preuve que les anciens canons étoient toujours en vigueur, c'eft que le pape Adrien envoya à Charlemagne un code dont se servoit en ce temps-là l'église Romaine, dans lequel étoient les canons de Nicée, d'Antioche & de Sardique. Et dans l'épître qui est à la tête de ce code, ce pape exhorte l'empereur à les observer, *à lege numquàm discede hæc observans statuta.*

- . Grégoire IV essaya, l'an 855, d'établir ces nouvelles maximes dans les Jugemens des évêques. Aldrigue, évêque du Mans, avoit appelé au siége apostolique, avant la sentence des évêques de la province, qui ne vouloient surseoir ni au Jugement, ni à l'instruction du procès. Ce pape ordonna que la cause seroit entendue par le primat du diocèse; fit défense néanmoins de la juger, s'en réservant le Jugement, ou au légat qu'il enverroit dans la province : & de cette constitution particulière, il fit une loi générale pour la France, l'Allemagne & l'Europe.

Les François n'en suivirent pas moins une pratique différente. Cela se prouve par deux exemples. Ebbon, archevêque de Rheims, avoit été déposé pour crime de lèse-majesté, dans le synode de Thionville, qui étoit composé de huit archevêques & de trente-cinq évêques, assemblés par l'ordre de Louis-le-Débonnaire; il s'étoit retiré à Rome après sa déposition, où le pape Sergius n'avoit pas voulu le recevoir dans sa communion. Nicolas I prit de là occasion d'écrire, que le siége apostolique devoit tenir pour bien condamné celui qui avoit été condamné par le Jugement des évêques, suivant le cinquième canon du concile de Nicée; mais que s'il en appeloit au siége apostolique, il pourroit être reçu dans la communion de l'église, après que sa cause auroit été examinée dans un synode; que la sentence des premiers juges n'avoit point un effet fufpenfif à l'égard de la dépofition, & de la privation de la communion épifcopale ; mais feulement à l'égard de la fubrogation d'un autre évêque à la place de celui qui avoit été dépofé.

L'autre exemple conftate que le même pape a reconnu l'autorité des conciles provinciaux, & qu'il ne falloit point de commiffion de lui pour dépofer les évêques. On le trouve dans fon épître à Salomon, roi de Bretagne, où il lui mande que la dépofition des évêques de cette province qui confeffoient leur fimonie, n'eft point valable, parce qu'elle n'avoit point été faite par douze évêques, & que le métropolitain n'y avoit pas affifté. Il veut que les condamnés aillent trouver le métropolitain de Tours, & le prier de les vouloir juger, & d'envoyer au fynode les évêques de Bretagne qui font fuffragans de l'archevêché de Tours, & qu'après qu'ils auront été examinés devant le métropolitain dans une affemblée de douze évêques, on les pourra légitimement dépofer & en mettre d'autres à leur place ; & parce qu'il favoit que Salomon feroit difficulté d'envoyer les accufés à Tours, lui qui ne vouloit pas reconnoître ce métropolitain, il lui propofa de les envoyer à Rome, où il dit que la caufe fera jugée après que les parties y auront été entendues.

L'églife Gallicane défendoit fortement fa liberté à l'égard des appellations, par deux règles très-certaines : la première, que l'appel interjeté avant que les évêques de la province euffent rendu leur Jugement, ne les empêchoit pas de continuer l'inftruction du procès, ni de prononcer, & de priver par conféquent de la communion épifcopale ; mais qu'ils devoient feulement différer à pourvoir l'églife d'un autre évêque.

· La seconde règle étoit qu'en cas d'appel, lorsque le pape ordonnoit la révision du procès, il devoit juger dans la même province : c'est là-dessus que rouloit tout le différend entre Adrien II & les évêques de France, dans la cause d'Hincmar, évêque de Laon, qui avoit été déposé dans le concile de Douzi, en 871.

Outre ces deux règles, les évêques de France soutenoient encore, qu'un évêque qui avoit été condamné par des juges qu'il avoit choisis, ne pourroit appeler de leur sentence, bien qu'il ne les eût choisis qu'après l'appel interjeté au siège apostolique.

Les papes ne purent s'accommoder de cette dernière règle : Nicolas I s'y opposa avec beaucoup de chaleur dans la cause de Rothadus, évêque de Soissons. Ce prélat ayant été chargé de plusieurs crimes dans un synode tenu l'an 863, lorsqu'il étoit sur le point d'être jugé, en appela au siège apostolique, dont il obtint des délais jusqu'à ce qu'il fût allé à Rome. Cependant il présenta une requête à quelques évêques du synode. Hincmar la prit pour un appel, comme si Rothaldus les eût choisis pour ses juges ; de sorte que le roi transféra le synode dans un fauxbourg de Soissons, où son accusateur fit pareillement choix de six évêques. Le concile le déposa, & ordonna un autre évêque en sa place. Nicolas I ayant eu avis de cette déposition, écrivit à Hincmar de rétablir cet évêque, sous peine de suspension du sacrifice de la messe, s'il différoit plus de trente jours. Il écrivit aussi aux évêques, à l'effet que deux ou trois d'entre eux allassent à Rome ou envoyassent leurs vicaires, & qu'ils y fissent amener Rothaldus pour connoître du droit des parties & gagner leurs efprits, en les rendant fenfibles à leur propre intérêt. Les évêques ne donnèrent pas dans ce piége. L'églife Gallicane étoit tellement attachée à fa règle, que l'on chercha un tempérament pour conferver les droits du pape, fans bleffer ceux des évêques de France. Hincmar écrivit au pape, que Rothaldus iroit à Rome ; que les évêques y enverroient leurs vicaires, non pas pour l'accufer ou pour le convaincre, mais pour les juftifier des reproches que l'on faifoit aux évêques de France, comme s'ils avoient eu du mépris pour le fiége apoftolique, en ne déférant point à l'appel de cet évêque, & pour remontrer au pape, qu'ils avoient jugé Rothaldus dans les règles & fuivant les canons des conciles d'Afrique & les décrets de faint Grégoire.

Rothaldus alla à Rome, où il attendit pendant fix mois les vicaires des évêques, qui s'excusèrent fur la difficulté du voyage à caufe des guerres d'Italie, & fur ce qu'ils n'avoient point d'ordre pour l'accufer. Le pape ayant donc affemblé un concile à Rome l'an 865, remit Rothaldus dans le même état qu'il étoit avant la fentence ; il pria le roi Charles-le-Chauve de prêter la main au rétabliffement de cet évêque, & menaça Hincmar de le dépofer lui-même s'il empêchoit l'exécution de ce décret ; déclarant néanmoins que fon intention étoit de faire à Rome le procès de Rothaldus, fi on l'accufoit de quelque crime. Rothaldus rentra dans fon évêché, fans que les évêques de France fe foient départis de leur règle.

Le pape Nicolas, par le reffentiment qu'il eut de leur conduite, tâcha d'introduire une nouvelle maxime ; prétendant que le fynode provincial ne pouvoit dépofer un évêque, quand même il n'au-

roit point interjeté appel au siège apostolique ;
qu'il falloit un ordre spécial de l'évêque de Rome.
Il fondoit son droit sur les fausses épîtres d'Isidore Mercator, qui n'avoient jamais été mises
dans le code des canons, comme il l'avoit écrit
lui-même dans une lettre contre Hincmar.

La cour de Rome a retenu la maxime qui avoit
été avancée par Nicolas I, & elle donna dans la
suite tant de crédit à ces épîtres apocryphes, que
l'on n'osoit plus les contredire. La France fut
contrainte enfin de céder à leur autorité, au commencement de la troisième race de nos rois, dans
la cause d'Arnould, archevêque de Rheims. Il étoit
d'autant plus facile au siège apostolique de le revendiquer comme un de ses sujets, qu'il étoit métropolitain, & qu'en cette qualité il ne pouvoit
être jugé que par le pontife Romain.

Ce privilége étant donné aux métropolitains à
cause du *pallium*, les papes accordoient quelquefois le *pallium* à des évêques, pour les faire jouir
de la même prérogative : c'est pourquoi Théo-
dulphe, évêque d'Orléans, se plaignoit dans sa
lettre à Madoin, évêque d'Autun, de ce que les
évêques l'avoient déposé, quoiqu'il eût reçu le
pallium.

Nicolas I n'avoit pas manqué de mettre ce
moyen en usage.

Pour revenir à Arnould, comme il étoit fils
naturel du roi Lothaire, Hugues-Capet qui avoit
ôté la couronne à la race de Lothaire, tâcha de
le retenir dans son parti, en lui faisant donner
l'archevêché de Rheims ; mais le ressentiment de
l'injure que l'on faisoit à sa famille, étant plus
fort que la reconnoissance du bien qu'il avoit reçu,
il ouvrit les portes de la ville à Charles son oncle.

Hugues Capet convoqua pour ce fujet le concile de Rheims, où Arnould s'étant confeffé en particulier devant douze évêques, qu'il avoit pris pour fes juges & fes confeffeurs, il demanda à fe démettre de fon archevêché ; puis ayant réitéré fa confeffion en termes généraux en plein concile, en préfence du roi & de fa cour, il fut dépofé. Gilbert, qui fut mis en fa place, fut depuis le pape Silveftre II.

Lorfque ce fynode fut affemblé, on demanda s'il étoit compétent pour juger cette caufe fans l'autorité du pape. D'un côté, on alléguoit les épîtres fuppofées de Jules, de Damaze & des autres papes : d'un autre côté, on difoit que le roi avoit écrit, il y avoit près d'un an, au pape Jean XV, & lui avoit fait fa plainte fans en avoir reçu aucune réponfe ; que le fynode en pouvoit connoître d'après une marque fi évidente que le pape n'en vouloit point prendre connoiffance. Après avoir établi la compétence du fynode, on prouvoit par l'autorité des conciles de Tolède, que la trahifon envers le prince eft un crime qui mérite la dépofition ; qu'en conféquence Arnould pouvoit être canoniquement dépofé, parce qu'il n'avoit pas voulu appeler au pape, & qu'ayant choifi des juges, il ne pouvoit plus appeler après ce choix.

Le pape s'offenfa de la dépofition d'Arnould, & fufpendit à divinis les évêques qui en avoient été les auteurs : le favant Gerbert écrivit à Siguin, archevêque de Sens, qu'il ne falloit point déférer à cette fufpenfion, parce qu'elle étoit contre les canons. Le pape envoya en France un légat, qui affembla un concile avec l'archevêque de Sens, dans la ville de Rheims, où l'on

fit un décret pour son rétablissement, fondé seulement sur ce qu'il avoit été déposé sans l'auto
rité & le consentement du siége apostolique
Gerbert ayant été élevé au pontificat, acheva c
qui restoit à faire pour le rétablir entiérement
• Ce Jugement, qui fut cassé sans qu'il en eû
été appelé, fut un grand préjugé pour confirme
le nouveau droit. Depuis ce temps, les papes n
se font plus servis d'aucun détour pour l'établir
ils s'en sont expliqués nettement, comme s'
leur eût été acquis de droit divin, comme Léo
IX le prétend dans sa lettre, à Pierre & à Jea
évêques d'Afrique.

En sorte qu'en France, toutes les fois qu'il
fallu déposer des évêques, on les a assignés
Rome, & leur déposition s'y est faite dans u
synode. Qelquefois les papes avoient leurs légat
à latere dans les provinces, comme dans la caus
des évêques qui furent déposés par Hildebrande
légat du pape Victor, dans le concile de Lyon
l'an 1055.

Il n'y a point de témoignage plus authentiqu
de cette vérité, que ce qui se trouve dans le
articles de Grégoire VII, publiés l'an 1074
qu'on appelle *dictatus papæ*, où on lit parmi le
anciens & les nouveaux priviléges du siége apos
tolique, *quòd ille solus (summus pontifex) poss*
deponere episcopos vel reconciliare; & ailleurs
quòd legatus ejus omnibus episcopis præsit in con
cilio, etiam inferioris gradus, & adversùs eos sen
tentiam depositionis possit dare.

Cependant ce pape obligeoit ses légats d'en
voyer au siége apostolique des mémoires de tou
ce qui s'étoit passé, qu'ils certifioient véritable
par leurs lettres missives, comme cela se pratiqu
dan

dans la caufe de l'évêque de Chartres, qui fut dépofé par Hugues, évêque de Die fon légat, & dans la dépofition de Manaffes, archevêque de Rheims : en cas d'appel, il recevoit la plainte de ceux qui avoient été dépofés ; quelquefois il renvoyoit la caufe à fes légats, pour la juger de nouveau en plein concile ; il y en a un exemple dans la caufe de Lambert, évêque de Teroanne, qui fut renvoyé à Hugues, archevêque de Lyon, légat du pape Grégoire.

Les fauffes décrétales ont encore étendu les prétentions du pape à cet égard dans toute l'églife : on voit le pape Innocent III avancer avec affurance, que les dépofitions, les démiffions & les tranflations des évêques appartiennent au pape de droit divin, & privativement à tous autres.

Les canoniftes ont auffi cherché à étendre ce prétendu droit ; ils ont même foutenu qu'il étoit reçu en France, appuyant leurs prétentions fur la pragmatique fanction & le concordat. Mais ils font dans l'erreur. Il ne s'agit dans l'art. *de caufis* de la pragmatique qui a été inféré enfuite dans le concordat, que de caufes mineures, c'eft-à-dire, de toutes autres caufes que des Jugemens des évêques, que l'on appelle fpécialement caufes majeures, à l'égard defquelles on s'eft toujours conformé en France aux canons du concile de Sardique, même depuis le concordat.

Nous ne rappellerons pas les exemples antérieurs au concordat, nous nous bornons à ce qui s'eft pratiqué depuis en France.

Sous le règne de Charles IX, le pape Pie IV oulut dépofer cinq évêques, accufés d'avoir

voulu favorifer les erreurs de Luther (*) : Charle
IX l'ayant appris, fit dreffer un mémoire pa
Dumenil, avocat du roi au parlement de Paris
dans lequel il faifoit voir que nos rois n'avoien
point permis que les évêques pour les caufe
fpirituelles, & eccléfiaftiques, allaffent plaider
Rome en première inftance, ni par appel, mai
» qu'ils avoient obtenu que les caufes fufdites
» concernant leur vie, honneur & biens, fuffen
» traitées pardeçà devant les juges ordinaires o
» donnés de droit & par concile ; & en ca
» d'appel, fujet à reffort à Rome pardevant juge
» délégués du pape en la part du royaume, con
» noiffant plus ou autant en puiffance ordinair
» que déléguée, que l'on dit apoftolique, ce qui
» par fpécial, s'eft gardé pour la correction o
» punition des évêques, ou autres telles dignités
» quand le cas eft échu & l'occafion l'a requis «
Ce magiftrat atteftoit dans fon mémoire, qu
le concordat n'avoit point changé l'ancienn
forme de procéder au Jugement des évêques
ces raifons furent trouvées fi folides à Rome
que la commiffion n'eut pas lieu.
Sous le même règne, le même Pie IV ayan
dépofé Jean de S. Calais, évêque d'Ufès, & Jea
de Montluc, évêque de Valence, envoya e
France la fentence de dépofition qu'il avoit pro
noncée contre eux pour caufe d'héréfie ; ces deu
prélats appelèrent comme d'abus, des brefs d
pape ; & les arrêts de 1566 & 1567, qui le
reçurent appelans, firent défenfes d'exécuter le
brefs. Ces arrêts étoient fondés, non feulemen

(*) Preuves des libertés de l'églife Gallicane, ch. 4, n. 27

fur ce que le pape avoit jugé à Rome deux évêques de France, au lieu de les juger par des évêques *in partibus*, c'eft-à-dire, par les évêques de la province ; mais encore fur ce qu'au préjudice des anciens canons, le pape avoit entrepris de juger en première inftance, une affaire dont la connoiffance ne pouvoit lui en appartenir qu'en caufe d'appel (*).

Le troifième fait eft auffi remarquable (**) : il y eft queftion d'Odet de Coligny, cardinal de Châtillon, évêque de Beauvais, comte & pair de France, qui profeffoit publiquement la Secte de Calvin, & qui même avoit fait la cène felon la forme établie par ce prétendu réformateur. Pour marquer qu'il abdiquoit la religion eccléfiaftique, il fe maria publiquement en habit de cardinal ; il fut cité à Rome pour ces excès. Le parlement, qui vouloit conferver les libertés de l'églife Gallicane, le renvoya, par les arrêts des 11 & 17 mars 1579, pardevant l'archevêque de Rheims fon fupérieur métropolitain, & les autres évêques de la province, pour lui être fon procès fait & parfait fur le délit commun, felon les fentences, décrets & conftitutions canoniques.

Le quatrième fait eft rapporté par l'abbé Fleury, dans fon inftitution au droit eccléfiaftique, d'après les mémoires du clergé (***). En 1632, Réné de Rieux, évêque de Léon en Bretagne, ayant fuivi la reine Marie de Médicis, & s'étant retiré avec elle aux Pays-Bas, fut accufé de crime

---

(*) Preuves des libertés, chap. 9, n. 14 & 15.
(**) *Ibid.* chap. 7, n. 54.
(***) Première partie, chap. 1.

d'état, sous le ministère du cardinal de Richelieu. Le pape Urbain VIII, par un bref du 8 octobre, commit l'archevêque d'Arles & les évêques de Bologne, de Saint-Flour & de Saint-Malo, pour lui faire son procès ; ils le jugèrent définitivement, le privèrent de son évêché, & le condamnèrent en de grandes aumônes. Sous la régence de la reine Anne d'Autriche, le clergé assemblé en 1645, écrivit à Innocent X, qui donna commission à sept autres évêques, pour juger l'appel que l'évêque de Léon avoit interjeté de la sentence des quatre commissaires ; elle fut cassée, & l'évêque de Léon rétabli.

Le clergé dans la suivante assemblée en 1650, résolut de pourvoir à ce qu'à l'avenir on ne fît plus de pareilles entreprises ; & le 23 de novembre, il fit signifier au nonce du pape un acte de protestation contre le bref de 1632, à ce qu'il ne pût préjudicier aux évêques de France, ni être tiré à conséquence, & que les causes majeures des évêques fussent jugées par le concile de la province, y appelant s'il étoit besoin des évêques voisins, jusques au nombre compétent, sauf l'appel au saint siége.

En 1654, le parlement de Paris accepta une commission du grand sceau, pour faire le procès au cardinal de Rez, archevêque de Paris, accusé de crime de lèze-majesté. Le parlement avoit pensé que ce crime faisoit cesser tout privilége ; le clergé s'en plaignit, & soutint que jamais en France, sous toutes les trois races de nos rois, les évêques, de quelque crime qu'ils fussent accusés, n'avoient été jugés que par leurs confrères, ni été sujets à la juridiction séculière. La commission fut révoquée par arrêt du conseil, & le roi donna une déclaration conforme le 26 avril 1657, par laquelle il ordonna que le procès des évêques feroit inftruit & jugé par des juges eccléfiaftiques, fuivant les faints décrets.

Cinquième exemple. En 1663, la faculté de théologie de Paris fut accufée d'avoir abandonné fon ancienne doctrine, à l'occafion de quelques cenfures qu'elle avoit faites. Pour fe purger de ce foupçon & fe juftifier devant le public, elle dreffa fix art. dont le quatrième porte : *Doctrinam facultatis effe non probare nec unquam probaffe propofitiones ullas regis chriftianiffimi autoritati, aut germanis ecclefiæ Gallicanæ libertatibus, & receptis in regno canonibus contrarias, verbi gratiâ, quòd papa poffit deponere epifcopos adverfùs eofdem canones* (*).

Ces propofitions furent préfentées au roi, qui non feulement les approuva, mais donna une déclaration le 4 août 1663, portant que ces fix art. feroient lus, publiés & enregiftrés dans tous les parlemens, juftices, juridictions & univerfités du royaume, avec défenfes de lire, dire ou enfeigner rien qui fût contraire, fous peine de punition exemplaire.

Le parlement de Paris avoit déjà prévu l'ordre porté par cette déclaration, & ordonné par arrêt du 30 mai précédent, que ces articles feroient enregiftrés au greffe de la cour, & copies d'iceux envoyées dans tous les bailliages & univerfités du reffort, pour y être lues, publiées & enregiftrées (**).

(*) Gerbais, *de caufis majoribus*, art. 13, p. 152.
(**) Mémoires du clergé, nouv. édit. c. 2, col. 46 & fuiv, où font plufieurs exemples.

Enfin nous avons plufieurs arrêts, tant anciens que récens, qui ont fupprimé différens brefs des papes, qui condamnoient en première inftance des mandemens d'évêques du royaume : il y en a, entre autres, un du premier avril 1710, en tête duquel eft le difcours de M. Joly de Fleury, alors avocat-général, & depuis procureur-général, qui contient fur cette importante matière les principes les plus folides & les mieux établis (*) : & depuis, en 1730, trois arrêts différens, portant fuppreffion de brefs qui avoient caffé & annullé les mandemens des évêques de Montpellier, de Troyes & d'Auxerre, au fujet de la légende du pape Grégoire VII.

Si du délit commun on paffe au délit privilégié, on trouvera que l'églife s'eft réfervé de juger les évêques, & de punir les délits qu'ils commettent en cette qualité ; mais comme ils ne ceffent point, par l'épifcopat & telle autre dignité eccléfiaftique que ce foit, d'être des fujets de leur fouverain, après avoir été punis comme miniftres de l'églife, ils font encore foumis aux loix de l'état & aux peines que la puiffance temporelle a droit d'impofer pour les contraventions commifes contre fes loix ; ce qui fait le vrai caractère de fujet & de membre de l'état.

Un des devoirs les plus effentiels d'un fujet envers fon fouverain, c'eft d'être foumis aux Jugemens de la puiffance fouveraine à qui l'exécution des loix eft commife, & par conféquent aux peines ordonnées contre les crimes. Tous les

---

(*|) Lacombe, recueil de jurifprudence canonique, au mot *Caufes majeures*, fect. 3.

autres devoirs de sujet & de citoyen ne sont pas communs à tous : de ceux qui composent les états & les républiques, quelques-uns sont exempts des impôts & des charges publiques ; mais il n'y en a point qui soient exempts des peines ordonnées contre les crimes, & on ne peut prétendre à cette exemption, ou sans s'attribuer l'autorité absolue dans l'état, ou sans renoncer absolument au devoir qu'on a contracté en y naissant : on ne peut être d'un état, sans être maître absolu ou sujet de celui qui le gouverne : la condition de sujet ne consiste proprement qu'à pouvoir être puni par la puissance qui gouverne, lorsqu'on viole les loix & les ordonnances qu'elle a faites.

En effet, si un François ne pouvoit être puni par la justice du roi, lorsqu'il commet un crime contre les loix de l'état, en quoi seroit-il plus sujet du roi qu'un Espagnol ou un Allemand ? Ce sont deux idées contraires & incompatibles, de se dire sujet d'un prince qu'on reconnoît pour maître absolu & souverain, & de lui refuser le droit de punir les contraventions que l'on commettroit contre ses loix. En un mot, les souverains, en embrassant le christianisme, n'ont rien perdu de leur autorité souveraine sur leurs sujets, de quelque état qu'ils puissent être.

Si de ces preuves fondées sur la raison naturelle on veut passer aux faits anciens & nouveaux, on les trouvera dans l'ouvrage de M. de Marca, liv. 7, *de concordiâ sacerdotii & imperii*, dont cet article est extrait en partie ; dans les notes de Rassicot, sur les chap. 5, 6, 7, 8 de la treizième session du concile de Trente ; dans Rousseau de la Combe, au mot *Causes majeures*, §. 4 ; & enfin dans *l'apologie de Jugemens rendus* en France contre le schisme, par les tribunaux séculiers, tome 1, page 407 & suivantes de la troisième édition.

(*Article de M.* Truchon, *avocat au parlement*).

JUGEMENT DE LOI. On appelle ainsi en Hainaut tous les Jugemens rendus en matière de police. Cette expression vient de ce que *loi* signifie *amende* dans les chartes générales & coutumes particulières de cette province.

Le chapitre 22 des chartes générales spécifie avec beaucoup de détails les différentes *loix* qui doivent se prononcer suivant la nature de chaque contravention, & ordonne, article 29, que pour les cas sur lesquels il ne décide rien, on suivra dans tout le Hainaut les dispositions du chapitre 51 de la coutume du chef-lieu de Mons, *augmentant les loix & amendes y portées jusques au triple d'icelles ; c'est-à-dire qu'un sou en fera trois.*

L'article 13 du même chapitre porte que toutes les *loix de mêlées,* c'est-à-dire les amendes prononcées pour querelles, rixes, &c. appartiendront au seigneur haut-justicier du lieu *où le débat adviendroit.*

L'article 14 ajoute que « l'on ne pourra exé- » cuter autrui pour avoir payement d'aucunes loix, » n'est que préalablement elles soient jugées par » loi « ; c'est-à-dire par le corps échevinal, car suivant l'article 1 du même chapitre, *toutes loix se jugent par échevins par-tout le pays de Hainaut.*

Pour rendre un Jugement de *loi*, il n'est point nécessaire de signifier, ni d'entendre préalablement la partie contre laquelle on le prononce. Le parlement de Flandre l'a ainſi jugé par un arrêt rendu entre le bailli d'Ecaillon & un habitant du même lieu, rapporté ſans date dans le recueil de M. Dubois d'Hermanville.

Cette juriſprudence n'eſt point particulière au Hainaut: on peut voir dans le journal des cauſes célèbres de M. Deſeſſarts (année 1774, tome 11, cauſe 63), un arrêt qui a confirmé une ſentence de police rendue par le juge de Chauni, ſans avoir entendu ni même appelé la partie.

Voyez les articles, ECHEVINS, POLICE, AMENDE, &c.

(*Article de M. MERLIN, avocat au parlement de Flandre*).

JUIFS. C'eſt le nom qu'on a donné aux Iſraélites qui revinrent de la captivité de Babylone. Ils ſe multiplièrent tellement, que vers les premiers temps de l'ère chrétienne, ils déclarèrent la guerre aux Romains; mais ayant été vaincus, leur nation fut entièrement diſperſée.

Depuis cette époque, les Juifs ont preſque par-tout été déclarés incapables de poſſéder des biens fonds: on ne leur a laiſſé de reſſources pour ſubſiſter, que le commerce, profeſſion long-temps mépriſée par la plupart des peuples de l'europe; c'eſt pourquoi on la leur abandonna dans les ſiècles barbares; & comme ils s'y enrichirent néceſſairement, on les traita d'infames uſuriers. Les rois ne pouvant fouiller dans la bourſe de leurs ſujets, mirent à la torture les Juifs, qu'ils ne regardoient pas comme des citoyens. Ce qui ſe paſſa en Angleterre à leur égard, peut donner une idée de ce qu'on exécuta contre eux dans les autres pays. Le roi Jean ayant befoin d'argent, fit emprifonner les riches Juifs de fon royaume, pour en extorquer de leurs mains ; il y en eut peu qui échappèrent aux pourfuites de fa chambre de juftice. Un d'eux à qui on arracha fept dents l'une après l'autre, donna mille marcs d'argent à la huitième. Henri III tira d'Aaron, Juif d'Yorck, quatre mille marcs d'argent, & deux mille pour la reine. Il vendit les autres Juifs de fon pays à Richard fon frère, pour un certain nombre d'années, *ut quos rex excoriaverat, comes evifceraret*, dit Mathieu Pâris.

On n'oublia pas d'employer en France les mêmes traitemens contre les Juifs ; on les mettoit en prifon, on les pilloit, on les vendoit, on les accufoit de magie, de facrifier des enfans, d'empoifonner les fontaines ; on les chaffoit du royaume, on les y laiffoit rentrer pour de l'argent ; & dans le temps même qu'on les toléroit ; on les diftinguoit des autres habitans par des marques infamantes.

Il y a plus, la coutume s'introduifit dans ce royaume, de confifquer tous les biens des Juifs qui embraffoient le chriftianifme. Cette coutume fi bizarre, nous la favons par la loi qui l'abroge, c'eft l'édit du roi donné à Bafville le 4 avril 1392. La vraie raifon de cette confifcation, que l'auteur de l'efprit des loix a fi bien développée, étoit une efpèce de droit d'amortiffement pour le prince ou pour les feigneurs, des taxes qu'ils levoient fur les Juifs comme ferfs·main-mortables auxquels ils fuccédoient ; or ils étoient privés de ce bénéfice, lorfque ceux-ci embraffoient le chriftianifme.

En un mot, on ne peut dire combien en tout

lieu on s'eſt joué de cette nation d'un ſiècle à
l'autre. On a confiſqué leurs biens lorſqu'ils recevoient le chriſtianiſme ; & bientôt après on
les a fait brûler lorſqu'ils ne vouloient pas le
recevoir.

Enfin, proſcrits ſans ceſſe de chaque pays, ils
trouvèrent ingénieuſement le moyen de ſauver
leurs fortunes, & de rendre pour jamais leurs
retraites aſſurées. Bannis de France ſous Philippe-
le-Long en 1318, ils ſe réfugièrent en Lom-
bardie, y donnèrent aux négocians des lettres ſur
ceux à qui ils avoient confié leurs effets en partant, & ces lettres furent acquittées. L'invention
admirable des lettres de change ſortit du ſein du
déſeſpoir ; & pour lors ſeulement le commerce
put éluder la violence & ſe maintenir par-tout le
monde.

Depuis ce temps-là, les princes ont ouvert les
yeux ſur leurs propres intérêts, & ont traité les
Juifs avec plus de modération.

Ils ſont aujourd'hui tolérés en France, dans la
province d'Alſace, dans la ville de Metz, & en
Lorraine.

De l'état des Juifs en Alſace.

Il faut, relativement aux Juifs, diviſer cette
province en trois parties : la première contient la
ville de Strasbourg, les terres de l'évêché, celles
du comté de Hanau ; enfin, celles de tous les
gentilshommes dont les fiefs relevoient autrefois
immédiatement de l'Empire.

La ſeconde comprend les dix villes autrefois
impériales, de la préfecture de Haguenau.

La troifième eft la Haute-Alface, qui reconnoiffoit, avant le traité de Munfter, la fouveraineté particulière de la maifon d'Autriche.

Dans la première partie, les feigneurs fe font confervé la faculté de recevoir des Juifs & de les congédier, ainfi que le droit de leur accorder telle liberté, & de leur impofer telles conditions qu'ils jugent à propos. Il paroît néanmoins que l'évêque de Strasbourg & le comte de Hanau n'ont pas cru qu'il leur fût inutile d'avoir recours à l'autorité du roi, pour être maintenus dans le droit de recevoir des Juifs : il en eft fait mention dans les lettres-patentes que fa majefté leur a accordées : elle a fixé en faveur de l'un & de l'autre, à douze écus par an, le droit qu'ils peuvent lever fur chaque famille Juive, & à pareille fomme la première permiffion accordée à une famille de s'établir dans leurs terres.

A l'égard de la ville de Strasbourg, les Juifs y furent anciennement accufés d'en avoir empoifonné les puits & les fontaines : on inftruifit contre eux une procédure, en conféquence de laquelle on prétend qu'ils furent brûlés au nombre de deux mille dans leur propre cimetière, où la populace les avoit enfermés. Quoi qu'il en foit, depuis ce temps les magiftrats de Strasbourg n'ont plus fouffert qu'aucun Juif s'établît dans cette ville.

· Les Juifs ont quatre rabbins pour la Baffe-Alface ; l'un, pour les terres de l'évêché de Strasbourg, qui eft pourvu par l'évêque ; le fecond, pour les terres de la maifon de Hanau, qui eft pourvu par le feigneur ; le troifième, pour les terres de la nobleffe immatriculée de la Baffe-Alface, qui eft pourvu par le directoire ou préfidial de cette même nobleffe ; & le quatrième, pour la ville de Haguenau, les villages en dépendans, & les villes de Landau & de Wiſſembourg, & leurs territoires. Ce dernier exerce ſur une ſimple ordonnance rendue par M. de la Grange, intendant d'Alſace, en 1697, portant qu'il approuve l'élection faite d'un rabbin, par la communauté des Juifs. A chaque nouvelle élection de rabbin, l'ordonnance de M. de la Grange eſt viſée par l'intendant de la province.

Dans les dix villes de la préfecture de Haguenau, il y a beaucoup de familles Juives qui y ont été introduites par la ſeule permiſſion des magiſtrats, leſquels ont continué d'en uſer à cet égard, comme ils faiſoient avant le traité de Munſter, lorſqu'ils exerçoient les droits régaliens, ſous la dépendance immédiate de l'Empire.

On trouve cependant qu'à Landau il n'y en avoit aucun, lorſque cette place a été cédée au roi en 1648 : le premier Juif y parut en 1680, ſur une permiſſion que lui donna M. de Montclar, commandant dans la province, qui faiſoit les fonctions de grand bailli de Haguenau. Cette permiſſion porte ſeulement que ce Juif ne pourra ſe mêler d'autre commerce que de celui des beſtiaux, de vendre des habits faits, & de prêter de l'argent à intérêt. Il fut donné dans la ſuite, par le même, pluſieurs ſemblables permiſſions, pour les villes de Landau, Wiſſembourg, & autres lieux.

A l'égard de la Haute-Alſace, où la ſouveraineté particulière de la maiſon d'Autriche a toujours été reconnue, le droit d'y recevoir des Juifs n'appartenoit qu'aux archiducs ; comme ſouverains, ou, pour mieux dire, comme exerçant les droits de la supériorité territoriale, à laquelle les gentilshommes, possesseurs des terres, étoient eux-mêmes sujets.

Il est vrai cependant que depuis long-temps ces seigneurs particuliers, quoique non immédiats de l'Empire, se sont attribué le pouvoir d'admettre des Juifs dans leurs terres, ce qui s'observe encore actuellement.

Depuis que la province d'Alsace a passé sous la domination du roi, on ne voit pas qu'il soit rien intervenu à l'égard des Juifs, jusqu'en 1672. Le fermier du domaine exposa alors à M. Poncet, qui étoit intendant, qu'il avoit appris que les seigneurs des terres de la Haute-Alsace exigeoient des Juifs une espèce de taille ou redevance annuelle, qui n'appartenoit qu'au souverain, & ne pouvoit être levée sans concussion, par d'autres que ceux qui avoient charge de lui ; sur quoi il en demanda la restitution à son profit. Les seigneurs répondirent que ce droit leur appartenoit; qu'ils en avoient toujours joui sous la domination de la maison d'Autriche, & même sous celle du roi, depuis la paix de Munster : qu'il étoit vrai que du temps des archiducs, les Juifs payoient à la régence d'Ensisheim dix florins & demi par famille, pour le droit de protection ; mais que c'étoit indépendamment de ce que les seigneurs étoient en droit de lever.

Sur cette question, M. Poncet prononça, par une ordonnance contradictoire du 19 août 1672, que chaque famille Juive payeroit à l'avenir aux fêtes de noël, aux fermiers du domaine, dix florins & demi pour le droit de protection, sans préjudice du droit des seigneurs, qu'il taxa à dix florins, tant pour le droit d'habitation, que celui de pâtures, corvées, chauffages, & autres généralement quelconques.

En 1677, le fermier du domaine prétendit que le droit que les Juifs payoient en exécution de cette ordonnance, ne concernoit uniquement que la liberté qui leur étoit donnée de rester dans la province, & d'aller d'un lieu à un autre ; mais qu'ils n'en devoient pas moins être assujettis à payer un péage corporel, à raison de quarante sous par homme à cheval, & de vingt sous par homme à pied, toutes les fois qu'ils entroient dans la province ou en sortoient, suivant un tarif arrêté par M. Colbert, intendant, le 12 janvier 1663. Les Juifs soutinrent, au contraire, qu'ils étoient quittes de tout, au moyen du droit de protection ; que le tarif de 1663 étoit relatif à un précédent de 1652, dans lequel il étoit porté que le péage corporel ne seroit levé que sur les Juifs étrangers & autres que ceux qui étoient sous la protection du gouvernement d'Alsace. M. de la Grange le décida de cette manière, par une ordonnance du 2 mars 1674 ; il l'a depuis encore confirmé par une seconde ordonnance du 24 août 1681 ; portant que les Juifs sujets au droit de protection, seroient exempts de tout péage corporel pour leurs personnes.

Il faut observer ici, que quand ces ordonnances ont été rendues, le roi n'étoit en possession que de la Haute-Alsace & des dix villes de la préfecture d'Haguenau ; aussi n'ont-elles lieu encore aujourd'hui que dans la même étendue. Les Juifs y payent annuellement dix florins & demi par chaque famille aux fermiers du domaine, & dix florins aux seigneurs ou magistrats ; au moyen de quoi ils sortent de la province & y entrent sans être assujettis à aucun péage corporel.

- Dans les terres de l'évêché de Strasbourg, celles du comté de Hanau, & autres autrefois immédiates, les Juifs qui y résident ne payent point le droit de protection au roi, mais ils sont assujettis au péage corporel : & à l'égard des seigneurs, les Juifs sont, en quelque façon, à leur discrétion, comme il a déjà été observé.

Dans la Haute-Alsace, le florin est évalué trente-trois sous quatre deniers ; à Wissembourg & à Landau, il vaut quarante sous : c'est ce qui fait que le fermier du domaine perçoit, pour le droit de protection, en Haute-Alsace, 17 liv. 13 sous ; & à Wissembourg & Landau, 21 livres. On pourroit peut-être faire quelque incident là-dessus au fermier, & dire que les ordonnances par lesquelles le droit de protection a été réglé à dix florins & demi, étant datées de Brisach, où le florin ne vaut que trente-trois sous, comme en Haute-Alsace, il ne devroit percevoir à Wissembourg & à Landau, que 17 liv. 13 s.

Le premier juillet 1686, M. de la Grange rendit une ordonnance entre les marchands des villages d'Alsace, & les Juifs, portant défenses à ces derniers, sous peine arbitraire, d'exposer leurs marchandises en vente dans aucun lieu de la province, hors les jours de foires & marchés.

Cette question s'étant renouvelée en 1700, M. de la Fond, alors intendant, défendit par une ordonnance contradictoire, aux Juifs de tenir boutiques ouvertes, sinon dans les foires & marchés ; & leur permit néanmoins, pour les autres temps, de faire leur commerce dans leurs maisons. Il y a encore une ordonnance de M. de la Houssaye, du 18 juin 1700, portant confirmation des précédentes rendues sur cette matière.

Quant

Quant aux exemptions des Juifs, ils ont obtenu une ordonnance de M. de la Grange le 8 mai 1680, par laquelle il eſt défendu à tous les magiſtrats de la province d'Alſace, de tirer aucun billet de logement de géns de guerre ſur les Juifs, qui doivent ſeulement être tenus de fournir, par chaque famille, un lit garni pour les troupes.

Pour ne rien omettre, il exiſte encore une lettre écrite par M. le chancelier le 13 juin 1713, dans laquelle il eſt dit que » ſur le rapport qui » a été fait à ſa majeſté des titres & conceſſions en » conſéquence deſquels les Juifs ſont établis en » Alſace, elle n'a pas jugé à propos d'y rien chan- » ger, ni de les inquiéter, pour les obliger d'en » ſortir «.

Au ſurplus, il y a en Haute-Alſace un rabbin qui a des proviſions du roi, adreſſées & enregiſ- trées au conſeil ſouverain de Colmar. Ce rabbin & les autres dans la Baſſe-Alſace, exercent les fonc- tions de juges en première inſtance, de toutes les conteſtations qui naiſſent de Juif à Juif au civil, en toutes matières. Les appellations des jugemens du rabbin de la Haute-Alſace reſſortiſſent nuement au conſeil ſouverain. Dans la Baſſe-Alſace, les appellations des ſentences des rabbins ſont portées devant les magiſtrats dans les villes, & devant les baillis dans les terres des ſeigneurs. Les rabbins font encore les fonctions de notaires pour les actes que les Juifs paſſent entre eux. Quant au ſpirituel & aux cérémonies relatives à leur religion, ils les décident en dernier reſſort ; du moins ils pré- tendent qu'on ne doit pas recevoir l'appel de ce qui a été par eux ſtatué en cette matière ; & il n'y a point en Alſace d'exemple du contraire.

En 1733, le gouvernement crut devoir mettre

un frein à l'ufure des Juifs, par une déclaration
du 24 mars, portant que » les Juifs qui feront
» des prêts , affirmeront devant les notaires ;
» que les prêts ne renferment , même fecrètement ,
» aucune convention ufuraire, de laquelle affir-
» mation fera fait mention dans les contrats, à
» peine de nullité contre les actes , & de faux
» contre les Juifs : que ceux de cette nation qui
» fe trouveront avoir commis quelque dol , fraude,
» furprife ou ufure, ou qui auront accumulé les
» intérêts avec les capitaux, outre la nullité des actes
» & la perte de leurs créances, dont les débi-
» teurs feront déchargés par la feule vérification
» du fait, feront condamnés à payer aux parties
» plaignantes le double des fommes portées dans
» lefdits actes , & à une amende de 500 livres,
» à quoi ils pourront être contraints par corps ;
» le tout fans préjudice de l'action criminelle.

Au mois de feptembre de la même année,
les Juifs obtinrent un furfis à l'exécution de cette
déclaration; furféance qui n'a pas été levée jufqu'à ce jour. Il eft dit, dans le préambule des
lettres-patentes du 12 feptembre 1733 , qui portent cette furféance, » que fa majefté a trouvé
» néceffaire de s'occuper de l'examen des lettres-
» patentes des 24 mars 1603 , 13 novembre
» 1605 , 24 janvier 1632 , & 24 feptembre
» 1657, rendues en faveur des Juifs établis à
» Metz; ainfi que de nouveaux éclairciffemens à
» prendre , tant fur les difpofitions contenues
» èfdites lettres-patentes & arrêts de réglemens
» intervenus en conféquence, que fur le com-
» merce des Juifs établis en la ville & généralité
» de Metz, & en la province d'Alface «.

Il paroît par là , que les réglemens faits pour

les Juifs de Metz qu'on va faire connoître, doivent être communs à ceux d'Alface ; & en effet, l'ordonnance de M. de la Grange, intendant d'Alface, du 2 mars 1674, qui décharge les Juifs, demeurans fous la protection du roi en Alface, de tous péages corporels, ordonne qu'ils jouiront, dans cette province, des mêmes priviléges dont jouiffent ceux de la généralité de Metz.

De l'état des Juifs à Metz.

Le premier établiffement des Juifs à Metz, paroît s'être fait en l'année 1567, en vertu d'une ordonnance du maréchal de la Vieuville, alors gouverneur de Metz, qui permit à quatre familles Juives de s'y établir, & de s'employer au prêt d'argent fur gages. Ces quatre familles fe multiplièrent jufqu'au nombre de vingt-quatre ; elles obtinrent le 20 mars 1603, du roi Henri IV, fur l'avis du duc d'Epernon, gouverneur de Metz, des lettres-patentes, portant que *ce prince prend fous fa protection & fauve garde, les vingt-quatre ménages Juifs, defcendus des huit premiers établis à Metz fous le règne de fon prédéceffeur ; qu'ils y continueront leur demeure & réfidence, & qu'ils pourront trafiquer & négocier fuivant leurs franchifes, libertés & coutumes anciennes, prêter argent fur gages & fans gages.*

En 1632, le nombre des Juifs s'étant accru à Metz, ils s'adreffèrent au roi Louis XIII, qui, par fes lettres-patentes du 24 janvier de cette année, confirma les difpofitions contenues dans celles de fon prédéceffeur.

Le 23 mai 1634, intervint un arrêt en forme

de réglement au parlement de Metz, à la suite d'une inſtance entre les corps de métiers & les Juifs, qui permit à ceux-ci le commerce des marchandiſes d'orfévrerie, d'argenterie & de friperie, avec défenſes à eux de faire le commerce de marchandiſes neuves. La diſpoſition de cet arrêt, rendu avec les corps de métiers & de marchands, prouve que dans ce temps-là les Juifs étoient en uſage de ne faire venir, vendre & débiter à Metz, que des marchandiſes vieilles.

Le 25 ſeptembre · 1657, les Juifs obtinrent de nouvelles lettres-patentes confirmatives des précédentes, avec pouvoir de commercer toutes ſortes de marchandiſes ſuivant leurs libertés, franchiſes & coutumes.

Sur le fondement de la généralité de cette diſpoſition, ils étendirent leur commerce de vieilles marchandiſes, à celui de marchandiſes neuves; entrepriſe qui excita de nouveau la réclamation du corps des marchands, leſquels s'oppoſèrent à l'enregiſtrement des lettres-patentes dont il s'agit.

Les Juifs repréſentèrent, que s'étant établis à Metz par la bonté des rois, il falloit leur donner moyen d'y ſubſiſter; que ſupportant les charges publiques, ils ne devroient pas être traités moins favorablement que les étrangers non naturaliſés, qui avoient la liberté de vendre des marchandiſes étrangères de toute eſpèce; ils diſtinguèrent ainſi dans les marchandiſes neuves, celles qui étoient fabriquées chez l'étranger, & celles du cru du pays; ils demandèrent acte de ce qu'ils n'entendoient faire le commerce de marchandiſes neuves, que comme marchands forains, c'eſt-à-dire, en magaſin, ſans expoſition ni boutique ouverte.

Le parlement de Metz ſaiſit l'affaire ſous ce

point de vûe, & donna un arrêt contradictoire le
21 janvier 1658, par lequel les marchands &
autres furent déboutés de leur opposition ; & les
Juifs maintenus & gardés en la possession de
commercer des marchandises étrangères, comme
faisoient les marchands forains.

Les marchands se pourvurent par requête
civile contre cet arrêt, sur le fondement qu'il
étoit contraire à celui de l'année 1634 ; mais par
autre arrêt du mois de juillet 1658, ils furent
encore déboutés de leur requête civile.

En 1694, les marchands tentèrent de faire
restreindre la liberté accordée aux Juifs, de faire
commerce de marchandises étrangères, à de certains temps de l'année, sur le fondement de pré-
tendus statuts anciens du corps des marchands,
qui avoient été perdus & recouvrés ; mais le parlement de Metz, invariable à cet égard, rendit
un troisième arrêt contradictoire le 16 juillet 1695,
par lequel il maintint la communauté des Juifs
dans la possession de vendre en tout temps de
l'année, des marchandises étrangères.

Les marchands se pourvurent en cassation
contre cet arrêt ; & le 11 juillet 1696, il intervint au conseil d'état un autre arrêt, par lequel
les marchands furent déboutés de leur demande
en cassation.

Le 31 décembre 1715, le roi jugea à propos
d'imposer, par des lettres-patentes, une redevance
annuelle de 40 livres par chaque famille Juive,
établie dans la ville & généralité de Metz : par
les mêmes lettres-patentes, le roi fit don de cette
redevance annuelle, pour 30 ans, à M. le duc de
Brancas, & à la comtesse de Fontaine, à leurs
hoirs, successeurs ou ayans cause, à la charge

qu'au cas que la comtesse de Fontaine vînt à
décéder avant le comte de Fontaine son mari,
& avant l'expiration des 30 ans, sans avoir dis-
posé de ce qui lui en revenoit, sa part seroit dé-
volue à son mari préférablement à leurs enfans,
ou à leur défaut, aux successeurs ou ayans cause
de cette dame, lesquels ne jouiroient que de ce
qui pourroit rester des 30 ans, après le décès du
comte de Fontaine.

En 1718, les différens corps des marchands
de la ville de Metz se réunirent pour demander
à sa majesté, que le nombre des Juifs fût réduit,
comme étant à charge au public ; & qu'il leur
fût fait défenses de faire aucun commerce ni
trafic, que celui du prêt d'argent à honnête
intérêt.

Par arrêt contradictoire rendu au conseil d'état
le 9 juillet 1718, sa majesté, de l'avis de M.
le duc d'Orléans régent, faisant droit sur le tout,
& ayant aucunement égard aux requêtes & mémoires des différens corps de marchands de la
ville de Metz, & voulant néanmoins traiter favorablement les Juifs établis dans cette ville,
ordonna que les lettres-patentes des rois ses prédécesseurs seroient exécutées selon leur forme
& teneur ; & en conséquence permit aux Juifs
établis à Metz, d'y continuer leur demeure au
nombre de quatre cent quatre-vingt familles
seulement, & leurs descendans, aux conditions
suivantes.

Qu'à la diligence de M. le procureur-général
ou de son substitut au bailliage de la ville de
Metz, il seroit dressé par les élus ou chefs
de la communauté des Juifs, sans frais, un état
de ces quatre cent quatre-vingts familles, & de

toutes les personnes de l'un & de l'autre sexe dont elles seroient composées, lequel état seroit déposé au greffe dudit bailliage, pour y avoir recours quand besoin seroit.

Que chacun des pères & des mères de famille seroit tenu de faire enregistrer au greffe du bailliage tous les enfans qui leur naîtroient de l'un & de l'autre sexe; pour raison de quoi il ne seroit payé que cinq sous pour tous droits, au greffier.

Que les filles ou veuves Juives ne pourroient à l'avenir attirer à Metz aucun Juif étranger par mariage.

Que les Juifs seroient tous obligés de demeurer dans le quartier de Saint-Ferron, sans qu'ils pussent posséder ni louer maisons, magasin, écuries, granges, caves ou greniers dans les autres quartiers de la ville, à peine, contre les contrevenans, d'amende, qui ne pourroit être au dessous de 3000 livres contre le Juif contrevenant, & de 1000 livres contre le propriétaire.

Qu'ils seroient tenus de payer annuellement, ainsi que par le passé, à l'hôpital de Saint-Nicolas, la somme de 450 livres, à quoi avoient été commués les 200 francs messins d'ancien droit, établi le 6 août 1567; plus, 175 livres à la ville, à quoi avoit été évalué le droit d'entrée & de sortie, qui se levoit anciennement sur chaque Juif, & 200 livres pour le logement du vicaire de la paroisse de sainte Ségolene.

Qu'ils ne pourroient choisir un rabbin, sans la permission & l'approbation de sa majesté.

Qu'ils ne pourroient aller par la ville, ni travailler en public, les jours de dimanche & de fête; sinon par l'ordre des commandans, de l'intendant ou des magiſtrats de Metz, ou dans un cas de néceſſité urgente.

_ /Qu'ils ſe conformeroient, pour le prêt d'argent, aux lettres-patentes des rois prédéceſſeurs de ſa majeſté, & aux réglemens faits ſur cette matière, & ne pourroient garder les gages qui leur auroient été remis, au delà du terme d'une année, ou de quinze mois au plus; après lequel temps, ils ſe-roient tenus de les faire vendre, à peine de perdre les ſommes qu'ils auroient prêtées.

Qu'ils ne pourroient prêter ſur gages aux femmes en puiſſance de maris, aux enfans de famille, ni aux domeſtiques, à peine de perdre ce qu'ils auroient prêté, & de plus grande peine s'il y échéoit.

Qu'ils ne pourroient acheter, troquer, ni prendre pour gages aucune arme de ſoldats ni de bourgeois.

Qu'ils ne pourroient pareillement recevoir pour gages les outils des artiſans, ouvriers, laboureurs & journaliers.

Que leurs droits & hypothèques leur feroient conſervés ſur les immeubles de leurs débiteurs, ſelon les règles de la juſtice, & conformément aux ordonnances, loix, uſages & coutumes du pays.

Qu'ils feroient obligés de procéder devant les juges & conſuls de Metz, dans les matières con-ſulaires, pour les conteſtations- qu'ils auroient avec les chrétiens, ſauf l'appel au parlement, dans les cas qui y ſont ſujets, ſa majeſté leur ré-ſervant, pour les conteſtations de Juif à Juif, la liberté de ſe pourvoir devant leur rabbin, & aux chefs de leur communauté, la connoiſſance de leur police, religion, coutumes, cérémonies & impositions.

Qu'il leur feroit permis d'avoir des boucheries particulières pour la nourriture de leurs familles, avec défenses aux bouchers Juifs de tuer un plus grand nombre de bestiaux, que ce qui est absolument néceffaire pour la subfiftance des mêmes familles, ni de vendre aux chrétiens d'autre viande que celles des quartiers de derrière des animaux, & les chairs de ceux qui auroient été reconnus viciés des vices qui empêchent les Juifs d'en manger, suivant leur loi, à peine de 1000 livres d'amende contre les contrevenans.

Qu'ils feroient tenus de commettre deux Juifs experts, pour vifiter tous les animaux qui feroient tués dans leurs boucheries, & reconnoître ces vices, lefquels experts feroient obligés de tenir un regiftre fidèle de la quantité de bœufs, veaux & moutons qui auroient été trouvés viciés de ces fortes de vices, & de ceux qui ne feroient point viciés, avec mention du nom des bouchers Juifs qui les auroient tués & les débiteroient; & prêteroient ferment devant l'un des confeillers du parlement de Metz, qui feroit commis pour cet effet, de bien & duement s'acquitter de cette vifite, d'avertir le procureur-général du roi, des contraventions qui pourroient arriver, pour les amendes encourues être par lui pourfuivies, & de remettre entre fes mains le regiftre dont il s'agit de fix mois en fix mois, à la charge en outre que les jurés bouchers de Metz continueroient leurs vifites & infpections fur les boucheries des Juifs, ainfi qu'ils avoient droit de faire fur les autres boucheries, & qu'il s'étoit obfervé par le paffé.

Qu'en cas de contravention à aucun de ces
articles, les pères & les mères seroient responsables de leurs enfans ; & les maîtres, de leurs
domestiques, pour le payement des amendes qui
auroient été encourues.

(Et afin d'assurer d'une part la condition des
donataires, & de l'autre épargner aux Juifs les
frais & les inconvéniens d'un recouvrement à
faire en détail sur chacune de leurs familles, par
des commis préposés qui ne seroient point de
leur nation, le montant de la redevance annuelle
de 40 livres, établie par les lettres-patentes du
31 décembre 1715, fut fixée à la somme de
20000 livres, pour être payée, savoir au duc de
Brancas 15000 livres, & à la comtesse de Fontaine 5000 livres ; à l'effet de quoi les élus &
syndics de la communauté furent tenus d'en faire
l'assiette & le recouvrement sur chacune des familles Juives, tant de la ville que de la généralité de Metz, pour en faire le payement de
quartier en quartier.

De l'état des Juifs en Lorraine.

L'état des Juifs dans cette province a d'abord
été fixé par une déclaration du duc Léopold du
20 octobre 1721. Cette loi a permis à 180 familles Juives de continuer leur résidence dans les
états de ce prince, d'y exercer leur religion, &
de tenir leur synagogue sans bruit ni scandale,
dans une de leurs maisons, sous la dépendance
de la synagogue principale de Boulai, avec défense de reconnoître aucune synagogue étrangère
en quelque manière que ce fût : il a en même
temps été permis à ces Juifs de commercer, en

fe conformant aux ordonnances, ufages, ftaturs & réglemens des lieux où ils feroient domiciliés.

Par arrêt du 11 juin 1726, le confeil du duc Léopold ordonna aux Juifs établis dans les états de ce prince, qui tiendroient des maifons à titre de propriété ou de location, dans l'intérieur des villes, bourgs ou villages, & qui fe trouveroient mêlées avec celles des catholiques, de fe défaire de ces mêmes maifons par vente ou autrement, & d'en fortir dans le mois, à peine contre les propriétaires Juifs de confifcation de leurs mai-fons, & contre ceux qui ne feroient que loca-taires, de deux mille livres d'amende. Il fut d'ailleurs réglé que les Juifs qui avoient droit de réfider en Lorraine, feroient tenus de s'a-dreffer dans les villes aux officiers de police, & dans les villages aux maires & gens de juftice, pour que ceux-ci leur défignent à l'écart, dans les endroits les moins fréquentés, des terreins ou maifons pour leurs habitations ; en forte que parmi leurs maifons il ne pût y en avoir d'in-termédiaires appartenantes aux fujets catholiques du duc.

Les ufures que les Juifs exerçoient en Lorraine, fur-tout dans les campagnes, donnèrent lieu à un édit remarquable du 30 décembre 1728, qui fut enregiftré à la cour fouveraine le même jour. Cette loi déclara nuls tous les billets & actes fous feing privé, qui feroient faits avec les Juifs, tant pour argent prêté, que pour vente de marchandife ou autre engagement : mais les lettres de change, les billets à ordre, & les autres qui font ufités dans le commerce, furent exceptés de la prohibition.

Il fut en outre ordonné que dans le cas où

des Juifs se sery̆ent rendus coupables de dol ou d'usure envers quelque sujet catholique, ils seroient punis par la perte de leurs créances, & tenus de payer le double de ces créances au débiteur, outre une amende de cinq cents francs, sans que ces peines pussent être remises ni modérées par les juges.

Enfin, un arrêt rendu au conseil d'état du feu roi Stanislas le 26 janvier 1753, forme le dernier état de la jurisprudence relativement aux Juifs de Lorraine. Voici ce qu'il porte :

» Le roi s'étant fait représenter l'arrêt du conseil d'état du 29 décembre 1733, donné sur la requête du chef de la communauté des Juifs résidans dans ses états, par lequel il a été permis à toutes les familles Juives comprises dans la répartition qui avoit été faite, en exécution d'un arrêt du 26 juillet précédent, & montant à cent quatre-vingt, de continuer leur résidence dans ses états, jusqu'à son bon plaisir, & les impositions sur les Juifs ayant depuis continué d'être faites sur le pied desdites cent quatre-vingts familles, sa majesté ne croit pas devoir déranger leurs établissemens, ni les frustrer du bénéfice de ces arrêts : étant aussi informée des différens abus & inconvéniens qui naissent de l'exécution de l'ordonnance donnée par le duc Léopold le 3 décembre 1728, concernant les actes qui se passent avec les Juifs elle trouve à propos d'en suspendre l'exécution. Ouï sur ce le rapport du sieur Rouot conseiller, secrétaire d'état ordinaire, commis faire à ce député ; & tout considéré :

» Sa majesté, en son conseil, a ordonné & ordonne :

» 1°. Que le nombre des Juifs qui feront ad-
» mis dans fes états, demeurera fixé jufqu'à fon
» bon plaifir, à cent quatre-vingts familles, &
» que fous le nom de famille feront-compris le
» chef, & tous fes enfans & defcendans des
» mâles, demeurans dans une feule & même mai-
» fon, fans préjudice aux acquifitions faites jufqu'à
» ce jour par aucun d'eux, en vertu de permiffion;
» & aux défignations faites dans quelques-uns des
» lieux de leur réfidence, de rues où terreins pour
» y former des habitations, dans lefquels ils fe-
» ront maintenus.

» 2°. Que les fyndics defdits Juifs dépoferont
» dans le mois, au greffe de fon confeil, un
» rôle ou état exact de tous les Juifs chefs de
» famille qui font-actuellement dans fes états,
» contenant leurs noms & le lieu de la réfidence
» actuelle de chacun d'eux, pour être faite &
» arrêtée en fondit confeil la lifte de ceux qu'elle
» jugera à propos de tolérer en chacun lieu, juf-
» qu'audit nombre de cent quatre-vingts familles,
» & de fuite envoyée & publiée par-tout où befoin
» fera.

» 3°. Que lefdits Juifs réfidans dans fes états
» compoferont une feule communauté, de laquelle
» fa majefté a nommé & établi pour fyndics,
» Salomon Alcan, Ifaac Behr, & Michel Gode-
» chaux, demeurans à Nancy.

» 4°. Ceux qui dans la fuite pourroient obtenir
» de fa majefté permiffion de s'établir dans fes
» états, pour remplacer des familles actuelles qui
» feroient éteintes, feront tenus de faire regiftrer
» ladite permiffion au greffe du bailliage de la
» réfidence, & de la communiquer au premier
» officier du lieu, à peine de privation de la
» grâce.

» 5°. Ordonne au surplus sa majesté, que le
» édits, ordonnances, déclarations & arrêts d
» réglemens donnés, tant au sujet de l'exercic
» de leur religion, que de la police, commerc
» & autrement, seront suivis & exécutés, à l
» réserve néanmoins de l'ordonnance du 30 dé
» cembre 1728, concernant les actes qui se passe
» avec les Juifs, dont sa majesté a suspendu &
» suspend l'effet & l'exécution, jusqu'à ce qu'ell
» en ait autrement ordonné «.

Cet arrêt a été revêtu de lettres-patentes, &
enregistré au parlement de Lorraine le 5 avri
1753.

Le 22 avril 1762, cette cour a rendu sur le
réquisitoire du procureur-général, un arrêt, pa
lequel elle a ordonné que les premier, second,
troisième & quatrième chefs de l'arrêt du con
seil du 26 janvier 1753, & le rôle arrêté le 2
avril suivant, seroient exécutés selon leur form
& teneur ; en conséquence, que toutes les famille
Juives qui étoient établies en d'autres lieux d
ressort que ceux que spécifioit ce rôle, seroien
tenues de sortir des états dans le mois, sino
qu'elles en seroient expulsées, & leurs effets con
fisqués au profit du domaine du roi.

Décisions particulières concernant les Juifs.

Une ancienne ordonnance de l'an 1280, a fai
défense aux Juifs d'avoir des domestiques chré
tiens de l'un ou de l'autre sexe. On ne sait pa
par qui ce réglement a été fait ; il se trouve a
registre *Olim*, feuillet 50.

Le conseil souverain de Colmar a renouvel
cette loi pour son ressort, par arrêt du 19 janvie
1717.

L'article premier de l'édit du mois de mars 1685, concernant la police des îles Françoises de l'Amérique, a enjoint aux officiers royaux de chasser de ces îles tous les Juifs, & à ceux-ci d'en sortir dans l'espace de trois mois, sous peine de confiscation de corps & de biens.

Par arrêt du 20 février 1731, le conseil a cassé deux arrêts rendus au parlement de Dijon les 22 juin 1724 & 29 juillet 1730., qui avoient autorisé quelques Juifs établis à Bordeaux, à trafiquer pendant un mois de chaque saison de l'année, dans toutes les villes & autres lieux du ressort de ce parlement; & il a été fait défense à tout Juif, de trafiquer, vendre ou débiter des marchandises dans aucun lieu du royaume, autre que celui où il auroit son domicile.

On trouve dans le recueil de Mathieu Augeard un arrêt du 10 février 1691, par lequel le parlement de Metz, en infirmant une sentence du bailliage de cette ville, a jugé en faveur de Christophe Mouzin, que deux Juifs ne pouvoient pas être entendus en témoignage pour un autre Juif contre un chrétien.

Un Juif qui embrasse la religion catholique ne peut pas pour cela renoncer à sa femme & en épouser une autre : le parlement de Paris l'a ainsi jugé par arrêt du 2 janvier 1758, en déclarant abusive une sentence de l'official de Strasbourg, qui avoit permis à Borack Lévi de se pourvoir par mariage en face d'église, avec une autre femme que Mandel Cerf, & avoit laissé à celle-ci la liberté d'épouser un autre Juif si elle le jugeoit à propos.

JURANDE. Ce mot signifie quelquefois la charge de juré d'une communauté de marchands ou artifans : quelquefois il fignifie le temps pendant lequel un juré exerce cette charge, & quelquefois enfin il fignifie le corps des jurés.

Les jurandes furent établies en même temps que les arts & métiers furent mis en communauté par faint Louis : on établit dans chaque communauté des prépofés, pour avoir infpection fur les autres maîtres du même état. Une ordonnance du roi Jean, porte : qu'*en tous les métiers & toutes les marchandifes qui font & fe vendent à Paris, il y aura vifiteurs, regardeurs & maîtres qui regarderont lefdits métiers & marchandifes, les vifiteront & rapporteront les défauts qu'ils trouveront, aux commiffaires, au prévôt de Paris & auditeur du châtelet.* Dans la fuite, ces prépofés ont été nommés jurés, parce qu'ils prêtent ferment en juftice.

Par un édit du mois de février 1776, le roi fupprima tous les corps & communautés de marchands & artifans, les maîtrifes & Jurandes, & abrogea tous les ftatuts, réglemens & priviléges donnés à ces corps ; en forte qu'il fut permis à toutes fortes de perfonnes d'exercer tel commerce ou métier qu'elles jugeroient à propos, à l'exception néanmoins des profeffions de pharmacie, d'oféverrerie, d'imprimerie & de librairie, à l'égard defquelles il ne fut rien innové.

Mais par un autre édit du mois d'août de la même année, le roi rétablit à Paris les fix corps de marchands, & quarante-quatre communautés d'arts & métiers.

Il a été ordonné par cette dernière loi, qu'il feroit fait de nouveaux ftatuts & réglemens pour chacun de ces corps & communautés. Lorfque cet objet fera rempli, nous en rendrons compte. JURAT.

JURAT. Le nom de Jurat se donne aux officiers municipaux de la ville de Bordeaux.

Les Jurats de Bordeaux ont un pouvoir beaucoup plus étendu que celui des échevins de Paris. Non seulement ils ont la police de la ville, comme l'ont à Lyon les échevins avec le prévôt des marchands ; ils ont encore la justice criminelle, concurremment & même par prévention avec le lieutenant-criminel ; ce qui réduit à bien peu de chose les fonctions & le pouvoir de cet officier. Ils intitulent ainsi leur ordonnance : » De par messieurs les maire & Jurats, gouverneurs » de Bordeaux, juges criminels & de police «.

Les Jurats ont toujours été des citoyens considérables de la ville. On exige de celui qui se présente pour être Jurat, une réputation de probité & une profession honorable. Pour constater davantage le titre de citoyen de Bordeaux, on demandoit autrefois qu'un Jurat fût propriétaire d'une maison située dans la ville. Ferron dans son commentaire sur Bordeaux, rapporte un exemple qui prouve combien cette possession paroissoit nécessaire. Un Jurat ayant depuis son élection vendu la maison qu'il habitoit, & s'étant logé dans une autre qu'il avoit prise à loyer, il fut destitué. Le temps a sans doute fait sentir aux habitans de Bordeaux qu'il étoit ridicule de tenir à ce point que l'on regardoit comme capital, & qui pouvoit écarter de la place de Jurat un homme qui avoit des possessions bien plus essentielles à la charge, l'honneur, la justice & l'intelligence. Depuis plusieurs années, on a revêtu du titre de Jurat différens citoyens qui n'avoient point de maison à eux, & qui n'occupoient qu'un appartement à loyer.

Tome XXXIII. B b

L'article 5 du titre 9 de l'ordonnance de 1673, qui exclut « de toutes les charges municipales les » négocians qui auroient obtenu des lettres de » répi ou des défenses *générales* «, élève une barrière contre les prétentions au titre de Jurat, de tous les marchands qui auroient déshonoré leur profession, en sollicitant ce secours contre leurs engagemens.

Un Jurat, qui, étant en charge, auroit eu recours à ce moyen honteux, seroit dans le cas d'être destitué. Il devroit d'autant plus s'attendre à cet acte de sévérité, que non seulement l'article 5 du titre 9 de l'ordonnance de 1673 y est précis, mais encore qu'il existe un arrêt du parlement de Bordeaux du 28 février 1680, qui fait défenses aux négocians qui ont fait faillite ou obtenu des lettres de répi, *de fréquenter la place des marchands,* » & permet aux juges- » consuls de les en exclure jusqu'à ce qu'ils aient » justifié de leur bonne foi, & satisfait leurs » créanciers «.

Il est certain que dans des villes de commerce on ne peut pas trop apporter de soin à établir une ligne de démarcation entre les habitans qui ont toujours fait preuve de bonne foi, de scrupule pour leurs engagemens, & ceux qui n'ont pas craint de hasarder la fortune des autres, pour augmenter la leur.

Ce fut sous Henri III, le 13 juillet 1235, que l'hôtel-de-ville de Bordeaux fut rétabli. Alors on vit renaître l'état de citoyen & l'ancien gouvernement municipal. Depuis cette époque, les Jurats ont donné en plusieurs circonstances des preuves de zèle & de courage que l'histoire nous a transmises, & qui ont mérité des lettres de nobleſſe à ceux qui les ont fait éclater. Les guerres de religion, qui ont excité tant de fois le trouble & la ſédition dans la ville de Bordeaux, ont fourni aux Jurats des occaſions de développer leur patriotiſme & leur attachement pour la perſonne du roi.

En 1568, ils adreſſèrent au miniſtre un écrit en forme de remontrances, dépoſé dans les archives de la ville, par lequel on voit qu'ils avoient levé une flotte à leurs dépens pour le ſervice de ſa majeſté, & pour réſiſter aux ennemis qui s'étoient déjà emparés du pays de Saintonge, d'Angoumois, de Mairan, de la ville & du château de Blaye, de Boury & de Cuſac; de ſorte que la ville de Bordeaux s'en trouvoit environnée & comme bloquée; ils offroient, par ce même écrit, au roi toute leur fortune, celle de leurs enfans, leur perſonne, & indiquoient des moyens de remédier aux maux dont les habitans de Bordeaux étoient menacés. Une conduite auſſi généreuſe leur attira les plus grands éloges de la part du roi & les témoignages de la plus vive affection. Ils furent autoriſés à mettre un impôt ſur ceux qui juſque alors en avoit été exempts.

Dans la même année, un ſoldat de la compagnie de Montferran, ſe fiant ſur le crédit de ſon capitaine, s'oublia au point de donner un ſoufflet à un Jurat. L'arrêt qui fut rendu contre cet audacieux, prouve combien le parlement de Bordeaux vouloit inſpirer au peuple de reſpect pour la perſonne des officiers municipaux.

Par ſon arrêt du 13 mai, il condamna le coupable à être traîné ſur la claie dans tous les carrefours de la ville, à faire amende honorable

nuds pieds, en chemise, tenant une torche ardente
à la main, à demander pardon à dieu, au roi,
à la justice, au maire & aux Jurats devant l'hôtel-
de-ville, à être ensuite conduit devant la maison
du Jurat qu'il avoit maltraité, pour y avoir le
point coupé, & être ensuite pendu devant l'hôtel
de ville.

Quoique le gouvernement de la ville de Bordeaux réside dans la personne des maire & Jurats
qui sont chargés de veiller à sa sûreté, à sa tranquillité, l'histoire nous apprend qu'il y a eu
des gouverneurs particuliers, entre autres *Montferran*, qui fut tué au siége de Genfac, en portant des secours au maréchal de *Monluc*. Cette
mort, dit l'historien de Bordeaux, décida le différend que les Jurats avoient avec les gouverneurs
de Bordeaux, & qu'il n'étoit pas possible de terminer à l'amiable, puisque ces magistrats portant cette qualité, on n'avoit pu nommer un
gouverneur particulier de la ville, sans leur enlever les plus beaux droits de leur place & leurs
fonctions les plus essentielles. Ce fut, ajoute le
même auteur, principalement à la sollicitation
de *Merville*, que le roi ne nomma pas un nouveau gouverneur à la place de *Montferran*.

Ce sénéchal ayant écrit les raisons qui devoient
engager la cour à ne plus donner de gouverneurs
particuliers, Henri III adressa une lettre de cachet
aux Jurats, par laquelle il leur remettoit le gouvernement de la ville, en les exhortant à s'y bien
comporter, & à rendre au lieutenant de roi
l'obéissance qu'ils lui devoient.

Le même roi, satisfait des services que lui
avoient rendus les Jurats, crut devoir leur mar-

quet ſa ſatisfaction, en leur accordant des lettres
de nobleſſe. Ces lettres ſont du mois de février
1577, elles furent enregiſtrées au parlement;
elles ſont conçues dans les termes les plus honorables, & s'étendent en faveur de la poſtérité
des Jurats alors en place, mais non pas en faveur de ceux qui leur ſuccéderoient.

Les Jurats ont ſoutenu dans différentes circonſtances leurs priviléges contre le parlement de
Bordeaux. En 1649, la conſtruction d'une citadelle à Libourne ayant excité de vives alarmes
dans la ville & dans le parlement, qui s'oppoſoit
à cette innovation, cette cour ordonna qu'il ſeroit
convoqué une aſſemblée de bourgeois à l'hôtel-
de-ville. Les Jurats la convoquèrent, & le plus
grand concours de citoyens de tous états, de tous
ordres, s'y porta. Le préſident *Daftir* qui avoit
été député par ordre du parlement pour aſſiſter à
cette aſſemblée, après avoir fait un long diſcours
dans lequel il avoit expoſé l'objet de la convocation, voulut prendre les voix; mais les Jurats
qui avoient le peuple contre eux dans cette cir-
conſtance, par la raiſon qu'il les ſoupçonnoit
d'être d'intelligence avec le duc d'Epernon, leur
ennemi & leur oppreſſeur, repréſentèrent qu'il
étoit d'uſage que dans les aſſemblées de ville
ils propoſaſſent les matières qui devoient s'y
traiter, & qu'ils n'opinoient jamais qu'en corps.
Le préſident demanda l'avis des bourgeois ſur cet
incident; tous dirent qu'il falloit que les Jurats
opinaſſent les premiers, & chacun à ſon tour. Les
Jurats proteſtèrent contre cette nouveauté, ſou-
tinrent que le parlement n'avoit aucun droit de
rien propoſer aux aſſemblées de la bourgeoiſie,

mais feulement d'y affifter, pour voir s'il ne s'y paffoit rien de contraire au fervice du roi.

Le préfident répondit, qu'il n'entendoit nullement enfreindre les priviléges de la ville ni de fes magiftrats ; qu'il n'avoit fait la propofition que parce que ceux qui étoient préfens avoient paru la défirer, & non à deffein d'entreprendre fur la charge des Jurats ; qu'il interpelloit de nouveau de dire leurs avis féparément, attendu l'importance de la matière, fans préjudice de leurs droits & priviléges, & fans tirer à conféquence : ce qui étoit en quelque façon réconnoître la prétention des Jurats & acquiefcer à leur obfervation.

. Les Jurats qui étoient à cette époque en charge, foit par crainte du duc d'Epernon qui avoit un pouvoir effrayant, foit dans le deffein de lui faire leur cour, s'étoient montrés fi peu dignes de défendre les intérêts de la ville confiés à leur vigilance, qu'il fut nommé d'autres gardiens pour prévenir les intelligences qu'ils pouvoient avoir avec le gouverneur, confidéré comme l'ennemi public.

. L'hiftorien de la ville de Bordeaux rapporte dans fon dixième livre un acte de fermeté & de courage qui fait honneur aux Jurats qui étoient en charge en 1675.

Les dépenfes qu'entraînoit la guerre de 1672, ayant mis Louis XIV dans la néceffité de charger fon peuple de nouveaux impôts, les commis prépofés pour les percevoir, devinrent fi odieux, que leur vue feule difpofoit à la révolte. La marque de l'étain & le papier timbré avoient fur-tout occafionné un foulévement général à Bordeaux.

Le 26 mars 1675, quelques commis étoient occupés à poſer dans la boutique d'un marchand la marque de l'étain ; tout à coup des femmes du peuple s'attroupent contre eux, leur lancent des pierres, & appellent bientôt la foule : l'émeute augmente, & les commis qui ſe trouvent dans le plus grand danger, ſont obligés de prendre la fuite. Les Jurats avertis accourent, écartent la populace, l'obligent de ſe retirer, vont chercher les commis, les ramènent eux-mêmes dans la boutique où ils avoient commencé leur travail, & les reconduiſent dans leur auberge, en les protégeant de leur préſence contre la fureur du peuple : malheureuſement pour les Jurats, quelques jours après, l'eſprit de ſédition échauffa tellement le peuple, qu'ils ſe trouvèrent expoſés à un danger plus preſſant.

Le Jurat *Fontenel*, obligé par ſa place de faire exécuter les ordres du roi, conduiſit dans différentes boutiques de potier d'étain, le traitant & les commis qui avoient demandé ſon aſſiſtance ; le Jurat n'étoit ſoutenu que d'un capitaine & de quatre ſoldats. Tout à coup il vit ſortir d'une petite rue quantité de gens avec des bâtons & des pierres, criant : *Vive le roi ſans gabelle !* Ils dirent au Jurat que leur deſſein étoit d'aſſommer les commis, & qu'on le prioit de ſe retirer. *Fontenel* prit auſſi-tôt ſa livrée, & remontra à cette populace qu'il étoit revêtu de l'autorité du roi, & magiſtrat de la ville ; qu'il ne faiſoit qu'exécuter les ordres de ſa majeſté & ceux du gouverneur. Les ſéditieux, dont le nombre augmentoit à chaque inſtant, n'ayant pu faire retirer le Jurat, perdirent tout reſpect pour ſa perſonne, & commencèrent à jeter des pierres contre les commis, qui, s'étant couverts de la robe de Fontenel, lui occasionnèrent plusieurs blessures.

Il envoya aussi-tôt avertir ses collègues de venir à son secours, fit entrer les commis dans une maison, & s'étant mis sur la porte, il dit aux séditieux, en étendant les bras & déployant sa robe, qu'il étoit résolu de s'exposer à toute leur fureur plutôt que de souffrir qu'ils missent la main sur des gens qui étoient sous sa sauve-garde, & qu'il falloit qu'ils commençassent par lui passer sur le corps avant de pénétrer jusqu'à eux. Cette intrépidité arrêta pendant quelques instans la furie du peuple, & donna le temps à trois autres Jurats de l'écarter & de venir au secours de leur collègue. On fit sortir les commis de la maison où ils étoient, & on leur fit prendre le chemin de l'hôtel-de-ville ; chaque Jurat en mit un à côté de lui, afin de courir les mêmes risques, & s'exposa avec courage à une grêle de pierres lancées indistinctement contre lui & contre les commis.

Ce trait est un des plus beaux que l'histoire nous fournisse, & peut être placé à côté de ce que les sénateurs Romains ont fait de plus courageux pour le maintien des loix & de la puissance qui les dictoit.

La jurande ne donne pas la noblesse comme le capitoulat à Toulouse, ou l'échevinage à Lyon & à Paris ; mais le roi accorde presque toujours la noblesse aux Jurats dans toutes les circonstances qui intéressent beaucoup le royaume ou la ville de Bordeaux, telles que le changement de règne, la naissance d'un dauphin, la publication d'une paix, l'érection de monumens qui servent au besoin ou à la décoration de la ville

(*Article de M.* DE LA CROIX, *avocat au parlement.*)

JUREMENT. Ce mot se prend quelquefois pour le serment, l'affirmation que l'on prête en justice. *Voyez* AFFIRMATION, SERMENT.

Mais ce mot employé au pluriel signifie ordinairement blasphêmes, imprécations & exécrations.

Saint Louis fit des réglemens sévères contre les Juremens & les blasphêmes ; les ordonnances postérieures ont aussi établi des peines contre ceux qui profèrent des Juremens en vain. L'article 86 de l'ordonnance de Moulins défend tous blasphêmes & Juremens du nom de dieu, sous peine d'amende, & même de punition corporelle s'il y échet.

JURÉS. Ce mot est dans les anciennes chartes & dans quelques coutumes, parfaitement synonyme avec *consuls*, *échevins*, *conseillers de ville*, *&c.*

On voit dans les antiquités de Caen par Huet, qu'on nommoit autrefois les échevins de cette ville, *bourgeois-jurés* ; que depuis on les qualifia de jurés & commis au gouvernement de la ville, conseillers jurés au gouvernement de Caen, conseillers & gouverneurs de la ville, & enfin échevins.

Une charte de commune de l'an 1227, rapportée au tome 4 des ordonnances des rois de France, porte : *In primis ut eligant quatuor homines qui jurent fidelitatem castri & habitantium in eo ; & talem habeant potestatem & juridictionem in castro sancti Joannis & in appendiciis suis, qualem habent apud divionem major & jurati communiæ divionensis..... Et illi quatuor Jurati possint mutari per singulos annos.* Un peu après, la charte appelle *scabini*, ceux qu'elle avoit auparavant qualifiés de *Jurati*.

L'usage d'appeler *Jurés* les juges municipaux des villes, n'étoit pas particulier à la France. C'est ce qu'attestent ces termes d'une ordonnance de Jacques II, roi de Majorque : *Item quandò scribemus consulibus vel Juratis alicujus universitatis nobis subditæ, scribetur sic : Jacobus.... Fidelibus nostris Juratis civitatis majoricensis, vel consulibus villæ nostræ de Perpiano, salutem & gratiam.*

On lit aussi dans une charte de Wenceslas, duc de Brabant, de l'an 1378, rapportée par Miræus, tome 2, page 1027 : *Concessimus eis* (aux habitans de Louvain), *& dedimus quòd 21 Juratis de consilio prædicti oppidi nostri, nunc & in posterùm singulis annis erunt undecim Jurati ex bonis nostris hominibus patriciis Lovaniensibus, & decem Jurati ex bonis nostris hominibus opificum.*

Quelquefois on employoit indistinctement le mot *Jurés* pour désigner les officiers municipaux & les simples bourgeois. C'est ce que nous remarquons particulièrement dans une charte de commune de l'an 1331, rapportée au tome 5 des ordonnances des rois de France, page 676. *Lesdits maire & Jurés*, porte l'article 2 de cette charte, *ont la prinse, détention & cognoissance de tous leurs Jurés.*

Dans l'usage actuel, les mots *Jurés & échevins* ne sont plus synonymes que relativement à un petit nombre de coutumes, parmi lesquelles on remarque principalement celle de Binche en Hainaut, dont le premier article ordonne que le prévôt de la ville *conduira les bourgeois par loi & par le dit des Jurés.*

A Valenciennes, les juges municipaux font tout-à-la-fois *Jurés* & *échevins*. La coutume leur donné cette double qualité, & ils la prennent dans toutes leurs fentences. On prétend que c'eft comme *Jurés* qu'ils exercent la haute-juftice, & que c'eft comme *échevins* qu'ils exercent la moyenne & la baffe. Comme *Jurés*, dit l'auteur anonyme de quelques obfervations manufcrites fur la coutume de cette ville, ils ont le droit de punir les crimes, & le pouvoir de faire des réglemens de police à la femonce du prévôt-le-comte, ou de fon lieutenant : comme *échevins*, ils jugent à la femonce du mayeur toutes les matières de fucceffion, toutes les actions réelles, toutes les amendes, & généralement tous les autres cas de moyenne & de baffe-juftice.

La coutume de Bruxelles donne uhe fignification particulière au mot *Jurés*. On voit par les articles 32, 33, 34 & fuivans du titre 1 de cette loi municipale, qu'elle entend par doyens ou *Jurés*, des perfonnes choifies par les échevins dans chaque corps de métiers, pour faire partie du troifième membre des états de la ville.

A Fumay, bourg du pays de Liége appartenant à la France, les *Jurés* font des officiers chargés de l'adminiftration des affaires communes ; ils n'ont rien de commun avec les échevins, qui font les juges ordinaires de l'endroit.

Voyez les gloffaires de Ducange & de Lauriere ; & les articles ECHEVINS, JURAT, CONSULS, &c.

(*Article de M.* MERLIN *, avocat au parlement de Flandre*).

JURÉS DE CATTEL. On a vu à l'article
CATTEL, que ce mot signifie *effet mobilier*;
ainsi les termes *Jurés de cattel* doivent désigner
en général des officiers fermentés pour des objets
relatifs aux meubles & droits mobiliers : c'est en
ce sens que la coutume de la ville & du chef-
lieu de Valenciennes qualifie de *Jurés de cattel*,
des personnes à qui elle donne le pouvoir de
paſſer toutes sortes de conventions mobilières.

L'article 5 de cette coutume contient sur ce
point une diſpoſition qui mérite une attention
férieuſe : » Les échevins , porte-t-il , durant le
» temps de leur échevinage , peuvent recevoir
» tous contrats & conventions meubiliaires ; &
» auſſi après ledit échevinage expiré , demeurent
» le parfait de leurs vies *Jurés de cattel* , & en
» cette qualité peuvent recevoir & paſſer tous
» contrats & reconnoiſſances meubiliaires feule-
» ment, pourvu qu'il y ait deux Jurés du moins
» à ce faire «.

Cet article préſente pluſieurs queſtions à décider. La première eſt de ſavoir ſi l'édit du mois
d'avril 1675, portant défenſes à tous autres qu'aux
notaires & hommes de fiefs d'inſtrumenter en
Hainaut, a dérogé au droit que la coutume de
Valenciennes attribue en cette matière aux Jurés
de cattel. La raiſon de douter eſt que cet édit
ne renferme aucune exception en faveur des officiers dont nous parlons. La raiſon de décider réſulte de ces termes du même édit.

» Et d'autant qu'en notre pays & comté de
» Hainaut, ſuivant & conformément aux chartes
» d'icelui , les actes & contrats perſonnels ſe
» reçoivent par des hommes de fiefs , au nombre
» preſcrit par leſdites chartes ; pour d'autant moins

» déroger audit usage, voulons & ordonnons que
» dorénavant tous actes & contrats qui seront faits
» dans l'étendue dudit pays & comté de Hainaut,
» du ressort de notre conseil souverain de Tour-
» nai (*aujourd'hui le parlement de Douai*); soient
» reçus par un notaire-homme de fief, qui ins-
» trumentera èsdites qualités de notaire-homme
» de fief, assisté d'un autre homme de fief seu-
» lement . . . . . Défendons & interdisons à tous
» autres hommes de fief dudit pays de Hainaut
» de recevoir, aucuns actes & contrats de leur
» chef & sans l'intervention desdits notaires-
» hommes de fiefs, à peine de nullité & de tous
» dépens, dommages & intérêts des parties «.

La raison pour laquelle cet édit conserve aux
hommes de fiefs de Hainaut le droit d'assister à
la passation des contrats, est que les chartes générales leur attribuent généralement le droit d'instrumenter en toutes sortes d'occasions. Or, les
Jurés des villes franches sont mis à cet égard par
article 2 du chapitre 109 des chartes générales,
sur la même ligne que les hommes de fiefs (*):
ainsi puisque l'édit cité a permis aux hommes de
fiefs de continuer d'instrumenter en se faisant assister d'un notaire-homme de fief, on peut dire par
la même raison, que les Jurés de cattel de Valenciennes peuvent encore recevoir des contrats à
l'intervention des notaires-Jurés de cattel de la
même ville. C'est de cette manière que l'usage,
le plus sûr interprète des loix, a expliqué l'édit

(*) Cet article est ainsi conçu :
» Toutes obligations, pour être exécutoires, devront être
connues & passées pardevant hommes de fiefs, Jurés de
franches villes, &c. «

de 1675. Les contrats se passent, tant à Valen ciennes que dans le chef-lieu du même nom, p un notaire assisté de deux Jurés de cattel, quan il n'a pas lui-même cette qualité, ou d'un se quand il en est revêtu.

. Ce que nous disons ici suppose (& tel est e effet l'usage) que les Jurés de cattel à Valen ciennes, soit qu'ils aient cette qualité par la seu nomination du magistrat, ou qu'ils l'aient acqui par l'exercice des fonctions d'échevins, confo mément à l'article 5 de la coutume, peuve instrumenter dans toute l'étendue du chef-lieu; fant cependant en excepter les cantons de ce partie de Hainaut qui appartient actuellement à maison d'Autriche.

Il résulte aussi de ce que nous venons de dire une différence remarquable entre les échevins Valenciennes & les Jurés de cattel, par rapp au droit de recevoir des contrats. Les premi peuvent exercer ce droit seuls & sans notaire comme on l'a vu aux mots *Convent & Echevin* au lieu que l'intervention des notaires est esse tielle pour donner aux seconds le pouvoir d'in trumenter.

On remarquera à cette occasion, que récip quement les notaires du chef-lieu de Vale ciennes ne peuvent recevoir aucun contrat s être assistés de Jurés de cattel, ou d'hommes fief. Ce seroit en vain qu'ils prétendroient su pléer à la présence de ces officiers par celle deux témoins ; cette forme, usitée dans l'intéri du royaume & dans la plus grande partie Pays-Bas, ne l'est pas dans le Hainaut, où actes que l'on veut rendre authentiques, ou doivent l'être par leur nature, ne peuvent ê reçus que par des officiers publics, c'eſt-à-dire, par un notaire-homme de fief, aſſiſté d'un ſimple homme de fief, ou ſi c'eſt dans une *ville-franche*, par un notaire aſſiſté de deux Jurés, ou d'un ſeul, s'il a auſſi cette qualité.

L'article 5 de la coutume de Valenciennes ne donne, comme on l'a vu, aux Jurés de cattel que le droit de recevoir des *contrats & conventions meubiliaires*. Faut-il prendre ces mots à la lettre, & en conclure que le pouvoir des officiers dont nous parlons, ſoit borné aux contrats qui ont des meubles pour objet ? Non. Coquille nous apprend dans ſes inſtitutions au droit François, titre des communautés, que les anciens praticiens confondoient les actions perſonnelles & les actions mobilières, & qu'ils déſignoient les unes & les autres par le même nom. Cette autorité ſeule ſuffit pour prouver que la coutume de Valenciennes entend par *conventions meubiliaires*, toute obligation perſonnelle, ſans diſtinguer ſi ſon objet eſt un meuble ou un immeuble : & ſi l'on ajoute à cela que, ſuivant les vrais principes, auxquels les erreurs des praticiens ne peuvent jamais porter atteinte, une obligation purement perſonnelle eſt toujours mobilière, ſoit qu'elle tende à l'acquiſition d'un meuble ou d'un immeuble, comme je le démontrerai ailleurs, on ne doutera plus que les échevins & Jurés de cattel ne puiſſent recevoir toutes ſortes de contrats, & tel eſt en effet l'uſage de Valenciennes.

Mais, dira-t-on, pourquoi la coutume ajoute-t-elle le mot *meubiliaires* au mot *conventions* ? Ne fait-elle pas entendre par là qu'elle reconnoît différentes ſortes de conventions, & par conſéquent, que les échevins & Jurés de cattel ne peuvent pas les recevoir toutes indiſtinctement ?

Pour répondre à cette objection, ne perdons pas de vue que les mots *perfonnels* & *mobiliers*, appliqués aux contrats, font parfaitement fynonymes, & par conféquent que *convention mobilière* fignifie précifément la même chofe que *contrat perfonnel*. Cela pofé, dira-t-on qu'attribuer à des officiers publics le droit de recevoir toutes fortes de *contrats perfonnels*, c'eft borner leurs fonctions aux obligations dont l'effet ne doit pas s'étendre au delà de la perfonne ou des meubles de l'obligé, & conféquemment leur ôter le droit de recevoir des contrats qui tendent à aliéner des immeubles, comme la vente, le bail à rente, &c. ? Ce feroit une abfurdité de raifonner ainfi ; car il eft certain qu'en donnant à un officier public, tel qu'un notaire, un homme de fief, un Juré de cattel, le droit de recevoir toutes fortes de contrats perfonnels, on donne à fes fonctions toute l'étendue dont elles font fufceptibles. Pour le fentir évidemment, comparons l'édit du mois d'avril 1675, à l'article 2 du chapitre 109 des chartes générales : l'édit porte que dans le Hainaut, » fuivant & conformément » aux chartes d'icelui, *les actes & contrats per-* » *fonnels* fe reçoivent par des hommes de fief « C'eft ainfi que le légiflateur rend la difpofition de l'article 2 du chapitre 109 des chartes générales, lequel porte, comme on l'a vu, que TOUTES OBLIGATIONS, *pour être exécutoires, devront être connues & paffées pardevant hommes de fiefs.* Ainfi les mots *contrats perfonnels & toutes obligations* fignifient la même chofe.

" Pour jeter un nouveau jour fur cette conféquence, reprenons les termes de l'édit de 1675 » Et d'autant qu'en notre pays & comté de Hai-
» naut,

» naut ,. fuivant. & conformément aux chartes
» d'icelui, *les actes & contrats perfonnels* fe re-
» çoivent par des hommes. de fiefs . . . pour
» d'autant, moins déroger audit ufage, voulons
» & ordonnons que dorénavant *tous actes & con-*
» *trats* qui feront faits, dans l'étenduè dudit
» pays. . . . foient reçus par un notaire homme
» de fief, qui inftrumentera éfdites qualités, affifté
» d'un autre homme de fief feulement «. On
voit dans ce texte , que le! légiflateur employe
indifféremment les mots *actes & contrats per-*
fonnels, & ceux *tous actes & contrats*. Il eft donc
vrai de dire , que donner à un officier public
le droit de recevoir les contrats perfonnels ou
mobiliers , c'eft précifément la même chofe que
de lui donner le droit de recevoir toutes fortes
de contrats ; quel qu'en foit l'objet.

Mais pourquoi ajouter les mots *perfonnels &*
mobiliers à celui de *contrats* ? Tous les contrats
ne font-ils pas perfonnels & mobiliers ?

Pour entendre ceci, il faut favoir que dans
les pays de nantiffement on divife les contrats
en perfonnels & en réels ; les premiers font
ceux qui obligent fimplement la perfonne , fans
affecter les biens ; tel eft un contrat de vente avant
la tradition : les feconds font ceux qui affectent
les biens. Pour former des contrats de cette deuxième
efpèce, il faut que la tradition , foit effective, foit
fymbolique , concoure avec l'obligation perfonnelle ; ainfi avant la tradition un contrat eft toujours perfonnel ou mobilier, & c'eft la tradition
qui le rend réel.

L'article 137 de la coutume d'Amiens explique
très-bien cette différence : » Contrats de venditions

» d'héritages ou rentes, baux à cens, héréditaux
» ou à vie, ou à louage, permutation, donation
» & autres . . . . . *font réputés purs, personnels &*
» *mobiliaires . . . . .*, si ce n'est que lesdits contrats
» soient reconnus pardevant les seigneurs dont
» lesdits héritages obligés sont tenus, ou les offi-
» ciers de leur justice en ce faisant sont réalisés «.

Cet article prouve deux choses : l'une, que le
sens des mots *conventions mobiliaires*, ne doit point
être restreint dans la coutume de Valenciennes,
aux contrats qui ont des meubles pour objet : la
seconde, que si cette coutume, en parlant des Jurés
de cattel & des échevins, ajoute le terme *mobiliaire* au mot *convention*, c'est uniquement pour
faire entendre d'un côté, que le pouvoir des Jurés de cattel se borne à recevoir les contrats, &
qu'il ne s'étend point jusqu'à les réaliser ; d'un
autre côté, que les échevins doivent être en plus
grand nombre pour réaliser une obligation, que
pour la recevoir. En effet, il suffit qu'ils soient
deux pour cette dernière opération, au lieu que
pour la première, il faut, aux termes de l'article
50, qu'ils soient au nombre de sept, sans y comprendre le mayeur.

Ce que nous venons de dire, combiné avec les
articles CONVENT, ECHEVINS & HOMME DE FIEF,
fait voir très-clairement qu'à Valenciennes on peut
passer un acte de trois manières différentes ; savoir, devant deux échevins, devant un notaire-
Juré de cattel, & un simple Juré de cattel,
ou enfin devant un notaire-homme de fief & un
simple homme de fief. Mais que devroit-on penser
d'un acte, dans la confection duquel on auroit fait
intervenir tout-à-la-fois des échevins, des notaires,
des Jurés de cattel & des hommes de fiefs ? Cette

question s'est présentée au parlement de Douai dans l'espèce suivante.

Le sieur Malotau de Guerne voulant faire passer au sieur Malotau son cousin, conseiller-pensionnaire de la ville de Valenciennes, tous les biens qu'il avoit dans la coutume de la châtellenie de Lille, choisit pour cet effet la seule voie autorisée par cette coutume pour disposer à titre gratuit ; il passa à Valenciennes, le 22 septembre 1755, un acte de donation entre vifs, conçu en cette forme : *Pardevant messieurs les Jurés & échevins de la ville de Valenciennes, à l'adjonction du notaire royal, Jurés de cattel & hommes de fief du Hainaut, de la même résidence, soussignés, fut présent, &c.*

Cette donation fut attaquée par les sieurs Dopchy, Pollart & Delos, héritiers des biens qui en étoient l'objet. Ils se fondoient : 1°. sur ce que l'on avoit rassemblé dans l'acte toutes les espèces d'officiers publics auxquels la coutume, l'usage & la loi donnent le droit d'instrumenter : 2°. sur ce que l'acte n'avoit pas été passé *pardevant notaires*, conformément à l'ordonnance de 1731, mais *pardevant les Jurés & échevins de Valenciennes, à l'adjonction d'un notaire*, qui n'y faisoit apparemment d'autres fonctions que celles d'écrivain.

Le premier de ces moyens étoit évidemment mal fondé. La surabondance des formalités ne pouvoit donner lieu à la nullité de l'acte, suivant cette maxime, *utile non vitiatur per inutile.*

Le second moyen n'étoit pas plus solide. Les mots *à l'adjonction* ne pouvoient signifier autre chose, si ce n'est que l'acte étoit passé en présence des deux échevins, du notaire, des Jurés de cattel & des hommes de fiefs : & quoique l'on eût donné aux échevins le premier rang, au lieu de le donner au notaire, il n'en étoit pas moins vrai que l'acte avoit été auſſi bien paſſé pardevant le notaire que pardevant les échevins : & d'ailleurs, en faiſant intervenir les juges municipaux dans l'acte, il étoit naturel de leur donner la préféance ſur un ſimple notaire.

La prétention des héritiers du donateur étoit donc inſoutenable ; auſſi furent-ils déboutés par arrêt rendu au rapport de M. Merlin d'Eſtreux.

· Les contrats reçus par des Jurés de cattel ſont appelés *ayuwes* : c'eſt ce qu'indiquent ces termes de l'article 74 de la coutume de Valenciennes : *Si quelqu'un ſe trouve redevable par obligation paſſée pardevant Jurés de cattel de notredite ville, que l'on dit ayuwe, &c.*

L'exécution de ces contrats ſe fait d'une manière toute particulière : nous en rendrons compte à l'article TENUE PAR LOI ; mot qui exprime la ſaiſie pratiquée ſur un immeuble en vertu d'un acte de cette eſpèce. Nous réſervons pour le même article, les règles qui doivent diriger une diſtribution de deniers, lorſqu'il y a un concours de pluſieurs créanciers qui demandent à être payés ſur le prix d'un héritage décrété en conſéquence d'une *tenue par loi*.

Les fonctions des Jurés de cattel ne ſont pas bornées à recevoir des contrats. L'article 5 de la coutume de Valenciennes ſemble, il eſt vrai, annoncer le contraire ; mais, 1°. l'article 35 fait voir que leur intervention eſt encore néceſſaire dans les *actes d'ajour*, eſpèce d'exploits que l'on fait dans la coutume de Valenciennes, pour parvenir au payement de rentes hypothéquées ſur des biens-fonds : 2°. l'article 114 prouve auſſi que les Jurés de cattel peuvent recevoir les *teftamens qui fe font des biens de nature mobiliaire, fi avant que lefdites difpofitions fe faffent en ladite ville, banlieue & chef-lieu.*

Il faut obferver fur cette dernière difpofition, que les Jurés de cattel ne peuvent plus recevoir de teftamens fans être affiftés d'un notaire. C'eft ce qui réfulte de ce que nous avons dit plus haut, relativement aux contrats.

Remarquez auffi que les Jurés de cattel peuvent, en obfervant la forme que nous venons d'indiquer, recevoir des teftamens dans lefquels on difpofe de biens-fonds ; mais leur préfence ne fuffit pas pour donner à ces actes toute la perfection qui leur eft néceffaire ; il faut en outre qu'on les faffe reconnoître devant deux échevins du lieu où l'héritage eft fitué. C'eft ce qui réfulte de l'article 110 ; & c'eft en ce fens qu'on doit expliquer la reftriction que l'article 114 femble faire du pouvoir des Jurés de cattel aux *teftamens qui fe font des biens de nature mobiliaire.*

Voyez les articles ECHEVINS, CONVENT, HOMMES DE FIEFS, JURÉS, ACTE, CATTEL, &c.

(*Article de M. MERLIN, avocat au parlement de Flandre.*)

JURIDICTION. Pouvoir de celui qui a droit de juger.

Quelquefois ce mot fignifie le reffort, l'étendue du lieu où un juge a le pouvoir de juger.

Quelquefois auffi on entend par Juridiction le tribunal où l'on rend la juftice.

On diftingue deux fortes de Juridictions principales ; la Juridiction eccléfiaftique, & la Juridiction féculière.

La Juridiction eccléfiaftique eft le pouvoir qui
appartient à l'églife d'ordonner ce qu'elle trouve
de plus convenable fur les chofes qui font de fa
compétence, & de faire exécuter fes loix & fes
jugemens.

Jéfus-Chrift, en quittant la terre, a laiffé à
fon églife le droit de faire exécuter les loix qu'il
lui avoit prefcrites, d'en établir de nouvelles
quand elle le jugeroit néceffaire, & de punir
ceux qui n'obéiroient point à fes ordonnances.
C'eft-là l'origine & le principe de la Juridiction
eccléfiaftique, dont le fils de Dieu fait homme
a confié le dépôt à fes apôtres, pour le tranf-
mettre à ceux qui devoient gouverner l'églife après
eux jufqu'à la confommation des fiècles. Comme
Jéfus-Chrift ne s'eft fait homme que pour fauver
les hommes & pour rendre témoignage à la vérité,
il s'eft propofé de les inftruire fans exercer aucune
puiffance fur le temporel. Il a déclaré que fon
royaume n'étoit pas de ce monde : il n'a pas
même voulu fe mêler d'un partage entre deux
frères. Sa puiffance ne s'exerçoit donc que fur le
fpirituel. Celle qu'il a confiée à l'églife n'eft point
d'une nature différente, ainfi qu'il le dit à fes
apôtres, en leur donnant leur miffion. De-là il
fuit que la Juridiction qui appartient à l'églife
de droit divin, ne confifte que dans le pouvoir
d'enfeigner les nations, de remettre les péchés,
d'adminiftrer aux fidèles les facremens, & de punir
par des peines purement fpirituelles ceux qui violent les loix eccléfiaftiques.

Mais quoique dans l'origine la Juridiction de
l'églife fût bornée à ces feuls objets, les princes
féculiers, par refpect pour l'églife, & pour honorer les pafteurs, lui ont attribué une autre

eſpèce de Juridiction qui eſt de droit humain &
poſitif : ils ordonnèrent d'abord que les évêques
pourroient juger les affaires civiles , comme arbitres , du conſentement des parties. Conſtantin
ordonna qu'il n'y auroit aucun appel de leurs jugemens , & que les juges ſéculiers les feroient exécuter par leurs officiers.

Les empereurs Arcadius & Honorius ayant remarqué que quelques évêques cherchoient à
étendre trop loin la puiſſance qui leur avoit été
accordée , les réduiſirent à juger ſeulement des
affaires de religion. Valentinien II renouvela ce
règlement ; mais Juſtinien rendit aux évêques
toute l'autorité que quelques - uns leur avoient
ôtée ; il leur établit même une audience publique , & donna auſſi aux clercs & aux moines le
privilége de ne pouvoir être obligés de plaider
hors de leur province , & de n'avoir que leur
évêque pour juge en matière civile , & pour les
crimes eccléſiaſtiques.

Ce même empereur connoiſſant la probité &
la charité des évêques , & ſuivant en cela l'exemple
de pluſieurs de ſes prédéceſſeurs , leur donna
beaucoup d'autorité dans certaines affaires temporelles , comme dans la nomination des tuteurs & curateurs , dans les comptes des deniers
communs des villes , les marchés & réceptions
des ouvrages publics , la viſite des priſons , &
pour la protection des eſclaves , des enfans expoſés , des perſonnes miſérables ; enfin pour la
police , contre les jeux de haſard , & contre la
proſtitution ; mais leur autorité , par rapport à
ces différentes choſes , ne conſiſtoit qu'à veiller
à l'exécution des réglemens concernant la piété &

les bonnes mœurs , fans qu'ils euffent à cet égard aucune Juridiction coactive.

Les loix civiles qui autorifoient les évêques à connoître des différends des clercs, entroient dans les vûes de l'églife , qui étoient d'empêcher fes miniftres de plaider , ou du moins qu'ils ne paruffent devant les juges laïques , dans la crainte que cela ne tournât au mépris du miniftère ecclefiaftique; c'eft pourquoi le troifième concile de Carthage avoit ordonné que fi un évêque ou un prêtre , ou autre clerc, pourfuivoit une caufe dans un tribunal public , & que ce fût en matière criminelle , il feroit dépofé, quoi qu'il eût gagné fa caufe ; que fi c'étoit en matière civile , il perdroit le profit du jugement s'il ne vouloit pas s'expofer à être dépofé.

Le concile de Calcédoine ordonne qu'un clerc qui a une affaire contre un autre clerc, commence par le déclarer à fon évêque , pour l'en faire juge , ou prendre des arbitres du confentement de l'évêque.

Quelques autres conciles poftérieurs ne défendent pas abfolument aux clercs d'agir devant les juges féculiers, mais de s'y adreffer ou d'y répondre fans la permiffion de l'évêque.

La Juridiction eccléfiaftique s'accrut encore dans les fiècles fuivans, tellement qu'en 866, le pape Nicolas I dans fes réponfes aux Bulgares, dit qu'ils ne doivent point juger les clercs, maxime fondée principalement fur les fauffes décrétales , comme on voit dans le traité de Gratien.

Il n'y eut point de pays fur-tout où les évêques acquirent plus d'autorité qu'en France : on perfuada à Charlemagne dans fa vieilleffe qu'il y

avoit dans le code Théodofien une loi de Conftantin, portant que fi de deux féculiers en procès,
l'un prenoit un évêque pour juge, l'autre étoit
obligé de fe foumettre au jugement fans en pouvoir appeler. Cette loi qui paffe chez les criti-
ques pour fuppofée, ou du moins, qui n'avoit
jamais été exécutée jufqu'au temps de Charlemagne, fut adoptée par ce prince dans fes capitulaires, & Louis le Débonnaire fon fils en fut
une des premières victimes.

Le troifième concile de Latran pouffa les chofes
jufqu'à défendre aux laïques, fous peine d'excommunication, d'obliger les clercs à comparoître
devant eux, & Innocent III décida que les clercs
ne pouvoient pas renoncer à ce privilége, comme
étant de droit public.

La Juridiction des évêques fe trouva pourtant
fort reftreinte dès le dixième fiècle pour les ma-
tieres fpirituelles, par l'extenfion qui fut donnée
à l'autorité du pape au préjudice des évêques, &
par la Juridiction des légats qui furent envoyés
fréquemment dans le onzième fiècle. Les évêques
cherchèrent à s'en dédommager en étendant fous
différens prétextes leur Juridiction fur les matières
temporelles.

Non feulement les clercs étoient alors totalement exempts de la Juridiction féculière, mais
les évêques exerçoient même leur Juridiction fur
les féculiers. Dans la plupart des affaires, ils
prenoient connoiffance des caufes réelles & mixtes
où les clercs avoient intérêt, & trouvoient toujours moyen de les attirer, foit fous prétexte de
connexité, ou par reconvention ; ils revendiquoient
les criminels qui fe difoient clercs, quoiqu'ils ne
portaffent ni l'habit, ni la tonfure ; ils donnoient

la tonfure à tous ceux qui fe préfentoient pour augmenter le nombre de leurs jufticiables, & mettoient au nombre des clercs tous ceux qui avoient la tonfure, quoiqu'ils fuffent mariés. Les meubles des clercs n'étoient fujets qu'à la Juridiction eccléfiaftique, fous prétexte que les meubles fuivent la perfonne.

Ils connoiffoient de l'exécution des contrats auxquels on avoit appofé la claufe du ferment, claufe qui étoit devenue de ftyle; & en général toutes les fois qu'il pouvoit y avoir du péché ou de la mauvaife foi dans l'inexécution de quelque acte, c'en étoit affez pour attirer la caufe devant les juges d'églife, au moyen de quoi ils connoiffoient de tous les contrats.

L'exécution des teftamens étoit auffi de leur compétence, à caufe des legs pieux, ce qui entraînoit les fcellés & les inventaires.

Ils connoiffoient auffi des conventions matrimoniales, parce que le douaire fe conftituoit en face d'églife, *à la porte du mouftier.*

Les veuves, les orphelins, les mineurs, les pauvres étoient fous leur protection, & partant leurs jufticiables.

Ils excommunioient ceux qui étoient en demeure de payer les fommes par eux dues, & obligeoient les juges laïques de contraindre les excommuniés à fe faire abfoudre, fous peine d'être eux-mêmes excommuniés, défendant de rien vendre aux excommuniés, ni de travailler pour eux, mettant les lieux en interdit quand les juges ne leur obéiffoient pas; ils joignoient même aux cenfures des amendes pécuniaires, ce que dans l'origine les juges d'églife n'avoient point le pouvoir de faire, ne pouvant, felon leur état, impofer que des peines fpirituelles.

Ils prétendoient aussi que c'étoit à eux à suppléer la justice séculière, lorsqu'elle étoit suspecte aux parties ou qu'elle tardoit un peu à faire droit.

Enfin ils qualifioient de crimes ecclésiastiques, même à l'égard des laïques, la plupart des crimes, tels que le concubinage, l'usure, le parjure, en sorte qu'ils s'arrogeoient la connoissance de toutes les affaires criminelles, aussi bien que des affaires civiles; il ne restoit presque plus rien aux Juridictions séculières.

Ces entreprises de la Juridiction ecclésiastique sur la Juridiction séculière, firent le sujet de la fameuse dispute entre Pierre de Cugneres, avocat du roi, & Pierre Bertrandi, évêque d'Autun, devant Philippe de Valois à Vincennes, en 1329.

Pierre de Cugneres soutint que l'église n'avoit que la Juridiction purement spirituelle, & qu'elle n'avoit pas droit de juger des causes temporelles: il cota soixante-six chefs, sur lesquels il soutint que les ecclésiastiques excédoient leur pouvoir, notamment dans les matières temporelles dont on a vu ci-devant que les juges d'église s'étoient attribué la connoissance.

Bertrandi prétendit au contraire que les ecclésiastiques étoient capables de la Juridiction temporelle, aussi bien que de la spirituelle; il répondit à chacun des soixante-six articles, & en abandonna quelques-uns comme des abus que l'église désavouoit; mais il en défendit la plus grande partie, alléguant la coutume, la possession & les concessions expresses ou tacites des princes qui avoient cru ne pouvoir mieux faire, que de confier l'exercice de cette portion de la justice aux juges d'églife; il exhorta le roi à ne rien innover; & la chofe en demeura là pour lors.

Mais ce qu'il eft important d'obferver, c'eft que Pierre de Cugneres qualifia d'abus les entreprifes des eccléfiaftiques fur la Juridiction temporelle ; & c'eft à cette époque que l'on rapporte l'origine des appels comme d'abus, dont l'objet eft de contenir les juges d'églife dans les bornes de leur pouvoir, & de les obliger de fe conformer aux anciens canons, aux loix & aux ordonnances du royaume dans l'exercice de la Juridiction qui leur eft confiée.

On a encore apporté deux tempéramens pour limiter la *Juridiction eccléfiaftique.*

L'un eft la diftinction du délit commun d'avec le délit privilégié ; l'églife connoît du délit commun des clercs ; le juge royal connoît du cas privilégié.

L'autre eft la diftinction que l'on fait dans les matières eccléfiaftiques du pétitoire d'avec le poffeffoire ; le juge d'églife connoît du pétitoire, mais le juge royal connoît feul du poffeffoire.

Ce fut principalement l'ordonnance de François I de 1539, qui commença à renfermer la Juridiction eccléfiaftique dans de juftes bornes.

Ce prince défendit à tous fes fujets de faire citer les laïques devant les juges d'églife, dans les actions pures perfonnelles, fous peine de perdre leur caufe, & d'amende arbitraire ; il défendit auffi par provifion à tous juges d'églife de délivrer aucune citation verbale ni par écrit pour citer les laïques dans les matières pures perfonnelles, fous peine auffi d'amende arbitraire. Cette même ordonnance porte que c'eft fans préjudice de la Juridiction eccléfiaftique dans les matières de

sacrement ou autres purement spirituelles & ecclésiastiques, dont ils peuvent connoître contre les
laïques selon la forme de droit, & aussi sans préjudice de la Juridiction temporelle & séculière
contre les clercs mariés & non mariés, faisant &
exerçant états ou négociations pour raison desquels
ils sont tenus & accoutumés de répondre en cour
séculière, où ils continueront de procéder, tant en
matière civile que criminelle.

Il est aussi ordonné que les appels comme d'abus,
interjetés par les prêtres & autres personnes ecclésiastiques dans les matières de discipline & de correction, ou autres pures personnelles, n'auront
aucun effet suspensif.

L'ordonnance d'Orléans régla que les prélats &
leurs officiers n'useroient de censures ecclésiastiques que pour des crimes scandaleux & publics ;
mais comme cette disposition donnoit lieu à beaucoup de difficultés, Charles IX, par ses lettres-
patentes de l'an 1571, régla que les prélats pourroient user des censures dans les cas qui leur sont
permis par les saints décrets & conciles.

L'édit de 1695, concernant la Juridiction ecclésiastique, ordonne que les ordonnances, édits &
déclarations rendus en faveur des ecclésiastiques,
concernant leur Juridiction volontaire & contentieuse, seront exécutés.

La *Juridiction gracieuse*, appelée aussi *Juridiction
volontaire*, est celle qui s'étend sur l'administration
des ordres & des sacremens, la collation des bénéfices, l'institution canonique & autres matières
spirituelles que l'évêque tient de son propre
caractère.

La *Juridiction contentieuse*, qui est celle accordée
aux pasteurs par les princes séculiers, connoît des

affaires perfonnelles intentées contre les clercs, tant pour le civil que pour le criminel. Les évêques font part de leur Juridiction volontaire aux grands vicaires, & de leur Juridiction contentieufe aux officiaux.

Les principales difpofitions de cet édit portent, que les eccléfiaftiques pourvus en cour de Rome de bénéfices en la forme appelée *dignum*, font tenus de fe préfenter en perfonne aux archevêques & évêques dans les diocèfes defquels lefdits bénéfices font fitués, & en leur abfence à leurs vicaires généraux, pour fubir l'examen & obtenir des lettres de *vifa*, dans lefquelles il doit être fait mention dudit examen.

Ceux qui ont obtenu en cour de Rome des provifions en forme gracieufe d'une cure, vicariat perpétuel, ou autres bénéfices à charge d'ames, ne peuvent entrer en poffeffion & jouiffance defdits bénéfices, qu'après qu'il a été informé de leurs vie, mœurs & religion, qu'ils ont fubi l'examen devant l'archevêque ou évêque diocéfain, ou fon vicaire-général en fon abfence, ou après en avoir obtenu le *vifa*.

Les archevêques & évêques étant hors de leurs diocèfes, peuvent y renvoyer, s'ils l'eftiment néceffaire, ceux qui leur demandent des lettres de *vifa*, afin d'y être examinés en la manière accoutumée.

Les archevêques & évêques, ou leurs vicaires généraux qui refufent de donner leur *vifa* ou leur inftitution canonique, font tenus d'en exprimer les caufes dans les actes qu'ils font délivrer à ceux auxquels ils les ont refufés.

Les cours & autres juges ne peuvent contraindre les archevêques, évêques & autres collateurs ordinaires, de donner des provisions de bénéfices dépendans de leur collation, ni prendre connoissance du refus, à moins qu'il n'y en ait appel comme d'abus.

Lorsque les cours ou autres juges ordonnent le sequestre des fruits d'un bénéfice ayant charge d'ames, Juridiction ou fonction ecclésiastique & spirituelle, dont le possessoire est contentieux, ils doivent renvoyer par le même jugement, pardevant l'archevêque ou évêque diocésain, afin qu'il commette pour le desservir une ou plusieurs personnes, autres que celles qui y prétendent droit.

Les réguliers ne peuvent prêcher dans leurs églises ou chapelles, sans s'être présentés en personnes aux archevêques ou évêques diocésains, pour leur demander leur bénédiction, ni y prêcher contre leur volonté. A l'égard des autres églises, les séculiers & réguliers ne peuvent y prêcher sans en avoir obtenu la permission des archevêques ou évêques, qui peuvent la limiter ou révoquer ainsi qu'ils le jugent à propos. Dans les églises qui ont titre ou possession valable pour la nomination des prédicateurs; ceux-ci ne peuvent pareillement prêcher sans l'approbation & mission des archevêques & évêques.

Il n'est point permis aux prêtres séculiers & réguliers d'administrer le sacrement de pénitence, sans en avoir obtenu la permission des archevêques ou évêques, lesquels la peuvent limiter pour les lieux, les personnes, les temps & les cas, ainsi qu'ils le jugent à propos, & la révoquer même avant le terme expiré pour causes survenues depuis à leur connoissance. Ils

Ces dispositions ne s'étendent pas sur les curés,

soit séculiers ; soit réguliers ; ils peuvent prêcher
& administrer le sacrement de pénitence dans leurs
paroisses : les théologaux peuvent aussi prêcher
dans les églises où ils sont établis, sans aucune
permission plus spéciale.

Les archevêques & évêques doivent visiter
tous les ans au moins une partie de leurs diocèses, & faire visiter par les archidiacrés ou
autres ecclésiastiques, ayant droit de le faire sous
leur autorité, les endroits où ils ne peuvent aller
en personne, à la charge par lesdits archidiacres
ou autres ecclésiastiques, de remettre aux archevêques & évêques dans un mois leurs procès-
verbaux de visite ; afin d'ordonner en conséquence
ce qu'ils estimeront nécessaire.

Les archevêques & évêques peuvent visiter
en personne les églises paroissiales situées dans
les monastères, commanderies & églises des religieux qui se prétendent exempts de leur Juridiction ; & pareillement, soit par eux, soit par
leurs archidiacres ou autres ecclésiastiques, celles
dont les curés sont religieux, & celles où les
chapitres prétendent avoir droit de visite.

Il est enjoint aux marguilliers & fabriciens de ré-
présenter les comptes des revenus & de la dépense
des fabriques aux archevêques, évêques, & à leurs
archidiacres, aux jours qui leur ont été marqués.

Les archevêques & évêques sont chargés par le
même édit, de veiller dans l'étendue de leurs
diocèses à la conservation de la discipline régulière dans tous les monastères exempts ou non
exempts, tant d'hommes que de femmes, où elle
est observée, & à son rétablissement dans tous
ceux où elle n'est point en vigueur.

Les religieuses ne peuvent sortir des monastères
exempts

exempts ou non exempts , sous quelque prétexte que ce soit, ou pour quelque temps que ce puisse être , sans cause légitime & qui ait été jugée telle par l'archevêque ou évêque diocésain , qui en donne la permission par écrit. Aucune personne séculière ne peut pareillement entrer dans ces monastères sans la permission desdits archevêques ou évêques, ou des supérieurs réguliers à l'égard de ceux qui sont exempts , le tout sous les peines portées par les constitutions canoniques & par les ordonnances.

Les archevêques & évêques peuvent , avec les solemnités & procédures accoutumées , ériger des cures dans les lieux où ils l'estiment nécessaire.

Il n'est pas permis aux archevêques & évêques ni à leurs officiaux , de décerner des monitoires, si ce n'est pour des crimes graves & scandales publics. Les juges ne doivent en ordonner la publication que dans les mêmes cas , & lorsqu'ils ne peuvent avoir autrement la preuve.

Le règlement de l'honoraire des ecclésiastiques appartient aux archevêques & évêques.

Ils peuvent ordonner les fêtes qu'ils trouveront à propos d'établir ou de supprimer dans leurs diocèses ; mais les ordonnances qu'ils rendent sur ce sujet, doivent être revêtues de lettres-patentes du roi enregistrées. Il est enjoint aux cours & juges de tenir la main à l'exécution de ces ordonnances, sans qu'ils puissent en prendre connoissance, si ce n'est en cas d'appel comme d'abus, ou en ce qui regarde la police.

Les archevêques , évêques , leurs grands vicaires & autres ecclésiastiques qui sont en possession de présider & d'avoir soin de l'administration des hôpitaux & des lieux pieux établis

Tome XXXIII. Dd

pour le foulagement, retraite & inftruction des pauvres, font maintenus par cet édit dans tous les droits, féances & honneurs dont ils ont légitimement joui jufqu'à préfent.

Le même édit confirme aux archevêques & évêques la connoiffance & le jugement de la doctrine concernant la religion : connoiffance qui leur appartient de droit divin.

Il eft de plus enjoint aux officiers royaux & aux cours de parlement, de laiffer & même de renvoyer aux jugés d'églife, la connoiffance des caufes concernant les facremens, les vœux de religion, l'office divin, la difcipline eccléfiaftique, & autres purement fpirituelles ; fi ce n'eft qu'il y eût appel comme d'abus, interjeté efdites cours, de quelques jugemens, ordonnances ou procédures faites fur ce fujet par les juges d'églife, ou qu'il s'agît d'une fucceffion ou autres effets civils, à l'occafion defquels on traiteroit de l'état des perfonnes décédées, ou de celui de leurs enfans.

Les cours ne peuvent connoître ni recevoir d'autres appellations des ordonnances & jugemens des juges d'églife, que celles qui font qualifiées comme d'abus. Il eft enjoint auxdites cours d'en examiner, le plus exactement qu'il leur eft poffible, les moyens avant de les recevoir, & de procéder à leurs jugemens avec telle diligence & circonfpection que l'ordre & la difcipline eccléfiaftique n'en puiffent être altérés ni retardés, & qu'au contraire ils ne fervent qu'à les maintenir dans leur pureté fuivant les faints décrets, & à conferver l'autorité légitime & néceffaire des prélats & autres fupérieurs eccléfiaftiques.

Les procès criminels qu'il fera néceffaire de

faire aux prêtres, diacres, sous-diacres ou clercs vivant cléricalement, résidant & servant aux offices ou au ministère & bénéfices qu'ils tiennent dans l'église, & qui seront accusés des cas que l'on appelle privilegiés, doivent être instruits conjointement avec les juges d'église & par les juges royaux, en la forme prescrite par les ordonnances, & particulièrement par l'article 21 de l'édit de Melun, par l'édit du mois de février 1678, & par la déclaration du roi du mois de juillet 1684.

Comme la Juridiction ecclésiastique n'a point de territoire, la reconnoissance d'une promesse ou billet faite devant le juge d'église, n'emporte point d'hypothèque.

Avant l'édit de 1695, le juge d'église ne pouvoit faire mettre à exécution ses jugemens, que par exécution de meubles & non par saisie-réelle.

Le juge d'église pouvoit decréter même de prise de corps; mais il ne pouvoit faire arrêter ni emprisonner sans implorer l'aide du bras séculier; il pouvoit seulement faire emprisonner ceux qui se trouvoient dans son auditoire, lorsqu'il y avoit lieu de le faire; mais par l'article 24 de l'édit de 1665, il est dit que les sentences & jugemens sujets à exécution, & les décrets décernés par les juges d'église, seront exécutés en vertu de cette nouvelle ordonnance, sans qu'il soit besoin de prendre aucun *pareatis* des juges royaux ni de ceux des seigneurs, & il est enjoint à tous juges de donner main-forte & toute aide & secours dont ils seront requis, sans prendre aucune connoissance des jugemens ecclésiastiques.

Il a toujours été d'usage de condamner aux dé-

pens dans les tribunaux eccléfiaftiques, lors même
que l'on n'en adjugeoit pas encore en cour laie ;
mais le juge d'églife ne pouvoit autrefois condamner à l'amende, à cause qu'il n'a point de
territoire : préfentement il peut prononcer une
amende, laquelle ne peut être appliquée au profit de l'évêque, parce que l'églife n'a point de
fifc ; il faut qu'elle foit appliquée à de pieux ufages,
& que l'application en foit déterminée par la
fentence.

Les autres peines auxquelles le juge d'églife
peut condamner, font la fufpenfion, l'interdit,
l'excommunication, les jeûnes, les prières, la
privation pour un temps, du rang dans l'églife,
de voix délibérative dans le chapitre, des diftri-
butions ou d'une partie des gros fruits, la privation des bénéfices, la prifon pour un temps,
& la prifon perpétuelle, l'amende-honorable dans
l'auditoire, nue tête & à genoux.

L'églife ne peut pas prononcer de peine plus
grave ; ainfi elle ne peut condamner à mort ni à
aucune peine qui emporte effufion de fang, ni à
être fouetté publiquement, ni à la queftion, ni aux
galères ; elle ne peut même pas condamner au
banniffement, mais feulement ordonner à un
prêtre étranger de fe retirer dans fon diocèfe.

On appelle *Juridiction quafi épifcopale* ou
comme épifcopale, celles dont jouiffent plufieurs
chapitres & abbayes, & qui leur confère le droit
d'avoir des officiaux, de donner l'inftitution canonique des bénéficiers, d'ordonner des prières,
de faire la vifite dans leur reffort, de tenir fynodes, de donner des dimiffoires, &c. Notre jurifprudence a été fort févère, & par rapport aux titres &
par rapport à l'exercice même de cette Juridiction,

pour éviter tous les abus. Quand on a porté devant les tribunaux féculiers des affaires de cette nature, on a prefque toujours ordonné depuis un fiécle, que les chapitres qui prétendoient ne relever que du faint fiége ou du métropolitain, & qui étoient en poffeffion immémoriale d'avoir un official, conferveroient un premier degré de Juridiction, à la charge que les appellations des jugemens rendus par l'official du chapitre, feroient portées devant celui de l'évêque auquel on a donné en outre le droit de prévention, faute par l'official du chapitre d'informer dans les trois jours.

Il a été jugé qu'un chapitre qui eft en poffeffion de la Juridiction comme épifcopale, n'eft pas en droit d'empêcher des prêtres approuvés de l'évêque, de prêcher dans l'étendue de fa Juridiction.

JURIDICTION SÉCULIÈRE fe dit de toutes les Juridictions royales, feigneuriales & municipales. On les appelle *féculières*, pour les diftinguer des Juridictions fpirituelles ou eccléfiaftiques.

Il n'appartient qu'à la Juridiction féculière, d'ufer de contrainte extérieure, & de procéder par exécution des perfonnes & des biens.

Les Juridictions royales font des tribunaux où la juftice eft rendue par des officiers commis à cet effet par le roi, à la différence des Juridictions feigneuriales qui font exercées par les officiers des feigneurs, des Juridictions municipales qui font en quelques endroits exercées par des perfonnes choifies par les citoyens entre eux, & des Juridictions eccléfiaftiques qui font exercées par les officiers des eccléfiaftiques ayant droit de juftice.

·Il y a différens ordres de Juridictions royales ;

dont le premier eft compofé des parlemens, du grand confeil & autres confeils fouverains, des chambres des comptes, cours des aides, cours des monnoies & autres cours fouveraines.

Le fecond ordre eft compofé des bailliages, fénéchauffées & fiéges préfidiaux.

Le troifième & dernier ordre eft compofé des prévôtés, mairies, vigneries, vicomtés & autres Juridictions femblables.

Les bureaux des finances, amirautés, élections, greniers à fel, & autres juges d'attribution & de privilége, font auffi des Juridictions royales qui reffortiffent nuement aux cours fouveraines; les grueries royales reffortiffent aux maîtrifes; celles-ci à la table de marbre, & cette dernière au parlement.

Les Juridictions royales ordinaires connoiffent de plufieurs matières, à l'exclufion des Juridictions feigneuriales, comme des dixmes, des cas royaux, des fubftitutions, &c.

On dit, *faire acte de Juridiction*, pour dire, ufer du pouvoir juridictionnel.

On appelle *degrés de Juridiction*, les différens tribunaux dans lefquels on peut plaider fucceffivement pour la même affaire, & l'ordre qui eft établi pour procéder dans une Juridiction inférieure, avant de pouvoir porter l'affaire à une Juridiction fupérieure.

Les Romains avoient trois fortes de Juridictions dont le pouvoir étoit différent; favoir, celle des magiftrats du premier ordre qui avoient *merum & mixtum imperium*, c'eft-à-dire, l'entière Juridiction, ou comme on diroit parmi nous *haute, moyenne & baffe-juftice*. D'autres d'un ordre inférieur, qui n'avoient que le *mixtum imperium*, dont le pouvoir étoit moins étendu & reſſembloit à peu près à la *moyenne-juſtice*. Enfin il y avoit des Juridictions ſimples qui reſſembloient aſſez à nos *baſſes-juſtices*; mais ces diverſes Juridictions, quoique de pouvoir différent, ne formoient pas trois degrés de Juridiction pour l'appel.

Anciennement en France, quoiqu'il y eût différens magiſtrats qui avoient plus ou moins de pouvoir, on ne diſtinguoit point les degrés de Juridiction; cependant du temps de Charlemagne le comte de chaque province connoiſſoit d'affaires graves privativement aux premiers juges appelés *Centenarii*, &c.

Dès le temps de Pepin il n'étoit pas permis d'aller au roi avant d'avoir plaidé devant le comte & devant les juges qui étoient ſous lui ; autrement ſi c'étoit un homme du commun, on le battoit de verges ; ſi c'étoit un homme qualifié il étoit puni à l'arbitrage du roi.

Dans les Juridictions ſéculières il ſe trouve en quelques endroits juſqu'à cinq degrés de Juridiction. Le premier degré, c'eſt-à-dire, l'ordre le plus inférieur, eſt celui de la *baſſe ou de la moyenne-juſtice* : on peut appeler de ces juſtices à la *haute* qui fait le ſecond degré ; de la *haute-juſtice*, on peut appeler à la *juſtice royale*, qui fait le troiſième degré ; & ſi c'eſt une prévôté ou autre juſtice du même ordre, on peut en appeler au bailliage ou ſénéchauſſée : enfin on appelle de ceux-ci au parlement, qui fait le cinquième degré.

Pour diminuer le nombre des degrés de Juridictions, l'ordonnance d'Orléans, article 54, & celle de Rouſſillon, article 24, avoient ordonné que toutes prévôtés, vigueries ou autres Juridictions royales & subalternes qui étoient établies dans les villes où il y a bailliage ou sénéchauffée, auxquelles elles ressortissoient, seroient supprimées.

Mais comme cela ne devoit avoir lieu qu'à mesure que les offices vaqueroient, l'exécution en fut par-là si long-temps différée, que Henri III, par son ordonnance de Blois, article 288, se contenta d'ordonner que les offices de ces siéges subalternes seroient réduits au même nombre où ils étoient suivant la première création.

Cette loi n'ayant pas été mieux exécutée, le feu roi, après avoir supprimé par différens édits particuliers, plusieurs prévôtés, ordonna par un autre édit du mois d'avril 1749, que toutes les prévôtés, châtellenies, prévôtés foraines, vicomtés, vigueries, & toutes autres Juridictions royales établies sous quelque dénomination que ce fût, dans les villes où il y a bailliage ou sénéchauffée auxquelles elles étoient ressortissantes, ensemble tous les offices créés & établis pour servir à l'administration de la justice dans ces Juridictions, demeureroient supprimés.

Cet édit a laissé subsister les Juridictions royales ressortissantes aux bailliages & sénéchauffées, lorsqu'elles ne sont pas dans la même ville.

En quelques endroits l'appel de la haute-justice est porté directement au bailliage ou sénéchauffée, auquel cas il n'y a que trois degrés de Juridiction.

Dans les affaires qui sont portées directement au bailliage royal, il ne peut y avoir que deux degrés de Juridictions.

Il en est de même des affaires qui sont du ressort des cours des aides; il n'y a jamais que deux degrés de Juridiction. En effet, des élections, greniers à sel & juges des traites, on va directement par appel à la cour des aides.

En matière d'eaux & forêts il y a ordinairement trois degrés, savoir, les grueries & maîtrises, la table de marbre & le parlement.

L'ordre des Juridictions est de droit public, tellement qu'il n'est permis à personne de l'intervertir.

Il est défendu en conséquence aux juges d'entreprendre sur la Juridiction les uns des autres.

Il n'y a que le prince ou les cours souveraines, dépositaires de son autorité, qui puissent distraire quelqu'un de la Juridiction à laquelle il est naturellement soumis.

Une partie qui n'est pas assignée devant son juge naturel ou autre juge compétent, peut décliner la Juridiction.

Les particuliers ne peuvent pas non plus déroger à l'ordre naturel des Juridictions, ni l'intervertir, quelque soumission qui ait été faite à une Juridiction à l'exclusion d'une autre, quand même cette soumission seroit une des clauses du contrat; il n'est pas permis aux parties, même d'un commun accord, de porter une affaire à un autre juge que celui auquel la connoissance en appartient naturellement; autrement le ministère public peut revendiquer l'affaire pour le juge qui en doit être saisi.

Il n'est pas non plus permis en matière civile, d'intervertir l'ordre des Juridictions pour porter l'appel d'une sentence à un autre juge que celui qui est le supérieur immédiat du juge dont est appel, si 'ce n'est dans les appels comme de déni de renvoi, ou comme de juge incompétent, dans lefquels l'appel eft porté directement au parlement.

En matière criminelle, l'appel va aufli toujours au parlement *omiffo medio*.

Dans la Juridiction eccléfiaftique, il n'y a que quatre degrés.

L'official de l'évêque eft le premier degré; on appelle de là à l'official du métropolitain, qui eft le fecond degré; de celui-ci au primat, qui fait le troifième degré; & du primat au pape, qui eft le quatrième.

Quand l'évêque ou archevêque eft foumis immédiatement au faint fiége, il n'y a que deux ou trois degrés de Juridiction.

Il peut arriver dans la Juridiction eccléfiaftique que l'on foit obligé d'effuyer cinq ou fix degrés de Juridiction, parce que le pape étant tenu de déléguer des commiffaires fur les lieux, on peut encore appeler de ces commiffaires au pape, lequel commet de nouveaux commiffaires jufqu'à ce qu'il y ait trois fentences conformes, ainfi que cela a été limité par le concordat.

On ne doit pas confondre le détroit, diftrict ou territoire d'une Juridiction inférieure avec fon reffort: le détroit ou le territoire d'une Juridiction inférieure, eft le territoire qui eft foumis immédiatement à cette Juridiction, au lieu que le reffort de cette même Juridiction eft le territoire de celles qui y viennent par appel.

Ainfi la Juridiction des premiers juges qui n'ont point d'autres juges au deffous d'eux, n'a point de reffort, mais feulement fon détroit ou territoire; cependant on confond quelquefois ces termes dans l'ufage, fur-tout en parlant des cours fouveraines dont le territoire & le reffort font la même étendue.

JURISCONSULTE. C'eſt celui qui eſt verſé dans la ſcience des loix, qui fait profeſſion du droit, & de donner conſeil.

Les anciens donnoient à leurs Juriſconſultes le nom de ſage & de philoſophe, parce que la philoſophie renferme les premiers principes des loix, & que ſon objet eſt de nous empêcher de faire ce qui eſt contre les loix de la nature, & que la philoſophie & la juriſprudence ont également pour objet l'amour, & la pratique de la juſtice.

Les Juriſconſultes de Rome étoient ce que ſont parmi nous les avocats conſultans, c'eſt-à-dire, ceux qui, par le progrès de l'âge & le mérite de l'expérience, parviennent à l'emploi de la conſultation, & que les anciennes ordonnances appellent *advocati conſiliarii*; mais à Rome les avocats plaidans ne devenoient point Juriſconſultes; c'étoient des emplois tout différens.

Les Juriſconſultes acquirent une grande autorité, lorſqu'Auguſte eut accordé à un certain nombre d'entre eux le droit excluſif d'interpréter les loix & de donner des déciſions, auxquelles les juges feroient obligés de ſe conformer; il donna même à ces Juriſconſultes des lettres; en ſorte qu'ils étoient regardés comme officiers de l'empereur.

Caligula, au contraire, menaça de détruire l'ordre entier des Juriſconſultes; mais cela ne fut pas exécuté, & Tibère & Adrien confirmèrent les Juriſconſultes dans les priviléges qui leur avoient été accordés par Auguſte.

Théodofe le jeune & Valentinien III, pour ôter l'incertitude qui naît du grand nombre d'opinions différentes, ordonnèrent que les ouvrages de Papinien, de Caïus, de Paul, d'Ulpien & de Modeste, auroient feuls force de loi, & que quand ces Jurifconfultes feroient partagés, le fentiment de Papinien prévaudroit.

Ceux qui travaillèrent fous les ordres de Juftinien à la compofition du digefte, firent cependant auffi ufage des ouvrages des autres Jurifconfultes, lefquels s'étoient multipliés jufqu'à plus de deux mille volumes & plus de trois cent mille vers. On a marqué au haut de chaque loi le nom du Jurifconfulte, & le titre de l'ouvrage dont elle a été tirée. On prétend qu'après la confection du digefte, Juftinien fit fupprimer tous les livres des Jurifconfultes : quoi qu'il en foit, il ne nous en refte que quelques fragmens.

Quelques autres ont entrepris de raffembler les fragmens de chaque ouvrage, qui font à part dans le digefte & ailleurs ; mais il en manque encore une grande partie, qui feroit néceffaire pour bien connoître les principes de chaque Jurifconfulte.

JURISPRUDENCE. C'eft la fcience du droit. On entend auffi par le terme de *Jurifprudence*, les principes que l'on fuit en matière de droit dans chaque pays ou dans chaque tribunal ; l'habitude où l'on eft de juger de telle ou telle manière une queftion, & une fuite de jugemens uniformes qui forment un ufage fur une même queftion.

La Jurifprudence a donc proprement deux objets ; l'un qui eft la connoiffance du droit, l'autre qui confifte à en faire l'application.

Juftinien la définit, *divinarum atque humanarum rerum notitia, jufti atque injufti fcientia ;* il nous enfeigne par-là, que la fcience parfaite du

droit ne confifte pas fimplement dans la connoiffance des loix, coutumes & ufages; qu'elle demande auffi une connoiffance générale de toutes
les chofes, tant facrées que profanes, auxquelles
les règles de la juftice & de l'équité peuvent
s'appliquer.

Ainfi la Jurifprudence embraffe néceffairement
la connoiffance de tout ce qui appartient à la
religion, parce qu'un des premiers devoirs de la
juftice, eft de lui fervir d'appui, d'en favorifer
l'exercice, d'écarter les erreurs qui pourroient la
troubler, & de s'oppofer à tout ce qui pourroit
tourner au mépris de la religion & de fes
myftères.

.. La Jurifprudence exige pareillement la connoiffance de la géographie, de la chronologie &
de l'hiftoire; car on ne peur bien entendre le
droit des gens & la politique, fans diftinguer les
pays & les temps, fans connoître les mœurs de
chaque nation & les révolutions qui font arrivées
dans leur gouvernement; & l'on ne peut bien
connoître l'efprit d'une loi, fans favoir ce qui y
a donné lieu, & les changemens qui y ont été
faits.

: La connoiffance de toutes les autres fciences &
de tous les arts & métiers, du commerce & de
la navigation, entrent pareillement dans la Jurifprudence, n'y ayant aucune profeffion qui ne foit
affujettie à une certaine police qui dépend des
règles de la juftice & de l'équité.

Tout ce qui regarde l'état des perfonnes, les
biens, les contrats, les obligations, les actions
& les jugemens, eft auffi du reffort de la Jurifprudence.

. Les règles qui forment le fond de la Jurifpru-

dence, se puisent dans trois sources différentes;
le droit naturel, le droit des gens & le droit
civil.

La Jurisprudence tirée du droit naturel, qui
est la plus ancienne, est fixe & invariable; elle
est uniforme chez toutes les nations.

Le droit des gens forme aussi une Jurisprudence
commune à tous les peuples; mais elle n'a pas
toujours été la même, & est sujette à quelques
changemens.

La partie la plus étendue de la Jurisprudence,
est sans contredit le droit civil: en effet, elle
embrasse le droit particulier de chaque peuple,
tant public que privé; les loix générales de
chaque nation, telles que les ordonnances, édits
& déclarations, & les loix particulières, comme
sont quelques édits & déclarations; les coutumes
des provinces & autres coutumes locales; les priviléges & statuts particuliers; les réglemens faits
dans chaque tribunal, & les usages non écrits;
enfin, tout ce que les commentateurs ont écrit
pour interpréter les loix & les coutumes.

L'étude de la Jurisprudence a toujours été en
honneur chez les nations policées, comme étant
une science étroitement liée avec le gouvernement
politique.

Chez les Romains, ceux qui se consacroient
à la Jurisprudence étoient gratifiés de pensions
considérables. Ils furent même honorés par les
empereurs du titre de *comtes de l'Empire*. Les souverains pontifes, les consuls, les dictateurs, les
généraux d'armées, les empereurs même; se
firent honneur de cultiver cette science, comme
on le peut voir dans l'histoire de la Jurisprudence
Romaine, que nous a donnée M. Terrasson,

ouvrage rempli d'érudition & également curieux & utile.

La Jurifprudence n'eft pas moins en recommandation parmi nous, puifque nos rois ont honoré de la pourpre tous ceux qui fe font confacrés à la Jurifprudence, tels que les magiftrats, les avocats, & ceux qui profeffent publiquement cette fcience dans les univerfités ; & avant la vénalité des charges, les premières places de la magiftrature étoient la récompenfe des plus favans jurifconfultes.

On appelle *Jurifprudence des arrêts*, un ufage formé par une fuite d'arrêts uniformes intervenus fur une même queftion.

JUSSION. Commandement du roi par lettres fcellées, adreffées à des juges fupérieurs ou autres, de procéder à l'enregiftrement de quelque édit, ordonnance ou déclaration, ou de faire quelque autre chofe qu'ils ont refufé. Quand les premières lettres de Juffion n'ont pas eu leur effet, le roi en fait expédier d'autres, qu'on appelle *itérative Juffion*, ou *feconde Juffion*, *fecondes lettres de Juffion*. •

JUSTICE. Les jurifconfultes Romains définiffent la Juftice, une volonté ferme & conftante de rendre à chacun ce qui lui eft dû.

Le terme de *Juftice* fe prend auffi pour la pratique de cette vertu ; quelquefois il fignifie *bon droit & raifon* : en d'autres occafions, il fignifie *le pouvoir de faire droit à chacun*, ou l'adminiftration de ce pouvoir.

Quelquefois encore *Juftice* fignifie *le tribunal*

où *l'on juge les parties*, & souvent la *Justice* est prise pour les officiers qui la rendent.

Les premiers magistrats des Romains furent les sénateurs qui rendirent la Justice avec les rois, & ensuite avec les consuls qui succédèrent aux rois Ils ne connoissoient point des matières criminelles ; le roi ou les consuls les renvoyoient au peuple, qui les jugeoit dans ses assemblées : on les renvoyoit à des commissaires ; le préfet de la ville rendoit la Justice en l'absence du roi ou des consuls.

On établit ensuite deux questeurs pour tenir la main à l'exécution des loix, faire la recherche des crimes, & toutes les instructions nécessaires pour les faire punir ; & le peuple ayant démandé qu'il y eût aussi des magistrats de son ordre, on créa les tribuns & les édiles, qui furent chargés les uns & les autres de certaines parties de la police. Quelque temps après, on créa deux censeurs ; mais tous ces officiers n'étoient point juges : le pouvoir de juger n'appartenoit qu'aux consuls, aux sénateurs, au peuple, & à ceux qui étoient commis à cet effet.

Vers l'an 388 de Rome, les consuls firent créer un préteur pour rendre en leur place la Justice dans la ville : ce préteur connoissoit des affaires civiles & de police. Il commettoit quelquefois les édiles & d'autres personnes pour l'aider dans l'instruction ou dans le jugement ; mais c'étoit toujours lui qui le prononçoit & au nom duquel on le faisoit exécuter.

Quelque temps après, le préteur, pour être plus en état de juger les questions de droit, choisit dans chacune des trente-cinq tribus, cinq hommes des plus versés dans l'étude des loix,

ce

ce qui fit en tout cent soixante-quinze particuliers, qui néanmoins, pour une plus facile prononciation, furent nommés *centum viri*, centumvirs, entre lesquels il prenoit des assesseurs ou conseillers pour les questions de droit, au lieu que pour les questions de fait il en choisissoit indifféremment dans tous les ordres.

L'an 604, le peuple remit au préteur le soin de punir les crimes ; & les questeurs, qui furent rendus perpétuels, continuèrent leurs fonctions sous les ordres du préteur.

Il y avoit aussi un préteur dans chaque province, lequel avoit ses aides comme celui de Rome.

Sur la fin de la république, les tribuns & les édiles curules s'attribuèrent une juridiction contentieuse, indépendante de celle du préteur.

L'autorité de celui-ci avoit déjà été diminuée en lui donnant un collègue pour connoître des causes des étrangers, sous le titre de *prætor peregrinus*; on lui adjoignit encore six autres préteurs pour les causes capitales. Les préteurs provinciaux prenoient aussi séance avec eux pendant un an, avant de partir pour leurs provinces, sous prétexte de les instruire des affaires publiques. On institua encore deux préteurs pour la police des vivres en particulier. Enfin, sous le triumvirat, il y avoit jusqu'à soixante-quatre préteurs dans Rome, qui avoient tous leurs tribunaux particuliers, de même que les tribuns & les édiles.

Un des premiers soins d'Auguste, lorsqu'il se vit paisible possesseur de l'empire, fut de réformer la Justice. Il réduisit d'abord le nombre des préteurs de la ville à seize, & établit au dessus d'eux

le préfet de la ville , dont la juridiction fut
étendue jufqu'à cinquante ftades autour de la
ville. Il connoiſſoit ſeul des affaires où quelque
ſénateur ſe trouvoit intéreſſé , & des crimes
commis dans toute l'étendue de ſa province. Il
avoit ſeul la police dans la ville , & l'appel des
ſentences des préteurs ſe relevoit pardevant lui.

Les édiles furent réduits à fix : on leur ôta
la police & tout ce qu'ils avoient uſurpé de juridiction ſur le préteur ; & dans la ſuite Conſtantin les ſupprima totalement : on donna au
préfet de la ville d'autres aides au nombre de
quatorze , qui furent nommés *curatores urbis* ,
ou *adjutores præfecti urbis*. Ils étoient magiſtrats
du ſecond ordre , *magiſtratus minores*. La ville
fut diviſée en autant de quartiers qu'il y avoit
de curateurs , & chacun d'eux fut chargé de faire
la police dans ſon quartier. On leur donna à
chacun deux licteurs pour marcher devant eux
& faire exécuter leurs ordres. L'empereur Sévère
créa encore quatorze autres curateurs ; & pour les
faire confidérer davantage , il voulut qu'ils fuſſent
choiſis dans les familles confulaires.

Le préfet de la ville ne pouvant connoître
par lui-même de toutes choſes , on lui donna
deux ſubdélégués ; l'un appelé *præfectus annonæ* ,
qui avoit la police des vivres ; l'autre appelé *præfectus vigilum*, qui commandoit le guet. Celui-ci
avoit une eſpèce de juridiction ſur les voleurs ,
filoux , malfaiteurs & gens ſuſpects qui commettoient quelque déſordre pendant la nuit ; il pouvoit les faire arrêter & conſtituer priſonniers ,
même les faire punir ſur le champ s'il s'agiſſoit
d'une faute légère ; mais ſi le délit étoit grave
ou que l'accuſé fût une perſonne de quelque

confidération, il devoit en référer au préfet de la ville.

Chaque province étoit gouvernée par un président ou proconful, felon qu'elle étoit du département de l'empereur ou de celui du fénat. Ce magiftrat étoit chargé de l'adminiftration de la Juftice ; les proconfuls avoient chacun près d'eux plufieurs fubdélégués qu'on appeloit *legati proconfulum*, parce qu'ils les envoyoient dans les différens lieux de leurs gouvernemens. Ces fubdélégués ayant été diftribués dans les principales villes, & y étant devenus fédentaires, furent appelés *fenatores loci*, ou *judices ordinarii*, & quelquefois fimplement *ordinarii*. Ceux des villes moins confidérables furent nommés *judices pedanei*; & enfin les juges des bourgs & villages furent nommés *magiftri pagorum*.

L'appel des juges des petites villes & des bourgs & villages, étoit porté au tribunal de la ville capitale de la province, de la capitale à la métropole, de la métropole à la primatie, d'où l'on pouvoit encore en certains cas appeler à l'empereur ; mais comme cela engageoit dans des dépenfes exceffives pour ceux qui demeuroient dans les Gaules, Conftantin y établit un préfet du prétoire, pour juger en dernier reffort les affaires que l'on portoit auparavant à l'empereur.

Sous l'empire d'Adrien, les magiftrats Romains qui étoient envoyés dans les provinces, furent appelés *comites quafi de comitatu principis*, parce qu'on les choififfoit ordinairement dans le confeil du prince. Ceux qui avoient le gouvernement des provinces frontières, furent nommés *duces*, parce qu'ils avoient le commandement des armées.

Lorſque les Francs eurent conquis les Gaules, ils y conſervèrent le même ordre que les Romains y avoient établi pour la diviſion des gouvernemens & pour l'adminiſtration de la Juſtice. Les officiers François prirent les titres de ducs & de comtes attachés aux gouvernemens qui leur furent diſtribués; mais les officiers d'un rang inférieur ne trouvant pas aſſez de dignité dans les titres de *judices pedanei, vel magiſtri pagorum,* qui étoient uſités chez les Romains, conſervèrent leurs titres de centeniers, de cinquanteniers & dixainiers; & ſous ces mêmes titres, ils rendoient la Juſtice dans les petites villes, bourgs & villages. Quelques-uns croient que c'eſt de là qu'eſt venue la diſtinction des trois degrés de haute, moyenne & baſſe-Juſtice.

Les centeniers, auxquels étoient ſubordonnés les cinquanteniers & dixainiers, relevoient des comtes des villes capitales. Ces comtes relevoient eux-mêmes des comtes ou ducs des provinces ou villes métropolitaines; ceux-ci des patrices qui préſidoient dans les villes primariales; & les patrices relevoient du roi, qui jugeoit ſouverainement & en dernier reſſort les grandes affaires, ſoit dans ſon conſeil particulier avec le comte ou maire du palais, qui prit la place du préfet du prétoire des Gaules, ou en public à la tête de ſon parlement, lorſqu'il étoit aſſemblé.

Les comtes avoient des vicaires ou vicomtes qui étoient comme leurs lieutenans.

Pour contenir tous ces officiers dans leur devoir, le roi envoyoit dans les provinces des commiſſaires appelés *miſſi dominici,* pour recevoir les plaintes que l'on avoit à faire contre les juges ordinaires des lieux.

Outre les juges royaux, il y avoit dès-lors deux autres fortes de Justices en France; savoir, les Justices ecclésiastiques & les Justices seigneuriales; la juridiction ecclésiastique étoit exercée par les évêques & les abbés, qui connoissoient chacun dans leur territoire des matières spirituelles, des affaires ecclésiastiques & de celles qui étoient réputées telles.

Les vassaux & arrière-vassaux des comtes, & des évêques & abbés, rendoient aussi la Justice dans les terres qui leur étoient données à titre de bénéfice; ce qui fut le commencement des Justices seigneuriales.

Quelque temps après, tous les bénéfices des laïques ayant été transformés en fiefs, les Justices des comtes & des ducs devinrent elles-mêmes des Justices seigneuriales, & il n'y avoit alors de Justices royales que celles qui étoient exercées par les officiers du roi dans les terres de son domaine.

Lorsque les comtes & les ducs changèrent leurs gouvernemens en seigneuries héréditaires, ils se déchargèrent du soin de rendre la Justice sur des vicomtes, viguiers ou prévôts; dans les lieux où il y avoit un château, leurs lieutenans furent nommés châtelains; dans les simples bourgs & villages, les Juges qui prirent la place des centeniers furent appelés *majores villarum*, maires ou principaux des villages; titre qui revenoit assez à celui de *magistri pagorum*, qui étoit usité chez les Romains.

Les ducs & les comtes s'étoient néanmoins réservé une Juridiction supérieure au dessus de toutes ces Justices, qu'ils continuèrent encore pendant quelque temps d'exercer avec leurs pairs ou

principaux vaſſaux qui étoient *pares inter ſe* : ils
tenoient leurs audiences ou aſſiſes avec eux quatre
fois l'année, & même plus ſouvent, lorſque cela
étoit néceſſaire : on y traitoit des affaires concernant le domaine & les autres droits du ſeigneur,
de celles où quelque noble ou eccléſiaſtique
étoit intéreſſé, des crimes qui méritoient la
mort naturelle ou civile, enfin des appellations
des juges inférieurs.

Cette portion de juridiction que les ducs &
les comtes s'étoient reſervée, fut encore aban-
donnée par eux à des officiers, qu'on nomma
baillis, & en d'autres endroits ſénéchaux.

Les prélats, les chapitres & les abbayes de
fondation royale s'étant plaints des entrepriſes
que les juges royaux faiſoient ſur leurs priviléges,
nos rois les mirent ſous leur protection & ſauve-
garde, leur donnant pour juge le prévôt de Paris;
c'eſt ce que l'on appelle le droit de garde gar-
dienne.

D'un autre côté, les ſeigneurs ſupportant im-
patiemment l'inſpection des commiſſaires du roi,
appelés *miſſi dominici*, qui les rappeloient à leur
devoir, on ceſſa pendant quelque temps d'en envoyer ; mais au lieu de ces commiſſaires, le roi
établit quatre baillis pour juger les appellations
des juges royaux inférieurs ; le ſiége de ces bailliages fut placé à Vermand, aujourd'hui Saint-
Quentin, à Sens, à Mâcon, & à Saint-Pierre-le-
Moutier.

Philippe-Auguſte établit en 1190 de ſemblables bailliages dans toutes les principales villes
de ſon domaine ; & dans la ſuite, les anciens duchés & comtés ayant été réunis par diverſes voies
à la couronne, les prévôtés, bailliages, ſéné-

chauffées & autres Juftices qui étoient établies dans ces feigneuries, devinrent toutes des Juftices royales.

. Les fimples Juftices feigneuriales font demeurées fubordonnées aux prévôtés & autres Juftices royales du premier degré ; elles ont aufli été appelées en quelques endroits *prévôtés* & *châtellenies*, & en d'autres *bailliages* ; mais pour diftinguer les juges de ces bailliages feigneuriaux de ceux des bailliages royaux, ces derniers furent appelés *baillivi majores*, & les autres *baillivi minores*.

Les Juftices royales inférieures font fubordonnées aux bailliages & fénéchauffées ; & ces tribunaux de leur part reffortiffent par appel au parlement.

A l'égard de la manière de rendre la Juftice dans les tribunaux de France, anciennement il n'étoit pas permis de plaider par procureur ; il falloit fe préfenter en perfonne même dans les affaires civiles, à moins d'en avoir obtenu difpenfe : mais depuis long-temps les parties ont été admifes à fe fervir du miniftère des procureurs ; il eft même devenu néceffaire, excepté dans les petites Juftices où les parties peuvent défendre elles-mêmes leur caufe.

· On dit néanmoins qu'il n'y a que le roi & la reine qui plaident par procureur ; mais cela veut dire qu'ils ne plaident pas en leur nom, & que c'eft leur procureur-général qui eft en qualité pour eux ; à quoi il faut ajouter les feigneurs qui plaident dans leur Juftice fous le nom de leur procureur-fifcal.

Dans les premiers temps de la monarchie ; les François étoient gouvernés par différentes loix, ſelon celle ſous laquelle ils étoient nés, ou qu'ils avoient choiſie ; car alors ce choix étoit libre. Les Francs ſuivoient communément la loi Salique ; les Bourguignons, la loi Gomberte ; les Goths, qui étoient reſtés en grand nombre dans les provinces d'outre la Loire, ſuivoient les loix des Viſigoths; tous les autres ſujets du roi ſuivirent la loi Romaine, qui étoit le code Théodoſien ; les eccléſiaſtiques la ſuivoient auſſi tous, & en outre le droit canonique.

Aux anciennes loix des Francs ont ſuccédé les capitulaires, qui ſont auſſi tombés en non uſage.

Les provinces les plus voiſines de l'Italie ont continué de ſe régir par le droit Romain ; les autres provinces ſont régies par des coutumes générales & particulières.

Outre le droit Romain & les coutumes, on ſe règle par les ordonnances, édits & déclarations de nos rois, & par la juriſprudence des arrêts.

Les premiers juges doivent toujours juger à la rigueur, &, ſuivant la lettre de la loi, il n'appartient qu'au roi & aux cours ſouveraines, dépoſitaires de ſon autorité, d'interpréter les loix.

Les formalités de la Juſtice ont été établies pour inſtruire la religion des juges : mais comme on abuſe des meilleures choſes, il arrive ſouvent que les plaideurs multiplient les procédures ſans néceſſité.

La Juſtice ſe rendoit autrefois gratuitement dans toutes ſortes d'affaires ; elle ſe rend encore de même de la part des juges pour les affaires qui ſe jugent à l'audience : mais par ſucceſſion de temps, on a permis aux greffiers de ſe faire payer l'expédition du jugement ; on a auſſi autoriſé les

juges à recevoir de ceux qui gagnoient leur procès
de menus préfens de dragées & de confitures,
qu'on appeloit alors épices ; & dans la fuite ces
épices ont été converties en argent ; les juges
n'en prennent que dans les procès par écrit ; il
y a aufli des cas où ils ont des vacations.

JUSTICE SEIGNEURIALE , fe dit de celle qui ;
étant unie à un fief , appartient à celui qui en eft
le feigneur , & eft exercée en fon nom par ceux
qu'il a commis à cet effet.

Les Juftices feigneuriales font aufli appelées
Juftices fubalternes , parce qu'elles font inférieures
aux Juftices royales.

On leur donne le furnom de feigneuriales ou
fubalternes ; pour les diftinguer des Juftices
royales , municipales & eccléfiaftiques.

- L'origine de la plupart des Juftices feigneuriales eft fi ancienne , que la plupart des feigneurs
n'ont point le titre primitif de conceffion ; foit
que leur Juftice foit dérivée du commandement
militaire qu'avoient leurs prédéceffeurs , foit que
ceux-ci l'aient ufurpée dans des temps de troubles
& de révolution.

Au refte , les Juftices qui font établies , quelle
qu'en foit l'origine , font toutes cenfées émanées
du roi , & lui feul peut en concéder de nouvelles , ou les réunir ou démembrer ; lui feul pareillement peut y créer de nouveaux offices.

Les Juftices feigneuriales font devenues patrimoniales , en même temps que les bénéfices ont
été transformés en fiefs , & rendus héréditaires.

On diftingue trois fortes de Juftices feigneuriales ; la haute-Juftice , la moyenne-Juftice , &
la baffe-Juftice.

La *haute-Justice* est la juridiction d'un seigneur dont le juge connoît en matière civile de toutes causes réelles, personnelles, & mixtes entre ses sujets, ou lorsque le défendeur est son sujet.

Il a droit de créer & donner des tuteurs & curateurs, d'émanciper, d'apposer les scellés, de faire inventaire, de faire le décret des biens situés dans son détroit.

Il connoît des causes d'entre le seigneur & ses sujets, pour ce qui concerne les domaines, droits & revenus ordinaires & casuels de la seigneurie, même les baux de ces biens & droits ; mais il ne peut connoître des autres causes où le seigneur a intérêt, comme pour billets & obligations ou réparation d'injures.

Il y a encore d'autres causes dont le juge haut-justicier ne peut connoître, & qui sont réservées au juge royal ; telles sont celles qui concernent le domaine du roi, ou dans lesquelles le roi a intérêt, celles qui regardent les officiers royaux, & ceux qui ont droit de *committimus* lorsqu'ils veulent s'en servir ; celles des églises cathédrales & autres privilégiées & de fondation royale.

Il ne peut pareillement connoître des dixmes, à moins qu'elles ne soient inféodées & tenues en fief du seigneur haut-justicier ; le juge royal a même la prévention.

Il ne peut pas non plus connoître des fiefs, soit entre nobles ou entre roturiers ; ni des complaintes en matière bénéficiale.

Anciennement les juges des seigneurs ne pouvoient pas connoître des causes des nobles ; mais la dernière jurisprudence paroît les autoriser pour cet effet.

Il y a néanmoins des coutumes, comme celle de Senlis, qui attribuent la connoissance des causes des nobles aux juges royaux, & alors leurs dispositions doivent être suivies.

En Lorraine, les causes des nobles & des ecclésiastiques résidans dans l'étendue des hautes-Justices des seigneurs, doivent aussi être portées directement aux bailliages royaux.

En matière criminelle, le juge du seigneur haut-justicier connoît de toutes sortes de délits commis dans sa Justice, pourvu que ce soit par des gens domiciliés, & non par des vagabonds, & à l'exception des cas royaux, tels que les crimes de lèze-majesté, fausse monnoie, assemblées illicites, vols & assassinats sur les grands chemins, & autres crimes exceptés par l'ordonnance de 1670.

Il peut condamner à toutes sortes de peines afflictives, même à mort; & en conséquence, il doit avoir des prisons sûres & un geolier. Il a droit d'avoir des fourches patibulaires, piloris, échelles & poteaux à mettre carcan; mais les sentences qui condamnent à peine afflictive, ne peuvent être mises à exécution, soit que l'accusé s'en plaigne ou non, qu'elles n'aient été confirmées par le parlement.

L'appel des sentences du haut-justicier en matière civile, doit être porté devant le juge du seigneur supérieur, s'il en a un, sinon au bailliage royal; les appels comme du juge incompétent & déni de renvoi, & ceux des jugemens rendus en matière criminelle, se portent au parlement *omisso medio.*

Le juge haut-justicier exerce aussi la police & la voierie.

Le feigneur haut-jufticier jouit, à caufe de
Juftice, de plufiéurs droits ; favoir, de la confi
cation des meubles & immeubles qui font en
Juftice, excepté pour les crimes de lèze-majeſ
& de fauſſe monnoie : il a pareillement les dé
hérences & biens vacans, les épaves : il a la moit
des tréfors cachés d'ancienneté, lorfque celui qu
les découvre eft propriétaire du fonds où ils fo
trouvés, & le tiers, lorfque le tréfor eft trouv
dans le fonds d'autrui.

Les offices dont la haute-Juftice eft compofé
peuvent fe vendre ; la jurifprudence actuelle au
torife ces fortes d'aliénations ; & puifque cett
vente eft foufferte, on peut à plus forte raifo
fouffrir que les feigneurs en faffent des conceffior
gratuites, fans promettre ni payer des gages
ceux auxquels ils donnent des provifions ; auf
la nouvelle jurifprudence ne permet-elle pas au
officiers de demander des gages, quand il n
leur en a pas été promis par leurs provifions.

La *moyenne-Juftice* eft la juridiction d'un fei
gneur dont le juge connoît de toutes les caufe
réelles, perfonnelles & mixtes, & des droits &
devoirs dus au feigneur, avec pouvoir de con
damner les fujets en l'amende portée par la cou
tume ; mais on ne peut pas y faire d'adjudicatior
par décret.

Elle a la police des chemins & voieries publi
ques, & l'infpection des poids & mefures ; ell
peut faire mefurage & bornage, faire élire de
meffiers, condamner à l'amende due pour l
cens non payé.

A l'égard des matières criminelles, les cou
tumes ne font pas uniformes par rapport au pou
voir qu'elles donnent au moyen-jufticier.

Plufieurs coutumes lui donnent feulement le pouvoir de connoître des délits légers, dont l'amende n'excède pas foixante fous parifis ; il peut néanmoins faire prendre tous les délinquans qui fe trouvent dans fon territoire, les emprifonner, informer, tenir le prifonnier l'efpace de vingt-quatre heures ; après quoi fi le crime mérite plus griève punition que foixante fous parifis d'amende, il doit faire conduire le prifonnier dans les prifons du haut-jufticier, & y porter le procès pour y être pourvu.

D'autres coutumes, telles que celles de Picardie & de Flandre, attribuent au moyen-jufticier la connoiffance des batteries qui vont jufqu'à effufion de fang, pourvu que ce ne foit pas de guet-à-pens, & la punition du larcin non capital.

D'autres encore attribuent au moyen jufticier la connoiffance de tous les délits qui n'emportent pas peine de mort, ni mutilation de membres.

Enfin celles d'Anjou, Touraine & Maine lui attribuent la connoiffance du larcin, même capital, & de l'homicide, pourvu que ce ne foit pas de guet-à-pens.

Ces différences proviennent ou des conceffions plus ou moins étendues, faites par le roi ou par les feigneurs dont les petites juftices relevoient immédiatement, ou de ce que les feigneurs inférieurs ont été plus ou mois entreprenans, & de la poffeffion qu'ils ont acquife.

La *baffe-Juftice*, qu'on appelle auffi en quelques endroits *Juftice foncière* ou *cenfuelle*, connoît des droits dus aux feigneurs, tels que cens & rentes, & de l'amende du cens non payé, exhibition de contrats, & lods & ventes.

Elle connoît auffi de toutes matières perfonnelles entre les fujets du feigneur, jufqu'à cinquante fous parifis.

Elle exerce la police dans fon territoire, & connoît des dégâts commis par les animaux, des injures légères & autres délits, dont l'amende ne pourroit être que dix fous parifis & au deffous.

Lorfque le délit requiert une amende plus forte, le bas-jufticier doit en avertir le haut-jufticier, auquel cas le premier prend fur l'amende qui eft adjugée par le haut-jufticier la fomme de fix fous parifis.

Le juge bas-jufticier peut faire arrêter tous les délinquans ; & pour cet effet, il doit avoir fergent & prifon, à la charge auffi-tôt après la capture, de faire mener le prifonnier au haut-jufticier avec l'information, fans pouvoir décréter.

Le bas-jufticier peut faire mefurage & bornage entre fes fujets, de leur confentement.

En quelques pays il y a deux fortes de baffe-Juftice ; l'une foncière ou cenfuelle, qui eft attachée de droit à tout fief, & qui ne connoît que des droits du feigneur ; l'autre perfonnelle, qui connoît de toutes les matières dont la connoiffance appartient communément aux bas-jufticiers.

Une même Juftice peut s'étendre fur plufieurs fiefs, qui n'appartiennent pas à celui qui a la Juftice ; mais il n'y a point de Juftice feigneuriale qui ne foit attachée à un fief, & elle ne peut être vendue ni aliénée fans ce fief.

Anciennement les feigneurs rendoient eux-mêmes la Juftice : cela étoit encore commun vers le milieu du douzième fiècle. Les abbés la rendoient auſſi en perſonne avec leurs religieux ; c'eſt pourquoi ils ne connoiſſoient pas des grands crimes, tels que le duel, l'adultère, l'incendie, trahiſon & homicide ; mais depuis on a obligé tous les ſeigneurs de commettre des juges pour rendre la Juſtice en leur nom.

Il n'eſt pas néceſſaire que les juges de ſeigneur ſoient gradués, il ſuffit qu'ils aient d'ailleurs les autres qualités néceſſaires.

Ces juges ſont commis par le ſeigneur, & prêtent ſerment entre ſes mains ; ils ſont révocables *ad nutum* ; mais ils ne peuvent être deſtitués *cum elogio*, ſans cauſe légitime ; & s'ils ont été pourvus à titre onéreux, ou pour récompenſe de ſervices réels, ils doivent être indemniſés.

Dans les ſimples Juſtices non qualifiées, il n'y a ordinairement qu'un ſeul juge ; il ne peut pas avoir de lieutenant, que le ſeigneur ne ſoit autoriſé par lettres-patentes à en commettre un.

En l'abſence du juge, c'eſt le plus ancien praticien qui tient le ſiège.

Dans les affaires criminelles, les juges du ſeigneur ſont obligés d'appeler deux gradués pour juger conjointement avec eux : s'il y a deux juges officiers du ſiége ; il ſuffit d'appeler un gradué.

Le ſeigneur plaide dans ſa Juſtice par le miniſtère de ſon procureur fiſcal ou procureur d'office, lequel fait auſſi toutes les fonctions du miniſtère public dans les autres affaires civiles & criminelles ; mais ſur l'appel des ſentences où le ſeigneur eſt intéreſſé, c'eſt le ſeigneur lui-même qui plaide en ſon nom.

Les juges de ſeigneurs ont un ſceau pour ſceller leurs ſentences ; ils ont des ſergens pour les mettre à exécution, & pour faire les autres exploits de Justice.

Les seigneurs même hauts-justiciers n'ont pas droit de notariat & tabellionage ; cela dépend des titres, ou de la possession, ou de la coutume.

Les Justices des duchés & comtés-pairies, & autres très-grandes terres titrées, ne sont que des Justices seigneuriales, de même que les simples Justices. Les pairies ont seulement la prérogative de ressortir nuement au parlement. Les juges de ces Justices-pairies prennent le titre de *lieutenant-général*, & en quelques endroits ils ont un lieutenant particulier.

Dans les châtellenies, les juges sont nommés *châtelains* ; dans les simples Justices, *prévôts* ou *baillis* ; dans les basses-Justices, ils ne doivent avoir que le titre de *maire* ; mais tout cela dépend beaucoup de l'usage.

JUSTICE VICOMTIÈRE, se dit dans quelques coutumes, comme en Artois & en Picardie, de la moyenne-Justice qui appartient de droit à tout seigneur dès qu'il a un homme de fief, c'est-à-dire qu'il a un fief dans sa mouvance. Elle a été ainsi appelée, parce que les vicomtes dans leur première institution n'avoient que la moyenne-Justice.

JUSTICE MUNICIPALE, se dit de celle qui appartient à une ville, & qui est exercée par les maire & échevins, ou autres officiers qui font les mêmes fonctions.

JUSTICE MILITAIRE, se dit d'une juridiction exercée au nom du roi dans le conseil de guerre, par les officiers qui le composent. Cette

Cette juridiction connoît de tous les délits militaires qui sont commis par les cavaliers, dragons & soldats.

Pour entendre de quelle manière s'exerce la Justice militaire, tant dans les places qu'à l'armée, il faut observer ce qui suit.

Tout gouverneur ou commandant d'une place peut faire arrêter & constituer prisonnier tou soldat prévenu d'un crime, de quelque corps & compagnie qu'il soit, en faisant avertir dans les vingt-quatre heures de l'emprisonnement, le capitaine ou officier commandant la compagnie dont est le soldat.

Il peut aussi faire arrêter les officiers qui sont tombés en grieve faute, à la charge d'en donner aussi-tôt avis au roi pour recevoir ses ordres.

Les chefs & officiers des troupes peuvent aussi faire arrêter & emprisonner les soldats de leur corps & compagnie, qui ont commis quelques excès ou désordres ; mais ils ne peuvent les élargir sans la permission du gouverneur, ou qu'ils n'aient été jugés au conseil de guerre, si le cas le requiert.

Le sergent-major de la place, ou celui qui en fait les fonctions, doit faire faire le procès aux soldats ainsi arrêtés.

Les juges ordinaires des lieux où les troupes tiennent garnison, connoissent de tous les crimes & délits qui peuvent être commis dans ces lieux par les gens de guerre, de quelque qualité & nation qu'ils soient, lorsque les habitans des lieux ou autres sujets du roi y ont intérêt, nonobstant tous priviléges à ce contraires, sans que les officiers des troupes en puissent connoître en aucune manière. Les juges ordinaires sont seulement tenus d'appeler le prévôt des bandes ou du régiment, en cas qu'il y en ait, pour affifter à l'inftruction & au jugement des crimes de foldat à habitant ; & s'il n'y a point de prévôt, ils doivent appeler le fergent-major, ou l'officier commandant le corps de la troupe.

Les officiers des troupes du roi connoiffent feulement des crimes ou délits qui font commis de foldat à foldat : ils ne peuvent cependant, fous prétexte qu'ils ont droit de connoître de ces crimes, retirer ou faire retirer leurs foldats des prifons où ils ont été mis de l'autorité des juges ordinaires ; mais feulement requérir ces juges de les leur remettre ; & en cas de refus, fe pourvoir pardevers le roi.

Les chefs ou officiers ne peuvent s'affembler pour tenir confeil de guerre ou autrement, fans la permiffion expreffe du gouverneur ou commandant.

La Juftice militaire peut condamner à mort ou à d'autres peines, felon la nature du délit. Ses jugemens n'emportent point mort civile ni confifcation, quand ils font émanés du confeil de guerre : il n'en eft pas de même quand ils font émanés du prévôt de l'armée ou autres juges, dans les formes judiciaires.

Lorfque le condamné, après avoir fubi quelque peine légère, a paffé fous le drapeau & eft admis à refter dans le corps, le jugement rendu contre lui n'emporte point d'infamie.

La Juftice qui eft exercée par le prévôt de l'armée fur les maraudeurs & pour la police du camp, eft auffi une Juftice militaire qui fe rend fommairement.

JUSTICE DU MARCHÉ. Voyez FEUILLIE.

ADDITION à l'article JUSTICE.

Le terme de *Justice* se prend aussi dans les anciennes chartres pour l'officier qui représentoit le propriétaire de la Justice dans sa cour, & qui par sa conjure imprimoit aux *hommes jugeans* le pouvoir dont ils avoient besoin pour l'exercice de leurs fonctions.

C'est en ce sens que ce mot est employé dans une chartre de Marguerite I, fille du roi Philippe-le-Long, comtesse de Flandre, donnée en la ville d'Arras l'an 1367, pour terminer plusieurs contestations entre le bailli & les échevins de Béthune.

Cette chartre avoit été précédée d'une autre du mois de janvier 1272, par laquelle Robert II, comte d'Artois, avoit réglé la juridiction des échevins d'Arras. Voici ce qu'elle porte, art. 2 : » Le bailli ou sous-bailli, ou tout autre que ce » soit, ne pourra tenir personne en prison pour » assassinat ou infraction de trèves, pendant plus » de treize jours, à compter du moment que » les échevins auront requis notre Justice, *Justi-* » *tiam nostram*, de les conjurer sur ce fait, *quòd* » *ipsa eos super facto conjuret* «. L'art. 3 ajoute : » Si le bailli ou sous-bailli d'Arras, ou toute autre » Justice que ce soit, *quòd si baillivus aut sub-* » *baillivus Atrebatensis, seu alia Justicia qua-* » *cumque fuerit*, veut dire contre un homme pris » & arrêté dans l'échevinage d'Arras, qu'il a usé » de violence ou prononcé des injures contre nos » sergens ou nos autres officiers, il doit le dire » & proposer devant les échevins «.

Nous avons sous les yeux & nous pourrions accumuler ici une foule d'autres chartres, qui attribuent au terme dont il s'agit la signification que nous avons indiquée : nous nous bornerons à observer que l'auteur du grand coutumier de Normandie en a fait lui-même la remarque. Voici comme il s'exprime, chap. 3.

Aulcunes fois appelle len Justice le bailly ou autre justicier quelconque, qui a povoir de justicier ses hommes. Si comme l'en dict, la Justice du roi tient ses assises en cette ville.

(*Cette addition est de M. MERLIN, avocat au parlement de Flandre.*)

JUSTICIABLE. Qui doit répondre devant certains juges.

En général, tout particulier est Justiciable du juge sous la juridiction duquel il a son domicile établi. Cependant en matière de police, chacun est Justiciable du juge du lieu où il a commis quelque contravention aux réglemens de police, quand même il n'y auroit pas son domicile. En matière criminelle, on est Justiciable du juge du lieu où le délit a été commis. On peut aussi en matière civile devenir Justiciable d'un juge autre que celui du domicile, comme quand il s'agit d'une matière attribuée à un certain juge ; ainsi pour raison d'une lettre de change, on devient Justiciable des consuls ; en matière des eaux & forêts, on est Justiciable des juges des eaux & forêts, &c. On devient aussi Justiciable d'un juge de privilége, lorsqu'on est assigné devant lui par un privilégié, c'est-à-dire, qui a ses causes commises devant lui ; enfin, on peut devenir Justiciable d'un juge autre que son juge naturel, lorsqu'une affaire est évoquée pour cause de connexité ou litispendance.

JUVEIGNEUR. Terme uſité dans la coutume de Bretagne, en matière féodale, pour déſigner le puîné relativement à l'aîné. C'eſt ce qu'on appelle *le cadet*, entre nobles.

Les *Juveigneurs* ou cadets ſuccédoient anciennement aux fiefs en Bretagne ; mais comme les ſeigneurs recevoient de ces partages un préjudice notable, le comte Geoffroy, du conſentement de ſes barons, fit une aſſiſe en 1185, par laquelle il ordonna qu'à l'avenir il ne ſeroit fait aucun partage des *baronnies* & des *chevaleries*, que la ſeigneurie en appartiendroit toute entière aux aînés, & que les aînés feroient ſeulement une proviſion favorable à leurs puînés.

Ce prince permit néanmoins aux aînés, quand il y auroit d'autres terres, d'en donner quelques unes aux puînés, au lieu d'une proviſion ; mais avec cette différence, que ſi l'aîné donnoit une terre à ſon puîné, à la charge de la tenir de lui à la foi & hommage, ou comme Juveigneur d'aînés, ſi le puîné décédoit ſans enfans & ſans avoir diſpoſé de la terre, elle retourneroit non pas à l'aîné qui l'avoit donnée, mais au chef ſeigneur qui avoit la ligence ; au lieu que la terre retournoit à l'aîné, quand il l'avoit donnée ſimplement ſans la charge d'hommage, ou de la tenir en juveignerie.

Cette dernière diſpoſition ayant paru extraordinaire, Jean premier la corrigea en 1275, en ordonnant par ſes lettres de conceſſion de bail en rachat, à la fin, que quoique l'aîné eût pris ſon puîné à homme en lui donnant quelque terre, cela n'empêcheroit pas que l'aîné n'y ſuccédât, à l'excluſion du ſeigneur de la ligence. *Et voulons encore en tant comme à nous & à nos hoirs appartient , que si aucun des aînés prenoit son Jouveigneur à homme , & icelui Jouveigneur meurt sans hoir de son propre corps ; que par l'assise* du comte Geoffroy, *ne remainge pas que la terre ne tournege à l'aîné , ou à l'hoir de l'aîné , sauf l'ordinaire resnable au Jouveigneur , &c.*

. Jean II, qui fut duc en l'année 1286, dérogea à l'assise du comte Geoffroy, en statuant que le père pourroit diviser les baronnies entre ses enfans. Voici les termes de l'article 7 de son ordonnance, tirée en partie des établissemens de France : *Baronnie ne se départ mie entre frères , si le père ne leur en fait partie ; mais l'aisné doit faire avenant bienfait à ses puînes , & doit les filles marier.* Et il ajouta au commencement de l'article, que le gentilhomme ne pourroit donner à ses enfans puînés plus du tiers de sa terre ; ce qui comprenoit d'autant plus les baronnies, qu'elles étoient impartables par l'assise du comte Geoffroy , & par l'article 7 que l'on vient de rapporter de la constitution du même Jean II.

Jusqu'ici il n'a été parlé que des baronnies & chevaleries ; mais le duc Jean II ordonna , à l'égard des fiefs nobles , dans l'article 17, que *si les puînés demandoient leur partie de leur aîné, il leur feroit le tiers de la terre par droit. Si c'étoit fiefs enterins , l'aîné ne feroit la foi & gariroit ez autres en parage. Et si ainxim étoit qu'il ne leur baillat ses fiefs enterins , il leur garantiroit en partage. Et s'il étoit ainxim que li frère aîné ne fût en tiers , & leur en fît la tierce partie trop petite , ils ne la prendroient pas s'ils ne vouloient , ains revendroient à l'aîné , & les puînés ly partiroient la terre deux parties , & l'aîné prendroit celle qu'il voudroit.*

On a dit que cet article fut fait pour les fiefs nobles ; & c'est mal à propos que Hevin a avancé qu'il avoit été fait pour corriger l'assise du comte Geoffroy. Selon l'assise, les baronnies & les chevaleries dont elle parloit seulement, étoient impartables. Le duc Jean II, dans l'article 7, avoit ordonné de rechef qu'elles seroient indivisibles ; & cela étant, comment ce même duc auroit-il décidé, à l'égard des mêmes baronnies & chevaleries, que *les puînés y demanderoient leur partie, & que si cette partie n'étoit pas juste, ils la pourroient rapporter à leur aîné, & lui partir la terre en deux parties.* Une pareille ordonnance n'auroit-elle pas été contre le bon sens & la raison ? Il est donc clair que cette partie de l'article 17 ne fut faite que pour les fiefs nobles ; & ce fut-là, pour la première fois, que la portion des puînés nobles qui n'étoient point issus de chevaliers & de barons, fut fixée au tiers. Mais la question est de savoir, si ce tiers étoit en propriété ou en usufruit. Hevin a dit qu'*il falloit, suivant le texte même, faire cette distinction ; savoir, que ce qui se bailloit aux puînés en fiefs enterins ou entiers & indépendans, étoit en propriété, puisque les puînés étoient chargés d'en faire foi au seigneur lige, & que ce qui étoit baillé par démembrement de la seigneurie, n'étoit qu'à viage, puisque les puînés n'en faisoient point la foi, & étoient garantis par l'aîné.*

Cette distinction est encore une autre faute, parce que ce qui est tenu en parage doit être tenu en héritage. Ceux qui tiennent en parage sont pairs : or il n'y a point de pairie lorsque l'aîné est propriétaire du tout, & que les puînés ne sont qu'usufruitiers de leurs tiers ; & par

conféquent quand l'aîné eft propriétaire de tout le
fief, & les puînés ufufruitiers feulement de leur
part, il n'y a plus de parage.

Il faut donc dire que, felon la conftitution du
duc Jean II, les puînés étoient propriétaires de
leurs tiers, de quelque manière qu'il fût donné
par leur aîné, avec cette différence néanmoins,
que quand les puînés avoient le tiers du fief,
ils le tenoient en même temps *en parage & juveignerie*, au lieu que quand c'étoit un fief féparé, ils ne le tenoient qu'*en juveigneurie* feulement, conformément à l'article 6 de l'affife,
parce que l'aîné ne pouvoit pas être pair avec fes
frères à l'égard d'une chofe où ils avoient tout
& eux rien. *Voyez d'Argentré fur l'ancienne
coutume, art. 311, gloffaire 2, n. 1, & fur
l'article 314.*

L'ordonnance du duc Jean II ne fut pas néanmoins fuivie à cet égard ; car l'anonyme qui a
fait des notes fur la très-ancienne coutume, a écrit
fur le chapitre 209, que quoique le tiers dans
les fiefs fût donné aux puînés en propriété, ils
ne l'avoient néanmoins qu'à viage ; & en effet,
les articles 547 & 563 de l'ancienne coutume,
ont décidé, conformément au témoignage de l'a-
nonyme, que les puînés n'auroient que l'ufufruit
de ce tiers. Voici les termes de ces articles, qui
font une preuve invincible que l'article 17 de
la conftitution du duc Jean II, qu'ils interprètent, n'étoit point pour les baronnies & les chevaleries, mais pour les fiefs nobles que les mêmes
articles diftinguent nettement des chevaleries &
baronies.

*En fucceffion qui anciennement a été gouvernée
& partagée noblement comme deffus, tous les Fu-*

veigneurs auront seulement la tierce partie aux
héritages nobles de ladite succession ; c'est à savoir, les mâles à viage, & les filles par héritage ;
fors & excepté les comtes & barons, qui se traiteront en leurs partages, comme ils ont fait par le
passé : & enfin, à la réformation de la coutume,
l'article 17 de la constitution du duc Jean fut
confirmé par l'article 541, & le tiers donné en propriété aux puînés en ces termes :

*Les maisons, fiefs, rentes.... & les meubles seront
partagés noblement & entre les nobles, qui ont, eux
& leurs prédécesseurs, vécu noblement ; & aura l'aîné
par préciput, en succession de père & de mère ;
& en chacune d'icelles, le château, &c. Et outre
les deux tiers, & l'autre tiers, sera baillé aux
puînés par héritage, tant fils que filles, pour être
partagé par l'aîné entre eux par égales portions,
& le tenir chacun desdits puînés, comme Juveigneur d'aîné en parage & ramage dudit aîné.*

Puisque toutes ces autorités ne parlent que du
tiers des puînés dans les fiefs nobles, il est bon
d'examiner en peu de mots, quelle part les
puînés ou les Juveigneurs doivent avoir dans les
baronies & les chevaleries.

L'article 542 de la nouvelle coutume de Bretagne dit que les anciens *comtes & barons se
traiteront dans leurs partages, comme ils ont fait
par le passé.*

Les articles 547 & 56; de l'ancienne coutume, qui ne donnoient que le tiers en viage
aux puînés nobles, ajoutent : *fors & excepté les
comtes & barons qui se traiteront en leurs partages, comme ils ont fait par le passé.*

L'article 209 de la très-ancienne coutume,
dit que *toute la seigneurie doit aller à l'aîné
des enfans ès barons & ès chevaliers, & de*

enfans aînés qui en font iffus, & qui noblement
fe font gouvernés eux & leurs prédéceffeurs ès
temps, & qu'il eft entendu que les Juveigneurs
n'auront en plus que les mots de l'affife, fi n'eft
tant comme le duc Jean II, père du duc Aftur,
la corrigea, lefquelles chofes doivent être gardées,
accomplies & entérinées.

En venant ainfi à l'affife du comte Geoffroy,
on trouve que les puînés ne devoient avoir qu'une
fimple provifion fur les baronies & chevaleries,
à l'arbitrage des aînés. *Conceffimus quòd in ba-*
roniis & feudis militum ulteriùs non fierent divi-
fiones, fed major natu integrè obtineret domina-
tum, & junioribus majores providerent, & invenirent
honorificè neceffaria juxta poffe fuum. Et de là les
barons concluent, que c'eft en vain que les puînés
prétendent fixer le viage au tiers : les puînés op-
pofent à cela que, par les coutumes voifines, la
portion des puînés, même dans les comtés & ba
ronies, eft fixée au tiers :

Qu'on voit par le partage de Feugères, rapporté
par Hevin fur le paragraphe 1 de l'affife du
comte Geoffroy, page 552, & par l'autre partage qu'il rapporte fur le paragraphe 4, pag. 530,
que c'étoit déjà l'ufage de fixer la part des puînés
au tiers des baronies.

Que Pierre de Bretagne, frère du duc Aftur,
demanda par cette raifon le tiers dans le duché de
Bretagne, felon la remarque d'Argentré dans fon
hiftoire, livre 6, chap. 5, fol. 356.

Que d'Argentré, qui étoit préfent à la réformation de la coutume, & qui eft un auteur d'un
très-grand poids, écrit formellement fur l'article
542 de la nouvelle coutume, que les barons ne
voulurent accorder aux puînés le tiers qu'à viage,
au lieu que les feigneurs des fiefs nobles l'ac-

cordèrent en héritage, & que ce fut alors tout le différend.

Et qu'enfin d'Argentré & Hevin, qui font fouvent oppofés, conviennent enfemble au fujet du tiers en leur'faveur ; & pour peu qu'on entre dans ces motifs d'équité, le dernier parti doit fembler favorable. Joignez les confultations imprimées à la fin de la coutume de Bretagne *in*-4°.

La juveignerie eft en parage ou fans parage, comme on l'a remarqué précédemment. A l'égard de la première, voyez l'article 330 de la coutume de Bretagne ; & fur la feconde, les articles 331 & 334. Mais foit que la terre tenue en juveignerie foit en même temps en parage ou fans parage, e'le eft auffi toujours tenue *à ligence* du feigneur fupérieur lige & prochain de l'aîné. *Voyez* les articles 330, 331, 335, 338 ; &c.

KEURE, KEUR-FRÈRE, KEUR-SŒUR, KEUR-HEERS. Termes fréquemment employés dans les coutumes de la Flandre Flamande, & dans les anciennes chartres portées pour la même province. Le mot *Keure* n'eft pas dérivé, comme le croit Ducange, du mot latin *curia*, cour, affemblée, mais du verbe Flamand *Keuren*, qui fignifie, juger, ftatuer, approuver publiquement. C'eft ce que prouvent plufieurs actes dans lefquels il défigne un ftatut, une loi, un réglement. *Donavi plenam poteftatem obfervandi five tenendi ftatuta terræ Wafiæ, quæ vulgariter dicuntur Keure.* Ce font les termes d'une chartre de l'an 1283, que l'on conferve au bureau des finances de Lille, ci-devant chambre des comptes. Cette chartre avoit été précédée d'une autre donnée en

1241 au même pays de Waës : *Ego Thomas Flandriæ & Hannoniæ comes , & Johanna Flandriæ & Hannoniæ, comitissa , concedimus hominibus Wafiæ tam præsentibus quàm futuris ad nostrum dominium spectantibus , legem quæ vulgariter dicitur* Chore , *præsenti paginâ contentam , perpetuò & inviolabiliter observandam.*

Le chartrier de l'abbaye de Saint-Pierre-lèz-Gand , renferme un acte de l'an 1070 , dans lequel on remarque ces paroles : *statutiones quæ plebeïâ linguâ Keure vocantur , super quoslibet sanclo Petro attinentes non agat.*

On trouve dans le chartrier de l'abbaye de Saint-Bertin , deux autres pièces qui attribuent le même sens au mot dont il s'agit. La première est une chartre donnée en 1201 par Bauduin , comte de Flandre : *Et quia avus meus Theodericus comes* CHORAM *apud Arkes vobis habendam putavit , & homines suos jurare fecit , concedo ut eandem perpetuò habeatis.*

La seconde pièce est une loi portée pour le bourg d'Arkes , près de Saint-Omer , dont il est parlé dans le passage que nous venons de rapporter. Cette loi, qui est datée de l'an 1231 , porte : *Hominibus nostris de Arkes legem juratam quæ* CHORA *vulgariter appellatur, dedimus & concessimus in hunc modum . . . . &c. jurare debent etiam omnes in villâ manentes* CHORAM *& legem villæ.*

La coutume du pays de Langle en Artois , rédigée en 1586 , veut , article 5 , que » tous » cas de crime , d'injure , délits , maléfices & » faits énormes , sauf les cas privilégiés (soient » jugés) , à la conjure du Bourgrave , selon les » *Keures* & statuts anciens «.

A Berghes-Saint-Winock, on eſt dans l'uſage d'appeler *Keure* le territoire ſur lequel s'étend immédiatement la juridiction échevinale de cette ville.

Les mots *Keur-frère* & *Keur-ſœur* ſignifient littéralement *frère & ſœur de loi*. On appelle ainſi les bourgeois d'une même ville, parce qu'ils vivent ſous une loi commune. Nous avons parlé aux articles CONFRATERNITÉ, DE COUTUME & ÉCART, de tout ce qui peut avoir rapport au droit de bourgeoiſie dans la Flandre Flamande.

Les *Keur-heers* ſont des officiers municipaux chargés de faire exécuter les *Keures*. La chartre de 1201, citée ci-deſſus, les déſigne en latin par le mot *choremanni*, formé de *chora*, dont on vient de voir la ſignification, & de *man*, terme flamand, qui ſignifie *homme*. Voici les paroles de cette chartre : *Et ut pax & juſtitia firmiùs in eadem villâ teneatur*, CHOREMANNI *veſtri voluntate & aſſenſu veſtro & conſilio hominum eccleſiæ veſtræ, per emendationem ſemper legem* Churiæ *affirmare poterunt & corroborare*.

De Lauriere fait mention d'une chartre de 1315, qui porte : *Cùm abbas & conventus ſancti Saumerii & boſco eſſent & fuiſſent in poſſeſſione & ſaiſinâ conjurandi* CORMANGNOS & *ſcabinos villæ de coloniâ propè Caleſium, habendique & faciendi executionem judicatorum per eoſdem factorum, quoties caſus ſe offerre contigit*. ...

Il y a dés endroits où les *Keur-heers* ſont tout à la fois *échevins* : par exemple, à Berghes-Saint-Winock, ces deux mots ſont depuis un temps immémorial employés conjointement pour déſigner les officiers qui exercent la juſtice haute, moyenne & baſſe, qui maintiennent la police

& administrent les affaires communes de la ville
& de la châtellenie. Une chartre de l'an 1410,
rapportée dans les ordonnances de nos rois, tome
9, page 585, déclare que *feront faiz & créés
de par nous jufques à vingt-quatre échevins[1] &
cueriers pour le gouvernement d'icelle notre châtellenie* (de Berghes-Saint-Winoek). Les échevins de cette ville prennent encore le titre de
Keur-heers dans tous les actes qui s'expédient
en leur nom, & le parlement de Flandres est pareillement dans l'ufage de le leur donner dans
tous les arrêts où il eft queftion d'eux.

Dans d'autres endroits, les Keur-heers forment
un tribunal féparé de celui des échevins. On lit
dans la *Keure* d'Arkes que nous avons déjà citée:
*Scabini judicent de iis quæ pertinent ad fcabinos :
Choremanni de pace tractent & de utilitate com-
munitatis villæ, & de forisfactorum emendatione.*
On voit par ces termes, que les Keur-heers de
ce bourg font bornés à l'adminiftration de la
police & de la juftice criminelle. La formule de
leur ferment, rapportée dans la même loi, mérite
une attention particulière : *Jurare debent choremanni primò jus ecclefiæ fe fervaturos, jus etiam
abbatis & ecclefiæ fancti Bertini, jura viduarum
& orphanorum, pauperum & divitum, & omnium
hominum tam externorum quàm juratorum fuorum,
fuper caufis quæ coràm ipfis venerint & ad jura-
mentum fuum pertinuerint : jus & legem dicere
nec obmittere propter gratiam vel timorem, odium
vel amorem.* Les paroles fuivantes prouvent que
les Keur-heers d'Arkes ne doivent exercer leurs
fonctions qu'en vertu de la *conjure* du repréfentant du feigneur. *Similiter juftitiarius jurare
debet & adfere juramento quòd omni jus petenti
juftitiam faciet judicio choremannorum.*

Dans le comté de Langle ; les Keur-heers font auſſi diſtingués des échevins. C'eſt ce que prouvent les articles 4 & 5 de la coutume de ce pays ; voici comme ils ſont conçus.

» Pour dire droit y a huit échevins qui ſe » renouvellent par chacun an, par commiſſaires » dudit comté ; qui connoiſſent de toutes ma-» tières perſonnelles, des arrêts & des héritages » cottiers ; leſquels jugent à la conjure du bour-» grave dudit pays.

» Item, par ladite coutume y a huit Keur-heers » qui ſemblablement ſe renouvellent chacun an » par leſdits commiſſaires, leſquels ont accoutumé » de connoître de tous cas de crime, d'injure, » délits, maléfices & faits énormes, ſauf des » cas privilégiés, en les déterminant à la conjure » dudit bourgrave, ſelon leurs Keures & ſtatuts » anciens, & ſi ont accoutumé de tenir plaids » pour leſdits cas de trois en trois jours «.

L'article 7 de la même coutume porte, que les Keur-heers ont encore, conjointement avec les *francs-hommes* & les échevins, » connoiſſance » de la police & gouvernement dudit pays, tant » des vivres, fourrages, DICAGES (*voyez ce mot*) ; » Keures, édits, ordonnances & autres choſes » néceſſaires pour le bien & entretenement dudit » pays, & pardevant leſdits (trois bancs d'officiers) ; » ſe rendent par chacun an les comptes dudit » pays publiquement par cri d'égliſe «.

Il y a encore d'autres cas où les Keur-heers du pays de Langle exercent leur juridiction de main commune avec les échevins. L'article 17 de la coutume déjà citée, ordonne que quand il écheoira une ſucceſſion que perſonne ne voudra appréhender, » il ſera par ordonnance deſdits

» échevins & Keur-heers commis quelque per-
» fonnage idoine curateur des biens «.

Les Keur-heers de Gand font appelés *échevins*
de la Keure ou *du haut-banc*. Ils forment le premier ordre de la juridiction municipale de cette
ville ; ceux *des parchons* ou *du bas-banc* forment le fecond. Les échevins de la Keure ont
fuivant les articles 14 & 15 de la conceffion
Caroline du 30 avril 1540, la connoiffance de
toutes les actions perfonnelles, réelles & mixtes
tant en matière criminelle que civile. L'article
16 de la même loi attribue aux échevins *des*
parchons le droit exclufif de connoître des fucceffions, des turelles, des injures verbales, & de
quelques autres matières femblables. Ces difpofitions font renouvelées & développées par la
coutume de Gand, rubrique première, articles
1, 9, 12, 17, 22, rubrique 3, rubrique 4,
article 3, rubrique 22, articles 1 & 14, rubrique
23, article 3, &c.

Une fingularité remarquable dans l'échevinage
de Gand, eft que l'on peut appeler, foit du
banc de la Keure ou de celui des parchons, aux
deux bancs réunis, qui forment alors ce qu'on
appelle la *vierfchare*. L'article 5 de la rubrique
première de la coutume porte que » l'on peut,
» en appelant à la vierfchare des fentences &
» appointemens rendus en l'une & l'autre des
» deux loix, y propofer de nouveaux faits, &
» les vérifier fans provifion plus ample de relief
» ou de requête civile «.

La coutume de Bailleul, rubrique première,
article 33, appelle *Keur-heers* des officiers nommés
par les échevins pour avoir infpection fur les
denrées.

Voyez

Voyez Ducange & le supplément de Lauriere aux mots Chora & Choremanni, & les articles ECHEVINS, POLICE, TUTEURS EN CHEF, LANGLE, VIERSCHARE, &c.

(*Cet article est de M.* MERLIN, *avocat au parlement de Flandre* *).

LABOUREUR. Par ce mot on entend désigner l'homme utile & laborieux dont l'habitation est dans les campagnes, qui ouvre & déchire le sein de la terre, qui l'ensemence & moissonne les épis qui renferment le grain dont nous nous nourrissons après qu'il a été broyé, pulvérisé, & a subi cette métamorphose qui lui donne une forme solide connue sous le nom de pain. Il tire son origine du mot *laborare*, qui signifie travailler; & comme son travail est, à raison de son objet, le travail par excellence, on a nommé l'homme qui s'y consacre *Laboureur*, c'est-à-dire, le travailleur.

Il ne faut au Laboureur, ni patentes, ni titres; tout homme robuste & courageux peut cultiver l'héritage que ses pères lui ont laissé, qu'il a acheté de ses épargnes, ou qu'il a affermé. Depuis un arrêt du conseil rendu en 1766, il peut, à l'aspect d'une terre en friche, armer ses mains d'un fer, pour l'ouvrir, la remuer & la rendre fertile; il peut sur ce sol délaissé se construire une cabane, une grange pour y recevoir le fruit de ses sueurs.

_____

(*) M. Bouchette, avocat à Berghes-Saint-Winock, a fourni des éclaircissemens sur cet article.

Tous les légiflateurs qui ont fenti combien il étoit intéreffant d'encourager l'homme naturellement ennemi de la gêne & de la fatigue à la culture de la terre, ont eu grand foin de l'y exciter par des priviléges & des diftinctions. Tous les peuples chez lefquels l'état de cultivateur a été honoré, ont toujours été riches & puiffans. On eft difpofé à aimer, à défendre un fol qui nous nourrit; on y tient. Le mot de *patrie* devroit être inconnu dans un pays où il n'y a pas de campagnes fertiles, car on ne peut regarder comme *patrie*, qu'une région qui eft pour fes habitans ce qu'une mère eft pour fes enfans.

Aux yeux de la raifon, l'emploi de Laboureur eft le premier de tous; celui qui l'a choifi ne doit la confervation de fon exiftence qu'à lui-même, il ne vit que par lui, & fait encore vivre les oififs qui lui achètent fon fuperflu.

Dans les fiècles d'ignorance & de barbarie, où l'on ne trouvoit rien de plus noble que de ne pas favoir lire, & que d'être toujours armé pour défendre fes torts ou pour en commettre de nouveaux, on dédaignoit l'emploi de Laboureur; mais à mefure que nous nous fommes avancés vers la lumière de la faine raifon, nous avons fenti tout le prix d'un travail qui écartoit la famine, qui amenoit l'abondance. Jamais on n'a plus écrit en faveur de l'agriculture que dans ce fiècle-ci; jamais les laboureurs n'ont eu de plus zélés défenfeurs & de plus illuftres imitateurs. Les déclarations du roi font venues à leurs fecours; les unes pour les autorifer à vendre leurs denrées librement dans toute l'étendue du royaume, & même à les exporter chez l'étranger; les autres

pour les déterminer à entreprendre de nouveaux
défrichemens.

Avant de rendre compte de ces diverses déclarations, voyons quelles sont les obligations du Laboureur qui cultive des héritages anciens. Nous con-
noissons principalement deux espèces de Laboureurs, celui qui cultive son champ, & celui
qui fait valoir le champ d'un autre : le premier
s'appelle propriétaire de terre; le second se nomme
fermier. Il y a des coutumes où tout propriétaire
de terres a un seigneur : dans ces coutumes, la
maxime *nulle terre sans seigneur* est la maxime
générale. Elle n'est pas aussi belle & aussi juste que
celle qui est adoptée dans d'autres coutumes, *nul*
seigneur sans titre, car certainement les titres ne
sont venus que bien long-temps après la possef-
sion des terres. Les premiers cultivateurs n'avoient
d'autre seigneur que dieu même, qui a donné
à l'homme les champs : *divina natura dedit*
agros.

Les conquérans sont venus depuis, qui ont
pillé, ravagé les terres cultivées, qui ont exter-
miné les anciens propriétaires, ou les ont mis en
fuite, & ont ensuite accordé aux compagnons
de leurs exploits plus ou moins de terrein en
proportion de leurs grades & de leur valeur.

Ces différens compagnons gardèrent leurs portions de terrein, ou les affermèrent. Mais soit
qu'ils les fissent valoir par eux-mêmes, soit que
l'esprit militaire les détournât de l'assujettissement
de la culture, & qu'ils en rejetassent la fatigue
sur quelque autre, ils furent toujours tenus à des
droits ou à des devoirs envers le chef qui les
leur avoit distribuées. Ces droits ou ces devoirs

furent de différente nature : les uns étoient purement nobles, & n'engageoient celui qui y étoit assujetti, qu'à rester fidèlement attaché à son chef, à lui prêter foi & hommage, à l'aider de ses forces, de son courage dans les circonstances où il pouvoit en avoir besoin.

Les autres droits & les autres devoirs roturiers & absolument asservissans, étoient de payer en argent ou en denrées une certaine redevance que l'on a depuis appelée *cens*, *censives*, *champarts*, *dixmes*, *lods & ventes*, &c. & de faire certains travaux, tels que ceux d'entretenir les chemins de celui de qui on relevoit, de faire sa récolte, de lui donner tant de journées dans le cours de l'année.

Ces droits ont eu aussi quelquefois pour origine & pour cause, de simples concessions de terrein, que le propriétaire ou seigneur n'auroit pu cultiver & qu'il abandonnoit à la charge de lui payer en argent, en denrée, ou en service telle ou telle chose. Bien peu de ces conventions étoient écrites. L'ignorance & la barbarie ne savoient pas fixer leur droit passif ou actif, d'une manière aussi claire que par l'écriture ; l'usage étoit le titre général. Tant d'arpens, tant de redevance ; tant d'hommes, tant de corvéables. Les seigneurs qui naissoient, recueilloient, en recevant le jour, la domination & la faculté de percevoir tel ou tel droit sur les serfs qui avoient le malheur de naître dans l'étendue de leur territoire. C'est ce défaut de titres qui a établi la maxime presque générale, *nulle terre sans seigneur*.

Cette maxime n'a point pris naissance & n'est point encore adoptée dans les pays de droit écrit, parce qu'elle eſt trop contraire à l'eſprit de liberté qui animoit les Romains, lors même qu'ils n'étoient plus que ſujets. Nous avons même encore des coutumes, telles que celles de Troyes, de Chaumont, de Nivernois, qui lui ſont abſolument oppoſées, & où une terre eſt de ſa nature préſumée libre & franche; à moins qu'il n'exiſte un titre bien clair, qui conſtate qu'elle a un ſeigneur envers lequel elle eſt aſſujettie à tel ou tel droit.

Il réſulte de ces principes, que le Laboureur qui ſe fixe dans un pays où la terre eſt ſoumiſe, ſoit par l'uſage, ſoit par le titre exprès du ſeigneur, à un droit quelconque, ne peut ſe ſouſtraire à la néceſſité d'acquitter ce droit, à moins qu'un édit, qu'une déclaration du roi, qui eſt le ſeigneur des ſeigneurs de ſon empire, ne l'en affranchiſſe.

La coutume locale des terres & châtellenies de Lépenoux & Bouge s'exprime ainſi : *Si aucun ayant terres à terrage ceſſe par trois ans & un mois de labourer & enfruiter leſdites terres, il eſt permis au premier Laboureur de les prendre & labourer, & n'eſt dû aucun profit au ſeigneur, ſinon qu'il a douze gerbes de bled crues en icelles.*

La coutume de Nevers permet à qui le veut de cultiver & de labourer les terres ou vignes que les particuliers laiſſent en friche, ſans autre requiſition, en payant *les droits de champart ou partie, ſelon la coutume & uſage du lieu où l'héritage eſt aſſis, juſqu'à ce que par le propriétaire lui ſoit défendu.*

Ces réglemens ſont ſages & ont été dictés par l'intérêt public ; car comme la terre appartient encore plus aux hommes en général qu'à un propriétaire particulier, il n'eſt pas juſte que l'indolence de ce particulier prive la société d'une portion de richesse, & qu'il puisse, en ne cultivant pas sa terre, se nuire à lui-même & nuire aux autres.

Le droit de champart auquel l'article de la coutume que nous venons de citer assujettit le Laboureur qui cultive le champ d'un autre, n'est pas le même que celui qui se paye au seigneur : c'est un droit qui appartient au propriétaire du champ pour gage de sa propriété, *campi partus*. Dans quelques endroits de cette province, le propriétaire peut demander la troisième gerbe ; dans d'autres il ne peut exiger que la quatrième, la cinquième, la sixième, & même la septième.

Cependant, comme le propriétaire d'un champ peut avoir de bonnes raisons pour le laisser en friche, la coutume lui permet de défendre de le labourer ; mais il faut que sa défense soit faite avant la culture : elle viendroit trop tard *si la premiere façon étoit achevée. Il y a même cela de particulier*, observe le commentateur de la coutume, *c'est que si l'usage du lieu est que celui qui a fait les gros bleds & fumé la terre doive l'année suivante faire les petits bleds, ce Laboureur ne pourra être empêché de faire l'année suivante les petits bleds ; car c'est comme une seule culture de deux années.*

Par la même coutume, le Laboureur qui a ainsi cultivé le champ d'un autre, est obligé de porter dans la grange du propriétaire le champart qu'il lui doit, à moins qu'elle ne soit éloignée à plus d'une demi-lieue de l'endroit qu'il a labouré.

Il résulte de ces articles, que le propriétaire que la pauvreté, le découragement ou la paresse ont dégoûté de la culture, tire encore un grand avantage de sa propriété, & que l'homme actif qui

n'en a point, trouve le moyen d'exercer son industrie laborieuse.

L'art. 3 de la même coutume ne veut pas que le
Laboureur qui a travaillé ainsi puisse, même par la
plus longue possession, acquérir la propriété du
champ qu'il cultive : cela est fondé sur une conséquence très-raisonnable. Le propriétaire qui reçoit à
chaque récolte un droit pour la terre qu'il avoit
laissée en friche, n'est plus censé la délaisser; il paroît
au contraire exercer sur elle plus que jamais son droit
de propriété. Celui qui la cultive est considéré
comme son fermier, qui ne seroit pas propriétaire de cette terre, quand même depuis cinquante ans il n'auroit pas discontinué de la mettre
en valeur.

Il est établi dans la coutume de Clermont, que
quiconque tient terres à champart d'un seigneur
féodal, » si-tôt qu'il a fait faucher & mis à point
» le grain qui a crû en sa terre, doit, avant qu'il
» ait rien transporté de ses grains, le faire savoir
» au seigneur ou à ses gens & officiers, pour qu'il
» vienne ou envoie compter & choisir son cham-
» part; & lorsque le seigneur a choisi, le Labou-
» reur est tenu de mener à ses dépens le cham-
» part en la grange dudit seigneur, sous peine de
» soixante sous parisis d'amende «.

La même coutume porte : » Quand aucun a
» terres à champart, s'il les délaisse en friche,
» & lui suffisamment sommé par son seigneur est
» refusant de les mettre en labeur & les délaisse
» pendant trois années, en suivant l'une l'autre, en
» ce cas, le seigneur peut les prendre & les appli-
» quer à son domaine comme à lui acquises «.

Comme il n'y a pas un chemin pratiqué pour
conduire à toutes les portions de terrein, à tous

les héritages labourables, la règle eſt que tout
Laboureur peut paſſer ſur l'héritage voiſin pour
arriver au ſien, quand aucun chemin n'y conduit : » non ſeulement alors, comme l'obſerve
l'auteur de la collection de juriſprudence, » il
» doit paſſer par l'endroit le moins incommode
» en dédommageant le voiſin, il doit encore
» paſſer de la manière qui peut le moins l'incom-
» moder. Ainſi, par exemple, s'il y a un champ
» enſemencé & un autre qui ne le ſoit pas, le
» Laboureur ne pourra pas paſſer par le champ
» enſemencé, ſous le prétexte qu'il en a le droit en
» indemniſant le propriétaire ; il ſera repréhen-
» ſible dans ce cas-là, & condamnable en une
» amende, pour avoir gâté les fruits d'un héritage
» par lequel il pouvoit ſe diſpenſer de paſſer,
» outre le dommage qu'il devra encore payer ; au
» lieu qu'il n'y aura point d'amende ſi tous les
» héritages voiſins ſont emblavés, mais ſeulement
» une indemnité à dire d'experts.

 » Par la même raiſon, le Laboureur qui paſſe
» à travers un champ pour arriver au ſien, doit
» prendre ſoin de retourner ſa herſe, ranger ſa
» charrue & autres harnois, de manière qu'il ne
» faſſe ni labour, ni foſſés dans l'héritage ſur le-
» quel il paſſera. S'il ne le fait pas, non ſeulement
» il devra indemniſer le propriétaire, il devra
» encore ſupporter une amende proportionnée aux
» circonſtances, ſur-tout ſi le terrein ſur lequel il
» paſſe eſt enſemencé, parce qu'ayant pu paſſer
» d'une manière moins incommode, il a dû le
» faire & prendre toutes les précautions que la
» prudence humaine pouvoit lui indiquer, pour
» éviter de cauſer du dommage à celui que la
» nature du terrein force de lui donner paſſage «.

Il faut donc admettre pour principe inconteſtable, que lorſqu'un héritage eſt enclavé dans pluſieurs autres, de manière qu'il n'y a point de chemin qui y mène, les propriétaires de ces autres
héritages ſont obligés de donner paſſage par l'endroit qui les incommode le moins ; ſans cela la
propriété ſans chemin deviendroit inutile, & il
arriveroit que par méchanceté ou par intérêt les
voiſins d'un héritage preſque enclavé s'entendroient
pour fermer toute avenue, afin d'obliger le propriétaire à le leur abandonner.

Ce principe eſt fortifié par pluſieurs arrêts, dont
nous croyons devoir rapporter le plus récent, afin
qu'il ne reſte plus de doute ſur une matière qui
trop ſouvent donne lieu à des conteſtations rui-
neuſes pour ceux qui les élèvent, & pour ceux
qui les ſouffrent.

En 1754, la veuve Cornier s'oppoſa à ce que
le nommé Dureau paſſât ſur ſa terre pour aller à
la ſienne, quoiqu'il ne pût y arriver autrement.
Sur cette difficulté, il intervint une ſentence au
préſidial de Mâcon, qui ordonna que la veuve
Cornier fourniroit un paſſage à charrette de ſix
pieds de large, ſur cinquante-cinq de long, pour
l'alignement & indemnité duquel paſſage les parties conviendroient d'experts. Le parlement trouva
que ce jugement bleſſoit le principe que nous
venons d'expoſer. En conſéquence, par arrêt du 3
avril 1756, cette ſentence fut infirmée, & la
cour ordonna, *que Dureau pourroit paſſer ſur la*
terre de la veuve Cornier, toutefois & quantes il
lui ſeroit néceſſaire, pour aller de ſon pré à ſes
deux pièces de terre ; dans la largeur du terrein
convenable pour paſſer une voiture ; autant que la

situation des lieux & la nature des héritages voisins
le pourroient permettre ; en dédommageant la veuve
Cornier lorsque sa terre seroit ensemencée.

. Lorsqu'il se trouve dans une pièce de terre un
ravin ou une rigole qui servent à l'écoulement des.
eaux qui tombent du ciel, il n'est pas permis à
un propriétaire de les changer de lieu, à moins que le
changement ne puisse se faire sans porter le moindre
préjudice aux autres propriétaires. Cela a été jugé
ainsi par arrêt du 26 juin 1751, rendu au rapport
de M. Sévert.

. L'état du cultivateur est toujours le même, soit
qu'il laboure mille arpens, soit qu'il n'en cultive
qu'un ; soit qu'il ait cent serviteurs à ses gages
& vingt charrues en action pour lui, ou soit que,
courbé vers la terre, il ne se serve que de ses
bras pour la fertiliser. Néanmoins, comme celui
qui à une plus grande possession ouvre à l'humanité une plus grande source de richesses, il jouit
de quelques priviléges que les autres n'ont pas.
Ainsi, par exemple, celui qui a cinquante arpens
de terres labourables situées aux environs de son
manoir, peut avoir non pas un colombier, mais
une volière de cinq cents paniers.

. C'est par une suite de cette faveur accordée à
l'étendue de la culture, qu'il existe des réglemens
portant exemption de milice pour le Laboureur
qui a tant d'arpens labourables, & pour son premier valet de charrue.

· Les arrêts du conseil qui viennent de mettre
en pays d'états les provinces du Dauphiné & de
Montauban, ont accordé aux cultivateurs une
distinction qu'ils ne se flattoient pas d'obtenir, en
admettant dans les assemblées qui forment l'ad-

miniſtration provinciale, les propriétaires, & en leur donnant voix délibérative concurremment avec les membres du clergé & les gentilshommes de leur province.

Ces prérogatives doivent encourager le zèle du grand cultivateur, ſans humilier le pauvre qui remplit la tâche que lui a impoſée la nature, lorſqu'il conſacre toutes ſes facultés phyſiques à la fertilité du champ qu'il a affermé ou qu'il tient de ſes pères.

Un des plus grands fléaux que le cultivateur ait à craindre dans les pays où la chaſſe n'eſt pas permiſe à tous les habitans, c'eſt le gibier. A peine la terre a-t-elle reçu la ſemence qu'il lui a confiée, que des voleurs ailés viennent fondre ſur ſon champ, & dévorent une partie de ſes eſpérances. L'épi naiſſant ſemble ne ſe montrer que pour nourrir le lièvre, le lapin, qui parcourent avec ſécurité les campagnes ſous les yeux du cultivateur qui n'oſe pas donner la mort à ſes ennemis. Dans les grandes capitaineries, dans les plaiſirs des princes, il ne lui eſt pas permis d'enclore ſon champ, d'oppoſer des obſtacles à la biche, au ſanglier ; il faut qu'il ſouffre ſans murmurer les incurſions de ces bêtes dévaſtantes : il n'a que la foible & preſque inutile reſſource de les épouvanter par des cris, par un vain bruit auquel elles ſont bientôt accoutumées. On croiroit, à la lenteur avec laquelle elles s'éloignent, qu'elles devinent l'impuiſſance de celui qui les menace.

L'article 23 du titre 30 de l'ordonnance des eaux & forêts défend à tous ſujets ayant *des îles, prés & bourgogne* ſans clôture dans l'étendue des capitaineries de Saint-Germain-en-Laie,

Fontainebleau, Vincennes, Livry, Compiegne, Chambort & Varenne du Louvre, de les faire faucher avant le jour de S. Jean-Baptiste, à peine de confiscation & d'amende arbitraire.

L'article suivant fait défenses à toutes personnes de faire à l'avenir aucun parc & clôtures d'héritages en maçonnerie dans l'étendue des plaines des maisons royales, sans une permission expresse.

L'article 25 déclare ne pas entendre assujettir les sujets à demander permission d'enclorre les héritages qu'ils ont derrière leurs maisons situées dans les bourgs, villages & hameaux hors des plaines, lesquels ils peuvent faire fermer de murs si bon leur semble, sans que les capitaines des chasses puissent en empêcher.

Il ne suffit pas, pour rendre la terre fertile, de la remuer, de l'ensemencer; il faut qu'elle soit fumée, engraissée. Le cultivateur qui veut qu'elle le récompense amplement de ses soins, est donc obligé d'avoir des bestiaux qui lui fournissent du fumier & qui séjournent dans ses champs. Il y a des cantons où il existe des communes, dont les terres sont destinées à faire paître tous les troupeaux des habitans; mais il y en a d'autres où ce secours si avantageux pour les Laboureurs n'existe pas, & il faut alors qu'ils divisent leurs terres en terres labourables & en prés. Un arrêt de réglement du 23 juillet 1721, pour faciliter le pâturage, enjoint aux habitans de Nogent » d'ensemencer » leurs terres par soles une année en bled, la » deuxième en orge, avoine ou autres menus » grains, & la troisième année de les laisser en » jachères pour le pâturage des bêtes à laine «.

Le Laboureur est obligé de souffrir que tous les bestiaux paissent dans ses prés & dans ses champs, après que les dernières récoltes ont été enlevées ; il est même d'usage dans plusieurs paroisses, qu'il ne pourroit s'y opposer après la Saint-Remi, si à cette époque il avoit négligé de faucher.

Il est permis à tous habitans des campagnes d'avoir autant de troupeaux qu'ils le veulent chez eux pour les nourrir & les engraisser : mais plusieurs arrêts de réglement, & entre autres celui du 13 août 1661, exigent que quand ces habitans les envoient dans les pâturages ordinaires, ils n'aient qu'une bête à laine par arpent.

Il y a beaucoup de provinces, telles que la Normandie, l'Auvergne, où il est d'usage de labourer avec des bœufs. Il est malheureux que cet usage ne s'étende pas davantage. Quoique le bœuf laboure plus lentement que le cheval, il est préférable à bien des égards à cet animal pour le cultivateur : premièrement dans les terres qui exigent un fort labour, le bœuf forme un sillon plus profond ; il supporte plus long-temps le travail ; il se nourrit à moins de frais ; & lorsque les années ont affoibli ses forces & le mettent hors d'état de porter le joug, le repos l'engraisse, & sa vente rend ce qu'il a coûté.

L'article 16 du titre 33 de l'ordonnance de 1667 veut » que les chevaux, bœufs & autres » bêtes de labourage, charrues, charrettes & usten- » siles servans à labourer & cultiver les terres, » vignes & prés, ne puissent être saisis, à peine » de nullité, de tous dépens, dommages & inté- » rêts, & de 50 liv. d'amende contre le créancier » & le sergent solidairement «.

Le législateur fait même par cet article à l'in- térêt public le sacrifice de ses droits particuliers ;

car il eſt dit, *même pour nos propres deniers.*

L'édit du mois de janvier 1634, ſervant de réglement général pour les tailles, défend au ſergent des tailles de faire aucune exécution ſur le pain, le lit, les chevaux & autres bêtes de labour. L'édit du mois d'octobre 1713, qui établit un nouveau réglement pour les tailles, porte que dans les ſaiſies de meubles qui feront faites ſur les contribuables, on leur laiſſera toujours ceux qui ſont réſervés par les ordonnances, enſemble les outils & uſtenſiles ſervant au labourage.

L'article 16 du titre 33 de l'ordonnance de 1667 met une juſte reſtriction à cette faveur : » N'en- » tendons toutefois, eſt-il dit, comprendre les » ſommes dues au vendeur ou à celui qui a prêté » l'argent pour l'achat des mêmes beſtiaux & » uſtenſiles, ni ce qui ſera dû pour fermages des » terres où feront les beſtiaux & uſtenſiles ». Et en effet il ne ſeroit pas équitable qu'un Laboureur abuſant de ſon titre, pût acheter des bœufs, des moutons à crédit, ſans avoir à craindre que le vendeur pût les ſaiſir faute de payement.

Une déclaration du 12 ſeptembre 1742, renouvelée en 1749 pour la province de Languedoc, » fait défenſes aux créanciers des communautés & » à ceux des particuliers qui contribuent aux im- » poſitions de cette province, même aux collec- » teurs, de ſaiſir & faire ſaiſir les beſtiaux de toute » qualité «.

Ces déclarations annoncent une adminiſtration prudente : car il vaut bien mieux que l'état perde quelques parcelles de l'impôt, que d'enlever au cultivateur les moyens de continuer ſon utile travail. Un cultivateur dont on a ſaiſi les troupeaux, les bœufs, ne labourera, ne fumera point ſes terres l'année ſuivante ; il ſera donc encore plus pauvre, & la ſociété aura perdu le produit des peines qu'il ſe ſeroit données : car plus les cultivateurs ſont miſérables, moins ils travaillent ; moins il vient de bled, & plus il eſt cher ; de ſorte que la miſère amène néceſſairement une plus grande miſère : & voilà comme il arrive qu'un peuple nombreux & puiſſant paſſe quelquefois, par la faute de l'adminiſtration, en moins d'un ſiècle, de la richeſſe, de la population, à la pauvreté, à l'épuiſement & à la foibleſſe. On ne peut pas ſe diſſimuler que les campagnes ne ſoient les véritables ſources de l'abondance ; que les laboureurs ne ſoient les abeilles qui forment le miel qui nous nourrit nous autres habitans des villes ; que la deſtruction d'une grange remplie de bled, ou d'une étable, d'une bergerie, dans leſquelles étoit renfermé un riche troupeau, ne ſoient une calamité pour l'eſpèce humaine, plus forte que le renverſement d'un édifice de luxe. La première perte eſt irréparable, car le bled qui viendra l'année d'après, ou les animaux qui naîtront ſeroient toujours venus, & même en plus grande quantité, quand même cette perte qui afflige & ruine celui qui l'a éprouvée ne ſe ſeroit pas fait ſentir. Le malheur exiſte donc toujours, au lieu que la reconſtruction de l'édifice abattu tourne preſque toujours au profit des arts, & à l'avantage de ceux qui en ſont les agens. L'aſpect d'un plus beau monument conſole de la deſtruction de celui qu'il remplace.

On a mis en queſtion, ſi ceux qui ont prêté des grains au Laboureur fermier pour enſemencer ſes terres, ont ſur la récolte, un privilége plus favorable que celui du propriétaire de la ferme. Cette queſtion qui a été portée au parlement de Dijon, a été jugée en faveur du propriétaire, par la raiſon que tout ce qui ſe trouvoit ſur ſes héritages lui appartenoit excluſivement, en vertu de la loi & de la ſtipulation faite avec le fermier.

Je penſe, malgré cet arrêt, que s'il étoit bien prouvé qu'un créancier eût fourni la ſemence d'une terre, il auroit ſur la récolte un droit égal à celui du propriétaire ; car ſans ſa ſemence la terre n'auroit rien produit. Cette ſemence eſt donc la cauſe première de la récolte, ou du moins une cauſe égale à celle de la terre qui l'a reçue ? Les articles 5 & 6 du chapitre 5 de la coutume de Douai, portent que les créanciers, pour labourer & enſemencer, ſeront préférés ſur l'année courante du fermage.

Pluſieurs auteurs, tels que Louet, la Peyrere, & Mornac, mettent en principe, que les moiſſonneurs ont un privilége ſupérieur à celui du propriétaire : par la même raiſon, l'ouvrier qui a labouré & le créancier qui a fourni ſa ſemence devroient auſſi être préférés ; mais il ſeroit à craindre que la mauvaiſe foi d'un fermier ne fît paroître une multitude d'ouvriers & de créanciers de cette nature, pour diſputer au propriétaire le gage de ſon bail, lorſqu'il ſe verroit ſaiſi. En 1709, il y eut une ſi grande calamité répandue ſur les campagnes, la terre fut tellement ravagée, que les fermiers ſe trouvèrent pour la plupart dans l'impoſſibilité d'enſemencer leurs terres pour l'année ſuivante. Il étoit à craindre que perſonne ne voulût leur prêter de quoi faire les premières avances, ſi le propriétaire eut dû avoir un privilége

vilége exclufif fur la récolte. Pour parer à cet inconvénient & déterminer la confiance, il fut rendu une déclaration le 11 juin 1709, enregiftrée le même mois, par laquelle il fut arrêté „ que ceux qui auroient prêté de l'argent ou des „ grains au propriétaire ou à fes fermiers, pour „ la culture des terres & femences de l'année „ 1709, auroient, fur les fruits qui proviendroient de la culture & femence defdites terres, „ un privilége fpécial & préférable à tout autre, „ même aux propres deniers du roi «.

Cet arrêt ne fait pas loi générale, & paroît même n'avoir été rendu que pour une circonftance malheureufe & particulière.

L'article 4 de l'arrêt de réglement rendu le 6 mars 1723, a défendu à toutes perfonnes de lier les gerbes avec des liens pris dans les bois taillis.

L'article 176 de l'édit de Blois de 1579, porte que nul Laboureur ne pourra être établi commiffaire des biens du feigneur duquel il eft fujet.

Comme nous ne voulons rien omettre de ce qui eft relatif à l'article que nous traitons, nous croyons devoir rendre compte de différens arrêts que l'auteur de la collection de jurifprudence a entaffés fans liaifon, & qu'il femble jeter au hafard. Le parlement de Rouen a, dit-il, jugé par arrêt rendu entre les jaugeurs d'Arques, & le nommé *Poulard*, Laboureur, le 30 avril 1745, que les jaugeurs *n'ont pas le droit d'aller en vifite chez les Laboureurs*. Le même auteur fait mention d'un arrêt du confeil du 9 mai 1699, qui avoit fait défenfes aux Laboureurs & à ceux qui nourriffent des troupeaux, » de vendre la „ laine de leurs moutons & brebis, avant qu'ils

» fuſſent tondus «: D'autres arrêts du conſeil, en modifiant ces défenſes, ont ordonné que les laines étant ſur les moutons & brebis *ne pourroient être enarrhées ni vendues avant le mois de mai de chaque année, à peine de confiſcation &* 1000 *livres d'amende.*

L'arrêt de 1737, rendu ſans doute dans l'intention de favoriſer le commerce & les manufactures, & d'empêcher que nos belles laines ne ſoient enlevées & portées chez l'étranger, fait défenſes, ſous les peines de confiſcation & de 1000 livres d'amende, *à toutes perſonnes autres que les marchands de laine ou fabricans d'étoffe d'acheter des laines pour les revendre, en faire trafic & commerce.*

Tout ce que nous avons dit du propriétaire cultivateur peut s'appliquer au fermier; mais les devoirs de celui-ci ſont différens de ceux du Laboureur propriétaire, parce que l'un eſt le maître de ſa choſe; ſa poſſeſſion eſt durable, au lieu que la poſſeſſion de l'autre n'eſt que paſſagère. Le fermier ne doit pas riſquer, en ſe livrant à des ſyſtêmes d'agriculture, ou à des ſpéculations haſardées, de détériorer le domaine qu'il afferme; il doit le tenir en bon état, le rendre tel qu'il l'a reçu du maître qui le lui a confié. Mais il n'eſt pas obligé de faire les avances d'améliorations, dont un autre recueillera ſeul le fruit. La principale obligation du fermier, c'eſt de faire tous ſes efforts pour payer au propriétaire le prix convenu & aux époques fixées. Celle du cultivateur propriétaire, c'eſt de bonifier ſans ceſſe ſa poſſeſſion, de faire produire à la terre tout ce qu'elle peut rapporter, afin que la denrée qui nourrit les hommes ſoit auſſi abondante qu'il

peut dépendre de lui. Il peut fe regarder, avec
une noble fierté, comme le père des citadins,
& s'il arrive à ceux-ci de méprifer fa ruficité,
il peut leur reprocher, à jufte titre, d'être des fils
ingrats. Mais pour acquérir des droits à leurs re-
connoiffances, il ne faut pas qu'un intérêt meur-
trier le tourmente, qu'il entaffe impitoyablement
fes grains; qu'il tienne toujours fes greniers fermés dans l'attente d'un prix plus fort : il eft obligé,
fous peine de répondre à dieu & aux hommes
de la vie de tous ceux que fon avarice aura fait
périr de misère, de concourir de toutes fes facultés à entretenir le bled à un prix qui foit à
la portée du pauvre ; les facrifices ne doivent lui
rien coûter dans des momens de difette.

Perfonne n'a plus befoin d'être aimé de fes
femblables que le cultivateur. Si les malheureux
ne regardent pas fes greniers comme des fources
où ils pourront aller puifer dans leurs befoins,
l'envie les aigrit & fouvent les égare au point de
mettre le feu à des tréfors qui leur paroiffent
étrangers. Les Laboureurs impitoyables ont fouvent occafionné des féditions, des crimes qui
n'auroient jamais eu lieu fans leur avarice barbare. On en a vu rifquer de perdre leur bled,
de le laiffer gâter & dévorer par les infectes,
pour profiter d'une difette qu'ils efpéroient. On
ne peut pas les plaindre lorfque leurs granges,
leurs greniers font ouverts par la populace indi-
gnée, qui ne connoît plus de loi, plus de
propriété, lorfque la faim lui donne le mouvement.

On a cherché à remédier aux inconvéniens
qui peuvent naître, ou de la connivence cruelle
qui pourroit régner entre de riches propriétaires
pour faire monter le prix du bled plus haut que

fon cours naturel, ou de la rigueur du ciel à l'égard d'une province. Le meilleur remède eft celui qui a été apporté en 1774, par un arrêt du confeil qui établit la liberté du commerce des grains & farines dans l'intérieur du royaume. Le comble du malheur & de l'injuftice étoit qu'un même peuple, qui ne forme qu'une même famille, ne pût s'entr'aider dans fes befoins ; qu'une partie regorgeât de vivres, & que l'autre périt de mifère, faute de pouvoir recevoir de fecours de celle qui nageoit dans l'abondance.

Aujourd'hui que la Beauce peut aller nourrir l'Auvergne, que la Normandie peut alimenter la Champagne, les Laboureurs avares & les acapareurs d'une province font en défaut ; car tandis que les uns tiennent leurs greniers fermés, pour mettre à une plus forte contribution le befoin de première néceffité, d'autres arrivent fuivis de voitures, qui ramènent la joie & la vie dans les marchés, & rendent ainfi les fpéculations & les projets des acapareurs funeftes à ceux qui les ont conçus. Voyez au furplus, GRAINS, DÉFRICHEMENT, MOUTON.

(*Cet article eft de* M. DE LA CROIX, *avocat au parlement*).

LACÉRATION. Action de lacéter un écrit, un livre. On ordonne la Lacération des pièces reconnues fauffes, qu'on déclare nulles ; & celle des écrits ou libelles, qu'on fupprime comme fcandaleux ou injurieux à quelque perfonne ou compagnie conftituée en dignité. La Lacération des pièces fauffes fe fait par le greffier, & celle des libelles par l'exécuteur de la haute-juftice.

LACS. On appelle ainſi des pièges formés en nœuds coulans, faits avec du crin, de la ficelle, du fil de laiton, &c.

Ces ſortes de pièges préſentent une méthode ſourde, non point toujours ſecrète, mais preſque toujours infaillible pour détruire le gibier.

C'eſt pour cette raiſon que les ordonnances en ont conſtamment interdit l'uſage, à peine du fouet & de trente livres d'amende pour la première fois, de flétriſſure & de banniſſement en cas de récidive.

Cette défenſe eſt portée par l'article 12 du titre 30 de l'ordonnance de 1669, conforme en cela à la diſpoſition des ordonnances de 1600 & de 1601, article 9.

Mais elle n'a pour objet que les braconniers; elle ne concerne pas ceux qui ont le droit de chaſſe, & qui ſont les maîtres de diſpoſer à leur gré de tout le gibier qui ſe trouve dans l'étendue de leurs terres; il n'y a à cet égard d'exception, que pour le cerf, la biche & le faon, qui ſont de droit un gibier réſervé.

Il eſt d'ailleurs peu de ſeigneurs qui ne ſoient jaloux de conſerver le gibier de leurs terres. Si pour le prendre ils font uſage de Lacs, c'eſt moins pour détruire, que pour ſe procurer un amuſement plus vif.

De plus, on ne préſumera jamais que pour un pareil fait le légiſlateur ait voulu imprimer à un ſeigneur la tache d'infamie, jointe à la peine que prononce l'ordonnance ſur ce ſujet. Cela s'imagine d'autant moins, qu'en rapprochant la diſpoſition des ordonnances pour la chaſſe, on voit qu'il ne s'agit que de peines pécuniaires & non de peines afflictives quand c'eſt un gentilhomme qui eſt tombé dans quelque contravention à ce ſujet.

On voit encore par l'article 2 des anciennes inſtructions ſur le fait des chaſſes, que » perſonne » ne pouvoit tendre aucuns engins & filets pour » prendre faiſans ou perdrix, ſans le congé des » hauts-juſticiers en leurs hautes-juſtices. De plus, l'article 16 de l'ordonnance du mois de mars 1515, ne défend l'uſage de ces ſortes de Lacs, qu'à ceux qui n'ont pas le droit de chaſſe.

Voici comment s'explique cet article.

» Avons prohibé & défendu, prohibons & » défendons à tous nos ſubjects non nobles, & » non ayant droit de chaſſe ou privilége de nous, » qu'ils n'aient chiens, collets, filets, Lacs ou » autres engins à chaſſer, ne prendre lièvres, » hérons, perdrix ni autre gibier, ſur peine de » confiſcation, &c. «.

D'où il réſulte que les défenſes portées par les ordonnances ne ſont que contre les braconniers, & non contre les ſeigneurs hauts-juſticiers ou de fief, parce qu'ils peuvent diſpoſer à leur gré du gibier de leur terre, cette liberté étant attachée au droit de chaſſe que leur donne leur qualité : c'eſt donc une erreur de la part de ceux qui ſoutiennent une opinion contraire ſur le fonde-ment de la diſpoſition de l'ordonnance de 1669, qu'ils interprètent trop à la rigueur.

On ne doit pas conclure de ce que nous avons dit que ceux à qui l'on a accordé la permiſſion de chaſſe ſur une terre, ayent pour cela la liberté d'y tendre des Lacs, parce que cette méthode pour prendre le gibier étant très-deſtructive, ils ne peuvent s'en ſervir qu'avec l'agrément de celui qui leur a permis de chaſſer. S'il en étoit autrement, il arriveroit que ceux à qui l'on auroit accordé des permissions de chasse seroient les maîtres d'en user d'une manière contraire à la volonté du seigneur qui les auroit données, ce qui seroit contre la raison, qui veut que dans l'usage d'une chose on se renferme dans les bornes prescrites par celui qui l'a accordée.

S'il ne s'agissoit cependant que d'oiseaux de passage, tels que les becasses, grives, canards, &c. dont le séjour n'est que momentanée dans une terre, on pense que la permission de chasse comprendroit celle de prendre ces sortes de gibier avec des Lacs, étant très-ordinaire de se servir de cette méthode pour y tendre, à moins toutefois que le seigneur n'y ait pas consenti.

Voyez les ordonnances de 1515, *de* 1600, *de* 1601 *& de* 1669. Voyez aussi les mots CAPITAINERIE, CHASSE, &c.

(*Cet article est de M. HENRIQUEZ, avocat, &c.*)

LAI, LAIE. Chez les moines on appelle *frère Lai*, un homme pieux, & non lettré, qui se donne à quelque monastère pour servir les religieux.

Le frère Lai porte un habit un peu différent de celui des religieux; il n'a point de place au chœur, & point de voix en chapitre; il n'est ni dans les ordres, ni même souvent tonsuré, & ne fait vœu que de stabilité & d'obéissance.

Frère Lai, se prend aussi pour un religieux non lettré, qui a soin du temporel & de l'extérieur du couvent, de la cuisine, du jardin, de la porte, &c. ces frères Lais font les trois vœux de religion.

Dans les monastères des religieuses, outre les dames de chœur, il y a des filles reçues pour le service du couvent, & qu'on nomme *sœurs Laies* ou sœurs converses.

L'institution des frères Lais commença dans l'onzième siècle : ceux à qui l'on donnoit ce titre, étoient des religieux trop peu lettrés pour pouvoir devenir clercs, & qui, par cette raison, se destinoient entièrement au travail des mains ou au soin du temporel des monastères; la plupart des laïques dans ce temps-là n'ayant aucune teinture de lettres. De là vint aussi qu'on appela clercs, ceux qui avoient étudié & qui savoient lire, pour les distinguer des autres.

On appeloit autrefois moine Laï, un soldat entretenu par une abbaye ou un autre bénéfice à la nomination du roi.

On appelle *cour laie*, une juridiction séculière.

LAIE. On appelle ainsi en termes d'eaux & forêts, une route pratiquée par l'arpenteur autour d'un canton de bois destiné à être vendu.

L'article 6 du titre 15 de l'ordonnance des eaux & forêts du mois d'août 1669, veut que l'arpenteur fasse en présence du sergent de la garde, les Laies nécessaires pour le mesurage.

L'article 7 défend de donner plus de trois pieds aux Laies destinées au passage des porte-perches & des marchands qui vont visiter les ventes. En cas de contravention, l'arpenteur qui a fait des Laies plus larges, doit être condamné à une amende de cent livres & de la restitution du double de la valeur du bois abattu.

Suivant l'article 8, les bois abattus dans les Laies appartiennent à l'adjudicataire, sans que les arpenteurs ni les fergens à garde y puiffent prétendre àucune part : il leur eft défendu de les enlever, à peine de cent livres d'amende & d'interdiction; & la même défenfe eft faite aux riverains, à peine de punition exemplaire.

LAINE. Cette matière eft trop connuë par fon utilité, & par les différens ufages auxquels on l'applique, pour avoir befoin de définition. Nous devons nous borner à faire connoître les droits qu'elle doit, tant dans le commerce intérieur, que dans le commerce extérieur d'exportation ou d'importation.

Toutes Laines non filées, apportées du pays étranger dans le royaume, ne doivent aucun droit d'entrée, depuis les arrêts des 12 novembre & 9 décembre 1749. Mais comme il en vient auffi du Levant, & que toute efpèce de marchandife originaire de ces contrées ne peut être introduite en France que par le commerce de Marfeille, à peine de payer un droit de vingt pour cent de la valeur, il eft néceffaire que les Laines foient accompagnées du certificat des magiftrats des lieux d'où elles proviennent, qui conftate qu'en effet elles n'ont pas été prifes en Afie ou en Afrique. C'eft ce qui eft ordonné par l'arrêt du confeil du 11 janvier 1746.

Cependant, comme plufieurs Laines des états de l'Europe peuvent par leur nature & leur confiftance fe diftinguer facilement de celles du Levant, elles ont été difpenfées du certificat en queftion. Telles font les Laines d'Efpagne & d'Angleterre. Le confeil a décidé auffi, le 3 juillet 1762, que les Laines frifées apportées du Nord étoient dans le même cas. Il en eft de même des

Laines qui viennent directement de Lisbonne &
& des autres ports du Portugal, fans toucher
en aucun pays étranger. On rapporte les décifions
du confeil fur ce dernier article, aux 25 novembre
1757 & 23 juillet 1761. Les Laines de Vigogne
qui ne font pas apportées immédiatement d'Efpagne, celles qui font introduites par Dunkerque,
doivent 30 fous du quintal, fuivant l'arrêt du 22
décembre 1750, &c.

Cette difpofition a été confirmée le 23 juillet
1761.

Les Laines filées ne participent point à l'exemption abfolue accordée à l'entrée aux Laines en
maffe ou brutes. Elles doivent les droits des tarifs
établis dans les provinces, par lefquelles fe fait
leur importation. Ainfi, les Laines filées, foit fines,
foit groffes de toutes couleurs, doivent à leur introduction dans les provinces des cinq groffes
fermes, cinq livres du cent pefant, fuivant le
tarif de 1664. Il faut cependant faire une exception en faveur des Laines filées d'Angleterre:
elles ne doivent que trois livres par quintal dans
tout le royaume, d'après l'arrêt du 31 mai 1743.
Si ces mêmes Laines filées d'Angleterre étoient
teintes, elles feroient prohibées, ainfi que le confeil l'a décidé le 15 août 1750.

A la circulation, c'eft-à-dire au paffage d'une
province dans une autre, les Laines non filées
ou filées & teintes ne doivent aucun droit:
mais, cette franchife néceffaire pour la facilité des
approvifionnemens des fabriques nationales auroit
les plus grands inconvéniens, fi elle s'étendoit aux
Laines exportées du royaume. Auffi, pour y conferver cette matière précieufe, les arrêts des 12 novembre 1749 & 15 août 1758, impofent en ce

tas un droit qui équivaut à la prohibition. Il eſt
ſur les Laines non filées, de 25 livres par quintal,
& ſur les Laines filées, de 30 livres. En même
temps, pour attirèr l'abondance des Laines brutes
dans le royaume, l'arrêt du 17 décembre 1754
a ordonné que toutes celles qui auroient été im-
portées du pays étranger pourroient librement y
êtrè réexportées par différens bureaux déſignés
dans un autre arrêt du 15 août 1758 (*).

(*) *Voici cet arrêt :*

Le roi s'étant fait repréſenter en ſon conſeil l'arrêt rendu
en icelui le 17 décembre 1754, par lequel ſa majeſté auroit
permis la ſortie libre, & en exemption de tous droits, par
tous les ports du Ponant, des Laines non filées venues de
l'étranger dans le royaume : & ſa majeſté conſidérant qu'il
ſeroit également utile de permettre la ſortie libre par terre,
& en exemption de tous droits deſdites Laines étrangères.
A quoi voulant pourvoir : oui le rapport du ſieur de Boul-
longne, conſeiller ordinaire au conſeil royal, contrôleur-
général des finances, le roi étant en ſon conſeil, a ordonné
& ordonne que la liberté de ſortie par les ports du Ponant,
en exemption de tous droits, des Laines non filées venues
de l'étranger dans le royaume, accordée par l'arrêt du 17
ſeptembre 1754, aura lieu pareillement pour toutes les ſorties
du royaume par terre ci-après déſignées ; ſavoir, du côté
de la Flandre & pays conquis, les bureaux de la baſſe-ville
de Dunkerque, ceux d'Ypres, Lille, Valenciennes, Maubeuge, Givet & Rocroy : du côté du Luxembourg & pays
de Liége, ceux de Torcy & de Sedan : par la Lorraine, ceux
de Sainte-Ménehould & de Saint-Dizier : par les Trois-
Évêchés, celui de Sierk : par l'Alſace, pour l'Allemagne,
celui de Strasbourg ; & par la même voie pour la Suiſſe,
celui de Bourgfelden : par la Franche-Comté, celui de Jougne ;
& pour la deſtination de Genève & de Suiſſe, ceux de
Seiſſel & de Coullonges, (auquel Longeray a été ſubſtitué
par arrêt du 28 février 1776) : du côté de la Savoye,
ceux de Pont-de-Beauvoiſin & de Chaparillan : du côté de
la Catalogne, ceux de Perpignan & du Boullou : pour Mar-

~ Il eſt bon d'obſerver, à l'égard de l'arrêt de 1754, qui permet la ſortie en franchiſe des Laines étrangères par tous les ports du Ponant, que le conſeil a décidé le 16 avril 1755, que par ces mots il falloit entendre tous les ports ſitués ſur l'Océan, depuis Dunkerque juſqu'à Bayonne.

· Les Laines peignées ſeulement, ſont au même rang que les Laines non filées à la ſortie du royaume, c'eſt-à-dire qu'elles ne doivent que 25 livres du quintal. Celles qui ſont en matelas, tant vieilles que neuves, doivent le même droit depuis l'arrêt du conſeil du 28 février 1773.

· Les Laines filées, teintes ou blanches, & propres à faire de la tapiſſerie à l'aiguille, ne doivent point le droit prohibitif de 30 livres du quintal à leur exportation du royaume. L'arrêt du conſeil du 29 mars 1729, a réglé qu'elles n'acquitteroient que les droits de ſortie qui ont lieu dans les différens bureaux par leſquels s'effectueroit leur exportation. Mais en même temps, pour prévenir les abus que pouvoit occaſionner cette facilité, & pour éclairer les prépoſés des fermes ſur la nature & l'état de ces Laines filées, le conſeil, après s'être fait donner des éclairciſſemens à cet égard par les chambres du commerce, a adreſſé

ſeille, celui de Septèmes : pour Bayonne, celui de la coutume de ladite ville ; & pour l'Eſpagne, ceux de Béhobie, Aſcaing & Ainhoa. Dérogeant à cet effet ſa majeſté aux diſpoſitions de l'article 5 de l'arrêt du conſeil du 12 novembre 1749, qui ſera au ſurplus exécuté, tant pour l'exemption des droits d'entrée des Laines venues de l'étranger, que pour la perception des droits de ſortie des Laines du crû du royaume. Fait au conſeil d'état du roi, tenu à Verſailles le 15 août 1758. Collationné.

Signé DE VOUGNY.

le 30 mai 1729, aux fermiers généraux, une instruction sur les moyens de distinguer les Laines filées propres à tapifferie des autres fortes. Il réfulte de cette instruction, que les Laines blanches destinées à faire de la tapifferie à l'aiguille sur cannevas, se reconnoissent, en ce qu'elles sont dégraissées & soufrées ; & avec cet apprêt elles ne sont propres à aucun autre usage. Ces mêmes Laines se plient dans des papiers bruns ; & il ne s'en fait jamais d'envoi de plus de cinquante livres, quelque assortiment qu'il y ait en couleurs. Au contraire, les Laines propres aux manufactures & aux métiers ne peuvent se tirer qu'en écru filées, simples ou torses ; elles s'envoyent communément par ballots de cinquante, cent & cent cinquante livres, mais sans être enveloppées par paquets & dans du papier.

Il est encore plusieurs autres précautions dont le conseil a prescrit l'observation en diverses provinces, pour concilier les facilités dues aux fabriques, avec la nécessité d'empêcher l'abus d'une liberté trop étendue. Ainsi toutes sortes de Laines filées ou non filées ne peuvent être conduites dans les quatre lieues du Dauphiné, frontières de l'étranger, sans payer les droits de sortie, ou représenter un certificat de l'entrepreneur des fabriques pour lesquelles elles sont destinées. C'est ce qui est ordonné par l'arrêt du conseil du 28 septembre 1745. Un autre arrêt du 6 juillet 1749, porte que les manufacturiers ou fabricans établis à Maubeuge & dans les villages des quatre lieues de l'extrême frontière du Hainaut ne pourront avoir chez eux que la quantité de Laine qui leur est nécessaire pour la consommation de leur fabrique pendant deux mois.

En Flandre, l'arrêt du conseil du 28 juin 1723, confirmé depuis par la décision du conseil du 30 septembre 1749, a permis que toute partie de Laine du poids de cent livres & au dessous, pût être envoyée de Lille dans les paroisses des environs, quoique situées dans la lieue frontière du pays étranger, sans être assujettie à aucune déclaration, acquit à caution ou passavant, pour y être filée, employée à la fabrication, ou apprêtée; mais tout ce qui est au dessus de cent livres est sujet à déclaration, & doit être accompagné d'une expédition de bureau, dans laquelle doit être fixé le temps nécessaire pour que la marchandise puisse arriver à sa destination par la route ordinaire, à peine de confiscation & de 300 liv. d'amende.

Voyez le tarif de 1664, commenté & imprimé à Rouen en 1758; l'instruction donnée aux employés de la ferme en Flandre & Hainaut sur le tarif de 1671, in-4°., imprimé à l'imprimerie royale en 1754; les différens arrêts cités.

(*Article de M. D***.*)

LAIQUE. Qui n'est ni ecclésiastique ni religieux.

Les Laïques sont soumis à la juridiction ecclésiastique en matière purement spirituelle. Les officiaux exercent d'ailleurs une juridiction sur les hôpitaux & sur les fabriques.

Les Laïques ne peuvent point posséder de bénéfice ecclésiastique, à cause de l'office qui y est annexé : mais ils peuvent obtenir à titre d'aumône, des pensions sur des bénéfices. La destination des biens & revenus de l'église, loin d'être opposée à ces maximes, y est au contraire très-conforme. En effet, fuivant l'efprit de l'églife, fes revenus font deftinés à la fubfiftance de fes miniftres, à entretenir les temples, les fournir d'ornemens, à fubvenir aux dépenfes du fervice divin, & à donner tout le refte aux pauvres.

Les Laïques ne font point admis en France dans les élections eccléfiaftiques, à moins que ce ne foit pour les protéger ; ainfi l'on voit fouvent un commiffaire du roi préfider aux élections eccléfiaftiques pour obvier aux brigues & aux troubles qu'elles pourroient occafionner.

Un Laïque peut être choifi pour arbitre, feul ou conjointement avec un clerc dans les caufes eccléfiaftiques, puifqu'il peut accepter un bénéfice ou requérir pour un eccléfiaftique, *tanquam minifter*. Il n'eft défendu au Laïque par les loix que de juger & de difpofer en matières eccléfiaftiques.

A l'égard de la juridiction temporelle attribuée à un bénéfice, non feulement le bénéficier ou prélat peut en donner l'exercice à un Laïque, mais même il le doit.

C'eft un principe reçu, que les Laïques ne font jamais liés en matières purement profanes par les conftitutions canoniques, s'ils ne font fujets ou vaffaux de l'églife.

LALLŒU (PAYS DE). C'eft le nom collectif de quatre paroiffes confidérables des Pays-Bas, favoir la Ventie, Sailly, Fleurbais & la Gorgue. Voici ce qu'en dit M. Dubois d'Hermaville en fon recueil d'arrêts du parlement de Flandre, page 97 : »Les quatre paroiffes du pays de

» Lallœu & le bourg de la Gorgue (*), com-
» posent un franc-aleu qui étoit autrefois du patri-
» moine de la chaire de saint Pierre, donné
» depuis à l'abbaye de saint Vaast d'Arras, en
» faveur de laquelle ce petit pays a été amorti,
» de manière qu'il n'a été sujet à aucun impôt
» ni subside envers aucun prince séculier «.

On voit par-là que le mot *Lallœu* a été formé
par corruption d'*aleu*, & que l'on a donné cette
dénomination à ce pays par le même motif que
l'on a appelé *franc-aleu* un petit canton de
l'Auvergne qui jouit à peu près des mêmes
exemptions.

Maillart dit en ses observations sur le décret
d'homologation de la coutume d'Artois, qu'un
» arrêt du 7 décembre 1596 a fait ressortir le
» pays de Lallœu dans les affaires ordinaires, à la
» salle abbatiale de saint Vaast, & de là au con-
» seil provincial d'Artois «.

Des lettres-patentes du mois d'août 1671
avoient uni & incorporé le pays de Lallœu aux
châtellenies de Lille, Douai & Orchies, pour
par les états de ces châtellenies y exercer les
mêmes droits qu'ils exerçoient sur les paroisses
& communautés de leur ancien arrondissement,
avec permission d'y imposer tels centièmens &
autres moyens usités qu'ils jugeroient convenir
pour le payement de l'aide, leur attribuant à cet

(*) Le bourg de la Gorgue, distingué de la paroisse du
même nom, n'est point du pays de Lallœu, quoiqu'il
jouisse des mêmes exemptions. Voyez le coutumier général
de Richebourg, tome 1, pag. 376 & 377.

effet

effet toute juridiction en première instance, sauf l'appel au conseil provincial d'Artois.

. » Les états de Lille, dit M. Dubois d'Her-
» maville à l'endroit cité, ont acquis, au moyen
» de cette union, une juridiction immédiate sur
» ce pays, en ce qui concerne la levée des impôts :
» mais la difficulté est de savoir si cette union a
» distrait ces habitans du ressort de l'Artois où
» ils étoient justiciables en toute matière ? Et il a
» paru que les lettres-patentes du mois d'août
» 1671 ne contenoient point de dérogation à
» la juridiction des juges de l'Artois, ni d'attri-
» bution du ressort au parlement de Flandre.
» C'est pourquoi dans l'appel que Jacques-Wal-
» lerand de Baulincourt avoit interjeté en la cour
» de la sentence rendue contre lui par le juge des
» états de Lille, sur le fait des impôts, en fa-
» veur de Philippe Cardon, habitant de la paroisse
» de la Ventie, ledit Cardon a proposé un dé-
» clinatoire, soutenant que l'appel devoit être
» porté au conseil d'Artois, & qu'il étoit mal
» intimé en la cour. Ce qui a été ainsi jugé par
» arrêt du 16 juin 1650, sur les conclusions du
» procureur-général du roi «.

. Les lettres-patentes dont on vient de parler n'avoient été enregistrées au conseil d'Artois qu'en vertu de lettres de jussion. Les états d'Artois ne tardèrent pas à se pourvoir au conseil pour en faire ordonner le rapport : les habitans du pays de Lalloeu donnèrent une requête à la même fin, & demandèrent en même temps d'être remis en l'état où ils étoient avant leur union aux châtel-lenies de Lille, Douai & Orchies, sous l'offre de continuer le payement de 870 mines d'avoine d'ancienne redevance, & de 10500 liv. qui avoient

été impofées à titre d'aide par les états de Lille.
L'abbaye de Saint-Vaaft, ne vit pas tous ces mouvemens d'un œil tranquille ; elle donna pareillement
une requête pour faire révoquer l'union, & fe
faire rétablir dans l'état où elle fe trouvoit par
rapport à ce pays avant le mois d'août 1671.
De fon côté, le bourg de la Gorgue demanda
d'être remis dans fon ancienne indépendance des
états de Lille & de ceux d'Artois , & maintenu
dans tous fes droits & privilèges.

. Le confeil a ftatué fur toutes ces demandes
par arrêt du 15 novembre 1717, dont voici le
difpofitif : » Ordonne que les lettres-patentes du
» mois d'avril 1671, portant union dudit pays
» de Lallœu à la châtellenie de Lille , feront
» rapportées & demeureront nulles & comme
» non avenues : ce faifant, fa majefté a réuni
» & réunit ledit pays de Lallœu à la province &
» comté d'Artois, pour être régi & gouverné par
» les états d'Artois, comme le refte de ladite
» province, fans néanmoins que le préfent arrêt
» puiffe nuire ni préjudicier au gouverneur de
» Lille, qui continuera d'exercer la même auto-
» rité que par le paffé dans ledit pays de Lallœu,
» comme étant compris dans fes provifions : &
» fera le bourg de la Gorgue cenfé & réputé
» de la province de Flandre, comme il l'a toujours
» été : maintient au furplus fa majefté les abbé
» & religieux de l'abbaye de Saint-Vaaft d'Arras,
» dans tous les droits, privilèges & juridiction
» qui leur appartiennent fur ledit pays de Lallœu,
» pour en jouir par eux de la même manière
» qu'ils en ont joui ou dû jouir avant l'année
» 1671.

. Le coutumier général de Richebourg renferme

des rédactions de la coutume du pays de Lallœu,
des 1 mars 1543, 7 novembre & 2 décembre
1669 : mais elles sont toutes imparfaites &
inexactes. On en a fait une nouvelle dans notre
siècle, & elle a été confirmée par lettres-patentes
du 18 juin 1745, enregistrées au parlement de
Paris le 27 juillet suivant.

Le dernier article de cette nouvelle coutume
renvoie à celle d'Artois la décision des cas non
prévus, & par là abroge l'ancien usage, qui étoit,
suivant Maillart, de suppléer par la coutume non
homologuée de l'abbaye de Saint-Vaast, à celle
du pays de Lallœu.

Les échevins du pays de Lallœu ont été maintenus par arrêt du conseil du 18 mars 1698,
dans le droit & possession de connoître de toutes
les affaires civiles, criminelles & de police, &
de recevoir par deux d'entre eux toutes sortes
de contrats.

L'article premier de la nouvelle coutume
porte même que leur juridiction s'étend sur les
fiefs comme sur les rotures ; mais, suivant l'article
3, ce n'est point à eux à passer les devoirs de
loi des fiefs, ce droit n'appartient qu'aux hommes
de fiefs dont ces biens relèvent.

*Voyez les arrêts de M. Dubois d'Hermaville ;
Maillart sur la coutume d'Artois ; le code des
coutumes d'Artois ; le coutumier général de Richebourg ; le recueil des édits & réglemens rendus pour
la Flandre, &c. Voyez aussi les articles* ARTOIS,
FLANDRE, ECHEVINS, HOMMES DE FIEFS, ECART,
ENTRAVESTISSEMENT, &c.

*(Article de M. MERLIN, avocat au parlement
de Flandre).*

LAMANEUR. C'eſt un pilote ou marinier qui fait le lamanage, c'eſt-à-dire, qui conduit les vaiſſeaux étrangers dans les rades ou dans les ports, lorſque les parages ſont dangereux & inconnus à ceux qui les abordent. Il y a auſſi des Lama‑ neurs vers l'embouchure des rivières : on les loue pour éviter les bancs, les ſyrtes & autres dangers que, la mer. déplace preſque tous les ans, comme à Rouen, par exemple, où il y a des Lamaneurs fixés de deux lieues en. deux lieues.

L'article premier du titre 3 du livre 4 de l'or‑ donnance de la marine du mois d'août 1681, veut que dans les ports où il eſt néceſſaire d'établir des pilotes Lamaneurs, le nombre en ſoit réglé par les officiers de l'amirauté, de l'avis des échevins & des notables bourgeois.

Suivant l'article 2, nul ne peut faire les fonc‑ tions de Lamaneur, qu'il, ne ſoit âgé de 25 ans, & qu'il n'ait été reçu pardevant les officiers de l'amirauté, après avoir été examiné, tant en leur préſence, qu'en celle de deux échevins ou notables bourgeois, par deux anciens Lamaneurs & deux anciens maîtres de navire.

Ce qui doit faire. la matière de cet examen eſt expliqué par l'article 3. Cette loi veut que le Lamaneur ſoit interrogé & réponde ſur la con‑ noiſſance & l'expérience qu'il a des manœuvres & fabriques des vaiſſeaux, enſemble des cours & marées, des bancs, courans, écueils & autres empêchemens qui peuvent rendre difficiles l'en‑ trée ou la ſortie des rivières, ports & havres du lieu de ſon établiſſement.

Les Lamaneurs ſont obligés, par l'article 4, de tenir leurs chaloupes garnies d'ancres & d'avi‑ rons, & d'être en état d'aller au ſecours des vaiſ‑

feaux au premier ordre ou fignal, à peine de dix livres d'amende, & de plus grande peine le cas échéant.

L'article 5 fait défenfe, fous peine de punition corporelle, à tout marinier qui n'eft pas reçu pilote Lamaneur, de fe préfenter pour conduire les vaiffeaux tant à l'entrée qu'à la fortie des ports & rivières : cependant au défaut de pilotes Lamaneurs, les maîtres des navires peuvent, fuivant l'art. 6, fe fervir de pêcheurs pour les piloter.

Mais lorfqu'avant que les lieux dangereux foient paffés, un Lamaneur fe préfente au maître qui a un pêcheur à bord, ce Lamaneur doit être reçu, & fur fon falaire doit être déduit celui du pêcheur. C'eft ce qui réfulte de l'art. 7.

Suivant l'article 8, le Lamaneur qui étant ivre entreprend de piloter un vaiffeau, doit être condamné à une amende de cent fous, & interdit du pilotage pour un mois.

L'article 9 enjoint aux Lamaneurs de piloter les bâtimens qui fe préfentent les premiers, & leur défend de préférer les plus éloignés aux plus proches, à peine de 25 liv. d'amende.

Il leur eft auffi fait défenfe par l'article 10, d'aller plus loin que les rades au devant des vaiffeaux qui veulent entrer dans les ports & havres, de monter dans les navires contre le gré des maîtres (*), & de quitter les bâtimens entrans avant

---

(*) Quoiqu'il foit libre à tout maître de navire de prendre un pilote Lamaneur ou de s'en paffer, il lui importe néanmoins d'en prendre un, quand même il connoîtroit parfaitement le port, les rades, la rivière où il veut entrer ou dont il doit fortir. La raifon en eft qu'à défaut de cette

qu'ils ne soient ancrés ou amarrés au port; & ceux qui sortent, avant qu'ils ne soient en pleine mer, à peine de perte de leurs salaires, & de 30 liv. d'amende.

2. Aussi-tôt que le pilote Lamaneur est à bord du vaisseau, le maître ou capitaine doit lui déclarer combien son bâtiment tire d'eau, à peine de 25 liv. d'amende au profit du Lamaneur pour chaque pied recélé. Telles sont les dispositions de l'art. 11.

3. Cette règle a été établie, parce qu'il y a des bas fonds sur lesquels un navire peut passer sans danger; tandis qu'un autre qui tire plus d'eau pourroit y échouer.

L'article 12 a ordonné qu'il seroit fait en chaque port, par le lieutenant de l'amirauté, à la diligence du procureur du roi, & de l'avis des

---

précaution, il prend les dangers sur son compte, & se rend responsable de tout le dommage qui peut en résulter aux propriétaires du navire & aux marchands chargeurs. C'est la disposition expresse de la loi *Item quæritur*, 13, *par. si magister*, *ff. locati*; & celle de l'article 9 du titre des avaries d'une ordonnance de Philippe II, roi d'Espagne, qui prononce en outre contre le maître une amende de 100 livres, sans examiner s'il a été requis ou non par son pilote ou par son équipage, de prendre un Lamaneur comme l'ordonnance de Wisbuy semble le désirer.

Au surplus, la liberté de prendre ou de ne pas prendre de pilote n'a pas lieu lorsqu'il s'agit d'entrer dans les ports ou rivières où se trouvent entretenus des vaisseaux du roi: il faut en cas pareil, que les bâtimens marchands de cent tonneaux & au-dessus prennent nécessairement des pilotes pour les conduire & éviter les abordages, à peine contre les contrevenans de cinquante livres d'amende applicable aux hôpitaux de marine, & de réparation du dommage en cas d'abordage. C'est ce qui résulte de l'article 3 du titre premier du livre 11 de l'ordonnance du mois d'avril 1589.

échevins ou de deux notables bourgeois, un réglement du salaire des Lamaneurs, lequel seroit
inscrit dans un tableau mis au greffe & affiché sur
le quai (*).

(*) Le législateur a laissé aux officiers des amirautés le
soin de fixer les salaires dont il s'agit, parce qu'il n'étoit
pas possible de faire à ce sujet un réglement général pour
tout le royaume, non seulement à cause de la différence
du prix des vivres, mais encore à raison de la différente
situation des ports, qui rend les passages plus ou moins difficiles. Il est d'ailleurs évident que des réglemens de cette
nature sont sujets à varier comme le prix des denrées. Voici
celui qui a été fait à l'amirauté de la Rochelle, le 18 août
1745.

» LOUIS-JEAN-MARIE DE BOURBON, duc de Penthièvre,
» de Château-Vilain & de Rambouillet, lieutenant-général
» des armées du roi, gouverneur & lieutenant-général de
» la province de Bretagne, pair & amiral de France, à tous
» ceux qui ces présentes lettres verront; salut: savoir
» faisons, que, sur la remontrance à nous faite par le pro-
» cureur du roi, qu'ayant été informé que les pilotes-côtiers
» de ce port percevoient des capitaines, tant des bâtimens
» François qu'étrangers, des droits plus forts que ceux qui
» leur sont attribués par le réglement fait en ce siége le 2
» janvier 1721, soit pour la sortie des navires du port &
» pour les piloter dans les endroits qui y sont indiqués, soit
» pour les entrer dans le havre, il auroit interrogé lesdits
» pilotes-côtiers sur le fait de cette prévarication dont ils
» étoient accusés; lesquels lui auroient avoué qu'effective-
» ment ils prenoient en certaines occasions quelque chose
» au dessus de la taxe, mais que cette rétribution excé-
» dante, qui étoit toujours volontaire, avoit pour fon-
» dement, ou le travail extraordinaire dont ils étoient
» chargés par les circonstances, ou la proportion de la
» distance des lieux, laquelle proportion n'avoit pas été
» exactement gardée lors dudit réglement; & au surplus,
» ils lui auroient observé qu'il ne leur étoit plus possible
» de piloter les navires sur le pied dudit réglement, parce
» que depuis on a établi des fascines qui commencent à

On conçoit que fi le falaire des pilotes Lamaneurs n'étoit pas réglé, les maîtres de navires

---

» la fortie du havre, & vont jufqu'à la digue ; ce qui forme
» un canal qui rend cette fortie, ainfi que l'entrée, extré-
» mement dangereufe ; qu'avant que les fafcines fuffent
» établies, en fortant un vaiffeau du havre, quoique fou-
» vent le vent fût contraire pour fe rendre à la rade, on
» louvoyoit au dedans de la digue d'un bord à l'autre,
» & l'on gagnoit la rade ; mais qu'à préfent, quelque
» bon que foit le vent, on ne peut s'en fervir qu'après
» être forti des fafcines, entre lefquelles il faut haller les
» vaiffeaux par des touées entre les deux bords, à quoi
» l'on paffe fouvent plufieurs marées, ce qui alonge leur
» travail & le rend très-pénible par la crainte qu'ils ont
» de faire toucher les vaiffeaux fur les fafcines, où il ne
» s'en eft déjà que trop perdu ; que d'ailleurs les fonds des
» entrées des rivières & des rades ayant changé, & le pi-
» lotage étant devenu plus difficile par les bancs de fable
» qui s'y forment tous les jours, il leur faut par confé-
» quent employer plus de temps à piloter les vaiffeaux qu'il
» ne faifoient ci-devant, à quoi ils requéroient qu'il nous
» plût avoir égard. Sur lefquelles repréfentations, le pro-
» cureur du roi les ayant remis à fe pourvoir, & cependant
» fait défenfes d'excéder le taux dudit réglement, ils nous
» ont préfenté leur requête le 16 juin dernier, tendante à
» une augmentation proportionnée à leur travail, au temps
» qu'ils employent à chaque vaiffeau qu'ils pilotent & à la
» diftance des lieux ; qu'ayant ordonné que cette requête
» feroit communiquée à MM. les directeurs & fyndics
» de la chambre du commerce, ils auroient donné leur
» avis en conféquence, par lequel ils reconnoiffent qu'il
» y a véritablement lieu d'augmenter la taxe defdits pi-
» lotes fur tous les articles dudit réglement, & qu'il con-
» vient de fixer leurs falaires pour les navires qu'ils pilotent
» dans les lieux qui n'y font pas défignés ; en forte qu'étant
» néceffaire, par toutes ces confidérations, de changer &
» d'étendre ledit réglement, il requéroit qu'il nous plût d'en
» faire un nouveau, dans lequel, en gardant des propor-
» tions, la rétribution defdits pilotes-côtiers fût établie de
» manière à prévenir tout abus & tout fujet de plainte,

feroient en quelque manière livrés à leur difcré-
tion, ou du moins il s'éleveroit entre eux de fré-

—

» avec défenfes auxdits pilotes-côtiers d'exiger & recevoir
» des fommes plus confidérables que celles qui leur feroient
» attribuées, fur peine de cinquante livres d'amende ; &
» afin que tous ceux que ledit règlement nouveau intéref-
» feroit puffent en avoir connoiffance, ordonner qu'à fa
» diligence il feroit imprimé, lu, publié & affiché à la
» manière accoutumée.

» Sur quoi, vu ladite requête, l'avis defdits fieurs di-
» recteurs & fyndics de la chambre du commerce, & ouï
» ledit procureur du roi. Nous, faifant droit fur le tout,
» avons fait le règlement qui fuit :

» ARTICLE I. Pour tous les vaiffeaux qui feront pris
» dans le havre de cette ville, foit François ou étrangers,
» de quelque grandeur qu'ils foient, pour les conduire dans
» les endroits ci-après indiqués, il fera payé aux pilotes
» les fommes fuivantes ; favoir :

» Pour le dedans de la digue, ... 6 liv.
» Pour la rade de chef de baie, ... 9
» Pour la rade de la palice, ... 12
» Pour les rades de la flotte, de Saint-Martin,
» d'Eguillon, & l'île d'Aix, ... 15
» Pour le port des barques, Loyx & le Brand, . 18
» Pour Brouage, les couraux d'Oleron & la ri-
» vière de Seudre, ... 24
» Pour la Tremblade & Rochefort, ... 27
» Pour Clarivette, ... 30
» Pour Mornac, ... 33
» Pour Bordeaux, ... 42

» II. Il fera payé pareil droit auxdits pilotes qui pren-
» dront les vaiffeaux dans les endroits ci-deffus indiqués,
» pour les entrer dans le havre, & s'ils n'entrent, les con-
» duire qu'au dedans de la digue fans les conduire dans le
» havre, il leur fera déduit la fomme de trois livres.

» III. Si les navires font pris en la rade de la palice, ou
» chef de baie, pour les conduire aux autres endroits in-
» diqués par le premier article, il leur fera auffi diminué
» la fomme de trois livres de la taxe portée audit article.

quentes conteftations qui nuiroient au commerce
& à la navigation.

Il eft défendu aux Lamaneurs d'exiger de plus
grandes fommes que celles que porte le regle-
ment, fous peine de punition corporelle, fi ce
n'eft routefois en cas de tourmente & de péril
évident. En pareille circonftance il doit leur être
fait une taxe particulière par les officiers de l'amirauté, de l'avis de deux marchands, eu égard au
travail qu'ils ont fait & au danger qu'ils ont couru.
Telles font les difpofitions de l'art. 13.

» IV. Si au contraire les pilotes prennent les navires dans
» les rades de la flotte, Saint-Martin, foffe de Loyx ou
» d'Éguillon, pour aller dans les couraux d'Oleron, rivière
» de Seudre & de Rochefort; il leur fera payé trois livres
» d'augmentation.

» V. Faifons défenfes auxdits pilotes de piloter & con-
» duire les vaiffeaux qui fe diront de relâche, pour quelque
» endroit qu'ils foient deftinés, à moins que les capitaines
» defdits vaiffeaux n'aient fait leur déclaration de relâche à
» notre greffe, à peine de cinquante livres d'amende.

» VI. Faifons pareillement défenfes auxdits pilotes de
» prendre ni exiger des capitaines des vaiffeaux ou des
» armateurs, autres ni plus grands droits que ceux ci-
» deffus, à peine auffi de cinquante livres d'amende pour
» la première fois, & en cas de récidive, d'être déchus du
» pilotage; leur enjoignons au furplus de garder & obferver
» les ordonnances & règlemens de la marine, fous les
» peines y contenues; & avons permis au procureur du roi
» de faire imprimer, lire, publier & afficher le préfent
» règlement par-tout où befoin fera. Fait & donné par
» nous LOUIS-THÉODORE BERAUDIN, écuyer, confeiller
» du roi, lieutenant & juge ordinaire, civil & criminel,
» commiffaire-enquêteur-examinateur & garde-fcel du fiége
» de l'amirauté de cette ville de la Rochelle, de l'avis de
» M. Pierre-Jean-Baptifte Griffon, confeiller du roi en ce
» fiége, le 18 août 1745. Signé à la minute, BÉRAUDIN,
» GRIFFON, VALIN, procureur du roi; & REGNAUD,
» greffier ».

Et l'article 14 déclare nulles toutes les promesses qui peuvent avoir été faites aux Lamaneurs dans le danger du naufrage.

Il est enjoint par l'article 15 aux Lamaneurs de visiter journellement les rades des lieux où ils font établis, de lever les ancres qui y ont été laissées, & d'en faire dans les vingt-quatre heures leur déclaration au greffe de l'amirauté.

S'ils reconnoissent quelque changement dans les fonds & passages ordinaires des vaisseaux, & que les tonnes ou balises ne soient pas bien placées, ils font obligés, fous peine de dix liv. d'amende, d'en donner avis aux officiers de l'amirauté & au maître de quai. C'est ce qui réfulte de l'art. 16.

L'article 17 accorde à tout maître ou capitaine de navire la liberté de se servir de tel Lamaneur que bon lui semble pour entrer dans les ports & havres, fans que pour en fortir il foit obligé de prendre celui qui l'a fait entrer.

Les Lamaneurs qui par ignorance font échouer un bâtiment, doivent, fuivant l'article 18, être condamnés au fouet, & privés pour jamais du pilotage (*) ; & à l'égard de celui qui jette malicieufement un navire fur un banc ou rocher, ou à la

---

(*) Les jugemens d'Oleron contiennent fur ce point des difpofitions fort fingulières : » Si un locman ou Lamaneur, » porte l'article 23, prend une nef, à mener à Saint-Malo » ou autre lieu, s'il manque, & ladite nef s'empire par fa » faute, qu'il ne fache conduire, & par ce, les marchands » reçoivent dommage, il eft tenu de rendre lefdits dom- » mages, & s'il n'a de quoi, doit avoir la tête coupée. L'article 24 ajoute : » Et fi le maître ou un des mariniers, » ou aucun des marchands lui conpe la tête, ils ne feront pas » tenus de payer l'amendement ; mais toutefois l'on doit » favoir avant le faire, s'il a de quoi «.

côte, il doit être puni du dernier supplice, & son corps attaché à un mât planté près du lieu du naufrage.

LANDHUUS, voyez Ghiiselhuus.

LANGLE (pays de). C'est ainsi que l'on appelle un petit canton de la province d'Artois, qui faisoit autrefois partie de la châtellenie de Bourbourg en Flandre, & qui depuis en a été détaché, pour être uni au bailliage de Saint-Omer.

La manière dont la justice s'administre en ce petit pays, mérite de fixer un instant l'attention de nos lecteurs.

Les *francs-hommes* (*), c'est-à-dire, les possesseurs des fiefs mouvans du roi, à cause de sa maison appelée Ghiiselhuus (voyez ce mot,) connoissent de toutes les causes féodales, à la conjure d'un bailli qui est nommé par le roi.

Les échevins qui se renouvellent chaque année par les commissaires de sa majesté, connoissent, à la conjure d'un *bour-grave* dont l'emploi est inféodé, *de toutes matières personnelles, des arrêts & des héritages cotiers.*

Les *keur-heers*, dont le renouvellement se fait de la même manière que celui des échevins, exercent la justice criminelle, à la conjure du même bour-grave.

Lorsqu'il se présente quelque affaire épineuse

(*) Cette dénomination dont se sert l'article 3 de la coutume de ce petit pays, justifie nettement la définition qu'a donnée M. Henrion de Pansey du mot *Franc-homme*. Voyez cet article.

au siége des échevins ou à celui des keur-heers, les uns & les autres peuvent faire assembler les *francs-hommes*, & ceux-ci sont tenus de les *assister de conseil & avis*, *à la détermination de la question & difficulté réservée.*

· L'appel des jugemens rendus par les *francs-hommes* & les échevins, se porte au bailliage de Saint-Omer, de là au conseil provincial d'Artois, & enfin au parlement de Paris. Celui des jugemens émanés des keur-heers ne peut aller au delà du conseil d'Artois, parce que ce siége est souverain en matière criminelle.

Voyez la coutume du pays de Langle, homologuée par Philippe II, roi d'Espagne, le 25 juin 1586. Et les articles, ECHEVINS, HOMMES DE FIEFS, FRANC-HOMME, KEUR-HEERS, GHIISEL-HUUS, ARTOIS, &c.

. (*Article de M. MERLIN*, avocat au parlement *de Flandre*).

LANGUEDOC. Province considérable de France, composée de deux généralités, qui sont Toulouse & Montpellier, pour lesquelles il n'y a néanmoins qu'une seule intendance.

Dupuy, dit dans son traité des droits du roi, que cette province qu'on appeloit *Narbonnoise* du temps d'Auguste, a été successivement nommée Septimanie, Gothie, province de Saint-Gilles, & Languedoc; & il observe qu'il est nécessaire d'être prévenu de ces dénominations, parce qu'elles se rencontrent souvent dans les anciennes histoires & dans les titres de la province. On peut voir ce que dit cet auteur, pour prouver que le comté de Toulouse a été de tout temps un fief de la couronne de France, & que

les comtes en ont toujours fait foi aux rois de
France : que ce comté vint au roi en 1270, après
la mort d'Alfonse, comte de Poitiers, & de
Jeanne fa femme, unique héritière du comte de
Toulouse, en conféquence du traité fait au mois
d'avril 1228 avec faint Louis ; & que le roi Jean
réunit nommément à la couronne, le comté
de Toulouse, avec les duchés de Normandie &
de Bourgogne, & le comté de Champagne,
par lettres-patentes du mois de décembre 1361.

Il paroît par un réglement que faint Louis fit
pour le Languedoc en 1250, qu'alors on y levoit des tributs fous le nom de *taille*.

M. de Bafville obferve dans fes mémoires fur
cette province, que toutes les commiffions pour
la levée de la portion que le Languedoc devoit
fupporter dans l'impofition générale, depuis faint
Louis jufqu'à François premier, exiftent à la
chambre des comptes de Montpellier, & que
les autres n'ont été perdues que par les défordres
des guerres de religion.

Que les états auxquels ces commiffions étoient
préfentées, y déféroient avec une foumiffion entière, & octroyant les fommes contenues dans
ces commiffions, ils fe bornoient à faire des repréfentations, lorfqu'elles excédoient la portion
pour laquelle la province devoit contribuer : ce
qui fe paffa en 1490, fous Charles VIII, en
fournit un exemple.

Ce prince, fur les remontrances que les députés
de Normandie aux états généraux de Tours lui
avoient faites, que cette province étoit furchargée
de fubfides, eu égard au refte de la France,
avoit réfolu de faire travailler à une recherche
générale du royaume, alors partagé en quatre

généralités, favoir, de Languedoil, de Languedoc, d'outre-Seine & de Normandie, afin de
mettre une égalité dans les impofitions. Les états
de Languedoc fe plaignoient auffi que leur pays
étoit furchargé par rapport aux autres : Charles
VIII adreffa le 26 juin 1491, des lettres au duc
de Bourbon, gouverneur du Languedoc, ou à
fon lieutenant, aux fénéchaux de Carcaffone, de
Beaucaire & de Toulouse, & au gouverneur de
Montpellier; & il dit par ces lettres, qu'ayant
réfolu de faire procéder à la recherche générale
par trente-fix perfonnages, y compris quatre greffiers qui feroient pris, élus & choifis; favoir, en
chaque généralité, huit perfonnages & un greffier, lefquels feroient partagés en quatre bandes
en chaque généralité; il leur ordonna de convoquer à Montpellier le 4 août fuivant; les états
de Languedoc pour faire cette élection, afin que
les députés puffent commencer leur travail dès la
fin de feptembre.

Cette élection fut faite au temps marqué; le
roi, qui leur fit dreffer des inftructions à Tours
le 16 novembre 1491, leur ordonna de vaquer
à la recherche le premier mars fuivant; il déclara
dans ces inftructions, que voulant régler un compoix général de tout le royaume, les commiff-
faires choifis devoient s'inftruire au vrai des limites & de l'étendue des élections, des villes,
lieux, & paroiffes, & travailler uniformément;
il leur joignit un procureur-général dans chaque
généralité. Les commiffaires de Languedoil devoient commencer leur travail au Mans, ceux de
Languedoc à Mende, ceux d'outre-Seine à Paris,
& enfin ceux de Normandie à Avranches; mais
cette opération ne fut pas conduite à fa fin :

c'eſt ce qui ſe voit par les lettres de Charles VIII, données à Tours le 7 février 1494.

Il y expoſe qu'ayant ordonné la recherche générale dans tout le royaume, les commiſſaires nommés y avoient vaqué pendant un an entier ; mais que cette recherche ne pouvant ſe continuer ſans grands frais, il l'avoit ſuſpendue, & avoit ordonné aux commiſſaires de rapporter leur travail devers lui ; que l'ayant fait examiner, il avoit conclu qu'on ne procéderoit pas davantage à la recherche, & qu'il avoit aviſé de pourvoir d'une autre façon au ſoulagement de ceux de ſes ſujets qui étoient trop chargés ; en conſéquence, voulant ſubvenir à ceux du Languedoc, & ayant été trouvé qu'ils étoient plus chargés que ceux des trois autres généralités, il ordonna que pour l'année ſuivante & les ſubſéquentes, ſes ſujets de la généralité de Languedoc ſeroient diminués de vingt mille livres ſur l'aide ordinaire qui ſe levoit dans cette généralité, & qui montoit à cent onze mille ſept cent quatre-vingt-quinze livres, & ce, par manière de proviſion, juſqu'à ce qu'il en eût été autrement ordonné, laquelle proviſion en rabais il n'avoit pu leur donner plus ample, à cauſe des affaires qu'il avoit à ſupporter.

Les ſommes qui ſont impoſées à titre d'aide ſont partie de celles qui ſont contenues dans la grande commiſſion, qui, par rapport au Languedoc, remplit les mêmes objets que le brevet de la taille dans les pays d'élections ; il paroît à propos de faire ici le détail de cette commiſſion.

Ce ſont des lettres-patentes adreſſées au gouverneur de la province, & en ſon abſence à celui qui doit le remplacer aux états, & aux officiers des bureaux des finances établis à Toulouſe & à

Montpellier ;

Montpellier ; le roi expose par ces lettres ,
» qu'ayant jugé à propos pour le bien de son
» service & le soulagement de ses sujets de la
» province de Languedoc, de faire tenir les états
» ordinaires de la province pour la présente an-
» née, à un tel jour de tel mois, il les a mandés
» & convoqués en la ville de Montpellier, pour, par
» l'assemblée desdits états, résoudre les sommes
» qui doivent être imposées pour l'année suivante
» sur tous les contribuables aux tailles de ladite
» province, tant pour les charges ordinaires &
» autres dépenses qu'il y convient faire pour sa
» conservation, que pour le service que sa ma-
» jesté désire en tirer pour les affaires & manu-
» tention de son état ; qu'elle se promet que ses
» sujets de ladite province de Languedoc lui don-
» neront d'autant plus volontiers des marques de
» leur affection, que la chose regarde leur con-
» servation à son obéissance ; & comme il est né-
» cessaire pour la levée desdites sommes & pour
» faire en ladite assemblée les remontrances &
» propositions convenables au service de sa ma-
» jesté & au repos de la province, de commettre,
» ainsi qu'il s'est toujours pratiqué, des personnes
» d'autorité & en qui elle ait une entière con-
» fiance . . . . . A ces causes . . . . . . elle les com-
» met, ordonne & députe pour se transporter en
» la ville de Montpellier, au jour de l'assemblée,
» & après y avoir fait lire les présentes lettres &
» fait les remontrances & propositions aux gens
» desdits états, les requérir & demander de la
» part du roi, que pour lui donner moyen de
» satisfaire aux dépenses, ils lui veuillent libéra-
» lement octroyer & accorder la somme de huit
» cent soixante-douze mille six cent quatre-vingt-

» sept livres quatre sous quatre deniers; à laquelle
» reviennent, tant les deniers de l'ancienne taille
» que ceux des autres dépenses ordinaires conte-
» nues dans la présente commission «.

Voici les articles qui font rappelés sous la dénomination de l'ancienne taille; & en même temps
quelle est leur origine :

1°. Cent vingt mille livres pour l'aide.

2°. Soixante-neuf mille huit cent cinquante liv.
pour préciput de l'équivalent.

Ces deux sommes représentent & remplacent
ce que le roi auroit tiré des aides, si elles eussent été
établies dans le Languedoc ; & par l'édit de
1649, la province a été confirmée dans la jouissance & possession de l'équivalent, qui consiste
dans des droits que Charles VII l'autorisa à établir en 1444, sur la chair fraîche & salée, sur
le poisson de mer, & sur le vin vendu en détail.

3°. Deux cent soixante-quatre mille sept cents
livres pour l'octroi ordinaire, au lieu de deux cent
soixante-dix-neuf mille sept cent livres, les quinze
mille livres de différence devant être distraites de
cet article, & portées dans le département des
dettes & affaires du pays pour servir de fonds à
une augmentation de gages acquise par la province, en conséquence de l'édit du mois de décembre 1713.

Cet octroi de deux cent soixante-dix-neuf mille
sept cents livres, est la portion à laquelle le Languedoc fut fixé dans les quatre millions, auxquelles les tailles furent portées sous François
premier.

4°. Trente-neuf mille neuf cent sept livres
quatre sous quatre deniers pour la crue : c'est

pareillement la contribution qui fut demandée à la province dans les six cent mille livres qui furent imposées par François premier sous la dénomination de crue.

Ces différens articles, au moyen de la distraction dont on a parlé des quinze mille livres, font la somme de cinq cent quatorze mille cinq cent dix-sept livres quatre sous quatre deniers, & sans cette distraction feroient celle de cinq cent vingt-neuf mille cinq cent dix-sept livres quatre sous quatre deniers, montant des deniers de l'ancienne taille.

La grande commission comprend encore les articles suivans :

1°. Douze mille livres pour les réparations des places frontières.

2°. Quatre-vingt-dix-neuf mille livres pour les appointemens du gouverneur & des lieutenans généraux de la province.

3°. Vingt-cinq mille cent soixante-dix livres pour l'entretien des gardes du gouverneur & les frais des commissaires & contrôleurs des guerres qui font dans le pays.

4°. Deux cent vingt-deux mille livres pour les frais des états, appointemens & gages de leurs officiers.

Toutes ces sommes reviennent à celle de huit cent soixante-douze mille six cent quatre-vingt-sept livres quatre sous quatre deniers.

Il est dit dans la commission, » que cette » somme ainsi accordée & octroyée, les com- » missaires la feront mettre sus, imposer & af- » seoir ès généralités de Touloufe & de Mont- » pellier, par ceux & ainsi qu'il conviendra, » sur tous les contribuables, le plus justement

» & également que faire se pourra, pour les deniers
» cotisés & levés être reçus par les receveurs
» particuliers des tailles de chaque diocèse, ainsi
» qu'il se faisoit avant l'édit du mois d'octobre
» 1632, & par eux portés ; savoir, ceux des
» aides, préciput, octroi & crue, par quarts &
» égales portions, aux bureaux des recettes géné-
» rales des finances de Toulouse & de Mont-
» pellier ; les appointemens des gouverneurs &
» lieutenans généraux, & entretien des gardes du
» gouverneur ou trésorier de la bourse de la
» province, pour être par lui payés à ceux dé-
» nommés dans l'état arrêté par le roi ; & les
» douze mille livres de réparation des places
» frontières, ensemble les deux cent vingt-deux
» mille livres destinées pour les frais des états,
» appointemens & gages de leurs officiers, re-
» mises pareillement audit trésorier «.

Il est aussi dit dans la commission, » que les
» commissaires contraindront & feront contraindre
» au payement de ces deniers, tous ceux qui
» seront assis & cotisés, exempts & non exempts,
» privilégiés & non privilégiés, par toutes voies
» & manières accoutumées, pour les propres
» deniers & affaires du roi, nonobstant opposi-
» tions ou appellations quelconques, pour les-
» quelles & sans préjudice d'icelles il ne sera
» différé.

» Le roi leur défend, & aux gens des états,
» secrétaires & tous autres, de quelque condition
» qu'ils soient, de faire asseoir, lever & octroyer,
» ni permettre & souffrir être levé & exigé d'autres
» sommes que celles contenues dans la commis-
» sion, les autorisant au surplus à entendre,
» après toutefois que l'octroi aura été accordé,

» les doléances , requêtes, remontrances & de-
» mandes que ceux desdits états leur voudront
» & pourront faire durant ladite assemblée tou-
» chant les affaires particulières & communes
» dudit pays de Languedoc, pour leur être
» pourvu de tel remède qui sera jugé convenable
» de ce faire , le roi leur donnant pouvoir , auto-
» rité , commission & mandement spécial «.

Indépendamment de cette commission , le roi
en fait expédier deux autres adressées aux mêmes
commissaires , l'une pour le taillon , & l'autre pour
les garnisons.

Dans celle du taillon , on rappelle que le roi,
par son édit du mois d'octobre 1649 , » avoit
» ordonné qu'il seroit imposé annuellement sur
» ses sujets contribuables de la province de
» Languedoc, la somme de 165 mille livres pour
» les dépenses de la gendarmerie , assignées sur
» le taillon & augmentation d'icelui , suivant l'avis
» de la dernière assemblée des notables du royaume,
» tenue à Paris; & comme il est nécessaire de
» pourvoir à la levée & imposition de ladite
» somme pour l'année prochaine , comme à chose
» dont les sujets peuvent recevoir un grand sou-
» lagement par l'ordre établi sur la manière de
» vivre de la gendarmerie , tant en garnison
» qu'allant par le pays ; à cette cause , le roi
» leur mande , & commet par ces présentes ,
» signées de sa main ; qu'étant en l'assemblée
» desdits états , après y avoir fait les remontrances
» sur ce nécessaires , ils les requièrent de lui ac-
» corder & payer en ladite année ladite somme
» de 165 mille livres pour le taillon & augmen-
» tation d'icelui , & que , la somme ainsi accordée ,
» ils fassent mettre sus, asseoir, imposer & lever

» ès généralités de Toulouse & de Montpellier,
» sur tous les contribuables dudit pays, le plus
» justement & également que faire se pourra,
» selon l'état & département qui en sera fait par
» les gens desdits états, laquelle somme de 16 ç
» mille livres, imposée, départie & réglée, le roi
» veut être levée & payée par quart & égales
» portions, ainsi qu'il est accoutumé, à ses re-
» cettes générales du taillon de Toulouse & de
» Montpellier ; pour être, par les receveurs dudit
» taillon, établis auxdits lieux, respectivement
» distribués aux trésoriers ordinaires des guerres,
» pour l'employer au payement de la gendarmerie,
» & non à autre effet, les charges qui sont sur
» ledit taillon, suivant les états qui seront arrêtés
» au conseil, déduites. »

» La commission pour les garnisons, porte,
» qu'étant nécessaire de pourvoir durant l'année
» prochaine au payement des garnisons ordinaires
» que le roi a jugé nécessaire d'entretenir en
» sadite province, & des mortes-payes qui sont
» dans les places frontières pour la sûreté & con-
» servation d'icelles, montant, suivant l'état que
» sa majesté en a fait expédier en son conseil, à
» la somme de.... à laquelle ne pouvant fournir
» de ses deniers ordinaires, par les grandes dé-
» penses qu'il a à supporter d'ailleurs, il a arrêté
» de faire imposer & lever entièrement ladite
» somme sur les sujets dudit pays : à ces causes,
» il leur mande & commet par ces présentes,
» signées de sa main, qu'étant en ladite assem-
» blée des gens de trois états dudit pays, de
» Languedoc, ils aient à requérir & demander à
» ceux desdits états, outre les sommes qui sont
» portées par les commissions ordinaires, de lui

» accorder ladite somme de . . . . pour icelle
» employer au payement desdites garnisons &
» mortes-payes ; laquelle étant accordée ; ils
» feront asseoir, imposer &, lever avec les autres
» deniers qui se lèveront en ladite province sur
» tous & chacun les habitans contribuables
» d'icelles, exempts & non exempts, privilégiés
» & non privilégiés, en la forme & manière ac-
» coutumée, le fort portant le foible, le plus
» justement & également que faire se pourra ;
» & sans aucune non-valeur, pour être lesdits
» deniers mis, savoir ; la somme de . . . ès mains
» du trésorier de l'extraordinaire des guerres, sur
» les simples quittances, ainsi qu'il est destiné ;
» & la somme de . . . . . . ès mains du trésorier
» desdites mortes-payes, suivant l'état de distri-
» bution qui en a été fait « . . . . »

La délibération que les états prennent pour
accorder les sommes comprises dans ces trois
commissions, porte le nom d'octroi ; & il est dit
expressement, que *lesdits états ont libéralement
octroyé & accordé, octroyent & accordent au roi
leur souverain prince & seigneur, & sans conséquence, lesdites sommes.* . . . .

M. de Basville observe que la forme de venir
offrir cet octroi aux commissaires du roi, marque
en même temps la souveraineté de sa majesté,
& cette espèce d'ancienne liberté que la province
a cherché à se conserver, comme si elle donnoit
volontairement la portion des impositions qui se
font dans tout le royaume, & qu'elle n'a jamais
manqué de supporter. On distingue deux sortes
d'impositions en Languedoc, les unes fixes, les
autres variables. . . . .

Les premières sont celles qui sont comprises

qui s'impofoient fur les fonds. On a confervé dans
le Languedoc, qui faifoit anciennement partie de
cet empire, l'efprit, l'ufage & les difpofitions
du droit écrit. On les a imités en réglant la forme
des impofitions ; mais le droit des fiefs, poftérieur
aux loix Romaines, a introduit une diftinction
entre les terres, en rendant les unes nobles &
les autres rurales & roturières. Cette différence
dans la qualité des terres, femblable à celle qui
a été établie dans la qualité des perfonnes, a
produit auffi le même effet par rapport à l'impofition des tailles ; car comme dans les pays de
taille perfonnelle les nobles en font exempts, &
qu'il n'y a que les roturiers qui foient cotifés, de
même dans le Languedoc, où les tailles font
réelles, les fiefs & terres nobles en font exempts,
& les héritages ruraux & roturiers font les feuls
qui y contribuent. C'eft d'après ces principes que,
par la déclaration du 18 juin 1535, François
premier déclara, fur la demande des états de Languedoc, que *tous les héritages ruraux de la pro-*
vince devoient contribuer aux tailles, à l'octroi &
aux impofitions, en quelques lieux & quelques
mains qu'ils fuffent, foit gens d'églife, nobles,
préfidens & confeillers des cours de parlement, foit
généraux des aides & gens des comptes, foit doc-
teurs régens des univerfités de Touloufe & de Mont-
pellier, foit écoliers des mêmes villes, & autres
qui fe prétendoient privilegiés.

En 1551, Henri II ordonna que les deux tiers
des tailles s'impoferoient dans la ville de Touloufe
& fon gardiage, fur les biens immeubles, roturiers & ruraux, & l'autre tiers fur les habitans de
cette ville, eu égard à leurs facultés mobilières,
marchandifes, induftries, gains & profits, ce qui

s'eft obfervé depuis , ainfi que dans plufieurs
autres villes du Languedoc.

" Par des arrêts du confeil des 2 mars 1694 &
16 mai 1713, il a été ordonné » qu'il feroit pro-
» cédé au département des impofitions de la ville
» de Touloufe, ainfi qu'il s'étoit ci-devant pra-
» tiqué, les deux tiers fur les biens-fonds &
» maifons, & le tiers reftant fur les habitans de
» la ville, à l'exception feulement des officiers &
» greffiers en chef du parlement , des officiers
» & greffiers en chef du bureau des finances, des
» officiers du préfidial, du fénéchal, des nobles,
» des poffeffeurs, profeffeurs & régens de l'uni-
» verfité, des directeurs, receveurs & contrôleurs
» des fermes & gabelles, fans qu'aucun autre
» pût être exempt de cette contribution ; à l'effet
» de quoi les rôles des impofitions feroient dreffés
» dans un feul & même rôle , divifé par capi-
» toulats, fans qu'il pût être fait aucune modé-
» ration ni décharge par les capitouls , qu'elle
» n'eût été préalablement délibérée par écrit par
» les feize anciens & les commiffaires nommés ,
» à peine d'en répondre en leur propre & privé
» nom , & fans que, fous prétexte des décharges
» & modérations, ils puffent fe difpenfer de payer
» à la province le montant des impofitions fui-
» vant les mandes, ni d'acquitter toutes les autres
» charges, dont le payement devoit être fait des
» deniers de ces impofitions, comme auffi fans
» que lefdites décharges & modérations puffent
» être en aucune manière rejetées fur les
» biens-fonds & maifons qui ne pourroient être
» taxées au delà des deux tiers defdites impofi-
» tions ".

Les impofitions qui font réfolues aux états , font

réparties fur les vingt-trois diocèfes qui compofent la province, d'après un ancien tarif, dans lequel, fuppofant la fomme de trois cent mille liv. , on fixe ce que chacun des diocèfes doit fupporter de cette fomme ; ainfi la règle de la répartition eft faite d'avance, & celle-ci n'eft plus qu'une opération d'arithmétique.

Le département étant fait fur tous les diocèfes en général avec cette proportion, il eft porté le jour de la clôture des états pour être autorifé, & afin qu'ils expédient & fignent les commiffions & mandemens en vertu defquels chaque diocèfe doit faire, dans les affemblées particulières, l'impofition de la portion qui les concerne, fur toutes les communautés qui le compofent, & cette circonftance leur a fait donner la dénomination d'*affiette*.

Un réglement fait par l'affemblée des états, le 23 janvier 1650, & auquel plufieurs articles furent ajoutés le 3 mars de l'année fuivante, le tout autorifé par un arrêt du confeil du 3 avril 1659, & un autre arrêt de réglement du confeil du 30 janvier 1725, ont fixé le temps de la convocation de ces affemblées, immédiatement après la féparation des états, & leur tenue, un mois après au plus tard, aux villes & lieux accoutumés.

Elles font compofées de l'évêque, du baron, du commiffaire principal qui a commiffion du gouverneur pour autorifer l'affemblée de la part du roi, de l'officier de juftice, des confuls de la ville capitale, & des députés des villes qui ont droit d'y affifter.

Les affemblées ou affiettes particulières du Vivarais, du Gévaudan, du Puy & d'Alby, font compofées posées différemment, & plus nombreuses.

Le procès-verbal de l'assiette doit être lu en pleine assemblée ; il en est fait trois originaux, ainsi que des départemens des impositions, & le tout doit être signé par l'évêque, le commissaire principal, les commissaires ordinaires & les députés.

Le tarif sur lequel se fait la répartition entre les communautés, se nomme *recherche* ou *allivrement des communautés*. C'est un tableau qui est dressé & réformé, quand il est besoin, par un officier de la cour des aides, qui se fait accompagner par des arpenteurs & estimateurs : il contient une estimation générale des biens de chaque communauté, eu égard à la qualité du territoire, à la commodité ou incommodité de la situation,& à la nature & abondance du commerce qui s'y fait.

On répartit sur cette espèce de tableau ou tarif à livres, sous & deniers, ce que doit supporter chaque communauté. Cet état de répartition s'appelle *mande*, & s'envoie aux consuls de chaque communauté, qui distribue elle-même, sur les fonds sujets à la taille, la portion que chacun doit supporter : elle est réglée par un troisième tarif qui se nomme *compoix*, & qui se fait, comme *l'allivrement*, de l'autorité de la cour des aides ; il contient l'estimation de chaque héritage particulier, & sur cette estimation la taille se distribue au marc la livre.

L'avantage de cette forme de répartition est, qu'il n'y a point de particulier qui ne sache exactement ce qu'il doit payer, & qui ne puisse lui-même s'assurer de la justice de sa taxe ; ce compoix s'appelle aussi *terrien*, pour le distinguer du *cabaliste*, qui est pour l'industrie ; il n'y a que quelques communautés qui font ufage de ce dernier.

Il y a deux fortes de collectes, la volontaire & la forcée ; la volontaire a lieu, lorfqu'un particulier offre, moyennant une certaine remife qui eft acceptée par la communauté, de fe charger du recouvrement, en préfentant une caution fuffifante ; & en ce cas, il lui eft paffé bail ; la collecte forcée, eft lorfque l'habitant, qui eft en tour de fupporter cette charge, eft, à défaut de collecteur volontaire, nommé par d'élibération de la communauté.

Les confuls, greffier confulaire & départeurs, font tenus, quinze jours après avoir reçu la mande, de remettre au collecteur le livre ou département ; il ne doit y en avoir qu'un feul pour toutes les impofitions de la communauté.

Il fubfifte en Languedoc une commiffion pour l'examen & la vérification des rôles des impofitions ; elle a été originairement établie par un arrêt du confeil du 17 décembre 1675. Elle eft compofée, aux termes de cet arrêt, des commiffaires du roi à la tenue des états, & de ceux que les états font autorifés à nommer dans chaque affemblée, & qui doivent être un évêque, un baron ou deux députés du tiers-état : l'arrêt de 1675 porte, que les états des impofitions faites en chacune des villes & communautés de la province leur feront rapportés, à commencer de l'année fuivante, en la forme & manière qui fera par eux réglée ; leur enjoint de tenir la main à ce qu'il ne foit impofé dans chaque lieu que les impofitions ordinaires ou permifes par les règlemens, & les dettes qui auront été bien & dûment vérifiées ; l'arrêt porte, que ce qui fera

par eux, pour raifon de ce, ordonné au nombre
de trois au moins, fera exécuté nonobftant oppofitions ou appellations quelconques.

Les commiffaires du roi & ceux des états,
qui compofent conjointement cette commiffion,
ufant du pouvoir qui leur eft attribué par cet
arrêt, ont rendu fucceffivement les ordonnances
de règlement que les circonftances & l'objet de
leur commiffion pouvoient exiger ; ils adreffent
aux différentes communautés des préambules de
rôle des impofitions divifées par chapitre, avec
des inftructions relatives à chaque objet & à chaque
nature d'impofitions ; & c'eft de là que tire fa
fource la dénomination donnée à cette commiffion, de *commiffion des préambules*.

Aux termes de l'article 2 de l'ordonnance des
commiffaires, du 29 décembre 1752, les maire,
confuls & greffiers des villes & communautés
de la province, font tenus, à peine de 25 livres
d'amende folidaire envers la communauté, de
remettre chaque année, dans le courant du mois
de juin, aux receveurs des tailles de chaque diocèfe
les préambules des rôles.

Les receveurs des tailles doivent, fuivant l'article 3, les remettre, à peine de radiation de
leurs gages, aux fyndics des diocèfes, & ces derniers au fyndic général du département, dans le
courant du mois de juillet.

Les fyndics font leur rapport à la commiffion
de ces préambules ; & fur la vérification des différens articles dont ils font formés, elle ordonne
la reftitution des fommes qui n'ont point été valablement impofées, & dont le montant tourne
en *moins impofé* au profit des communautés qui
en avoient fupporté l'impofition.

Les receveurs font chargés de pourfuivre le recouvrement des reftitutions ou le payement des amendes décernées, faute d'avoir remis le préambule dans le temps & la forme prefcrite.

La déclaration du 20 janvier 1736, contenant règlement fur la juridiction du parlement de Touloufe, & fur celle de la chambre des comptes & cour des aides de Montpellier, & autres tribunaux & fièges du Languedoc, indique les juges, qui, dans cette province, connoiffent de la matière des impofitions.

L'article premier de cette déclaration porte, qu'il ne fera fait aucune levée de deniers, foit au profit du roi, ou à celui des villes & communautés de la province, fi elle n'a été préalablement ordonnée par le roi, permife ou autorifée. Fait défenfes à la cour des aides & à toutes autres cours & juges d'en ordonner ou autorifer aucune, fous quelque prétexte que ce foit, quand même il ne s'agiroit que de réparer l'omiffion d'une impofition ordonnée ou autorifée dans les règles ordinaires.

L'article 2 attribue à la cour des aides la connoiffance de ce qui concerne le fait de la levée & recouvrement des impofitions, fans néanmoins que fous ce prétexte elle puiffe prendre connoiffance du fond de la matière au fujet de laquelle les impofitions auront été ordonnées ou permifes, fi ce n'eft dans le cas où la connoiffance de cette matière lui eft fpécialement attribuée.

Aux termes de l'article 6, les conteftations qui peuvent naître à l'occafion de la levée & perception des tailles, doivent être portées devant les juges des lieux, & par appel, à la cour des aides; & lorfqu'il y a dans le même lieu un juge royal

& d'autres juges, la connoiffance des conteftations appartient au juge royal, à l'exclufion de tous autres juges.

Suivant l'article 7, c'eft à la cour des aides à connoître en première inftance, & à l'exclufion de tous autres juges, des procès & différends au fujet des cadaftres ou compoix terriers des villes & communautés, foit fur la confection ou le renouvellement de ces cadaftres, foit par rapport aux furcharges prétendues par les particuliers dans les allivremens qui y auront été faits de leurs fonds, foit que les demandes en furcharge fe trouvent fondées fur des erreurs dans la continence ou dans l'eftimation des fonds encadaftrés, ou qu'on allègue la nobilité des mêmes fonds.

Quant aux conteftations qui peuvent furvenir au fujet des erreurs dans le livre de taille, foit par rapport à la proportion de la cotifation, eu égard à l'allivrement du cotifé dans le cadaftre ou compoix terrier, foit par rapport aux impofitions dont quelques contribuables fe prétendroient exempts, l'article 8 veut qu'elles foient portées en première inftance devant les juges mentionnés en l'article 6, & par appel à la cour des aides, pourvu néanmoins que l'allivrement même ne foit pas contefté pour les caufes marquées en l'article 7, auquel cas, conformément à cet article, la cour des aides en peut connoître.

A l'égard des lieux où il a été fait un cadaftre ou compoix cabalifte, les demandes en furcharges au fujet des allivremens qui y font contenus, & les autres conteftations formées à l'occafion de ces cadaftres ou compoix, doivent, fuivant l'article 9, être portées devant les juges mentionnés dans l'article 6, & par appel feulement à la cour des aides.

Aux termes de l'article 10, les procès qui furviennent fur la nobleſſe des perſonnes, à l'occaſion de la levée des tailles ou autres impoſitions, doivent être portées directement à la cour des aides, à l'excluſion de tous autres juges, ainſi que ceux qui peuvent avoir lieu ſur la nobilité des fonds à l'occaſion de la même levée.

Suivant l'article 12, les appels interjetés des adjudications des baux des tailles, ou de la nomination des collecteurs forcés, & les demandes formées en conſéquence ſur la validité ou nullité des ces baux ou nominations, doivent continuer d'être portés en la cour des aides, pour y être ſtatué ſur ce qui concerne ladite nomination ou la confection deſdits baux feulement; quant aux conteſtations qui naiſſent dans l'exécution deſdits baux ou collectes forcées, on doit ſuivre la diſpoſition de l'article 6.

Cet article doit être pareillement ſuivi, aux termes de l'article 19, pour les conteſtations qui concernent les pourſuites des collecteurs contre les redevables, pour le recouvrement des deniers de leur collecte.

Quant à celles qui naiſſent au ſujet des pourſuites des receveurs des tailles des diocèſes, contre les collecteurs pour le recouvrement des ſommes impoſées au profit du roi, ou en faveur des diocèſes, l'article 20 veut qu'elles ſoient portées en première inſtance devant le juge du lieu où le bureau de la recette eſt établi, ſi c'eſt un juge royal ou qui a la connoiſſance des cas royaux, ſinon pardevant le plus prochain, & par appel à la cour des aides.

Quant aux contestations qui surviennent au sujet des poursuites que le trésorier de la bourse des états est obligé de faire contre les receveurs des tailles des diocèses pour le recouvrement des sommes imposées dans la province, l'article 21 ordonne qu'elles seront portées directement à la cour des aides, qui en doit connoître seule, à l'exclusion de tous autres juges.

Par l'article 71, le roi déclare qu'il n'entend rien innover à la juridiction que les capitouls de la ville de Toulouse & le parlement sont en possession d'exercer dans toutes les matières qui concernent les tailles, les octrois, subvention & autres impositions qui se lèvent dans la ville & gardiage de Toulouse, & veut que toutes les contestations qui peuvent naître à ce sujet, continuent d'être portées en première instance devant les capitouls, & par appel au parlement.

L'analyse que l'on va faire de la déclaration du 7 décembre 1758, qui a terminé les difficultés qui subsistoient entre les états & la chambre des comptes & cour des aides de Montpellier, considérée principalement comme chambre des comptes, achevera de faire connoître l'ordre établi dans l'administration des affaires de la province de Languedoc.

Le trésorier de la bourse des états doit continuer de recevoir toutes les sommes provenant des recettes particulières des diocèses, & imposées sur le général de la province, par la permission du roi, & après le consentement des états, pour les frais desdits états, acquittement des dettes en capital & intérêt, travaux publics, gratifications, étapes, don gratuit, & généralement toutes autres sommes accordées par lesdits états, pour quelque caufe & fous quelque dénomination que ce puiſſe être.

Il doit recevoir pareillement des mains des fermiers le produit des droits d'équivalent & pied fourché, affermés par les états, & deſtinés à diminuer les impoſitions faites fur le général de la province.

Les comptes en doivent être examinés, clos, & arrêtés pardevant les députés de l'affemblée des états ; & la chambre des comptes n'en peut en aucun cas, ni fous quelque prétexte que ce foit, prendre connoiſſance.

Il en doit être de même des comptes du tréforier pour les deniers de la capitation, dixième, & toutes autres impoſitions extraordinaires, fous quelque dénomination qu'elles puiſſent être, qui entrent dans la recette dudit tréforier en ladite qualité.

Les receveurs généraux des finances de Touloufe & de Montpellier, doivent continuer de faire la recette des deniers accordés pour l'aide, octrois, crue & préciput, & d'en compter à la chambre des comptes.

Les deniers impoſés pour les réparations & fortifications des places, ou pour les mortes-payes, doivent être remis par le tréforier de la bourfe, entre les mains du tréforier defdites réparations & de celui des mortes-payes, lefquels font obligés d'en compter à la chambre des comptes, fans qu'elle puiſſe rendre les états redevables envers lefdits tréforiers, par la fin & clôture de leurs comptes.

Les receveurs des tailles des diocèfes ne font point tenus de compter à la chambre, des dépenfes ordinaires des diocèfes, ou déjà approu-

vées par le roi, & qui forment le département
des frais d'affiette, ni même. de les employer
dans la dépense de leurs comptes en un feul
article.

. Quant à toutes les autres impofitions, tant
ordinaires qu'extraordinaires, capitation, dixième,
& autres généralement quelconques, fous quelque dénomination qu'elles puiffent être, & dont
ils doivent faire le recouvrement, ils font obligés
d'en compter annuellement à la chambre, fans
préjudice toutefois. du compte qui doit être rendu
defdites dépenfes & impofitions pardevant les députés des affiettes des diocèfes, fuivant l'ufage obfervé dans la province, & fans que, fous prétexte de
l'examen & clôture des comptes des receveurs,
la chambre puiffe prendre connoiffance des frais
de la confection des rôles defdites impofitions,
ni de l'emploi du gros ou excédant d'impofitions
deftiné à acquitter les non-valeurs, doubles emplois, décharges ou modérations., ni fe faire repréfenter les ordonnances, portant lefdites décharges ou modérations, & les états des non-valeurs ou doubles emplois : lefdits· frais, gros ou
excédant d'impofitions doivent être employés en
un feul article dans la dépenfe des comptes, &
alloués fur le certificat des fyndics des diocèfes,
portant qu'ils ont été employés à leur deftination.

La chambre ne peut, par la clôture defdits
comptes, rendre les diocèfes redevables envers les
receveurs; & fi ces derniers fe trouvent débiteurs envers les diocèfes, les deniers doivent
leur fervir à diminuer les impofitions de l'année
fuivante.

- Il ne doit être remis aux fyndics des diocèfes
de Languedoc, d'autres fonds que ceux qui ont

été réglés par l'état arrêté au conseil en 1624, ou par des arrêts postérieurs; les syndics doivent continuer d'en compter devant l'assemblée des assiettes des diocèses, sans que la chambre en puisse prendre connoissance.

La chambre doit connoître par appel, de la clôture des comptes des collecteurs, trésoriers, & autres administrateurs des communautés, tant à raison des sommes imposées pour leurs dépenses ordinaires, que de toutes autres sommes, même des emprunts par elles faits, & du produit des biens patrimoniaux, quand même ils ne seroient pas employés à diminuer les impositions; les révisions des comptes sont abrogées.

Quant aux octrois & subventions dont la levée a été ou pourroit être permise sur le consentement des états, les comptes en doivent être rendus à la chambre par les fermiers desdits droits, quand même le produit seroit employé à diminuer les impositions, sans néanmoins que la chambre puisse prendre connoissance de l'emploi qui aura été fait du produit, suivant la destination indiquée par les lettres-patentes qui en auront permis la levée, & qui auront été enregistrées en ladite chambre.

Les comptes du trésorier de la bourse, les baux à ferme de l'équivalent & du pied fourché, de l'étape, de la fourniture des voitures pour le transport des équipages des troupes, des ouvrages publics & tous autres baux, généralement quelconques, passés par l'assemblée des états ou par leurs députés, conjointement avec les commissaires du roi, ou séparément, ne doivent être remis qu'au dépôt des archives des états, ainsi que les cahiers présentés au roi toutes les années par les députés, & les réponses faites par sa majesté sur les demandes qui y sont contenues, les procès-verbaux des assemblées des états, & généralement tous actes & papiers ayant rapport à leur administration, sans que la chambre en puisse prétendre le dépôt d'extraits en ses archives, ni l'enregistrement des cahiers & des réponses : il doit seulement y être enregistré les baux de l'équivalent & les articles convenus par les états pour la perception, pour être exécutés selon leur forme & teneur.

Le roi maintient les états dans le droit & possession de prendre connoissance de la régie & administration des diocèses, villes & communautés ; il veut en conséquence que les syndics généraux puissent prendre au nom des états le fait & cause desdits diocèses, villes & communautés dans leurs affaires particulières, intervenir dans les instances où ils sont parties, & faire généralement, au nom des états, toutes les demandes qu'ils peuvent juger nécessaires pour l'intérêt commun des diocèses, villes & communautés.

Les règlemens faits pour la vérification des dettes des diocèses, villes & communautés, doivent être exécutés, sans préjudice toutefois de statuer sur l'opposition formée auxdits règlemens par ladite cour & chambre, & des changemens qui pourroient être faits par sa majesté auxdits règlemens, sur les représentations de ladite cour.

Elle ne peut prendre connoissance par appel ni autrement des délibérations des assiettes des diocèses, du droit d'entrée & préséance auxdites assiettes, de leur convocation, de l'adresse des mandes, nomination & destitution des officiers des diocèses, des délibérations des assiettes concernant les impositions ou emprunts faits en conséquence du consentement des états & par permission du roi, ni en général de tout ce qui a été résolu par les assiettes, circonstances & dépendances, le tout conformément à la déclaration du dernier septembre 1651, & aux lettres-patentes des mois de mars 1652, & octobre 1667, en conséquence desquels il doit être procédé par les gens des trois états, à l'exclusion de toutes cours & juges, au jugement de tous les différends, tant dans l'assemblée générale des états, que dans les assiettes de chaque diocèse, sur tous lesdits faits, circonstances & dépendances.

Lorsqu'une partie d'une communauté veut être divisée en taillable d'avec le reste de la même communauté, les délibérations prises à ce sujet doivent être préalablement portées à l'assemblée de l'assiette du diocèse, à l'effet d'obtenir son consentement; il doit ensuite être procédé à ladite séparation, dans les formes requises, de l'autorité de la cour des aides, qui a la connoissance en première & dernière instance, de toutes les contestations qui peuvent naître dans le cours de ladite procédure.

Par des lettres-patentes du 8 novembre 1756, le roi a fait don aux états du Languedoc, de la propriété de tous les *étangs, palus, marais, coutières, lais & relais de la mer, rivières & étangs* depuis Beaucaire jusqu'à Aiguemortes, & a ordonné que les marais desséchés seroient exempts des droits de lods & ventes, amortissement, nouveaux acquêts, franc-fief, & centième denier.

Nous avons observé à l'article *Echange*, que

les droits d'échange ont été supprimés en Languedoc, par un édit du mois de décembre 1683.

LAPIN. Sorte d'animal quadrupede, qui a beaucoup de rapport avec le lièvre dans la conformation du corps.

La multiplication des Lapins dans les forêts du roi ayant occasionné des dommages immenses dans les terres dont elles sont environnées, il a été rendu au conseil d'état, le 21 janvier 1776, un arrêt pour ordonner la destruction de ces animaux. Il contient les dispositions suivantes :

» ARTICLE I. L'article 11 du titre 30 de l'or-
» donnance des eaux & forêts du mois d'août
» 1669, qui a prescrit la fouille & le renverse-
» ment des terriers, & la destruction des Lapins,
» sera exécuté selon sa forme & teneur (*).

» II. Dans le cas où par l'inexécution de ce
» qui est porté par l'article ci-dessus, les habi-
» tans des villages & communautés situés dans
» l'étendue des capitaineries, éprouveroient dans
» leurs récoltes des dégâts par les Lapins, ils
» adresseront au sieur intendant & commissaire
» départi pour l'exécution des ordres de sa ma-

_____

(*) Cette loi est ainsi conçue : Les officiers de nos chasses, seront tenus dans six mois après la publication des présentes, de faire fouiller & renverser tous les terriers de Lapins qui se trouveront dans nos forêts, à peine de cinq cents livres d'amende & de suspension de leurs charges pour un an ; & au cas qu'ils y manquassent dans ce temps, enjoignons aux maîtres, particuliers, leurs lieutenans, nos procureurs & autres officiers de nos maîtrises, de le faire incessamment, & de prendre les Lapins avec furets & poches ; sous les mêmes peines,

» jefté, une requête fignée du fyndic & des plus
» anciens & principaux d'entre eux, qui con-
» tiendra l'étendue & l'évaluation du dommage
» qu'ils fouffrent.

» III. Le fieur intendant fera procéder, fans
» frais, par un fubdélégué ou par telle autre
» perfonne qu'il jugera à propos de commettre,
» à la vérification, tant du dommage que de l'ef-
» timation qui en aura été faite par la requête,
» dont celui qui aura été commis, délivrera,
» s'il y échoit, fon certificat au fyndic.

» IV. Le fyndic auquel il aura été délivré un
» certificat, pourra requérir, au nom de fa com-
» munauté, l'exécution de l'article premier du
» préfent arrêt, dans le canton qui aura donné
» lieu aux dommages; il pourra en conféquence
» demander aux officiers de la capitainerie, la
» permiffion, qui ne pourra être refufée, de s'y
» tranfporter aux jours qui leur feront indiqués
» au moins huit jours d'avance, avec le nombre
» fuffifant de batteurs & ouvriers, pour procéder
» au renverfement des terriers & à la deftruction
» des Lapins.

» V. Aux jours indiqués, les officiers de la
» capitainerie feront trouver fur les lieux un ou
» plufieurs gardes de ladite capitainerie; le garde
» du triage ou canton dans lequel l'opération
» fera exécutée, fera pareillement tenu de s'y
» trouver, ou en cas d'abfence & légitime em-
» pêchement, d'y faire trouver le garde du triage
» ou canton le plus prochain.

» VI. Le fieur intendant & commiffaire départi
» fera auffi trouver fur les lieux fon fubdélégué,
» ou telle autre perfonne commife par lui à cet
» effet, qui pourra, fi les circonftances le re-

» quièrent, dreſſer procès-verbal ; & l'opération
» ne pourra être différée ſous prétexte d'abſence,
» ſoit des gardes de la capitainerie, ſoit du garde
» de la maîtriſe.

» VII. Si la deſtruction ſe fait dans des parties
» de bois, qui, quoique ſituées dans les capitai-
» neries, appartiennent à des particuliers, les
» propriétaires ſeront avertis du jour qui aura
» été indiqué, à l'effet de pouvoir s'y trouver,
» ou d'y envoyer leurs gardes ou autres perſonnes
» ayant pouvoir d'eux, pour veiller à la conſer-
» vation de leurs bois.

» VIII. Le ſyndic ſera tenu de donner une liſte
» exacte des batteurs & ouvriers, & de veiller
» à ce qu'aucun d'eux ne s'écarte du lieu des
» battues ou du travail ; & en cas de délit,
» l'amende ſera ſolidaire contre lui & contre ceux
» qu'il aura conduits.

» IX. Fait ſa majeſté très-expreſſes inhibitions
» & défenſes, à peine d'amende ; à tous batteurs
» & ouvriers, de détourner ni receler aucun
» Lapin, leur enjoint de les remettre aux gardes
» de la capitainerie.

» X. Fait pareillement ſa majeſté défenſes de
» tuer ni prendre aucune pièce de gibier, autre
» que les Lapins, à peine de cinq livres d'amende
» par chaque pièce, payable ſolidairement, &
» de quatre jours de priſon contre le délinquant.

» XI. Il ne pourra être coupé ni endommagé
» aucun bois, que la néceſſité indiſpenſable n'en
» ait été reconnue par le garde de la maîtriſe, qui
» aſſiſtera à la deſtruction, lequel ſera tenu d'en
» dreſſer un état ſommaire.

» XII. Cet état contiendra l'eſpèce & quantité
» de menus bois qui auront été coupés & arra-

» chés, & sera, après le travail, déposé au greffe
» de la maîtrise, pour être ledit bois vendu, soit
» au profit de sa majesté, soit au profit des pro-
» priétaires, sans frais, & sur la simple esti-
» mation qui en sera faite par les officiers de la
» maîtrise.

» XIII. S'il étoit coupé ou endommagé quel-
» ques bois, sans que la nécessité en ait été
» constatée, & sans l'assistance du garde de la
» maîtrise, il en sera dressé procès-verbal par le
» garde de la maîtrise, pour être ensuite pro-
» cédé dans la forme prescrite par l'ordonnance
» des eaux & forêts de 1669, & l'amende sera
» prononcée solidairement contre le syndic & ceux
» qu'il aura conduits.

» XIV. Dans le cas où le défoncement des
» terriers endommageroit quelques routes, les
» travailleurs seront tenus de les rétablir sans le
» moindre retardement, faute de quoi il y sera
» pourvu à leurs frais.

» XV. Pourront les entrepreneurs des plan-
» tations, repeuplemens & récepages dans les
» forêts de sa majesté, procéder, dans l'enceinte
» desdites plantations, repeuplemens & récepages,
» à la destruction des Lapins & au renversement
» des terriers ; en prenant néanmoins la per-
» mission, qui ne pourra leur être refusée, des
» officiers de la capitainerie, & en présence des
» gardes de ladite capitainerie.

» XVI. Enjoint sa majesté aux officiers de ses
» chasses, de faire procéder à la destruction totale
» des Lapins dans ses capitaineries, dans les
» plaines, dans les vignes, dans les remises &
» dans les bois, isolés, d'une étendue moindre
» de cent arpens ; & dans le cas où il s'en trou-

» veroit

» veroit dans lesdites plaines, vignes, remises &
» bois de petite étendue, sans qu'il soit néces-
» saire de justifier qu'ils aient causé un dégât
» notable; il sera permis aux propriétaires dès
» terres & bois où sont les terriers, & à ceux
» des terres adjacentes, de procéder à leur en-
» tière destruction, en prenant préalablement la
» permission, qui ne pourra leur être refusée,
» des officiers de la capitainerie ; & en présence
» des gardes de ladite capitainerie : enjoint sa
» majesté aux intendans & commissaires départis
» dans ses provinces, aux grands-maîtres des eaux
» & forêts, & officiers des maîtrises, & aux
» officiers des capitaineries, de tenir la main,
» chacun en droit soi, à l'exécution du présent
» arrêt. Fait, &c. «.

LARD. Il ne s'agit ici que de le considérer
comme marchandise dans le commerce d'importation & d'exportation, & de faire connoître les
droits auxquels il est assujetti par les règlemens
dans ces deux cas.

A l'entrée des provinces du tarif de 1664 ou
des cinq grosses fermes, le Lard doit vingt sous
par quintal, lorsqu'il provient des autres provinces
du royaume ; mais s'il vient du pays étranger, il
doit uniformément le droit d'un sou par livre, ou
de cinq livres du quintal, suivant l'arrêt du 29
juin 1688. Si cette marchandise est destinée pour
les colonies ou pour les possessions d'outre-mer,
elle peut à son arrivée être mise, d'après l'art. 11
des lettres-patentes de 1717, en entrepôt pendant
un an sans payer aucun droit, pourvu qu'elle
soit expédiée à leur destination dans cet espace de
temps. Voyez *Entrepôt*.

Tome XXXIII.   M m

A la sortie du royaume, le Lard ne doit, comme toute autre chair salée, que deux sous du quintal. Il est aisé d'appercevoir que la modération de ce droit a le double objet d'encourager la multiplication des bestiaux, & de favoriser la préparation des viandes salées, pour en établir le commerce avec les étrangers.

Il est bon d'observer que les jambons ne doivent pas être admis au même rang que le Lard pour l'entrepôt des colonies, quoique cependant ils n'acquittent que le même droit d'entrée lorsqu'ils sont destinés à la consommation du royaume, & le même droit à la sortie lorsqu'ils sont expédiés en pays étranger.

Voyez le tarif de 1664 commenté & imprimé à Roüen, & les différens règlemens rappelés dans cet article.

(Article de M. D***.)

LATENT. Ce terme est usité au palais en ces phrases : *vices Latens*, *servitudes Latentes*. On appelle *vices Latens*, la pousse, la morve & la courbature, qui sont les trois maladies des chevaux qu'il est possible de cacher pendant un temps. Le vendeur doit à cet égard la garantie pendant neuf jours.

Les *servitudes Latentes* sont celles qui ne sont pas en évidence. Il est inutile de former opposition pour des servitudes apparentes, telles que celles des rues, des égoûts ; mais on doit le faire pour des servitudes Latentes.

LECTURE ET PUBLICATION DE CONTRATS D'ACQUISITION D'IMMEUBLES. C'est une formalité prescrite par la coutume de Normandie pour en

aſſurer la propriété incommutable. à un acquéreur, après l'expiration de l'année de retrait.

Voici comme s'explique à ce ſujet l'art. 455
de cette coutume :

» La Lecture ſe doit faire publiquement & à
» haute voix, à jour de dimanche, iſſue de la
» meſſe paroiſſiale du lieu où les héritages ſont
» aſſis, en la préſence de quatre témoins pour le
» moins, qui ſeront à ce appelés, & ſigneront l'acte
» de la publication ſur le dos du contrat, dont le
» curé ou vicaire, ſergent ou tabellion du lieu qui
» aura fait ladite Lecture, eſt tenu faire regiſtre,
» & n'eſt reçu aucun à faire preuve de ladite
» Lecture par témoins ; pourront néanmoins les
» contractans, pour leur ſûreté, faire enregiſtrer
» ladite Lecture au greffe de la juridiction ordi-
» naire «.

Cette loi ſemble déſigner quatre ſortes de perſonnes pour procéder à la Lecture dont il s'agit ;
mais par un édit du mois d'avril 1694, le roi a
attribué aux notaires garde-notes créés dans la province de Normandie, par les édits des mois de
juillet 1677 & 16 juin 1685, le droit de faire
Lecture des contrats de vente & de tous autres
contrats ou actes tranſlatifs de propriété de biens
ſujets à retrait, à l'excluſion des curés, vicaires,
ſergens, tabellions des hauts-juſticiers & de tous
autres.

Et par une déclaration du 14 ſeptembre 1720,
ſa majeſté a validé les Lectures faites juſqu'alors
par d'autres que par des notaires, dérogeant à cet
égard, & pour le paſſé ſeulement, à l'édit du mois
d'avril 1694.

Par arrêt du 16 mars 1618, rendu contre le
nommé Yvelin, le parlement de Rouen a déclaré

nulle une Lecture, parce qu'elle portoit simplement qu'elle avoit été faite un jour de dimanche, sans exprimer que ç'avoit été à l'issue de la messe paroissiale.

Lorsque la formalité dont il s'agit n'a pas été remplie, l'article 463 veut que le retrait des héritages vendus puisse être exercé pendant trente ans.

Si les héritages acquis en Normandie dépendent d'une église qui soit située hors du ressort de cette province, la Lecture ordonnée par la coutume peut se faire *au prochain marché des choses vendues, ou en la juridiction ordinaire dont les terres & héritages vendus sont dépendans.* Telles sont les dispositions de l'article 456.

On ne peut faire la Lecture & publication des contrats, si'ls ne sont préalablement insinués : le temps du retrait ne pouvant courir qu'après l'insinuation, suivant l'édit de 1703, elle est de l'essence du contrat ; c'en est la principale formalité : ainsi la Lecture doit être faite, tant du contrat que de l'insinuation.

C'est en conformité de cette règle, que par arrêt du 10 mai 1749, le conseil a confirmé une ordonnance de l'intendant de Rouen, portant condamnation d'amende contre le sieur Morel, notaire, pour avoir fait la Lecture d'un contrat avant qu'il fût insinué.

Les Lectures & publications de contrats d'acquisition d'immeubles sont comprises dans l'article 85 du tarif du 29 septembre 1722, qui veut que le droit de contrôle en soit payé conformément à l'article 70 du même tarif. Et suivant ce dernier article, il ne doit être perçu que le quart du droit fixé pour les contrats, lorsque ceux dont la Lecture a lieu ont été contrôlés : mais le droit est dû en entier sur la valeur des biens échus par succession, ou acquis en vertu d'un jugement ou de quelqu'autre acte judiciaire exempt de contrôle.

Les Lectures doivent non seulement être contrôlées aux actes, mais encore aux exploits dans le quatrième jour de leur date ; & si elles sont faites le même jour en plusieurs paroisses, il est dû autant de droits de contrôle d'exploits.

Les notaires de Rouen s'étant contentés de faire contrôler aux exploits les Lectures & publications des contrats de vente, d'hérirages & transports de rentes foncières, il s'éleva entre eux & le fermier une contestation, sur laquelle le conseil rendit un arrêt le 6 août 1715, qui enjoignit aux notaires de faire contrôler aux actes dans la huitaine de la signification de cet arrêt, tous les procès-verbaux de Lecture & publication qu'ils avoient faits depuis le premier avril 1714, & ceux qu'ils feroient à l'avenir, sous les peines portées par les édits, déclarations & arrêts.

Les mêmes notaires s'étant opposés à l'exécution de cet arrêt, & ayant demandé que les Lectures fussent déchargées du contrôle des actes, attendu qu'elles étoient contrôlées par les contrôleurs des exploits, ils furent déboutés de leur opposition, par un autre arrêt du 18 novembre 1716, qui ordonna l'exécution de celui de 1715.

LÉGALISATION. C'est l'acte par lequel un officier public atteste la vérité des signatures apposées à un autre acte, ainsi que les qualités de ceux qui l'ont fait & reçu, afin qu'on y ajoute foi dans un autre pays.

Comme il n'y a aucune loi qui ait établi la

formalité des Légalisations, on ne fait pas précisément quand cet usage s'est introduit ; mais on a au trésor des chartres une copie des statuts des tailleurs de Montpellier, délivrée par deux notaires royaux de la même ville, au bas de laquelle sont deux Légalisations datées de l'année 1323 ; la première, donnée par le juge royal de Montpellier ; la seconde, par l'official de Maguelonne.

L'effet de la Légalisation est, comme l'enseigne la définition de cette formalité, d'étendre l'authenticité d'un acte, d'un lieu à l'autre ; elle tient lieu d'une enquête que l'on feroit pour constater la qualité & la signature du notaire, greffier ou autre officier public qui a reçu l'acte, parce que le caractère public de ces sortes d'officiers n'est censé connu que dans l'endroit où ils ont leur résidence.

On pratique dans le royaume diverses Légalisations, & il y a plusieurs sortes d'officiers publics qui ont le pouvoir de légaliser. A Paris, c'est M. le lieutenant civil qui légalise les actes passés devant les notaires au châtelet, les extraits de baptême, mariage, sépulture, &c.

En Lorraine, l'article 20 du titre des lieutenans-généraux des bailliages, de l'ordonnance du duc Léopold du mois de novembre 1707, indique les officiers auxquels appartient la Légalisation des actes des notaires & tabellions, & les émolumens qu'ils peuvent percevoir à cet égard : voici ce qu'il porte :

« La Légalisation des actes des notaires & tabellions sera faite par le lieutenant-général seul, qui y apposera le petit sceau des sentences, dont il a la garde, & percevra pour toutes

» chofes la fomme de deux francs , le fceau y.
» compris: mais dans les lieux où il y aura pré-
» vôté ayant juridiction avec lé bailliage , le droit
» de Légalifation appartiendra au prévôt, à l'é-
» gard des actes des notaires & tabellions établis
» dans l'étendue de fa prévôté , & qui auront
» été reçus pardevant lui , pour raifon defquels il
» percevra un franc , le fceau y compris , à la
» réferve néanmoins de ceux qui feront réfidens
» dans le lieu de l'établiffement du bailliage ,
» dont la Légalifation appartiendra au lieutenant-
» général , quoiqu'il y ait un prévôt établi «.

Et l'article 23 du même titre attribue la Légalifation des actes des greffiers au chef de la
compagnie où fert le greffier dont l'acte doit être
légalifé.

Les officiers qui ont caractère pour légalifer ,
ne doivent faire aucune Légalifation , qu'ils ne
connoiffent la qualité de l'officier qui a reçu l'acte,
la fignature & le fceau qu'il avoit coutume d'appofer aux actes qui fe paffoient pardevant lui :
s'ils n'en ont pas une connoiffance perfonnelle,
ils peuvent légalifer l'acte fuivant ce qu'ils tiennent par tradition , ou à la relation d'autrui ,
pourvu qu'ils s'informent des faits qu'il s'agit
d'attefter.

De là il fuit naturellement que l'on peut légalifer , non feulement les actes expédiés par des
officiers qui font encore vivans , mais auffi ceux
qui ont été expédiés anciennement par des officiers qui font morts au temps de la Légalifation,
pourvu que la qualité, la fignature, & le fceau
de ces officiers foient connus par la tradition ou
autrement.

Pour connoître plus particulièrement par quels

officiers chaque espèce d'actes doit être légalisée ;
il faut d'abord distinguer les actes émanés des
officiers publics ecclésiastiques, d'avec ceux qui
sont émanés des officiers publics séculiers.

Les actes émanés d'officiers publics ecclésiastiques, tels que les curés, vicaires, desservans,
les vices - gérens, promoteurs, greffiers, notaires & procureurs apostoliques, appariteurs, &
autres officiers de cette qualité, peuvent être légalisés par les supérieurs ecclésiastiques de ces
officiers, soit l'évêque ou l'archevêque, ou l'un
de ses grands vicaires, ou son official ; & une
telle Légalisation est valable, non seulement à
l'égard des autres supérieurs ou officiers ecclésiastiques ; mais aussi à l'égard de tous les officiers
séculiers royaux ou autres, parce que l'évêque &
ses préposés sont compétens pour attester à toutes
sortes de personnes l'authenticité des actes émanés
des officiers ecclésiastiques, que personne ne peut
mieux connoître que l'évêque, son official, ou
ses grands vicaires.

Il faut seulement observer que si c'est l'official
qui a fait la Légalisation, & qu'on veuille la faire
sceller pour plus grande authenticité, comme cela
se pratique ordinairement, il faut la faire sceller,
ou par l'évêque, ou par celui qui est préposé par
lui pour apposer son sceau ; car ordinairement
les officiaux n'ont point de sceau, même pour
sceller leurs jugemens.

On peut aussi faire légaliser des actes émanés
des officiers ecclésiastiques par le juge royal du
lieu de leur résidence, & sur-tout lorsqu'on veut
produire ces actes en cour laie, ou devant des
officiers séculiers, royaux ou autres, parce que
le juge royal est présumé connoître tous les officiers qui exercent un ministère dans son ressort ;

& une telle Légalisation est valable, même à l'égard des officiers eccléfiastiques auprès defquels on veut faire valoir l'acte, parce qu'ils ne peuvent méconnoître la Légalisation du juge royal dont le sceau eft connu par-tout.

Il faut même remarquer que les Légalisations des évêques ou autres eccléfiastiques ne serviroient point en cour laie, fi elles n'étoient attestées par les juges laïques ordinaires.

" Les actes reçus par des officiers de juftices feigneuriales, tels que les greffiers, notaires, procureurs, huiffiers & autres officiers, peuvent être légalifés par le juge feigneurial de la juftice, en laquelle ces officiers font immatriculés, & cette Légalifation eft fuffifante pour étendre l'authenticité de l'acte dans le reffort de la juftice fupérieure, foit royale ou feigneuriale; du moins à l'égard du juge fupérieur, qui doit connoître la fignature & le fceau des juges de fon reffort : mais s'il s'agit de faire valoir l'acte auprès d'autres officiers que le juge fupérieur, en ce cas il faut une feconde Légalifation donnée par le juge fupérieur, qui attefte que le juge inférieur qui a légalifé eft réellement juge, & que ce font fa fignature & fon fceau qui font appofés à la première Légalifation.

" Si cette feconde Légalifation n'eft donnée que par un juge de feigneur, elle ne rend l'acte authentique que dans fon reffort, parce qu'on n'eft pas obligé ailleurs de connoître la fignature ni le fceau de tous les juges des feigneurs ; mais fi cette feconde Légalifation eft donnée par un juge royal, l'acte devient authentique dans tout le royaume, & même dans les pays étrangers, parce que le fceau royal eft connu par-tout.

Quant aux actes émanés d'officiers publics royaux, lorsqu'on veut les rendre authentiques hors du lieu de la résidence des officiers qui les ont reçus, on fait légaliser par le juge royal du lieu où ces officiers font leur résidence, lequel y appose le sceau de la juridiction.

On peut aussi les faire légaliser par les officiers municipaux des villes où ces officiers royaux font leur résidence, auquel cas ces officiers municipaux apposent le sceau de la ville, & non le sceau royal. Ces sortes de Légalisations font les plus authentiques, sur-tout pour faire valoir un acte en pays étrangers, parce que les sceaux des villes ne changeant point, font plus connus que le sceau particulier de chaque juridiction, & que d'ailleurs le sceau de la ville est en quelque sorte plus général & plus étendu que celui de la juridiction, puisque la juridiction est dans la ville, & même qu'il y a souvent plusieurs juridictions royales dans une même ville.

Les actes émanés d'officiers publics des finances, comme les certificats, quittances, procès-verbaux des commis, receveurs, directeurs & préposés dans les bureaux du roi, doivent être légalisés par les officiers supérieurs des finances; tels que les receveurs-généraux, trésoriers-généraux, payeurs des rentes, & autres semblables officiers, selon la nature des actes qu'il s'agit de rendre authentiques hors du lieu de la résidence des officiers qui les ont reçus.

Les actes émanés des officiers militaires, comme les quittances, congés, &c. donnés par les capitaines, lieutenans, majors, doivent, pour faire foi, être légalisés par les officiers-généraux leurs supérieurs; & ensuite on fait légaliser par le miniſtre de la guerre la Légaliſation donnée par ces officiers ſupérieurs.

Il en eſt de même pour ce qui concerne la marine, le commerce, les univerſités, & toutes les autres affaires civiles. Ce ſont les officiers ſupérieurs qui légaliſent les actes émanés des officiers ſubalternes.

Lorſqu'on veut faire connoître l'authenticité d'un acte dans les pays étrangers, outre les Légaliſations ordinaires que l'on y appoſe pour le rendre authentique par-tout le royaume, on le fait encore légaliſer, pour plus grande ſûreté, par l'ambaſſadeur, envoyé, conſul, réſident, agent, ou autres miniſtres de l'état dans lequel on veut faire valoir l'acte.

L'ordonnance de la marine, titre des conſuls, article 23, porte, que tous les actes expédiés dans les pays étrangers où il y aura des conſuls, ne feront aucune foi en France s'ils ne ſont par eux légaliſés.

Lorſqu'on produit en France des actes reçus en pays étrangers par des officiers publics, & légaliſés dans le pays par l'ambaſſadeur ou autre miniſtre de France, on légaliſe au bureau des affaires étrangères la Légaliſation donnée par l'ambaſſadeur, envoyé ou autre perſonne ayant caractère public.

Le miniſtre du roi qui a le département des affaires étrangères, atteſte que celui qui a légaliſé l'acte en pays étranger, a réellement le caractère mentionné en la légaliſation; que c'eſt ſa ſignature & le ſceau dont il a coutume d'uſer.

Quand on veut faire valoir un acte reçu dans certains pays étrangers où le roi n'a point de miniſtre, on peut le faire légaliſer par quelque François qui s'y rencontre fortuitement, pourvu que ce soit une personne attachée à la France par quelque dignité connue, auquel cas cette personne, à défaut du ministre de France, a caractère représentatif pour légaliser.

Quant aux actes qu'il convient de légaliser, on doit observer en général, qu'à la rigueur tous ceux qui sont émanés d'un officier public, tel qu'un notaire, commissaire, huissier, &c. quand on les produit hors du lieu où l'officier qui les a reçus fait ses fonctions, ne sont point authentiques s'ils ne sont légalisés.

On exige sur-tout que les procurations soient légalisées lorsqu'on s'en sert hors du lieu de l'exercice des notaires qui les ont reçues ; cette formalité est expressément ordonnée par tous les édits & déclarations rendus au sujet des rentes viagères, qui exigent que les procurations passées en province par les notaires, soient légalisées par le juge royal du lieu de leur résidence, & ce sont-là les seules loix qui parlent des Légalisations.

A l'égard des jugemens, on ne les légalise point ; & quand il s'agit de les mettre à exécution dans le royaume, hors du ressort de la juridiction d'où ils sont émanés, le juge qui les a rendus délivre une commission rogatoire adressée au juge du lieu où l'on veut faire l'exécution, lequel délivre de sa part un *pareatis* ou commission exécutoire, en vertu de laquelle on met le jugement à exécution.

Les Légalisations des juges royaux doivent être scellées, & les droits de petit-scel payés dans le lieu même où elles ont été données, avant qu'on puisse se servir des actes légalisés.

Par arrêt du 3 mai 1723, le conseil a déclaré nulle une légalisation du juge royal de Romans,

en Dauphiné, mise au bas d'une atteftation paffée
devant notaire en cette ville, & non contrôlée, &
a condamné le notaire à deux cents livres d'amende,
& la partie à trois cents livres, pour s'être fervie
de cette atteftation avant qu'elle fût contrôlée &
que la Légalifation fût fcellée. Le même arrêt a
fait défenfe aux juges, fous peine de deux cents
livres d'amende, de légalifer aucun acte paffé devant notaires, s'il n'eft contrôlé ; & aux parties,
fous peine de cent livres d'amende, de fe fervir
de Légalifations fi elles ne font fcellées.

Le même jour, le confeil a décidé, fur le mémoire du fieur Dupuis, notaire à Paris, que le
droit de petit-fcel n'étoit pas dû à Paris pour une
Légalifation donnée en province, mais qu'il étoit
dû fur les lieux ; que les commis devoient refufer
de contrôler les actes faits en conféquence des
Légalifations non fcellées, & que les parties devoient les renvoyer fur les lieux pour les faire
fceller.

Par une autre décifion du 8 août 1733, donnée
au fujet de la Légalifation d'un acte paffé & légalifé à Philippeville en Hainaut, dont le fermier
de Moulins demandoit le droit de fceau, le confeil a jugé cette demande mal fondée, attendu
que les Légalifations doivent être fcellées dans
le lieu de la juridiction, comme tous les autres
actes judiciaires : or, le droit de petit fcel n'ayant
pas lieu à Philippeville, il faut en conclure que
le fermier ne peut aucunement l'exiger ailleurs
pour un acte paffé dans cette ville.

Fin du tome trente-troifième.

ERRATA.

TOME XXVII.

Page 96, ligne 8, s'il, *lifez* il.

Page 118, ligne 27, après ces mots : de Londun, ch. 33, art. 1, mettez un aftérique en cette forte (*), & placez la note qui eft au bas de la page fuivante.

Même page, ligne 30, de Tours, pour la garde bourgeoife, art. 339, *lifez* de Tours, art. 339 & 346.

Page 119, ligne 23, effacez ce qui fuit : de Londun, chap. 53, art. 1 (*), & transférez, comme on vient de le dire, la note qui eft placée là. à la page précédente.

Page 120, ligne 1, effacez les mots : & de Tours, art. 329.

Page 286, lignes 17 & 23, pour *lifez* par.

TOME XXXI.

Page 249, ligne 26, placez un feul aftérique en cette forte (*), & transférez la feconde note de cette page à la page 251.

Page 251, ligne 2, placez après le mot *ordinaire*, un aftérique en cette forte (*), & au bas de la page la feconde note de la page 249, comme on vient de le dire.

Page 253, ligne 24, on voit, *lifez* ou foit.

Page 258, ligne 8 de la note, premier *lifez* preneur.

Page 269, ligne 12, l'art. 12, *lifez* l'art. 124.